普通高等教育应用创新系列教材

市场调查方法与实务
（第三版）

主　编　杨凤荣
副主编　孙　华　亢大麟

科学出版社
北京

内 容 简 介

本书于2008年初次出版，2016年再版，第三版是在原版和再版的基础上进行了结构体系及部分内容的调整、更新和完善。本书以市场调查机构的项目运作过程为主线，安排篇章顺序及基本框架，系统地阐述了市场调查的基本原理、方法和实务操作技术，同时也对国内外市场调查的前沿理论与方法技术的新发展做了适当的介绍和应用。内容包括：市场调查概述、市场调查策划、二手资料的收集、抽样设计和问卷设计、访问法、观察法、实验法、调查资料的整理、调查资料的分析、市场预测、撰写市场调查报告等。每章前后分别附有学习目标、思考练习题、实训题等，便于巩固和检验学生的学习效果。

本书以规范、系统、实用、创新为准则，结构体系完整、内容全面、体例新颖、语言精练，既可以作为高等院校本科、专科教材或教学参考书，也可以作为高等职业教育财经类专业教材或教学参考书，还可作为企业营销管理人员、市场研究公司培训员工之参考资料。为了方便教与学，本书配有内容丰富的教学辅助材料，包括多媒体课件、教学大纲、相关章节的经典案例以及与实训作业配套的参考示例、期末考试模拟试卷及参考答案、当地市场研究公司的一些参考资料，任课教师可通过与出版社联系获取。

图书在版编目（CIP）数据

市场调查方法与实务/杨凤荣主编. —3版. —北京：科学出版社，2023.5
普通高等教育应用创新系列教材
ISBN 978-7-03-073356-6

Ⅰ．①市… Ⅱ．①杨… Ⅲ．①市场调查–高等学校–教材
Ⅳ．①F713.52

中国版本图书馆CIP数据核字（2022）第182308号

责任编辑：王京苏 / 责任校对：王晓茜
责任印制：张 伟 / 封面设计：蓝正设计

科学出版社 出版
北京东黄城根北街16号
邮政编码：100717
http://www.sciencep.com

北京虎彩文化传播有限公司 印刷
科学出版社发行 各地新华书店经销

*

2008年1月第 一 版 开本：787×1096 1/16
2016年1月第 二 版 印张：18 1/2
2023年5月第 三 版 2023年5月第十三次印刷
字数：442 000
定价：58.00元
（如有印装质量问题，我社负责调换）

第三版前言

本书自 2008 年初次出版，2016 年再版，十多年来多次印刷，发行量大，为广大师生及读者所借鉴和称道，订购客户遍布 28 个省（区、市）。本书以其实用性、全面性和知识性等特点而受到广泛肯定，在体系设计、内容取舍、行文方式等方面都力图突出实用性特色，特别注重理论与实践的结合运用。

近年来，国际政治经济形势变幻莫测，受通货膨胀、货币紧缩政策等多重因素影响，国内一些行业及企业的经营陷入困境。党的二十大报告明确指出，"我国发展进入战略机遇和风险挑战并存、不确定难预料因素增多的时期"。市场环境急剧变化，现代企业面临着前所未有的风险和严峻的考验。在这种情势下，企业迫切需要通过调查研究把握市场经济发展的本质和规律，找到破解难题的办法和路径，与此同时也对培养专门的市场研究人才提出更多、更新和更高的要求。基于此，本书的编者在借鉴国外市场调查理论和方法的基础上，结合我国市场经济发展的客观环境，根据高等教育、企业和各类调查机构对开展市场调查的要求，以"实用"为写作宗旨，对本书的结构体系和部分内容进行了调整、更新和完善。第三版经修订后，有如下特点。

第一，结构体系合理。按照市场调查机构的项目运作过程安排章节的顺序和框架结构，对部分章节进行了调整（拆分或合并），并对一些内容做了更新、精简和修订，使结构体系愈趋合理，内容更加完整全面。

第二，博采众长。在多年的教学实践中，大量参考和借鉴国内外同类著作与相关资料，汲取其精华部分，加之通过参与当地一些市场研究机构的调查项目运作，为教材的修订积累了丰富的资料和教学案例，在此基础上精心组织材料，凝练成章。

第三，题材新颖。以服务教学与实践应用为宗旨，广泛借鉴和吸纳国内外市场调查领域的最新研究成果，采用市场调查的新观念、新理论方法和先进技术，有关章节中所援引的示例和案例，大多是市场研究领域的新现象和经典范例。

第四，注重实用。从社会对人才的需要出发，选取实用有效的市场调查方法进行介绍和训练，避免生涩的理论研究，注重联系实际，重点突出方法的具体应用和操作。尽量使用图表形式说明操作过程和应用技巧，加强实用性及基本技能的培养。

修订后的第三版，结构体系合理，条理清晰，内容丰富，语言精练，紧密结合市场调查实践中的具体问题，运用国际通用的方法和技术对资料进行处理与分析，如在数据录入与描述、数据分析、预测分析中增加了 Excel 及 SPSS 等软件的操作应用，能使学生触类旁通，学以致用。在此特别强调的是，亢大麟老师多年来一直致力于市场调查研究活动，曾负责多个市场调查与社会调查项目的运作，尤其擅长统计分析软件的运用。西安方元市场研究有限责任公司的研究总监李青，对本书关键部分的内容做了审查，并给我们提供了咨询服务和一些最新的资料，为本书在理论与实践的结合方面增添了实用的案例和特色。

本书以实用、规范、系统、创新为准则，结构清晰，全面精练，符合当前教育部在教学质量工程文件中强调的重视实践教学的精神，可作为经济、管理类高校的专业教科书或教学参考书，也广泛适用于高等职业教育财经类专业本科及专科的教学，还可供从事市场研究行业的工作者和企业营销管理人员阅读。为了方便教与学，本书配有教学辅助资料，包括本课程多媒体课件（在 2012 年西安财经学院多媒体课件比赛中荣获教学研究成果一等奖）、教学大纲、相关章节的经典案例以及与实训作业配套的参考示例、期末考试模拟试卷及参考答案、当地市场研究公司的一些资料。

本书第三版由杨凤荣担任主编，孙华、亢大麟担任副主编。具体编写分工如下：杨凤荣编写第一章、第二章、第四章及第五章；孙华编写第三章、第六章、第七章、第八章及第十二章；第九章由杨凤荣和亢大麟共同编写；第十章和第十一章由亢大麟编写。所有章节中的图表及统计分析软件的运用均由亢大麟制作和插写，全书由杨凤荣总纂定稿。

本书在初次出版时，承蒙西安财经大学从经费等各个方面给予大力的支持。在修订第二、三版中，本校教师刘晓红、王银珠、宋艺、李坤等为本书提供了相关参考资料，在此一并表示诚挚的感谢。同时也对多年来在教学实践中给予我们大力协助和支持的西安方元市场研究有限责任公司的庄元总经理及其同事们，致以衷心的谢意。

在本书的编写和修订中，我们借鉴了国内外同行的最新研究成果及著作和文献，引用的部分案例和对其他同类书刊、互联网有关内容的参考，均已在书中及书末的参考文献中做了注释，在此向诸位作者表示敬意和感谢。由于编者理论水平及实战经验尚有欠缺，难免存在不足之处，敬请各位同仁不吝赐教。

杨凤荣
2023 年 4 月

目 录

第一章 市场调查概述 ·· 1
    第一节 市场调查的含义、作用和研究范围 ·· 1
    第二节 市场调查的原则和方法 ·· 6
    第三节 市场调查机构和人员 ··· 10
    第四节 市场调查的历史沿革和发展趋势 ·· 18

第二章 市场调查策划 ·· 23
    第一节 市场调查的运作程序 ··· 23
    第二节 市场调查问题的界定 ··· 26
    第三节 市场调查计划书 ··· 31

第三章 二手资料的收集 ··· 44
    第一节 二手资料的概念及特点 ·· 44
    第二节 二手资料的来源 ··· 48
    第三节 文案调查的程序 ··· 53

第四章 抽样设计 ··· 60
    第一节 抽样调查的基本概念 ··· 60
    第二节 抽样的基本方法 ··· 62
    第三节 样本量的确定 ·· 72
    第四节 抽样方案设计 ·· 75

第五章 问卷设计 ··· 81
    第一节 问卷的含义及基本结构 ·· 81
    第二节 问卷的设计技术 ··· 86
    第三节 态度测量技术 ·· 93
    第四节 问卷设计的程序和评估 ·· 103

第六章 访问法 ·· 110
    第一节 定量调查法 ··· 110
    第二节 定性调查法 ··· 126

第七章 观察法 ·· 136
    第一节 观察法的含义和种类 ··· 136
    第二节 观察法的步骤及应用 ··· 138

第八章 实验法 ·· 146
    第一节 实验法的概念、形式及优缺点 ··· 146

第二节　实验法的步骤和设计……………………………………………148
第九章　调查资料的整理……………………………………………………158
  第一节　调查资料的预处理………………………………………………158
  第二节　数据录入…………………………………………………………166
  第三节　数据核查…………………………………………………………171
  第四节　调查资料的整理与描述…………………………………………176
第十章　调查资料的分析……………………………………………………187
  第一节　调查资料分析概述………………………………………………187
  第二节　调查数据的描述性统计分析……………………………………191
  第三节　调查数据的推断统计分析………………………………………203
第十一章　市场预测…………………………………………………………223
  第一节　市场预测概述……………………………………………………223
  第二节　定性预测法………………………………………………………228
  第三节　时间序列预测法…………………………………………………233
  第四节　回归模型预测法…………………………………………………253
第十二章　撰写市场调查报告………………………………………………265
  第一节　市场调查报告的基本结构………………………………………265
  第二节　调查报告的写作要求及技巧……………………………………272
  第三节　调查结果的口头报告……………………………………………276
参考文献…………………………………………………………………………280
附录　统计表……………………………………………………………………281

第一章 市场调查概述

学习目标

通过本章的学习，理解市场调查的含义、作用、研究范围，熟知市场调查的原则和方法；了解市场调查机构的类型、职能、部门设置和人员配备；掌握市场调查的最新发展动向；对市场调查形成全面、正确的认识，为本课程的学习奠定基础。

第一节 市场调查的含义、作用和研究范围

随着我国改革开放的进一步深化，各行各业面临着更为激烈的挑战和市场竞争。在这种情势下，企业能否准确全面地了解外部环境的变化，洞察竞争对手的行为，掌握消费者的需求，做出科学的决策，有赖于市场调查为之提供适时有效的信息。

一、市场调查的含义

市场调查，也称为市场研究、营销调研等。目前，国内外专家学者对于市场调查的定义有着不同的表述，概括起来有两大观点。

一种观点是把市场调查理解为对市场的调查研究。基于研究的目的与重心不同，市场调查又有狭义和广义之分。狭义的市场调查是把市场理解为顾客的集合，认为市场调查就是研究顾客的各种需求，即以科学的方法和手段，收集消费者对产品购买及其使用的有关数据、意见和要求、购买的行为和动机等，这相当于消费者及其行为研究。广义的市场调查是从整个市场的角度出发，包含从认识市场到制定营销决策的一切有关市场活动的分析和研究，认为市场调查是运用科学的方法和手段，有目的地收集产品从生产者转移到消费者的一切与市场营销活动有关的数据和信息，并进行分析研究的过程。广义的市场调查不仅包括消费者调查，还包括对企业的营销环境和全部营销活动的情况进行调查研究，而且涵盖了民意调查、社会调查等，目前也被广泛应用在非营利组织中。事实上，国内外调查业已将市场调查、民意调查、行为调查、社会调查等逐步融为一体。

另一种观点是把市场调查理解为市场营销调研，主要是指针对企业的市场营销决策中所面临的各种问题的调查研究，目前国内外越来越多的专家学者倾向采用这种定义，本书亦认同此观点。

尽管许多组织和个人对市场调查有着不同的定义，但内涵是基本一致的，那就是收集与决策相关的信息资料的活动。现代市场组织复杂，活动频繁，单一的调查活动已不足以概括其意，因此应从广义的角度，即适用于现代社会和市场经济需要来研究市场调查。本书以广义市场调查为范畴，将企业营销问题作为立足点，综合国内外各种定义，认为市场调查就是针对企业特定的营销问题，采用科学的方法，全面系统地收集、整理、分析和研究与企业营销活动有关的信息资料，为企业的管理者制定和改进营销决策提供依据的全部工作过程。

二、市场调查的作用

企业要在不断变化的市场环境中及时发现和捕捉新机会，在激烈的竞争中立于不败之地，就必须依赖行之有效的经营决策，而正确的经营决策要以科学的市场调查为前提条件，因此，市场调查在企业的经营活动中有着重要的作用。

1. 为企业制定营销决策提供依据

通过市场调查，企业可以及时准确地掌握市场情况，才能有针对性地制定企业的营销策略和经营发展战略。市场调查对于营销决策的重要作用主要体现在两个方面：一是唯有通过科学的市场调查，掌握可靠的依据，才能减少不确定性，降低决策的风险程度；二是在决策的实施过程中，企业可以通过市场调查检查决策的实施情况，及时发现决策中的失误，起到反馈信息的作用，为进一步调整和修订决策方案提供新的依据。

2. 有利于企业发现新的市场机会

随着科技的进步，新材料、新技术、新工艺不断涌现，通过市场调查寻找新的市场机会，是企业在市场竞争中寻求发展、扩张的需要。通过市场调查，企业可以随时掌握市场的变化趋势及消费者潜在的购买动机和需求，了解消费者对产品的意见、态度、购买意向及对产品的期望，从中寻找到新的市场机会，发现发展机遇和新的经济增长点。

3. 有利于提升企业市场竞争力

现代市场的竞争实质上是信息的竞争，谁先获得了重要的信息，谁就会在市场竞争中立于不败之地。通过市场调查不断地收集和反馈消费者及竞争者的信息，摸清竞争对手占有市场的情况，做到知己知彼，才能正确把握经营策略的制定和调整，从而在市场上站稳脚跟，立于不败之地。此外，通过市场调查可以对企业自身的综合竞争力进行评估和研究，挖掘企业最具竞争优势和发展潜力的生产经营项目，培育和创造新的市场，从而将企业的核心竞争力转化为市场竞争优势。

4. 有利于企业优化市场营销组合

根据市场调查的结果，企业可以分析现有产品被消费者认可的程度，消费者对产品及包装的偏好，开发新产品对消费者是否具有吸引力；分析产品的价格策略，研究消费者可接受价格区间，以确定合适的定价；研究经销商对产品的看法，了解他们对于产品经营的意愿；利用何种营销手段加强促销活动，广告宣传应侧重强调哪个部分才能吸引人们的注意力；等等。只有通过具体的市场调查，才能及时了解各种市场因素和市场环境的变化对营销策略的影响，并据此对企业的营销策略进行调整和优化组合。

通过市场调查所获得的数据资料还可以充实和完善企业的营销信息系统。营销信息系统作为企业管理信息系统的一个重要的组成部分，包括外部环境、市场供求、企业产销存或购销存、财务、产品、价格、竞争、销售渠道及营销活动等诸多方面的信息，其来源主要是内部报告、情报资料和市场调查，把由市场调查所获得的信息资料存入相应的数据库文件中，以便随时调用应用程序，可为营销决策提供系统的、动态的信息服务。

三、市场调查的研究范围

现代市场调查的研究范围是非常广泛的，从识别市场机会和发现问题、制定营销决策到评估营销活动的效果，涉及企业营销管理活动的各个方面。由于企业提供的产品和服务不同，面临的市场竞争不同，所调查的具体项目内容也就不尽相同。市场调查研究范围的大小，取决于每个市场研究公司的规模、资源及执行能力等。例如，西安 FY 市场研究公司是一家立足西安、面向西北地区的专业市场研究公司，其业务范围有三大块，即市场调查、营销咨询、行业咨询（图 1-1~图 1-3），涉及的行业领域有服装、快速消费品、电信、汽车、医药保健、IT（internet technology，互联网技术）通信、房地产、石油化工、连锁商业、公共服务、化妆品、媒体广告等，服务内容涵盖市场调查、品牌策略咨询、营销策划与诊断、市场推广效果评估、行业数据及分析报告库服务等。

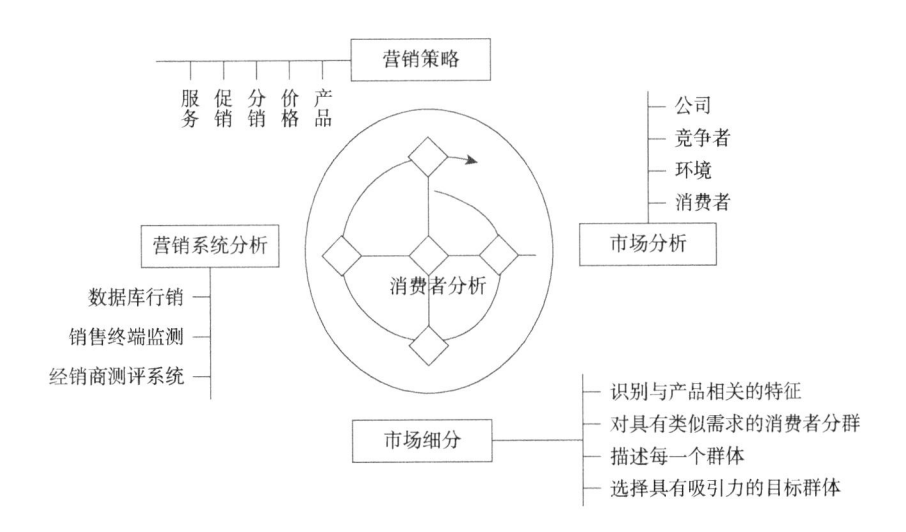

图 1-1　西安 FY 市场研究公司的市场调查业务

向客户提供覆盖产品生命周期全程的技术服务——

产品开发	上市前阶段	上市阶段	品牌建立与保持	退出市场
市场细分 产品策划 品牌策略	价格策略 渠道策略 上市计划	竞争策略 销售策略与计划 上市计划回顾	竞争策略 生命周期管理	再定位策略 新的商业开发计划
·市场潜力研究 ·市场规模预测 ·环境/政策分析 ·竞争分析 ·产品定位研究 ·U&A研究 ·品牌战略制定 ·分销通路战略	·概念测试 ·价格测试 ·U&A研究 ·广告概念测试 ·宣传资料测试 ·名称/包装评估 ·分销模式研究 ·品牌策略研究	·广告效果研究 ·促销效果研究 ·品牌表现研究 ·U&A研究 ·媒体研究 ·经销商表现研究 ·竞争分析 ·用户分析	·销售与市场份额 ·用户满意度研究 ·广告跟踪测试 ·竞争分析 ·品牌形象研究 ·产品改进研究 ·市场份额监控 ·U&A研究 ·促销效果研究	·U&A研究 ·市场/销售预测 ·市场竞争分析 ·新机会探测调查 ·品牌延伸与再造 ·价格弹性测试 ·价值减少测试

图 1-2 西安 FY 市场研究公司的营销咨询业务

U&A 研究：usage and attitude research，是指消费者使用习惯和态度研究，是针对某一种或某一类产品消费者的深入研究

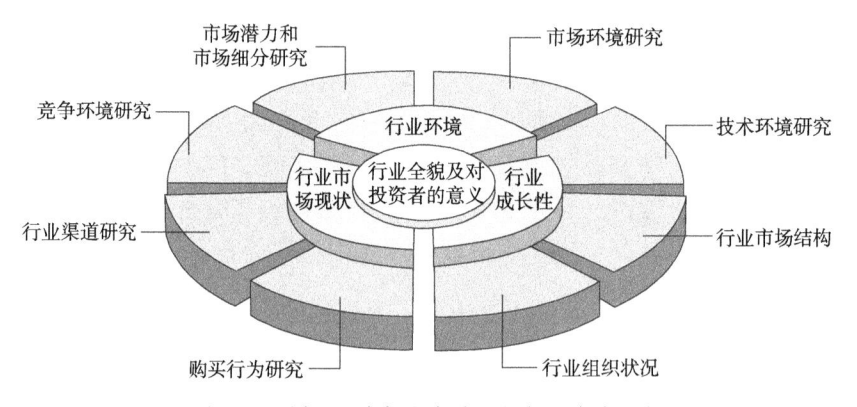

图 1-3 西安 FY 市场研究公司的行业咨询业务

根据国内外市场调查活动的实施情况，可将市场调查的研究范围概括为以下几个方面。

1. 市场营销环境研究

市场营销环境是企业生存和发展的基础，党的二十大报告对优化营商环境提出了新要求。企业应该重视对环境变化信息的收集与预测，通过调整自身可控的因素，适应环境的变化以求得生存和发展。市场营销环境研究的内容包括宏观环境和行业环境两部分。宏观环境涉及政治、法律、经济、人口、科技、文化、自然等因素。行业环境涉及现有竞争行业、潜在竞争对手、供应商、用户和替代品等因素。一般来说，当企业制定长期战略发展规划、经营方向发生重大变化或者战略性转移、对业务进行整合和重组、发展和开拓新的区域性市场与国际市场时都必须对市场营销环境进行调查和分析，以便把握环境变化趋势，增强企业对环境的适应能力。

2. 行业研究

企业所处行业的状况直接影响到企业的营销活动，在确定市场细分标准和选择市场

定位方法时，必须充分掌握行业和市场信息。一般来说，行业研究是对所处行业或想进入行业的生产经营规模、产业状况、竞争状况、生产状况、产业布局、市场供求情况、产业政策、行业壁垒和进入障碍及行业发展前景等的调查。

3. 市场竞争情况调查

竞争者研究是从个别企业出发思考问题，观察同行业与特定企业的竞争状况，或者观察同行在原材料取得、产品市场占有上与其他企业的竞争情况等。在竞争者调查中，需要查明市场竞争的结构和变化趋势、主要竞争对手的情况及本企业产品竞争成功的可能性。通过调查，企业可以进一步明确现在、将来市场上的主要竞争者和潜在竞争者，同时还可以更有针对性地收集竞争者将来的战略规划、近期的策略、经济实力、决策者的个性特征、竞争企业成长的历史及其文化特征等信息，以便更有效地制定本企业的对策。

4. 市场需求调查

市场需求是指一定时期的一定市场范围内有货币支付能力的购买商品或服务的总量，包括现实需求和潜在需求，它对企业投资决策、资源配置和战略研发具有直接的重要影响。市场需求调查的内容主要是估计市场规模的大小及产品潜在需求量，包括市场需求规模、市场需求结构、市场需求变动影响因素、消费者购买动机与行为调查等。

5. 市场销售潜力调查

市场销售潜力是指企业的某个产品品牌或某类商品在一定时间范围内能够获得的最大销售额。对市场销售潜力进行调查，有利于企业经营管理决策和资源的合理分配，帮助确定产品目标和经营战略，对新产品评价和有效处理一系列营销决策问题有着重要的作用。市场销售潜力调查包括现有和潜在用户的人数及需求量、市场需求变化趋势、扩大销售的可能性和具体途径、本企业竞争对手的产品在市场上的占有率等，还可对消费者及消费需求、产品价格、影响销售的社会因素及自然因素、销售渠道等开展调查。

6. 消费者行为研究

消费者行为研究是运用各种市场调查技术和方法，对消费群体的认知、态度、动机、选择、决策、购买、使用等情况进行系统的研究，为企业测定市场潜力、界定市场目标、制定产品研发和营销策略提供完整的消费者市场研究成果。消费者市场研究涉及的内容较多，可根据研究的具体目的和要求，界定研究的方向，特别要对消费者的购买动机、购买行为、购买能力、使用习惯、需求与偏好、认知度和满意度等关键项目和要素进行调查。

7. 顾客满意度研究

顾客满意度研究是一项综合性很强的市场调查，主要内容包括顾客满意度调查、员工满意度调查、满意度水平测定、满意度要素分析、提升满意度的策略等。通过构造顾客满意度评价指标体系，调查获取顾客对本企业产品或服务的有关评价信息，在此基础上对顾客的满意度进行综合性评定，分析认知度、满意度、忠诚度或重购率水平的高低，剖析顾客缺憾，揭示提升顾客满意度的关键因素，为企业制定提高顾客满意度的策略，减少顾客抱怨和顾客流失，增加重购率，创造良好的口碑，以提升企业的形象。

8. 广告研究

广告研究由于其特定的研究内容和相对独立的研究方法，成为市场调查中一个独立的分支领域。广告研究包括为广告创作而进行的广告主题和广告文案的测试；为媒体选择而进行的广告媒体调查，如电视收视率调查、广播收听率调查、期刊或报纸阅读率调查等；为评价广告效果而进行的各类消费者广告前的态度和行为调查、广告中的接触效果和接受效果调查及广告后态度和行为的跟踪调查等；为制定企业的广告策略而进行的消费者媒体行为和习惯的调查等。

9. 品牌或企业形象研究

品牌或企业形象研究主要包括品牌或企业的知名度；品牌或企业的声望；对品牌或企业形象的认知程度及认知途径；品牌或企业的基本形象和具体形象；评价品牌或企业的指标及指标的相对重要性；对品牌或企业的名称、标志或商标的联想和印象；品牌的管理和品牌忠诚度；等等。这类研究除了针对品牌形象和企业形象外，有时还会涉及产品类别形象和品牌使用者形象等。

10. 市场营销因素调查

市场营销因素调查主要包括产品、价格、渠道和促销活动的调查。产品调查主要是了解市场上新产品开发的情况、设计的情况、消费者使用的情况、消费者的评价、产品生命周期阶段、产品的组合情况等。价格调查包括了解消费者对价格的接受情况，对价格策略的反应等。渠道调查主要包括了解渠道的结构、中间商的情况、消费者对中间商的满意情况等。促销活动调查主要包括各种促销活动的效果，如广告实施的效果、人员推销的效果、营业推广的效果和对外宣传的市场反应等。

目前国内的市场调查，常见业务有以下几种：消费者调查、产品调查、新产品上市前的市场测试或概念测试、"神秘顾客"购物调查、零售店审查、需求评估、销售预测、客户满意度调查、分销审查、价格调整测试、象限研究、品牌命名测试、品牌喜好度研究、广告和促销活动研究、市场观察等。

在国外（如美国）最普遍的市场调查活动如下：市场特性的确认、市场潜量的衡量、市场份额的分析、销售分析、企业趋势分析、长期预测、短期预测、竞争产品研究、新产品的接受和潜量研究、价格研究等。

第二节 市场调查的原则和方法

一、市场调查的原则

市场调查的主要目的是为企业经营决策提供信息支持，为了提高市场调查的效率和信息的质量，应遵循以下原则。

1. 客观性原则

市场调查必须实事求是，尊重客观事实。调查人员应以客观的态度去真实地反映实际情况，避免主观偏见，不能有任何隐瞒、歪曲和夸大。有时调查出来的结果与客户的预期不一致，甚至可能对客户不利，在这种情况下，只要整个调查过程是科学的，结果是可靠的，客户最终会接受事实，千万不可为了迎合客户而擅自修改数据。只有客观地反映市场情况，才能真正发挥市场调查的作用，促进整个调查行业的健康发展。

2. 准确性原则

要使企业的经营活动在正确的轨道上运行，就必须以准确的信息作为依据。调查人员在收集和加工处理资料的过程中，要注重调查方法的选取，以保证调查资料有充分的代表性，调查误差应尽可能小，没有系统性偏差，排除人为干扰；收集的数据必须能准确地描述客观现象的数量表现和属性特征；调查数据涉及的主体单位、时间、地点都要准确无误；数据的计量范围、计量单位要科学；调查资料所描述的与本项目主题有关的背景数据、主体数据和相关数据都必须真实可靠，不能虚构。

3. 全面性原则

在市场调查工作中，必须全面系统地收集有关的信息数据，只有这样，才能充分认识受访者的特征，从大量的市场经济信息中找出事物发展的内在规律和发展趋势。在市场经济条件下，企业的生产和经营活动会受到很多内部因素与外部因素的影响和制约，这就要求必须从多方面描述和反映受访者本身的变化与特征，做到调查项目齐全且具有连续性，以便不断积累信息，进行系统的、动态的分析和利用。

4. 时效性原则

在调查过程中，要充分利用有限的时间尽可能多地收集所需的数据情报，做到迅速及时、讲究效率，为客户企业适时制定和调整营销策略创造条件。只有这样才能提升市场调查数据的价值。否则，不但会增加费用支出，还会由于所得资料滞后于市场形势变化而失去参考作用，给客户企业造成不可弥补的损失。

5. 经济性原则

在调查实施之前，要进行调查项目的成本效益分析，即在调查内容不变的情况下，比较不同调查方式的费用，从中选择出费用少且又能满足调查目的和要求的调查方法，并制订出相应的调查方案。例如，有些企业没有实力去搞规模较大的市场调查，就可以更多地采用参观访问、直接听取消费者意见、大量阅读各种宣传媒体上的有关信息、收集竞争者的产品信息等方式进行市场调查。只要工作做得认真细致而又有连续性，同样会收到良好的调查效果。

6. 科学性原则

市场调查的结果是要为经营决策服务的，要求调查人员对于市场信息要有高度敏锐的感觉、较强的判断把握能力及对客户高度负责的精神，运用科学的手段和技术，采用适当的方法去设计方案、定义问题、采集数据和分析数据，从中提取有效的、准确的、有代表性的信息资料。只有以科学的态度，运用科学的手段，才能得到可靠的调查结论。

需要强调的是，运用市场调查通常可以得到比投入费用高数倍价值的信息，但影响市场变化和经营决策的因素有很多，并具有不确定性，加之市场调查受时空范围和调查经费的制约，有时获取的信息可能是不完全的，因此不可避免地会有疏忽和误差。正是信息的不完备，以及对信息的分析和处理手段上的差异，使得调查结果存在不同程度的缺陷。因此，对于市场调查的结果，不能因其存在不足而完全否定，可把它作为制定经营决策的重要依据。

二、市场调查的方法

市场调查的方法有很多种，在实际调查中可以根据具体的工作内容、要求和特点，选择最适宜的方法，也可以多种方法结合运用。因此，依据不同的划分标准，对市场调查进行系统的分类是十分必要的。

（一）根据研究的性质分类

按照市场调查的目的和研究的性质，市场调查可分为探索性调查、描述性调查、因果性调查和预测性调查。

1. 探索性调查

探索性调查也称探测性调查，是指某些调查在正式开始之前，对所研究的问题或范围不明确时，为了发现问题，找出症结，探明进一步深入调查的具体内容和重点而进行的一种非正式调查。这种调查一般不制订详细的调查方案或调查问卷，采用任意抽样或主观抽样，进行小范围的调查，倾向应用二手资料，或邀请熟悉业务的专家学者、专业技术人员、经销商等对有关问题做初步的探讨，尽量节省时间以求迅速发现问题。例如，某公司拟投资开设一家大型购物中心，先做探索性调查，从店址选择、需求大小、顾客流量、物流、投资额等方面初步论证其可行性。如果可行，再做进一步深入细致的正式调查。通常，探索性调查的作用在于发现问题的端倪，而不能揭示问题的本质，所以探索性调查大都作为一个大型调查项目的开端。

2. 描述性调查

描述性调查是指对调查现象的有关情况进行事实性的静态描述，这是一种最常见的调查方法。描述性调查通常用来解决诸如"是什么"的问题，有详细的调查方案，要求在设计中能清楚地界定出六大要素，即 who（涉及对象）、what（什么事）、when（在何时）、where（在何处）、why（什么原因）、how（何种方式）。一般采用大样本抽样调查的方法，通过进行实地调查，系统地收集、记录、整理和分析有关资料，得到的调查结论比探索性调查更精确、更深入、更细致。大多数营销调查都属于描述性调查，如消费者行为研究、市场潜力和市场占有率调查、竞争对手的情况调查等。

3. 因果性调查

因果性调查又称因果关系调查或相关性调查，是指为了探清有关现象或市场变量之间的因果关系而进行的调查。它所回答的问题是"为什么",其目的在于揭示事物变化的原因和现象间的相互关系,找出影响事物变化的关键因素,如在价格、包装、广告与销售量的关系中,到底哪个因素起主导作用,就需要采用因果性调查来进行验证。这种调查方法和其他调查方法不尽相同,研究因果关系的主要方法是实验调查。考察因果关系时需要将有些可能影响结果的变量进行控制,这样才能测量出自变量对因变量的影响。

4. 预测性调查

预测性调查是指为了预测市场供求变化趋势或企业生产经营前景所进行的具有推断性的调查。它所回答的问题是"未来市场前景如何",其目的在于掌握未来市场的发展趋势,为企业管理决策和营销决策提供依据。预测性调查可以充分利用描述性调查和因果性调查的现成资料,但预测性调查要求收集的信息必须符合预测市场发展趋势的要求,既要有市场的现实信息,更要有市场未来发展变化的信息。

以上四种调查的研究设计并不是绝对相互独立进行的,事实上很多市场调查往往会采用两种以上的调查方法收集信息。调查者在明确了调查目标以后,随之要确定相应的调查类型,选择具体的调查方法。如果对调查问题的情况几乎一无所知,就要从探索性调查开始。在大多数情况下,探索性调查只是整个调查框架中的初始,还应继续进行描述性调查或因果性调查,但并不是所有的调查都要从探索性调查开始,这取决于研究人员对调查问题定义的准确程度及对问题处理途径的把握程度。例如,针对某项调查主题,调查机构如果在此之前已积累了相当多的有关资料,就可以直接展开描述性调查,无须再做探索性调查。在实践中,探索性调查和描述性调查应用较为广泛,而因果性调查和预测性调查则不太常用。

(二)根据调查资料的来源分类

按照调查资料的来源不同,市场调查可以分为文案调查和实地调查。

1. 文案调查

文案调查是指利用企业内部或外部的现成资料、报告、文章等二手资料,对调查问题进行分析研究的一种调查方法,经常用于探索性的研究阶段。文案调查具有简单、快速、节省经费等特点,它既可以作为独立的方法,也可以作为实地调查的补充。如果在调查内容、范围、口径等方面正好符合目前调查主题的需要,利用二手资料可以省去调查、收集一手资料的工作环节。

2. 实地调查

实地调查是为了特定的研究目的,调查人员依照调查方案直接向受访者收集第一手信息数据的调查研究方法。实地调查具有较高的可靠性,但需要投入大量的人力、物力和财力,且需要较长的时间才能得到调查的结论。实地调查具体又可分为访问法、观察法和实验法等。由于文案调查获取的二手资料有时往往不能充分满足问题研究的需要,因而实地调查是市场研究中的主流方法。

（三）根据调查的作用分类

按照调查的作用，市场调查可以分为定性调查和定量调查。

1. 定性调查

定性调查是通过特殊的技术获得受访者的想法、感受等方面的较深层的信息，主要用于了解目标人群的态度、动机、行为等问题。这种调查主要采用非概率抽样方法，寻找具有某种特征的小样本人群进行调查，常用的方法有小组座谈、深度访谈及投射技术等。

2. 定量调查

定量调查是指利用结构式问卷，抽取一定数量的样本，依据标准化的程序来收集数据和信息，并进行整理和分析，最终提供量化结论的调查方式，在市场调查中应用非常广泛。常用的方法有入户访问、街头拦截访问、电话访问、留置调查、网上调查等。

现代市场调查除了定性调查与定量调查之外，还可以应用大数据技术获取所需信息。大数据技术是通过网络爬虫技术对新闻媒体、社会化媒体等网站进行监测，实时掌握品牌市场舆论与消费者满意度情况，促进企业对品牌形象现状与趋势的了解。大数据技术不仅能减少调查成本和缩短调查周期，还可使数据信息朝着多样化、完整化发展（通过数据清洗、数据调整、数据补充等方式优化已获取的数据信息）。通过以定量研究为主，以定性研究与大数据研究为辅的方式，可以进一步提升数据采集、整合、分析的运作效率，不断深挖更高层数据，并充分保证数据的准确性与真实性。大数据技术的蓬勃发展将进一步优化市场调查技术与研究方法。

市场调查还有其他多种分类。例如，根据市场调查的范围，市场调查可以分为宏观调查和微观调查；根据调查的时间要求，市场调查可以分为定期调查、经常性调查和一次性调查；等等。

需要特别说明的是，任何一种调查方式都有各自的特点和局限性。调查方法的选择，对于调查目标的实现和调查结果都有着直接的影响，要综合考虑研究的性质、目的、时间和经费等因素，根据具体情况选择一种或多种调查方法。

第三节　市场调查机构和人员

市场调查是一种有条不紊、规范化的活动，包括一系列烦琐、复杂的操作步骤，依靠个人是难以完成的，它通常是一种组织行为，必须由一定形式的组织机构来运作。

一、市场调查机构的类型

市场调查机构是指专门或主要从事市场调查活动的单位或部门，是一种服务性的组织机构。按照市场调查服务的独立程度来分，市场调查机构可分为企业内部市场调查机构和专业性市场调查机构。在我国，绝大多数企业主要是委托专业性市场调查机构来开展市场调查活动,因此,国内目前市场调查行业的主流是专业性市场调查机构。

企业开展市场调查可以采用两种方式,一是企业自己来做,可以设立市场研究部门,负责此项工作;二是委托专业性市场调查机构去做。

(一)企业内部市场调查机构

企业内部市场调查机构是指企业或公司内部设立的主要从事市场调查活动的部门,也称为非独立性调查机构。国内外许多企业尤其是大公司,如美国的宝洁、可口可乐公司等都设有市场调查部门,并有一套规范的工作程序。在美国70%以上的企业设有正规的市场研究部门,负责对产品的调查、预测、咨询等工作,并在产品进入每一个新市场之前都要对其进行市场调查。目前国内的许多大型企业或公司如海尔集团、上海大众、今日集团和金轮集团等也设立了调查机构。

设立在企业内部的调查机构一般称为市场调查部或市场研究室,专门负责企业各项市场调查任务。有的企业让某个职能部门在主要职责之外兼管全部或承担部分市场调查任务,这类职能部门较多集中于市场部、企划部、公关部、广告部、销售部等,并且配备有数量不等的专职或兼职市场调查人员。调查机构设在企业内部的好处如下:利于保密、可以保持调查的连贯性、信息能够得到及时反馈。

企业内部市场调查机构的职能比较有限,很少直接从事第一手资料的调查研究,主要职责是收集第二手商业情报资料;与专业化的调查公司联络,建议企业进行某些适当的市场调查。当企业需要进行第一手资料的调查时,企业内部市场调查机构要为企业选择合适的专业化调查公司,协助策划与确认市场调查方案,同时参与、监督、审查受托方的调查工作。

(二)专业性市场调查机构

专业性市场调查机构也称为独立性市场调查机构,是企业之外接受各方委托专门从事市场调查活动的独立组织。从全球范围来看,其主要类型有以下三种。

1. 完全服务公司

完全服务公司有能力完成委托方所要求的全部市场调查工作,即从界定调查问题、选择调查方法、进行问卷设计、实施抽样、数据收集和分析解释到调查报告的撰写及演示汇报,这些调查任务都由公司相应的人才和设备来完成。完全服务公司又细分为不同的类型。

(1)标准服务公司。这是专业性市场调查机构中数量最多的类型,是专门从事市场调查业务的机构。这类公司调查策划能力和服务意识强,专业化程度高,有专门的调查队伍或调查网络体系,能承担企业委托的各类市场调查项目,调查的质量能得到有效的控制。它们在接受调查委托后,一般从研究方案、问卷设计、抽样技术、现场实施、数据分析到研究报告的所有环节都能独立进行操作,并能熟练运用入户调查、街头拦截、座谈会、个案访谈、电话调查、"神秘顾客"购物调查、网络调查等各种方式收集资料。例如,美国的 A. C. 尼尔森,国内如广东的现代国际、北京的零点研究、上海的大正公司、香港的市场研究社等均属于这种类型。它们能提供全套的综合性服务,公司的报告和数据只提供给唯一的委托客户。

从业务范围看，标准服务公司又分为综合性公司和专业性公司。综合性公司调查的领域涉及面较广，可以承担多种类型不同行业各个层次的调查任务，而专业性公司一般精通少数行业或领域的知识，擅长于承担涉及相关行业或领域的调查任务，有专门的机构和人员，有各种科学的设备和先进的市场测试仪器。

从人员规模上看，标准服务公司有大中小之别。大型市场调查公司专职人员拥有量在百名上下，而中小型市场调查公司往往只有数十名甚至是十几名专职人员。

从主办者角度看，标准服务公司包括外资公司（如A.C.尼尔森、盖洛普、益普索等）、中外合资公司（如中国广视索福瑞媒介研究公司等）、政府部门或研究机构设立的调查公司（如华通现代等）、民营公司（如现代国际、零点研究、慧聪等）等，它们在规模、市场定位、营销手段等方面都有很大的差异。

（2）定制服务公司。这类公司是以海量的企业数据、产品细分数据、进出口数据、监测数据及第一手市场调查数据和电话访问资料为基础的，整合宏观数据、行业数据、普查数据，根据客户需求对数据和资料进行深度加工，深刻解读客户所要解决的个性化问题。这类公司可针对客户需求展开以下业务：产品竞争对手的产量、销量、产能、产值、营销手段、销售策略、产品技术、生产工艺、销售渠道的调查；市场的竞争格局、优势劣势分析；产品发展趋势、生命周期、技术变革、替代品分析、产品市场总量、增长速度、规模和结构的翔实调查研究；针对细分产品关键用户的认知程度、购买行为、使用范围及用户对供应商的要求进行调查分析，帮助客户准确把握产品细分市场、产业链的发展脉络，制定并适时调整一个或多个市场策略；等等。

（3）辛迪加信息服务公司。辛迪加是Syndicate的译音，其原意是报业的联合组织，有新闻可以在各报同时发表。辛迪加信息服务是为很多企业收集各种各样的数据和信息，一般都整理成数据集以刊物（现在主要是电子产品）的形式提供给订户。这类公司提供的服务包括电视收视率、零售额、产品/服务的分销渠道、大型行业/产品研究、基于网络的调查、民意调查、生活方式调查、顾客满意研究、特定区域市场研究等资料，但不是专门为某个客户服务的，任何公司都可以购买它们的资料。这类公司数量少，但规模较大，如美国营业额位居前列的大公司A.C.尼尔森，向订户提供有关全美电视收视率的数据，美国的电视台、电台、广告公司及许多企业几乎都是A.C.尼尔森数据的固定订户。香港艾曼高广告媒体监测公司、中国广视索福瑞媒介研究公司也都属于辛迪加信息服务公司。

（4）广告研究公司。科学化的广告活动策划都是在市场调查的基础上进行的，一些稍有规模的广告公司一般都设有调查部门，主要经营广告业务，也接受客户进行市场调查的委托，但此业务多数与广告活动有关。就我国当前情况来看，广告公司的调查部门主要承担的是广告制作前期调查和广告效果调查两大任务。需要指出的是，广告公司的调查部门在进行市场调查时主要执行的是方案策划与研究报告撰写的任务，至于现场调查特别是量化调查的现场操作环节一般由其他市场调查公司配合完成。

（5）管理咨询公司。这类公司一般由资深专家学者和有丰富实践经验的人员组成，可为委托企业提供管理咨询服务，充当企业顾问和参谋的角色，主要任务是为企业的生产与经营活动提供技术和管理方面的咨询服务。服务的内容包括企业诊断性调查、专项调查研究、项目的可行性分析和经营策略研究等。在咨询业务活动中也要进行市场调查，并以此为依据，结合实践经验和专门知识，提出对咨询目标的看法和建议。

2. 有限服务公司

有限服务公司专门从事某个方面或某几个方面的调查工作，主要是为其他市场调查公司提供各种辅助性服务，如提供现场调查、市场细分、样本设计、数据输入和统计分析等专业性强、技术含量高的服务项目。可以预期，随着整个市场调查行业的发展，分工日趋精细，这类公司在我国将有很好的发展前景。有限服务公司的类型主要有以下几种。

（1）现场服务公司。这类公司一般拥有专门开展实地调查工作的人才，在数据收集方法和现场质量控制方面有丰富的经验，可以为客户提供如拦截访问、电话访问、小组访谈、邮寄调查、入户调查及"神秘顾客"暗访等多种形式的调查业务。它们既不进行调查方案设计也不进行数据分析，只为专业的市场调查公司收集数据，也有某些市场调查公司由于规模小，考虑到自己进行现场工作经济上不划算，就把数据收集这一块业务转包给现场服务公司。

（2）调查样本公司。这类公司有自己的调查部，专门从事样本设计及分发。拥有全国样本的公司可以自己进行电话调查，从而节约时间。综合系统样本公司可以列出各种家庭及不同行业的样本、行政区样本和用于选择非正规样本的程序。

（3）数据处理公司。这类公司专门编辑已完成的问卷，进行数据录入，提供高质量的软件系统和数据录入服务。计算机使得调查人员能够在访问的同时将数据录入分析软件中，从而极大地提高调查工作的效率。

（4）统计分析公司。这类公司拥有专门的高级分析人才和先进的分析软件，采用复杂的数据分析技术如多元回归分析、因子分析、聚类分析、列联分析等，在调查过程中可为数据分析和解释提供技术帮助。

（5）二手资料公司。这类公司为其他调查企业或工商企业客户提供通过计算机获取专业化数据库信息的渠道。例如，一些市场调查项目只需要某个大城市某些方面的人口统计数据而非全国的人口统计资料，二手资料公司可提供通过在线计算机网络得到数据的方法，或者用软件提供给客户想要的数据，这样客户就可以在自己的计算机上处理数据。

3. 其他专业机构

其他专业机构主要是指国家、省、市级的政府统计部门、审计和工商行政管理部门所设立的调查部门、各专业管理机构或委员会下属的调查部门等，如商务部的商情信息中心、民政部的社会调查中心、各省市的城乡调查队等。这些机构在为政府决策部门提供各种资料外，有时也向企业或投资者提供有偿的市场调查或咨询服务。其他如一些高校的调查研究所、科研单位的调查研究中心等，也对外承接市场调查业务。

专业性市场调查机构的核心职能是为企业提供市场调查服务，具体来讲，它的职能主要如下。

第一，承接市场调查项目。专业性市场调查机构拥有熟悉管理学、心理学、统计学、社会学、营销学、广告学、计算机科学等学科的专业人才，拥有具备一定社会交往与应变能力的协调人员，还拥有一批训练有素的专职与兼职操作人员，在较为长期的市场调查实践活动中，积累了丰富的经验，有能力承接来自社会各方的委托，并按相应的研究要求，开展市场调查活动。

第二，提供市场咨询。专业性市场调查机构在日常经营业务活动中积累了相当数量的研究结果，涉及不同的研究类型和研究领域，凭借这一专业优势，再结合宏观经济形势、政府政策倾向等，可以为社会和企业提供诸如产品投放、营销网络、促销手段、实施与控制等市场营销体系方面的各类咨询服务，从而为企业科学决策与经营管理提供依据。

第三，提供市场资料。专业性市场调查机构一般拥有稳定、高效的信息网络，订有各种专业报纸杂志，定期采购各种统计年鉴、行业名录等信息工具书籍，加之日常市场调查的成果积累，掌握着大量经过归类整理的现成资料与信息，可为社会和企业提供重要资源。

第四，管理培训。专业性市场调查机构除自身拥有一定的专门人才外，一般都聘请部分专家学者、企业中高层主管为顾问，凭借这一优势，可以开展有关企业战略、市场营销、人力资源管理、商务沟通领域的新知识、新政策、新经验等方面的专项培训，从而为提高企业经营管理人员的水平服务。

二、市场调查机构的部门设置与成员职责

1. 部门设置

以中小规模（15~20人）的市场研究公司为例，一般来说，需要设置以下几个职能部门并配备相应的人员。

（1）总经理室。通常有总经理1人，总经理助理或秘书1人，负责整个公司的协调、运作和人事管理。

（2）客户服务部。配备客户总监1人，业务员2人及以上，主要负责与不同行业客户联络，参与项目招投标，承揽各类调查项目，管理业务档案等。

（3）研究开发部。配备研究总监1人，研究员2人及以上，软件工程师1~2人，负责制订调查方案、分析调查数据、撰写调查报告、创建数据库、进行网络和软件维护及调查技术开发等。

（4）调查执行部。配备执行总监1人，督导2人及以上，专职访问员1~2人，临时兼职访问员根据项目需要进行招聘，主要执行调查项目的现场资料采集工作。

（5）办公室。配备文秘1人，负责行政、人事档案、后勤等日常行政事务工作。

（6）财务部。通常有出纳和会计各1人，负责公司的财务、税收、发票、五险一金缴纳及各项财务管理。

2. 成员职责

专业性的市场调查公司，其组织形式会有所不同，人员的构成大同小异，各自的职责也不尽相同。

（1）管理人员，是指公司的总经理、副总经理及各部门经理。他们的职责是组织、控制整个调查运作，协调下属各部门之间的关系，制定公司的管理规则和人员职责。管理人员通常对市场调查项目运作的各个方面比较熟悉，有丰富的从业经验，此外，还有较强的组织管理能力。

（2）研究人员，通常是指项目经理、客户经理或研究总监，属于调查公司的高级职务人员。他们的职责是负责接受调查项目，拟订调查方案和数据处理计划，进行抽样设计、问卷设计、数据分析及撰写调查报告等。此外，还负责向客户汇报调查结果、提供咨询服务等。

（3）统计专家或资料处理专家及高级分析师。统计专家或资料处理专家主要负责调查项目的统计技术、实验设计和资料处理等比较复杂的工作，其职务较高，一般仅次于项目主管助理，在公司具有特殊的地位。高级分析师负有多项职责，主要是参与调查项目的计划、负责指导项目的实施、拟定问卷、选择调查技术、负责调查分析、撰写调查报告和进行预算控制等。

（4）督导，是指访问员的管理者，负责访问员的招聘和培训，以及对访问员的工作进行指导、监督和检查。

（5）访问员，通常包括专职访问员和兼职访问员。访问员的工作就是采集资料，对指定的受访者进行调查访问，以获得原始资料。专职访问员是公司聘用的全日制工作人员，他们的职责除了进行调查访问之外，还要协助督导对新招聘的访问员进行培训，执行一般访问员难以胜任的调查访问，对某些抽到的受访者进行复访或回访。兼职访问员是公司临时聘用的人员，他们在公司需要实施调查时，执行调查访问。

（6）电脑录入员。电脑录入员的主要职责是对收集到的问卷资料进行编码，并将数据资料录入电脑，以便研究人员做统计分析处理。此外，他们通常也要负责一般资料性文件的电脑编辑、打印工作。电脑录入员要熟悉各种计算机软件的使用，键盘操作速度要快。

（7）资料员。要具备档案管理方面的经验，其地位与分析师相当，主要负责整个资料库（或室）的管理，负责向整个公司提供参考资料。

三、市场调查的人员选择

无论是企业内部设置的调查部门还是专门的市场调查机构，都必须重视对市场调查人员的选择和培训，组建合格的调查队伍，为完成调查任务提供基本的保障。

（一）市场调查业可提供的职位

无论是在企业（或公司）内部的调查部门，还是在专业调查公司、广告公司和政府机构的调查中心，市场调查业可提供很多职位，如调查总监、调查总监助理、高级分析师、分析师、初级分析师、统计师、执行督导、访问员等。

专业市场研究公司的岗位分工往往非常细致，常常设置研究总监、项目经理、研究员、研究助理、现场数据经理、督导、访问员、录入员、质检员等各种专门角色。市场调查业需要具备多种背景、经验和技术的人。如果准备投身市场调查业，应系统学习以下专业知识：市场营销学、统计学、计量经济学、计算机技术、心理学、消费者行为学、社会学、管理学等，同时要具备良好的文字表达能力和口头表述能力，以及要进行创造性的思考。要求从业者要有良好的职业道德，如为客户保密、为客户服务的精神，为受访者保密、不泄露隐私等原则。

市场营销与工商管理专业的本科毕业生，最常见的工作职位起点是作业督导，负责现场调查、数据编辑和编码的监督与指导工作。具有工商管理硕士或同等学位的人，往往被聘为项目经理。初级分析师和分析师一般要接受专门训练，工作包括核对数据、编辑问卷和对数据进行编码，为市场调查准备原始数据和二手数据等。统计师也被称为数据处理专家，需要很强的统计学知识和数据分析背景。统计学专业的本科生，需熟练运用办公软件如Excel进行初级的统计分析、制表制图，还需对收集的资料建立数学模型，并能掌握SPSS、SAS对数据进行深度分析和挖掘。研究总监则需要管理其他人，因此要有更多的管理技能。

（二）调查人员的素质要求

市场调查既是一项高度智力性的工作，又是一项烦琐、辛苦的工作。调查人员本身的素质和条件，将直接决定市场调查活动的成败优劣。在调查业发达的国家，市场调查行业对人才是很有吸引力的。例如，在美国，该行业对职位有一定的素质要求（表1-1）。

表1-1　美国市场调查行业的职位、责任和素质要求

职位	职责	经验要求	教育程度
总监	市场调查部门的管理	10年以上	研究生
总监助理	项目的设计、执行和管理	5年以上	研究生
高级分析师	项目监督（进度与质量）	3~5年	大学以上
分析师	项目分析与细节监督	2~4年	大学以上
统计师	统计分析	0年	大学以上
初级分析师	项目协调（问卷编码、二手数据分析等）	0年	大学
执行督导	数据收集监督	3年以上	高中
图书资料员	图书资料管理	0年	大学
访问员	问卷管理（兼职）	0年	高中

从工作性质来看，在一个项目的研究团队中，三种角色是必不可少的：研究人员、督导、访问员。其中，研究人员主要负责调查项目的方案设计、编制问卷、进行数据分析并撰写报告等；督导专门负责访问员的培训和指导，以提高数据收集的质量；访问员负责现场数据的收集。

1. 研究人员的选择

优秀的研究人员是在调查项目实践的不断积累中成长起来的。在市场调查公司工作中往往需要经过研究助理、项目经理等多个角色的实践历练，才能成为一名称职的研究人员。具体来看，要求研究人员具有两方面的基本素质。

（1）职业道德修养。要求熟悉国家现行的有关方针、政策、法规，具有强烈的责任感和事业心，能为各方严守秘密，做到实事求是、客观公正。在工作中有韧性和抗压能力，具有开拓创新精神。

（2）业务能力。要求有广博的知识面，包括熟悉市场调查理论与方法、市场营销学、心理学、消费者行为学、统计学、管理学、社会学、计算机应用及相关产品等方面的技术知识。在调查项目的策划和执行中，能准确解读有关的方针和政策法规，对市场有高度的领悟力，具有较强的收集、鉴别、利用各种情报资料的能力，特别是高级分析师应掌握各种初、高级统计分析方法和技术，能熟练运用现代统计分析软件对数据进行深度挖掘，有较强的归纳综合能力。除此之外，还要有一定的文字功底，能写出高质量的调查报告。

2. 督导的选择

督导的主要职责是对访问员进行培训和管理，并且负责问卷的回收与检查，一般由富有责任感和实地经验的访问员担任。督导的能力关系到调查项目能否顺利、高效地实施。一个好的督导除了具有逻辑思维清晰、口齿清楚、耐心细致、能克服困难、认真负责等基本素质外，还应具备以下能力。

（1）管理能力。在现场实施中，能指导和监督访问员严格按照程序要求进行访问，保证数据采集的有效性和准确性。能够把项目执行过程中产生的各种信息系统有序地收集、整理和归档，并及时地向与项目有关的人员和客户递交，能迅速果断地应对和处理意外事件的影响。

（2）沟通能力。在现场实施中能和各种与项目有关的人员，如公司内部的问卷设计人员和数据处理人员、客户方、受访者等产生工作上的联系。为了提高调查工作的效率，要求督导具备很强的人际交往和沟通能力。

（3）团队协作能力。每个调查项目的完成需要各个部门的协同合作，因此督导的团队协作能力也是影响其工作成效的重要因素。

3. 访问员的选择

在市场调查活动中，各种类型调查项目的资料采集工作一般是由访问员完成的，访问员本身的条件、素质、责任心等都在很大程度上制约着项目的质量，影响着调查结果的准确性和客观性。按市场调查的客观要求，作为一个合格的访问员，应该具备相应的思想品德素质、业务素质和身体素质。

（1）思想品德素质。有强烈的社会责任感和事业心、较高的职业道德修养和诚实的品格，表现在调查工作中能够实事求是，能为受访者保密，对工作认真细致，懂礼貌，亲切，平易近人。

（2）业务素质。访问员的业务素质主要体现在以下几个方面。

其一，沟通能力。表现为对陌生人有亲和力，谦逊平和，能够迅速接近受访者，取得受访者的信任和配合，从而获得真实的信息。

其二，表达能力。要求口齿清楚、表达流利、普通话标准，在调查过程中能够将所要询问的问题清楚地传达给对方。在一些普通话普及率不太高的地区，特别是一些偏远地区，或是当受访者中有老年人时，访问员还要能够使用当地方言进行访问。

其三，观察能力。能够通过受访者的表情及肢体动作判断其回答的真实性，对有疑点的资料反复核对，一丝不苟地完成任务。

其四，文字能力。能准确理解问卷中问题及答案的意义，并能根据受访者的情况快速准确地填答，特别是对开放式问题的记录应快速且字迹清晰。

其五，独立外出能力。能够独自到达指定的地点进行抽样和访问，尤其是入户访问，能根据线路图及地址表顺利找到指定的受访者实施访问。

其六，随机应变能力。在复杂多变的环境里，可以应对各种随时遇到的意外事件。能根据不同类型的人群，采取灵活机动的方法进行访问，顺利完成调查。

（3）身体素质。市场调查是一种十分艰苦的工作，特别是在实地调查阶段，有时需要长途跋涉、顶风冒雨，会遇到各种艰难险阻，对访问员的身心都是一种考验。在选择访问员时，要求其有高度的工作热情、良好的个性和圆满的人格。性格最好属于外向型，热情活泼，善于交际，谨慎机敏。五官无缺陷，体魄健康，精力旺盛，能吃苦耐劳。

目前国内的兼职访问员大多是在校的大学生，也有居委会工作人员。招聘大学生做兼职访问员比较方便，其素质较高，易培训，但是不便于管理，而且访问的质量深受大学生责任心的影响。

第四节 市场调查的历史沿革和发展趋势

一、市场调查的历史沿革

20世纪初，一些主要的资本主义国家完成了工业革命，劳动生产率迅速提高。随着商品经济的高度发展，市场竞争日趋激烈，厂家迫切需要了解消费者的购买习惯及市场行情的变化，市场调查应运而生。如今，市场调查已经成为企业了解目标市场和进行营销决策的重要手段，在全球范围内得到广泛的重视。在西方发达国家，市场调查已成为非常成熟的服务行业。市场调查作为一门学科，其产生和发展大致经历了三个阶段。

1. 萌芽期（1920年以前）

最早有记载的市场调查活动，是1824年8月由美国《宾夕法尼亚哈里斯堡报》在总统大选前所进行的民意调查。1879年，由美国一些农业机械生产商发起，艾尔广告公司做了第一次有组织的、系统的市场调查，目的是为农业设备生产者估计需求。大约在1895年，专业的学术研究者进入市场调查领域，首先在美国形成一门学科。当时，美国明尼苏达大学的心理学教授哈洛·盖尔将邮寄问卷调查法引入广告研究。随后，美国西北大学的斯科特将实验法和心理测量法应用到广告实践中。

2. 成长期（1920~1950 年）

进入 20 世纪后，消费浪潮的涌现及机械化大生产的增长导致更大规模、更远距离的市场产生。为了更多地了解消费者的购买习惯和对产品的需求，1911 年，当时美国最大的出版公司——柯蒂斯设立了专门的市场调查部，经理佩林先后对农具及纺织品销售渠道进行了系统的调查，并亲自访问了美国 100 个大城市的主要百货商店，编写了《销售机会》一书，佩林被推崇为市场调查学科的先驱。1922 年，A. C. 尼尔森创建了专业市场调查公司，提出"市场份额"的概念，加之多项其他服务，使其发展为当今全球最大的市场研究机构。20 世纪 30 年代，经济大萧条使市场调查业受到普遍重视并得到快速发展，问卷调查法得到广泛使用。20 世纪 30 年代末期，市场调查作为正式课程，在美国的哈佛大学、西北大学商学院等大学校园中得到普及。课程中汇集了市场调查与预测理论和实践方面的知识，同时借助广播媒体的发展，使市场调查由一种应用学科演变为明确的行业，特别是实验设计、民意测验、人为因素调查和运筹学等，逐步被广泛地接受和应用。20 世纪 40 年代，社会学家罗伯特·默顿发展了小组访谈法。到了 20 世纪 40 年代末，随机抽样、心理测试等方法也进入了市场调查领域。

3. 成熟期（1950 年以后）

第二次世界大战抑制了需求的增长，市场由卖方市场向买方市场转化。由于广告、创新和其他因素的加入，企业的市场风险加大，因此市场调查被用来发现市场需求，然后再生产适销对路的产品去满足这些需求。20 世纪 50 年代，相关学者主要依据顾客人口统计特征提出了市场细分的概念，并开始进行动机研究、消费者行为分析。这些研究和分析与先进的调查技术结合，派生出了消费者心理学等边缘学科。20 世纪 60 年代，市场调查得到商业组织的真正认可。许多西方发达国家的企业开始涉足国际市场，市场调查成为企业了解更大更远市场的重要工具。20 世纪 70 年代，计算机的诞生，使得计量经济学、市场信息管理及市场预测技术都进入了一个新的阶段。与此同时，在调查技术上，动机研究、运筹学应用、态度测量技术、多元回归和相关分析、因子分析和判别分析、实验设计、销售模拟、情报储存和校对、随机模型、马尔科夫模型等都有所创新和发展。定性分析与定量分析方法被广泛运用，产生了人工智能型的专家决策系统软件，为调查人员快速分析、储存和探索大量信息提供了有力的支持。20 世纪 80 年代以后，科技的进步特别是计算机技术的广泛应用，不断影响着市场调查行业的发展。20 世纪 90 年代以后，网络经济的兴起给市场调查带来新的冲击，互联网快速发展并逐步成为市场调查者的有力工具。直到现在，各种应用于市场调查的技术还在不断地变革和发展。更重要的是，市场调查的范围已扩展到非营利组织和政府部门等领域。

二、市场调查的现状和未来

随着市场调查研究和实践工作的开展，大批市场调查机构的建立和对于企业营销活动的影响，使市场调查早在 20 世纪初逐步发展为一门学科。自第二次世界大战以后，市场调查随着经济和科技的发展，已成为一门集市场营销学、管理学、社会学、统计学、心理学、语言学、档案学、计算机应用等学科内容的应用性、边缘性学科。

市场调查能够使执行者获得很高的经济利益，拥有专门技术的市场调查公司有着很大的市场和良好的发展前景。从全球经济的角度看，市场调查业有两个明显的发展趋势。

一是国际化。经济全球化的一个重要特征就是大型跨国公司在不断寻求海外扩张的机会。随着跨国公司全球化战略的实施，它们希望得到持续性的海外市场信息。为了适应跨国公司对海外市场信息的需求，许多国际性市场调查公司积极寻求在海外建立自己的子公司或网络系统的机会，这为许多发展中国家市场调查业提供了更多的市场机会：一方面，本国经济的高速发展、外资的大量进入形成了对市场调查的强大需求；另一方面，由于市场调查具有很强的本土化特征，国际性市场调查公司在介入发展中国家市场调查领域时必须利用本地资源，从而带动了发展中国家市场调查业的发展。

二是战略联盟。随着客户需求日益复杂、调查技术难度加大、调查成本不断提高，更多的市场调查使用者与提供者之间建立战略联盟，共享数据和能力，并以此作为节约成本的方式。在战略联盟中，调查资料的使用者和提供者根据未来共同的发展利益建立一系列的行为准则，使市场调查公司可以将资源集中于客户的项目而不是销售和制定协议上，从而提高效率。

三、市场调查在中国的发展

我国很早以前就有关于进行市场调查的记载，如在司马迁的《史记·货殖列传》中，就记载了孔子的学生端木赐和越国大夫范蠡进行市场调查与市场预测的事例。中国在漫长的封建社会和中华人民共和国成立前相当长的一段时间里，由于商品经济不发达，几乎没有进行过商业性的市场调查。

中华人民共和国成立后的30年间，受到计划经济体制的影响，市场调查没有受到企业的重视。在中国，真正意义上的市场调查产生于20世纪80年代中期，当时中国开始对外开放，一些国际品牌进入内地市场，在香港的市场调查公司受这些企业的委托在内地执行市场调查，首选的城市是广州。这些设立在香港的市场调查机构没有在内地设立办事处，一般是委托内地的统计局帮助完成调查项目。另一个推动内地市场调查发展的动力来自全球知名的日用品公司宝洁。宝洁公司于20世纪80年代末在广州成立中外合资公司，将市场调查全面系统地引入中国，培养了大量的市场研究专业人员，扶持了多个本土市场研究机构。业界普遍认为，宝洁公司进入中国之后才催生了市场调查行业的萌芽。

20世纪80年代，国内专业化的市场调查公司寥寥无几，大多由广告公司内部设立的市场调查部门执行一些跨国公司的调查课题。1987年7月，广州市委的广州软科学公司成立了广州市场研究公司，这是行业内公认的国内最早的专业市场调查公司，标志着中国市场研究行业的开端。进入20世纪90年代，全国具有统计系统背景的公司脱颖而出，其中包括北京华通、华联信、上海恒通等。随着计划经济向市场经济的过渡，市场调查开始受到重视，许多专业化的市场研究公司相继成立。1990年4月，广州市场研究公司的部分骨干成立了国内第一家私营性质的华南市场研究有限公司。随后，一批民营市场调查公司也相继涌现，如北京的零点研究、新生代、慧聪，上海的大正公司等。在20世纪90年代中期，迫切的市场调查需求导致大量中小型市场研究公司的诞生，市场调查业呈爆炸式发展。市场调查公司大多集中在广州、北京、上海三个城市，一些省会城市如沈阳、哈尔滨、武汉等也相继出现了当地的市场调查公司。1998年9月，设立在中国信息协会之下的市场研究业分会筹备委员会成立，与会代表在规范市场调查行业、促进整个行业健康有序发展问题上达成共识。随着小公司合并、外资对国内公司的并购，众多市场研究公司如雨后春笋般涌现。市场调查行业不断发展、规范，为国家的经济发展和企业科学决策做出了积极贡献。2001年4月，全国市场研究行业协会在广州正式成立。许多成员加入了世界性专业组织——欧洲民意与市场调查协会，协会的成员们以世界行业的规范和标准自律，使行业中的供需双方有规范可循、有标准可依，促使行业健康理性地成长。

由于中国消费市场的潜力巨大，大批海外的市场调查与咨询公司都不惜重金进军中国，其中A.C.尼尔森、盖洛普等在中国市场有很大影响。目前，世界排名前20位的市场调查公司有一半已经进入中国，这些以收集市场信息和提供市场分析服务为主的市场研究服务供应商，其业务领域已经涉及产品和服务过程中的方方面面。从了解消费者、品牌管理、产品研究、创新研究、沟通管理研究、渠道管理研究到客户关系管理研究等无不触及，各类研究技术工具从国际带入本土在服务中被灵活运用。例如，1994年亚太地区最大的调查公司SRG集团在北京、上海、广州成立自己的分公司，并在全国范围内建立了一个规模较大的媒介监测网，向客户提供媒介研究、消费者研究、个案研究及零售研究等市场调查服务。许多国际市场研究集团如A.C.尼尔森等，不但从在中国的投资中获得了丰厚的商业利益，也对中国市场研究行业的迅速发展起到了推波助澜的作用。

经过几十年的发展，中国的市场调查业从最初仅仅集中在北京、上海、广州三地，逐步向各省会和二线城市扩展，形成了比较完备的覆盖中国城乡各个区域的全国性的调查执行网络。无论是国际跨国公司、三资企业，还是民营、私营企业都对市场研究有了广泛的需求，中国市场调查行业的服务对象迅速扩大。除了制造企业、广告公司与媒体三大主体需求之外，房地产、通信、汽车、金融、医药、信息技术等领域需求也快速增长，市场调查领域呈现出蓬勃发展的态势。特别是进入21世纪之后，市场调查业迎来了前所未有的发展机遇，整个行业的执业实践得到国内外工商界的广泛认同，服务对象由20世纪90年代初期和中期仅仅服务于大型国际跨国公司与少数国内企业，转变为现在几乎涉及所有全球500强机构、国内上市公司和知名品牌企业。

中国市场调查行业如朝阳般成长，一方面得益于中国改革开放政策的实施，使得大量外商涌入，他们不仅带来资金，更重要的是给市场调查业输入了先进的理念和方法技术；另一方面，中国经济的连续高速成长，企业管理层的年轻化和知识化的进程加快，国内与国外的人才交流频繁，市场研究的专业人才供给环境大幅改善，社会科技应用的进步，国内企业的市场化程度越来越高，以及客户需求大量增长等因素是该行业快速成长的外因。目前，中国的市场调查行业还处于发展阶段，随着市场调查业全球化的日益加深和调查技术的飞速发展，中国市场调查行业的发展将逐步迈入成熟期。

☆思考练习题

一、问答题

1. 如何理解市场调查的含义？
2. 市场调查的作用是什么？
3. 市场调查需掌握哪些基本原则？
4. 简述探索性调查、描述性调查、因果性调查、预测性调查的特点及其综合应用。
5. 专业性市场调查机构的主要职能是什么？有哪些类型？
6. 一个合格的访问员应该具备哪几方面的条件？

二、讨论题

1. 如果把我国的中式快餐打入中东某国，应该进行哪些内容的市场调查？为什么？请进行比较详细的说明。
2. 肯德基或者日本家用电器进入中国之前，是如何进行环境调查的？它们调查了哪些内容？它们据此进行了怎样的市场营销策划？
3. 姜森计划投资 300 万元在市中心做一家餐馆。当他申请筹资贷款时，银行工作人员问他是否进行过可行性研究，他回答说："我原本打算做调查，但一家调查公司对这项调查要价 3 万元。我认为，与开办新业务的所有其他费用相比，调查是不必要的奢侈开支。"请问你对这一事例如何评价？
4. 如果你是一个工商管理专业的大学生，毕业后是否愿意到市场调查公司去就业？有无在这个领域里自主创业的想法？毕业后如果自己创业成立调查公司，谈谈对公司的构想。

➤实训题

在学习第一章之后，全班同学每 4~6 人成立一个市场调查项目小组，指定小组负责人，本学期该小组成员不变，要求每组学生完成本学期的实训任务。第二次上课前，各组组长将本组成员的名单（包括小组成员姓名、学号、联系方式、电子邮箱地址及在项目调查中担当的角色）交给任课教师。

（一）通过本课程的学习，本学期要达到的学习目标：

1. 编制一份简易的市场调查项目计划书。
2. 设计一份市场调查问卷。
3. 撰写一份简易的市场调查报告。

（二）以各调查小组为单位，完成下列任务之一：

1. 到图书馆或上网查找资料，具体要求如下：①了解国外知名市场调查公司的情况；②了解目前国内排名在前 10 位的市场调查公司（包括合资公司、民营公司等）的情况。
2. 到一些企业去，了解它们的市场部日常在做什么工作。
3. 到当地的一些市场研究公司去做兼职访问员。

根据以上任务，每组撰写一份考察报告或心得体会。

第二章　市场调查策划

学习目标

通过本章的学习，了解市场调查的一般运作程序；理解市场调查主题的含义和提炼要领；掌握市场调查计划书的主要内容和撰写要求，能根据具体的调查项目进行市场调查策划，并能独立撰写简易的市场调查项目计划书。

市场调查是针对企业生产和经营中存在特定的营销问题而进行的活动，是一项系统工程，有很强的目的性。在调查目标确定之后，全部工作需按照一定的程序进行，从开始准备到调查方案的制订，直至最后的实施和完成调查报告，每一阶段都有特定的工作内容。在整个运作过程中，每一个环节都很重要，必须事先制定出科学、严密、可行的工作规划和组织措施，从而保证调查工作有秩序地进行，以减少盲目性。

第一节　市场调查的运作程序

市场调查的运作程序是指从客户提出调查要求开始到调查结束的全过程及其作业程序。建立一套系统科学的运作程序，是市场调查得以顺利进行、提高工作效率和质量的重要保证。市场调查工作的基本程序如下：确定调查目标、制订市场调查计划、实地调查收集资料、整理和分析资料、撰写调查报告、信息反馈和跟踪等（图2-1）。从市场调查的实践情况来看，市场调查因涉及的对象、具体内容、目的的不同而有种种设计，但详细运作程序大致包括市场调查的准备、市场调查的实施、市场调查的总结三大阶段。

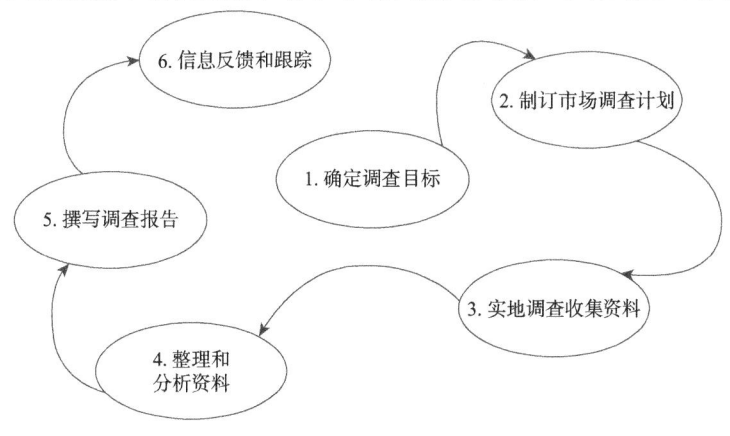

图 2-1　市场调查的基本程序

一、市场调查的准备阶段

市场调查的准备阶段,是指从客户提出市场调查的要求开始直到签订协议为止的过程,主要包括客户提出调查要求、明确调查目标、拟订调查计划方案、签署协议等方面的工作。

(一)确定调查目标

市场调查项目的启动一般都是从客户自身的需求开始的。为了保证调查项目的有效性,先明确调查的问题,在此基础上提出调查目标。对调查问题的界定不明晰会导致市场调查无法顺利进行,不能取得必要的决策信息、大量冗余信息及产生非必需的预算支出。在这一过程中,研究人员一方面要听取客户的介绍,了解他们的目的、意图及信息需求;另一方面要收集和分析相关的二手资料,有时还需要进行小规模的定性研究,以便确保对所要调查的问题能够明确地加以界定,或以假设的方式提出来。

(二)制订市场调查计划

在明确了调查的问题之后,下一步的工作就是进行市场调查策划即制订市场调查方案。通常要对市场调查的目的、内容、方法及抽样设计、调查质量的控制、统计分析、调查的时间进度、费用预算及调查的组织安排等做出具体的规划和设计,并在此基础上编制出切实可行的市场调查计划书。调查方案拟好之后,还需要进行论证,客户在认可或拒绝接受方案之前,会对方案进行严格的审查。一般是先请调查公司对方案进行说明,客户再对方案的合理性、价值进行分析、判断和评估,双方进一步研讨、商榷及对初步方案进行修改。当调查方案根据客户的要求进行修改并得到客户的认可之后,双方即可按照商业规范要求签署协议。

二、市场调查的实施阶段

明确了法律上的责任和义务之后,就可以开始实施调查。

(一)实地调查收集资料

市场调查方案获得客户决策层批准之后,则可按照市场调查方案设计的要求,组织调查人员深入实地收集有关资料。这一阶段的工作主要是进行问卷设计、抽样实施及访问员的招聘和培训。在许多实际调查中,问卷设计常常在方案设计时同时完成,并作为方案的一部分内容提交客户审议。抽样实施通常包括建立抽样框、抽取受访者。问卷初稿设计完成之后,一方面设计者要对问卷进行全面的检查;另一方面也要将问卷提交客户审查。一般通过预调查就可以发现问卷设计的缺陷,再对问卷及抽样计划加以适当的修改。预调查完成之后,就开始正式的实地调查工作。要按照事先划定的调查区域确定其调查样本的数量、访问员的人数、每位访问员应访问的样本数量及访问路线,每个调查区域配备一名督导人员;明确调查人员及访问员的工作任务和职责,做到任务落实到位、责任明确。调查组织人员要及时掌握实地调查的工作进度,协调好各个访问员的工作进度；要及时了解访问员在访问中遇到的问题，帮助解决问题，对于调查中遇到的共性问题，提出统一的解决办法。首先要做到每天访问调查结束后，访问员对填写的问卷进行自查，其次督导员对问卷进行检查，找出存在的问题，以便在后面的调查中及时改进。

（二）整理和分析资料

实地调查结束后，即进入调查资料的整理和分析阶段。这一阶段主要是对问卷资料进行统计处理。统计处理包括对调查问卷的审核、校对、编码工作，然后将调查数据录入计算机，经过初加工处理即可获得列成图表形式的数据资料。利用上述统计结果，就可以按照调查目的的要求，针对调查内容进行全面的数据分析工作。数据分析是运用统计分析方法对大量数据资料进行系统的分析与综合，借以揭示受访者的情况与问题，掌握事物发展变化的特征及规律性，找出影响市场变化的各种因素，提出切实可行的解决问题的对策建议。

三、市场调查的总结阶段

（一）撰写调查报告

当需要的资料齐备，对数据所反映的规律、问题有比较清楚的了解之后，研究者就可以着手撰写调查报告。调查报告是市场调查的成果，它所提供的资料会对客户的市场决策产生重要的影响。调查报告能体现调查公司研究水平，书写时必须十分慎重。市场调查报告要按规范的格式撰写。一个完整的市场调查报告格式由标题、目录、概要、正文、结论和建议、附件等组成。完成调查报告之后，还需进行调查结果的口头汇报，由调查公司的研究人员与客户的有关人员参加，由调查公司的研究人员向客户介绍、说明调查所得到的结果。客户在听取介绍之后，对不清楚的问题可以提出疑问，研究人员对客户的疑问逐一做出解释。会后针对客户提出的问题，对调查报告做进一步的补充和修改，直至客户满意。最后，按照协议规定交给客户书面报告及电子资料。

（二）信息反馈和跟踪

在花费了大量的人力和物力开展市场调查并获得结论与建议之后，并不能认为调查过程就此完结，还应跟踪调查，重要的步骤就是付诸实施。研究人员应当设法了解管理层是否采纳了研究建议，以及在管理层采纳研究建议的情况下决策的有效性如何。这一部分是很容易被研究者忽视的内容，如果调查的信息不能被很好地利用，会使市场调查的作用降低。对调查问题的跟踪将有利于客户对问题的全面认识，以进行科学的决策。

以上调查活动的详细运作程序如图 2-2 所示。

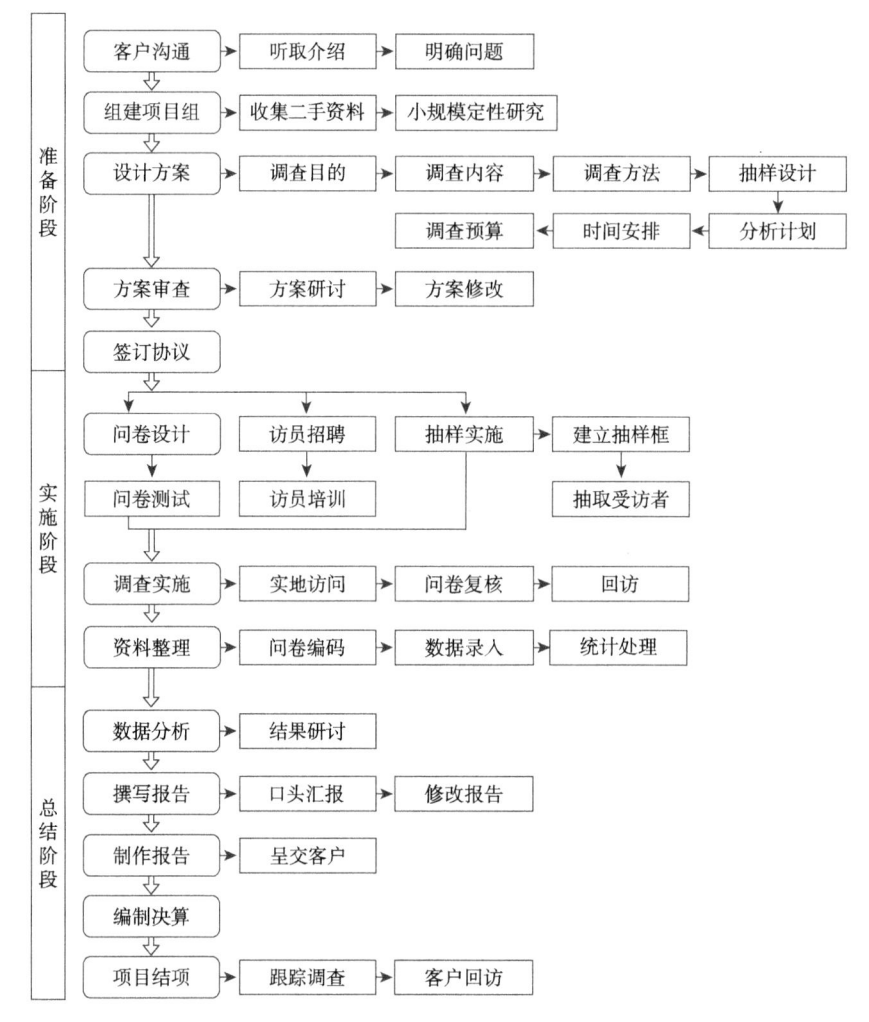

图 2-2　市场调查的详细运作程序

第二节　市场调查问题的界定

在市场调查过程中，要以"问题导向"引领"调研方向"，贯穿调查研究全过程。明确市场调查问题是整个市场调查过程中非常重要的环节，只有准确地界定市场调查问题之后，才能顺利地设计调查方案并付诸实施。

一、界定调查问题的意义

由委托企业或其他客户提出的问题，一般只是一个大致的范围或方向，不具体，甚至停留在表层，这就要求研究人员与客户反复沟通，听取客户的介绍，了解他们的目的、意图及信息需求之后，先着手弄清楚所要调查的问题。

市场调查问题是指调查项目所面临和需要解决的核心问题。明确市场调查的问题是市场调查设计中的关键。调查问题不同，调查内容、方法、对象和范围也不相同。错误的理解或者界定不准确，那么所有为此投入的努力、时间和资金都将付诸东流，调查所得的结果也无助于帮助企业管理者进行正确的决策。大量的事实表明，对市场调查问题了解得越透彻、清楚、详细、准确，越有利于市场调查活动的有效开展，才能以较少的投入取得良好的效果。所以，在调查项目开始之初，真正搞清楚信息需求及调查的问题，对整个调查过程具有决定性的意义。

由于不同的客户面临的现实情况不同，因而他们的具体目的也有所不同。通常是决策者知道出了问题，但却不清楚问题出在哪里。例如，有的客户想了解清楚生产经营中出现销售不畅的原因和解决的方法；有的客户准备采取某种行动，但又不敢贸然行事，试图通过市场调查来判断行动的后果；有的客户已经采取了某种行动，但不清楚效果如何；有的客户想了解竞争对手的各种情况；等等。在目前的大多数市场调查中，有的客户甚至一项调查的目的有好几个，如了解消费者对产品的感受、评价、意见，以便改进产品；了解某种品牌在同类产品中的地位，以便采取相应的营销对策；了解目标市场的媒体接触习惯，以便为制订广告活动的媒体计划提供依据；等等。部分决策者经常犯的错误是调查没有主题，什么问题都想通过一次调查就能全部解决。类似这样的问题常常是引起市场调查的初始原因，但问题本身并不一定构成市场调查的主题，还需要进行分析和初步调查。

二、调查问题的提炼

界定问题是调查过程中最重要也是比较艰难的任务。当调查开始时，调查问题包含的面通常较广，研究者对这种大范围的知识背景比较熟悉，如定价、促销、产品开发等，但这些不宜作为调查的最终问题。例如，对某产品的广告策略进行研究，这个问题的范围比较大，调查人员无法操作，必须进一步确定调查的重心是放在媒体选择方面还是在广告创意方面。随着调查问题提炼到一个较窄的领域，研究者缺乏对该企业产品情况及行业的专门知识，思路就会受限，因此有必要做一些与界定问题相关的工作，如收集二手资料、做一些探索性调查等。通过这些非正规的调查，在对问题的研究提炼过程中，会发现从一开始想要调查的某些问题的资料已经存在，相关的题目就应该剔除，从而把其中另外一些内容作为调查的题目。例如，在对产品的广告策略研究中，经过一定的初步调查发现企业早就进行过这类产品的广告媒体方面的研究，因此就可以把广告创意的调查作为主题。

一些企业可能遇到这样的问题——"××产品的销售量在上季度突然下降"，这是一个很模糊的问题。一般来讲，人们会把引起调查的情况称为调查问题。企业的决策者要求对产品销售量下降进行解释可能是引起调查的原因之一，但销售量下降并非一定会引起对它的调查，有必要对调查的问题加以提炼分析。要想界定问题，必须针对影响销售的诸多因素进行分析：销售量出现下降的原因既可能来自企业外部宏观环境或微观环境的变化，也可能来自企业自身——是渠道选择不当？还是产品质量出了问题？抑或是竞争对手采取了某种行动？等等。假如初步诊断发现是渠道不畅的原因，则要把调查的重点放在渠道的选择上，也就是对关键问题进行调查，才能提出针对性的意见和建议。

三、选择调查的目标

有些企业的调查问题一开始就很明确，如某企业去年为产品投放 800 万元广告费，在今年做广告预算时需要进行广告效果调查，这时就可以直接确定调查的目的、调查的具体内容及对象、采用的调查方式等，顺利进行下一步的调查工作。如果调查任务开始于寻找引起某种症状的原因时，调查的目标就不是十分明确了。例如，在"××产品的销售量在上季度突然下降"的例子中，如果下降的原因不明确的话，找出其原因仅是调查的目的之一。在引起症状的原因已知的情况下，调查的目的就可能变成"决定能处理这些症状的措施"。如果××产品的销售量在上季度突然下降是由于主要竞争对手的同类产品在某个区域的降价销售造成的，那么研究的目的就是选择采取措施的方法。即使某产品企业的经理们已有了几种可行的措施，但不知把哪一种付诸实施的话，调查的目的就是辨明最有效的营销方案。当然，有些调查问题有多重目的：其一，辨明引起症状的原因；其二，辨明克服症状的各种措施（方案）；其三，选择一个最有效的方案。

上面只是从总的方面讨论了研究的目的，但这些大方向的目的还要化为具体的目标。研究的具体目标通常以调查问题的形式出现，表明了决策者所需要信息的内容。这一阶段的工作对下一阶段中研究方法的选定、问卷或调查提纲的制定等工作有很重要的作用。

四、形成假设

在问题确定之后，调查人员必须针对某些问题寻找其假设因素，以便从这些假设因素中找出影响问题症结的特定因素，作为设定调查问题的依据。假设会使研究的目的更加明确，假设的接受与拒绝都会使研究者达到问题的目的。假设有两种形式：一种是研究者可以根据正规研究资料判断的陈述性假设；一种是研究者要调查的各种可能的行动方案假设，旨在选择最适合的一个方案。并非所有研究主题都需要做正规的假设，这取决于假设的接受和拒绝是否能帮助调查人员达到解决问题的目的。简单的事实收集就不一定需要做假设，然而大多数市场调查需要进行假设，以使资料的收集工作更有依据性。

当客户的生产经营问题太抽象或范围太大时，不妨多从这个角度对问题进行理解。一般的调查主题都包括主要问题及其分支问题，通常要把调查目的分解为一些具体目标，然后根据这些具体目标形成研究假设。提出研究假设的作用是使研究目标更加明确，它指导研究人员去收集必要的信息，以检验研究假设。假定某企业发现销售额日益减少，调查人员要寻找造成此问题的假设因素，包括消费者因素、竞争因素、经济因素及广告因素等。接着针对这些假设因素加以研究分析，结果可能发现广告才是影响销售额的重要因素，于是再设定各种可能影响广告效果的假设因素，并将这些假设因素分别再加以分析，寻求具体的影响因素，以供研究人员去求证这些因素与销售额之间的关系，作为设定假设的问题的依据。

五、确定调查问题的过程

确定调查问题的过程是从分析问题的背景入手，经过探索性调查确定客户企业所面临的经营决策问题，然后明确相应的市场调查问题，这是一个系统地分析问题和确定问题的过程。

（一）了解客户企业背景情况

调查人员必须对客户企业的情况进行分析，特别是那些对确定调查问题有较大影响的因素，了解进行调查的环境背景，包括本企业和行业的历史背景和发展限制条件、决策目标、购买者行为、经济环境和法律环境、公司的营销能力和技术手段等。调查者应该了解客户的以下情况。

（1）掌握与客户企业及所属行业相关的各种历史资料和发展趋势，包括销售额、市场份额、营利性、技术、人口统计资料等。对这些资料的分析，应在行业层面和企业层面分别进行。

（2）分析客户企业的各种资源和面临的制约因素，如资金、时间、研究能力及委托企业的人员素质、组织结构、决策风格等。

（3）了解和分析决策者的目标，并将这种目标具体化和清晰化。

（4）过去的营销方案，包括产品的价格、分销和促销的手段和具体措施等。

（5）顾客的构成及消费行为。

（6）竞争对手及市场趋势。

（7）相关财务状况。

（二）确定问题的相关工作

在对客户企业情况进行充分的了解之后，先期还应进行一些探索性研究，使模糊的问题变得条理清晰，以便更准确地把握决策的问题。为了选择对企业发展来说最重要最迫切的问题进行调查研究，以准确界定调查问题，研究人员在这一阶段应做的工作主要如下。

1. 与企业高层主管进行讨论

市场调查是为高层管理者提供决策依据，必须根据决策者对整个企业的把握及他们的目标确定调查问题。同时，决策者也需要了解市场调查的功能和局限性，以便对调查结果提出合理的期望和要求。同决策者讨论的根本任务是深化调查人员对调查问题的了解和认识，因此，调查人员要主动和决策者就企业生产经营及营销活动面临的问题展开积极讨论，了解企业及行业的运转情况、政策和传统做法等方面的背景材料，一起研究确定调查目标和内容。与决策者讨论的内容如下：开展市场调查的起因、可采取的备选方案及其后果、技术上的可行性、解决问题所需的信息及其成本、相关的企业文化、决策者的个性及处事风格等。

2. 向行业专家咨询

在调查目标未确定以前，挑选一些精通调查问题的行业专家、生产厂商、部门管理者、设计人员、有丰富经验且精通业务的经营者等。例如，向一些零售专家咨询，现在有哪些新的消费群体和消费模式，从而确定企业是否应该开发新产品。对行业专家、专门问题的研究者进行访谈可以使调查人员对调查问题有完全不同的新视角，专家访谈也可能修正决策者或研究人员的某些观点。

3. 收集二手资料并进行分析

收集二手资料是定义调查问题的一个前提性步骤。通常情况下，二手资料一般在企业内部、公共图书馆、大学图书馆或互联网上获得。通过二手资料可以进行初步分析，有助于研究者对调查问题形成更全面、更准确和更深入的认识。

4. 进行必要的定性调查

有时，影响调查问题的一些因素较为隐蔽，从决策者、有关专家和二手资料来源获得的信息仍不足以确定调查的问题，就有必要进行一些小规模的定性调查，具体方式有深度访问、德尔菲法、小组座谈法或小样本的试点调查等。

（三）把管理决策问题转化为市场调查问题

通过对企业的背景分析和探索性的调查之后，研究者应设法将管理决策问题转化为市场调查问题。这两者既不相同但又密切联系，管理决策问题是以行动为导向的，它与决策者可能采取的行动有关。例如，怎样挽回已经丢失的市场份额？是否向市场推出新产品？市场是否应当以另外不同的方式进行细分？是否增加促销预算开支？等等。市场调查问题是以信息为导向的，它的主要内容是确定需要什么信息，以及如何有效地获取信息。显然，市场调查问题受管理决策问题的影响和制约。正因为两者之间存在着上述差异，因而不能把管理决策问题直接作为市场调查问题，必须在充分掌握有关信息的基础上，根据经营决策的要求将其相应地转换为市场调查问题。

不同的管理决策问题向市场调查问题转化的基本思路是一致的，但是具体情形和内容则各不相同。表2-1给出了一些管理决策问题转化为市场调查问题的案例，具有一定的代表性。

表2-1 与管理决策问题相对应的市场调查问题

管理决策问题	相应的市场调查问题
1. 是否向市场推出新产品	1. 确定潜在消费者对新产品的偏好程度及购买意向
2. 为新产品开发包装设计	2. 评估各种包装设计的效果
3. 是否增加广告预算	3. 确定现行广告的效果
4. 是否降低产品的价格	4. 测定不同价格水平对销售额和盈利的影响
5. 开设新店以提高市场渗透力	5. 评估不同店址选择的前景

（四）确定市场调查问题

识别和界定问题的最终结果是形成市场调查的目标，要对所需的具体信息加以描述，应做到详细明确，范围不能太大，尽可能具体和切实可行。在界定调查问题时调查人员常犯两类错误：一是将问题定义得太宽，过于空泛，难于操作，以至于不能为整体调查方案提供清晰的指导。例如，探寻品牌的营销策略、增强企业的竞争能力和塑造企业的良好形象等。二是问题界定得过于狭窄，有可能限制研究者的视角，妨碍研究者去涉及管理决策问题中的重要部分。为了避免这两类错误的出现，可以先将调查问题用比较宽泛的、一般的术语来陈述，然后再具体规定问题的各个组成部分，为进一步操作提供清晰的思路。

管理决策转化为调查问题的步骤如下：第一步，调查人员根据管理决策问题提出大致轮廓；第二步，分析引发问题的原因；第三步，评估关键因素；第四步，选择某个解决途径。例如，考虑某特定系列产品市场占有份额的丧失问题，管理者的决策问题是如何挽回这一损失，备选的行动方案包括改进现有产品、推出新产品、改变现有产品组合、重新细分标准等。假定决策者和研究者都认为问题是由不适当的市场细分引起的，并希望通过调查以获取针对这个问题的信息，那么调查问题就可以界定为确认和评价一组备选的细分市场。

总之，调查问题的确定既要考虑管理的信息需求，又要考虑获取信息的可行性及信息的价值，以保证所确定的调查问题具有价值性、针对性和可操作性。

第三节　市场调查计划书

在明确界定了调查的问题之后，接下来就要进行市场调查策划。市场调查是一项内容庞杂、涉及面广、参与人员比较多的活动。由于市场调查的日益复杂和花费不菲，越来越多的企业十分重视对市场调查的策划和统筹安排，在调查之前须制定市场调查计划书。调查计划是否周密合理、科学可行，会影响到调查的质量和项目的顺利实施，关系到整个调查工作的成败。市场调查计划可用于衡量调查公司的研究水准，也是调查公司能否得到客户信任的依据。

一、制定市场调查计划书的意义

市场调查计划书即调查方案，也叫调查策划书、调查项目建议书等，它是指在调查项目实施之前对调查的目的、内容、研究方法、资料收集和数据分析、时间安排、经费预算等所做的统一安排和规划，以及由这些内容所形成的文字材料。市场调查计划书是市场调查策划的书面体现，一方面是提供给客户用于审议、检查，作为双方的执行协议；另一方面也是作为市场调查者实施的提纲或依据。

市场调查公司撰写市场调查计划书的目的如下：一是通过向甲方提交和说明市场调查计划书内容，表述对于客户需求的理解和重视；二是希望客户了解公司的实力、素质和服务宗旨，树立良好形象，作为投标书的蓝本争取获得此服务项目；三是争取到服务项目后，市场调查计划书就是起草合同和申请研究经费的文本依据；四是便于对调查过程实施监督、管理和控制；五是为实施调查计划和撰写市场调查报告奠定基础。

二、市场调查计划书的主要内容

市场调查计划书是调查策划的书面陈述,应该对调查的目的、内容、要求和方法等做出明确的规定。具体来讲,一份完整的市场调查计划书一般包括以下几个部分。

(1)前言。简明扼要地介绍整个调查项目的情况或背景、原因。

(2)研究的背景和目的。较前言部分稍微详细,说明该项目的调查目的、要研究的问题和可能的几种备用方案,指明该调查结果可能给企业带来的决策价值及在理论研究方面的意义。

(3)研究的内容。在确定调查目的并做出相应的研究假设后,就需要判断达到调查目的及对假设进行检验所需的各种信息,需要列出主要的调查项目,规定所需的信息。

(4)调查的范围和对象。明确界定调查的范围和受访者,包括在什么区域调查,对受访者的范围及特征的界定等。

(5)研究的方法。指明所采用的调查方式方法及其主要特征,如用二手资料还是一手资料,一手资料采用何种调查方法。陈述抽样方案的主要内容,选取使用的抽样方法,确定样本量的大小和可能达到的精度。说明整个调查过程中的质量控制措施、数据处理的程序、详细的统计分析计划等。

(6)拟定调查表或调查问卷。如果采用问卷调查,要说明问卷的形式及设计方面的考虑,以及预调查出现的情况和对问卷的修正等。如果已设计好问卷,可放在研究计划之后作为附录的一部分。

(7)经费开支预算。当制定预算时,应当制订较为详细的工作项目费用计划。首先分析将要进行的调查内容及阶段,其次估计每项活动所需费用,由此再算出该项目的总研究费用。

(8)研究进度。规定从调查方案设计到提交报告的整个工作进度,包括各个阶段的起始时间,其目的是使整个调查工作及时展开、按时完成。

(9)报告提交方式。确定提交调查报告的形式和份数、报告的基本内容、报告中的图表及要提供的其他附件、口头汇报的演示文稿等。

(10)调查的组织计划。为了确保调查工作的实施,应制订具体的人力资源配置计划,主要包括调查项目负责人、人员配备及分工、访问员的选择与培训等。

(11)附件部分。列出项目负责人及主要参加者的名单,并可扼要介绍一下团队成员的专长和分工情况;抽样方案的技术细节说明;原始问卷及问卷设计中有关技术说明;数据处理方法和所用分析软件等方面的说明;等等。

三、市场调查计划书的撰写技巧及注意事项

不同的市场研究公司,撰写市场调查计划书的风格是不一样的。每个公司应该根据客户的要求,结合自己的特点,在一般的内容和格式上进行创新。

（一）开头部分

1. 介绍调查公司的背景

简明扼要地介绍调查公司的背景、市场研究水平和业务实力、公司的经营观念和服务宗旨、以往在市场调查方面的研究成果，同时还可以列举几个知名的案例和业绩。如果能够在理论和实践的研究方面有所突破的话，更应该进行延伸和说明，目的是宣传调查公司，争取进行项目合作。例如，"西安 FY 市场研究公司在电信、汽车、IT 通信、商业地产、服装、化妆品、连锁商业、公共服务等行业领域有多年的研究经验，且在这些行业开发了多种研究模型与研究方法。凭借严谨踏实的作风、系统专业的经验和广泛的数据搜索网络，为客户制定有效市场策略提供翔实的市场信息依据"。又如，"自成立以来，我公司本着完全为客户利益着想的原则，坚持以诚信为本的经营理念，历来以良好的服务质量，向客户提供高水平的市场调查服务。有幸接受贵方的委托，提供关于开展某产品市场调查活动的服务。现根据贵公司的调查计划要求（或根据贵方要求）对本项调查活动，提出以下策划和报告……"。

2. 调查问题的提出和确定

应尽量从满足客户需求的角度出发，简明扼要地把委托方的问题说清楚。具体内容和有关专业方面的提法，可以直接引用客户公司的市场调查大纲上的语言，也可以引用客户公司负责人的指示或引用客户公司正式信函上的文字等，表示对客户的尊重和对问题的理解。例如，"按照贵公司的意图和要求，本次调查和研究的目的是进一步提高某产品在市场上的竞争力，寻找提高知名度和信誉度的途径……"。当涉及具体产品或者服务项目的内容时，可以向委托方主要负责人或者有关专业人士请教。如果项目的调查范围大且比较复杂，须在此提出该项目的研究思路和研究假设。具体的操作如何进行，必须通过方案设计来落实解决。

3. 说明调查的目的和必要性

在陈述调查的目的、意义和应用价值时，可以从正面说明进行市场调查后，客户将会得到的利益。例如，"贵公司为了能够更好地满足市场和顾客的需要，为了提高市场占有率，认为有必要对产品包装的亲和力、商标的鲜明性进行探讨，希望调查和具体确定……以便突出产品的特色，使产品的市场定位与顾客的需求相吻合，达到……"。如果是从反面说明问题的严重性，也可以使用预警式的语句进行说明。例如，"在某产品出现了……情况或问题后，如果不进行调查或者不能确定……原因的话，将会给企业带来……影响或风险"。总之，应该从市场营销和市场竞争等方面进行专业技巧性的强调，这是市场调查公司的强项。

（二）确定调查的内容

调查内容是将要对受访者进行调查的项目，也就是对受访者的哪些方面进行调查，应获取什么样的信息。判断调查所需信息的工作，对于设计问卷或调查提纲并保证达到研究目的有重要意义。在这个环节要注意两种现象：一种是调查项目罗列不全，这样会造成信息不完备，客户依据这样残缺的信息做决策会造成失误；另一种是罗列的项目过多，会使调查人员分不清问题的主次，更重要的是造成人力、财力的浪费和时间的拖延。调查项目的确定取决于调查的目的和任务，以及受访者的特点与资料收集的可能性，为此应注意以下几点。

（1）调查项目须符合调查目标要求且有可能获取数据。要根据调查的目的确定具体的调查内容，避免把与调查目的无关的内容列入其中，凡是不能取得数据的调查项目应果断舍去。

（2）调查项目列举须完整、具体。例如，消费者需求调查，既要有消费者的人口特征项目（年龄、性别、职业、文化程度、家庭人口等），又要有消费者购买数量、购买动机、购买行为等需求的主体项目，还应有消费者收入、消费结构、储蓄、就业、产品价格等引起需求变动的相关项目。

（3）调查项目的内容表述必须明确，问卷中的答案选项必须有确定的形式，如数值式、文字式等，以便统一调查者填写的形式，利于调查数据的处理和汇总。

（4）调查项目之间应尽可能相互关联，使取得的资料能够互相对应，具有一定的逻辑关系，便于了解调查现象发展变化的原因和结果，也便于检查答案的准确性。

（5）调查项目的含义必须明确、肯定，必要时可附加调查项目或指标解释及填写要求。为了准确列出需要调查的全部内容，首先要和参与调查的有关人员共同商讨，针对调查目的提出调查项目，把调查内容尽可能详细地罗列出来；其次对调查项目进行分类和重要性分析，并把全部项目按照分类结果列成项目清单；最后按照类别、重要性程度及其资料获取的可能性程度对清单上的各个项目排序，选出既能满足调查目的和任务的要求，又能取得数据的项目。在列出调查项目后，研究人员还必须检查各个项目是否对决策有用，删除多余的项目，使调查内容科学、可行。例如，根据研究目的，某 WD 地产公司欲在 S 市建立大型购物中心的商圈调查，调查内容主要包括如下各项。

第一，探究消费者的购买心理、动机及其购买行为特点，旨在对消费者对超市的需要与期望进行深入的探讨，以明确消费者在超市消费中所寻求的利益点，为市场细分及市场定位提供科学依据。本部分所需要的主要信息点如下：

①消费者（家庭）平时购买日用品的习惯——购买地点、频率、数量和品种。
②导致该种购物模式的因素——方便快捷、价格实惠、质量可靠。
③消费者对超市消费的认知。
④对超市各种特性重要性的评价（排序法）。
⑤消费角色——提议者、决策者、购买者、使用者和影响者。
⑥消费模式——有计划购买、冲动购买。

第二，分析目前 S 市的超市竞争态势，明晰主要竞争对手的优势和劣势，以及 WD 购物中心所面临的机会和威胁（SWOT[①]分析），这是专门针对品牌的研究，旨在通过对市场上主要竞争对手的比较评价，对整体的市场竞争态势进行描述与评价，从而帮助客户进行评估，找出其竞争力所在，并发现所面临的问题与威胁，以便于在制定市场营销策略时扬长避短。本部分所需信息如下：

---

① SWOT：S（strengths）是优势、W（weaknesses）是劣势、O（opportunities）是机会、T（threats）是威胁。

①目前 S 市各超市的品牌知名度——第一提及、提示前、提示后。
②品牌购买——曾经购买、过去 3 个月购买过。
③对曾经光临过的超市的总体评价。
④对曾经光临过的超市的特性评价。

此外，如有需要，还将对目前几家超市进行分日期、时间段的人流量、客流量的测试。

第三，探察消费者对 WD 购物中心的接受程度及对其发展的意见与建议，从而确定 WD 购物中心的商圈半径及其投资规模：

①消费者对 WD 购物中心的接受程度（五分法）。
②消费者对其构想的评价及对其发展的意见与建议。

第四，收集包括消费者的年龄、性别、家庭收入状况等在内的背景资料以备交互分析之用。

（三）确定调查范围和受访者

调查范围和受访者即说明调查在多大的区域进行，调查什么样的人或团体。对受访者要有明确的界定，包括人口和社会特征、心理和生活方式、个性、动机、知识、行为、态度和观念、未来的行为倾向等，以及判断选择这些人是否合适。一般来说，在调查方法的确定中，需要解决的具体问题主要如下。

1. 调查区域

应指明在哪些地区做调查，还要特别说明选择这些区域的理由。调查范围应与企业产品销售范围相一致，当在某一城市做市场调查时，调查范围应为整个城市，但由于调查样本数量有限，调查范围不可能遍及城市的每一个地方，一般可根据城市的人口分布情况，主要考虑人口特征中收入、文化程度等因素，在城市中划定若干个小范围调查区域，划分原则是使各区域内的综合情况与城市的总体情况分布一致，将总样本按比例分配到各个区域，在各个区域内实施访问调查。这样可相对缩小调查范围，提高调查工作效率，减少费用开支。

2. 受访者

无论采用何种资料收集方法，都要根据研究目的对调查总体进行界定。市场调查的对象一般为消费者、零售商、批发商等，消费者为使用该产品的消费群体。当以消费者为受访者时，要注意有时某一产品的购买者和使用者不一致的情况，如对于婴儿食品的调查，其受访者应为孩子的母亲。此外，还应注意一些产品的消费对象侧重于某一消费群体，如对于化妆品，其受访者主要为女性；对于酒类产品，其受访者主要为男性。西安 FY 市场研究公司制定的西安市面包品牌市场现状研究方案中，其受访者界定如下：

- 年龄在 18~55 岁
- 面包食品的购买与决策者
- 1 周内在 K/A 或 B/C 店购买过面包
- 过去半年内面包食品的食用、购买频率在 1 次/周及以上
- 本市常住（连续居住 3 年以上）居民

・过去的半年内有没有接受过任何形式的市场研究访问

・本人及家人没有在以下行业工作：

从事市场研究/咨询/广告/公共关系等相关行业的公司

电台/电视台/报纸/杂志等媒体公司

有关蛋糕、面包、月饼等食品的生产/商业批发/零售企业

3. 抽样计划

市场调查通常情况下都采用抽样调查，样本要在受访者中抽取，由于受访者分布范围较广，应制订一个抽样方案，以保证抽取的样本能反映总体情况。根据受访者确定合适的抽样框、样本量大小及抽样方法，要解释样本的选取使用概率抽样还是非概率抽样，采用何种抽样方法及为什么采用这种抽样方法。如果采用非概率抽样中的配额抽样，要将选择样本的特征及样本进行分配，列成表格形式。当确定样本量时应考虑调查经费、抽样的精度要求、决策者的风险及研究问题的范围等。

4. 设计问卷或调查表

调查项目确定之后，可设计调查问卷或调查表，用作市场调查收集资料的工具。调查问卷设计应以调查项目为依据，力求科学、完整、系统和适用，能够确保调查数据和资料的有效收集，提高调查质量。在决定采用访问法收集资料时，需要设计问卷，通过预调查的方式进行问卷测试和修改，而且要安排问卷的调查时间。如果准备用观察法，就要设计记录表，同时要准备有关的仪器设备。如果是和客户第一次合作，最好将设计好的问卷和调查方案一起交给客户审查。

5. 选择研究方法

为了争取客户的合作，调查公司应该进一步向客户介绍市场调查的具体方法和主要策略。根据调查目的和研究假设，将需要的资料列出清单，以确定所需资料的种类和来源。若二手资料无法完全满足研究的需要，应决定一手资料的收集方法，通常有访问法、观察法和实验法等。若调查项目涉及面大、内容较多，应该对每种备选方案的具体操作计划进行说明，如选择哪一种调查方法获取数据和资料，采取哪一种技术进行信息资料的收集和整理，采取什么方法进行调查活动的监督和管理，等等。在市场调查计划书中的表述应该如下："为了使贵公司的市场调查能够取得更好的效果，我们设计了五种方案，如果采用第一套方案，拟采用××调查方法进行信息资料的收集，采用××理论进行信息资料的整理和分析研究，同时，运用我公司主要研究成果对调查活动实施监督、管理和对调查结果进行精确度的数据分析。"

6. 制定调查实施的质量控制方法

在进行调查方法介绍时，应该强调不同调查方法的质量要求，说明误差控制的程序、控制和监管的方法，可以使用定性的语言和肯定的语气进行表述。在需要使用定量语言时，应该注意留有余地。现场调查是最不容易控制和极易产生误差的环节，因此应对每一个细节都进行严格的控制。执行现场调查的人员主要有访问员、督导员和调查部门的主管，在实施现场调查前这些人员都要接受不同层面的培训，特别是对访

问员和督导员的培训。为了控制误差和防止访问员作弊，通常在人员访问完成后，督导会根据计划对受访者按一定比例进行回访，以便确认是否真正进行了调查及调查是否按规定的程序进行。

例如，西安FY市场研究公司在为客户所做的市场调查计划书中对质量控制这一板块做了较为详尽的陈述："根据我们在西北地区多年的研究经验，我们认识到质量控制是项目成功的关键。对于每一次调查，我们会针对项目的具体情况，通过严格的项目质量控制及操作指南收集与项目有关的详尽事实和数据，为客户提出实效性的解决方案提供数据支撑，我们的质量控制标准如图2-3和表2-2所示。"

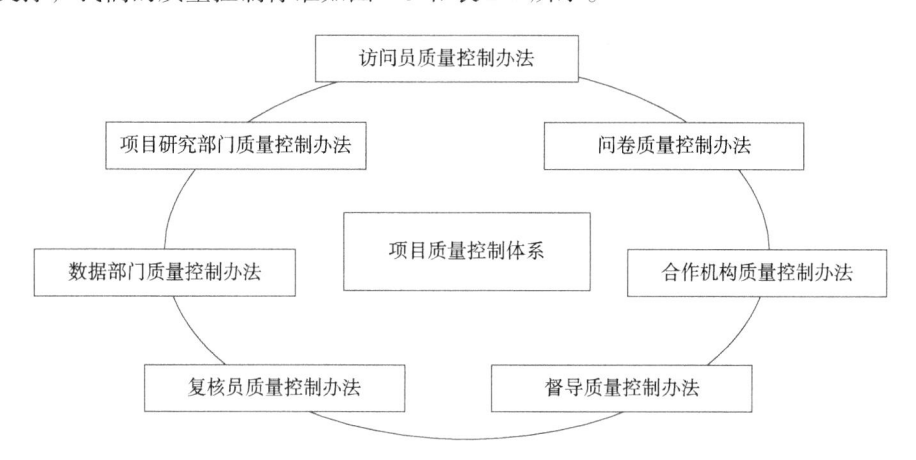

图2-3 西安FY项目质量控制体系

表2-2 西安FY项目质量控制标准

步骤		质量标准	质量控制
界定问题		清晰，具体，书面表达问题中无含糊概念	项目经理、项目研究部与客户三方确认问题
确定研究方法		模型清晰，有逻辑，有数据或理论支持	项目经理、项目研究部与客户三方确认问题
抽样		样本结构分布符合抽样框结构分布，对抽样方法进行误差估算	SOP+代表性对比监测
数据收集	问卷设计	SOP	SOP
	实施计划	SOP	SOP
	访问质量	SOP	SOP+访问录音系统+电子问卷
	审核	SOP	SOP+电脑审卷+录音审卷
	数据处理	SOP	SOP
	数据分析	针对问题，全面，深入	历史数据二手资料验证，专家讨论
	总结报告	清晰回答问题，简洁，数据充分，逻辑清楚	客户评估

注：SOP：standard operation procedure，标准作业程序

7. 制订数据分析计划

在市场调查计划书中应制订数据处理和分析的计划，对资料的审核、校订、编码、分类、汇总、图表展示等做出具体的说明，大型的市场调查还应对计算机自动汇总软件

开发或购买做出安排。在统计分析计划中，应该对使用何种方法进行信息资料的分析，使用这些分析方法对调查活动质量的保证，以及能给客户带来的利益关系等做详尽的陈述。要特别注重向客户提供尽可能多的信息，特别是提供关于市场调查方面的新发展、新技术的数据资料，如有属于公司独创的具体调查方法和调查技术等，可以告诉客户："本公司有自行研发的专利调查技术，能够很好地支持调查活动的顺利开展，可以保证市场调查活动的质量，一定能够让贵公司满意。"向客户提供有关调查的信息资料越多，越有可能获得项目合作的机会。

8. 研究成果的呈报形式

客户最后可以获得的主要有形成果之一，就是调查公司向他们提供的市场调查报告。因此，调查报告应该包括哪些内容，应该以什么原则和标准撰写，怎样向客户介绍，这些都应该花比较多的时间进行研究和分析。为了使高层管理者对调查报告满意，应该研究客户方主要决策者的利益标准和价值观念。市场调查计划书中同样应该对调查报告的撰写进行说明。例如："我公司会在调查活动结束之后，即刻着手进行调查报告的撰写。我们历来十分注意对调查报告的理论探讨，更重视社会实践对调查报告的确认，这是我们向客户贡献的主要成绩之一。我公司有多名高级数据分析师和多名资深顾问，为此，我们对提供一份高质量的调查报告充满信心。"

在市场调查计划书中需要对顾客在调查活动后获得的具体利益进行详细的列举，还应该对调查活动结束后撰写的调查报告和调查成果进行比较详细的说明。如果调查活动还可以提供更多的成果，都应该进行列举，并且尽力提供给客户。

9. 安排调查进度

在调查计划中，对调查过程的每一阶段需要完成的工作任务和所需的时间及人员安排等做出规定，以便督促或检查各个阶段的工作，控制调查成本，保证按时按质完成各项调查工作。例如，可以这样陈述："在贵公司按照合同要求提供的头笔经费到位后，可立即开展调查活动。我公司将指定资深分析员和经验丰富的调查人员实施调查工作。按照贵公司提出的在××天完成的要求，我公司保证在计划时间内完成对市场开拓的营销策划，并同时向贵公司提交市场调查报告，最后派出人员协作贵公司进行市场开拓的实践，对决策需要的信息进行补充调查，并且对贵公司的市场营销计划和策略的实施提出建议。"

一般来说，应根据调查项目的难易程度、工作量的大小和时效性要求，合理确定调查期限，并制定调查进度安排表。通常一项中等规模的调查活动，从问卷的印制到整个活动完成需要30~60个工作日，一些大规模的社会调查会持续半年到一年。因而必须拟定合理的进度表作为项目执行的参考，同时也是客户用以检查调查活动进展情况的依据。一般来说，一个调查项目所需的时间安排比例大致分配如图2-4所示。

详细的调查进度计划要使各个时期的工作大致平衡，避免出现前松后紧的现象。通常采用逆推的办法，即从最后的截止日期逆顺序地向前安排完成各项任务所需的时间，并推算出起止的期限。计划完成后，一般需要制作项目全程的进度表。切记，时间安排计划设计时应该有一定的余地和弹性，以应对可能的意外事件的影响。下面是某调查项目的调查进度计划安排示例（表2-3）。

磋商、起草方案 -------------- ⎫ 4%~5%

抽样方案设计实施 --------------
问卷设计、预调查 -------------- ⎬ 10%~15%
问卷修正印刷 ---------------- ⎭

调查员挑选与培训 -------------- ⎫
实地调查 ------------------ ⎬ 30%~40%

数据的计算机录入、统计分析 -------- ⎫
撰写调查报告 ---------------- ⎬ 30%~40%

口头汇报 ------------------ ⎫
修正、定稿 ----------------- ⎬ 5%~10%

图 2-4　调查项目所需时间安排比例

表 2-3　某产品广告效果调查时间安排

日期	主要阶段	主要任务
1月15日至1月31日	前期准备阶段	总体方案的设计论证、抽样设计论证、问卷设计、测试、修订及定稿、调查组织落实、人员培训
2月1日至2月5日	调查实施阶段	试调查、正式调查
2月6日至2月15日	后期处理阶段	问卷审核、录入、数据分析、报告写作
2月16日至2月19日	任务交付阶段	征求客户意见、修改报告、交付任务

为了监督项目进度，保证项目按计划完成，可以采用计划评审法，利用项目计划进度甘特图来实现（图 2-5）。

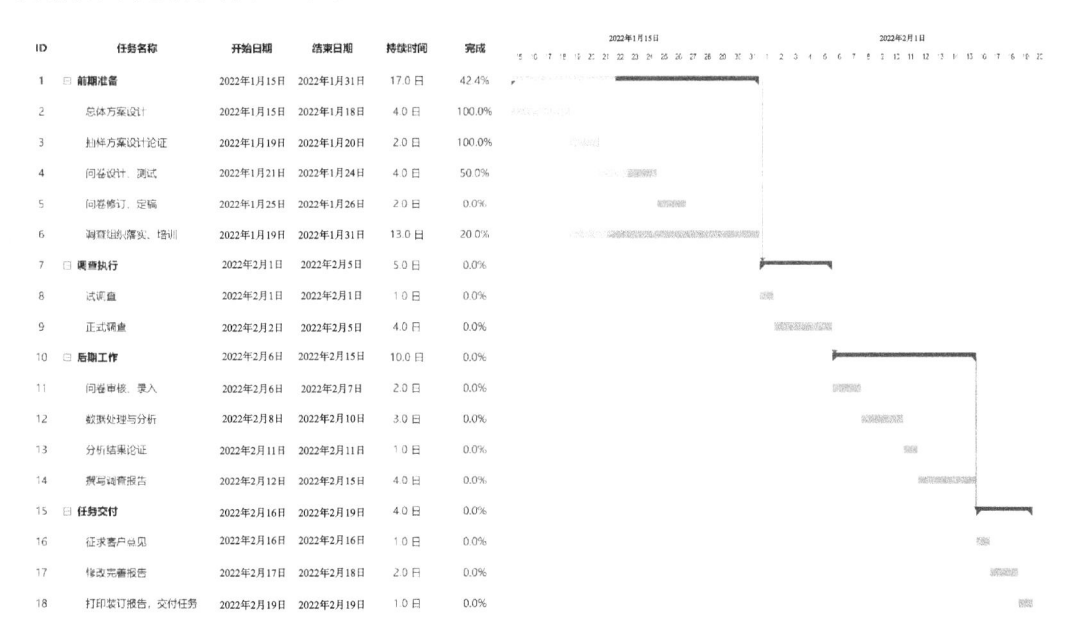

ID	任务名称	开始日期	结束日期	持续时间	完成
1	□ 前期准备	2022年1月15日	2022年1月31日	17.0 日	42.4%
2	总体方案设计	2022年1月15日	2022年1月18日	4.0 日	100.0%
3	抽样方案设计论证	2022年1月19日	2022年1月20日	2.0 日	100.0%
4	问卷设计、测试	2022年1月21日	2022年1月24日	4.0 日	50.0%
5	问卷修订、定稿	2022年1月25日	2022年1月26日	2.0 日	0.0%
6	调查组织落实、培训	2022年1月19日	2022年1月31日	13.0 日	20.0%
7	□ 调查执行	2022年2月1日	2022年2月5日	5.0 日	0.0%
8	试调查	2022年2月1日	2022年2月1日	1.0 日	0.0%
9	正式调查	2022年2月2日	2022年2月5日	4.0 日	0.0%
10	□ 后期工作	2022年2月6日	2022年2月15日	10.0 日	0.0%
11	问卷审核、录入	2022年2月6日	2022年2月7日	2.0 日	0.0%
12	数据处理与分析	2022年2月8日	2022年2月10日	3.0 日	0.0%
13	分析结果论证	2022年2月11日	2022年2月11日	1.0 日	0.0%
14	撰写调查报告	2022年2月12日	2022年2月15日	4.0 日	0.0%
15	□ 任务交付	2022年2月16日	2022年2月19日	4.0 日	0.0%
16	征求客户意见	2022年2月16日	2022年2月16日	1.0 日	0.0%
17	修改完善报告	2022年2月17日	2022年2月18日	2.0 日	0.0%
18	打印装订报告、交付任务	2022年2月19日	2022年2月19日	1.0 日	0.0%

图 2-5　某调查项目计划进度甘特图

10. 调查费用预算

调查费用是市场调查计划书的主要内容和争取客户的主要内容之一，要进行斟酌。在制订调查计划时，为保证项目在可能的财力、人力和时间限制要求下完成，应当做较为详细的研究价值分析。如果得出的结果在经费上是划算的，此项目就可以进行操作，否则就要重新考虑该项目是否应当进行合作。一般情况下并不中止调查，而是修改设计方案，或者改用较小的样本来缩减项目开支。在进行经费预算时，一般需要考虑如下几个方面：调查方案策划费、抽样方案设计费、问卷设计费（包括测试费）、调查问卷印刷费、调查实施费（包括招聘和培训调查员、试调查、交通费、调查员劳务费、督导人员劳务费、礼品、复查费等）、数据录入费（包括编码、录入、查错等费用）、数据统计分析费（包括上机、统计、制表、作图、购买必需品等费用）、调查报告撰写费、资料费、复印费、通信联络等办公费、专家咨询费、劳务费（公关、协作人员劳务费等）、上交管理费或税金、鉴定费、新闻发布会及出版印刷费用、未预见费用等。

调查费用是合作双方最关心和最敏感的问题，既涉及调查公司的利益和客户的要求，也涉及市场竞争和招标的问题，需要讲究报价的技巧。在进行预算时，要将调查所需的费用尽可能考虑全面，留有余地，以免将来出现一些麻烦影响调查的实施。必要的费用也应该认真核算出一个合理的估计，切不可随意多报乱报。不合适的预算会影响调查方案的审批或竞标。如果是第一次合作，在制定预算时要详细列出调查过程中各个费用项目支出的金额，然后求出总费用。如果是多次合作，只需粗略列出费用项目即可。

一般情况下，应该把成本分细一点，说明报价比较合理，但是过细反而会让顾客认为调查公司"宰人"或者"小器"。因此，可以在大的方面进行酌情报价，如对于调查方案、问卷设计、抽样方案、高级统计分析及调查报告方面的费用，由于客户的调查部门做起来比较困难，价格可以适当地报高一些。在比较小的方面，尤其是客户也了解或客户自己也可以做的事情，如问卷印刷费、访问员报酬等，则应该实事求是地报价。在更加细小的地方或者顾客比较了解的方面，应该大度地表示可以免费为客户提供服务。例如，可以阐明："本着为客户着想和经济的原则，经过仔细核算，调查活动共需要各项经费大致为××元人民币。"具体项目费用预算可以列出估价单，让客户明白调查费用都花在什么地方。开头或者最后不要忘记说明"为了体现我公司一贯为客户服务的宗旨，我公司将在……方面，免费为客户提供以下服务：信息资料的录入费用、管理和监督费用等"。

在进行最后的竞标时，一定要以明确的具体数据，证明调查公司的实力。因此，可以表达如下："我公司本着为客户服务的精神，在高素质人员和高技术水平的支持下，以最低的成本费用，完成市场调查任务，满足客户的需要。"在介绍时，不要主动谈论价格，或者只是确定一个比较模糊的价格范围，或者暗示关于价格的问题可以商量等。应该注意的是，除非签订合同，否则不要在市场调查计划书上写关于具体价格的问题。一般情况下，在争取到服务项目后，向客户解释调查经费和调查活动质量的关系，同时进行初步报价和说明。针对一些国内企业，如果报价太高会失去客户，太低的报价又可能造成后遗症。因此,比较适宜的方法是在掌握客户实际情况的基础上,用相对比较实惠的价格和策略进行报价。例如,对国内的客户,可以用低预算争取项目;对经常进行市场调查的跨国公司,应该注意在保证高质量的前提下,适当使用高价位的报价策略。总之,要根据客户的财务状况和对调查活动的要求,了解竞争对手的策略和信息资料,还应该具体了解客户的价格心理和谈判心理,然后再仔细斟酌,最后才可以在合同书上写明费用的数额。

11. 制订调查的组织计划

调查的组织计划,是指为了确保调查工作的实施而制订的具体的人力资源配置计划,主要包括调查机构的设置,调查的项目负责人,调查员的选择与培训,项目研究小组的组织分工,每个成员的知识背景、经历、特长,等等。当企业委托外部专业调查机构进行市场调查时,还可根据项目要求确定由双方项目主要负责人组成的项目领导小组,明确具体分工和职责,监督管理项目的开展。

此外,市场调查计划书的结尾应该是充满信心和鼓舞的言辞,例如,可以这样说明:"如果贵公司对以上内容有所补充,可以通过洽谈,增进相互之间的了解和信任。我们也将表示我公司良好的合作意向和真诚为客户服务的宗旨。相信与贵公司的合作,将会进一步增进我们两个公司的实力。强强合作的结果,将使我们更加强大。相信我们的合作一定是愉快和卓有成效的,我们一定尽心尽力为贵方提供超值的服务。"

四、编制市场调查计划书

把市场调查计划书的主要内容确定之后,研究人员即可编制市场调查计划书,以供客户企业高层管理者审批,作为调查项目委托人与承担者之间的合同或协议的主体。因为市场调查计划书是客户看到的第一份书面材料,它在很大程度上可能决定着项目成功与否。市场调查计划书的起草与撰写一般由项目的主管来完成。市场调查计划书的结构主要包括封面、目录、主要内容和附录四个部分。

(1)封面。主要包括市场调查计划书的名称、客户的名称、研究机构的名称和时间,如有保密要求,可在封面的左下角注明。

(2)目录。可以使客户或读者很容易找到感兴趣的部分,其内容主要包括市场调查计划书各部分的标题和页码。

(3)主要内容。这一部分是市场调查计划书的主体,包括如前所述的具体内容(有些内容如调查的组织计划亦可列入附录中)。

(4)附录。此部分是对研究方案的一些补充说明材料,主要包括调查项目负责人及主要参与者、抽样方案及技术细节说明、调查问卷及有关技术说明、数据处理所用统计分析软件的介绍等。

市场调查计划书在具体格式方面,如编辑排版上的范本并不是唯一的,每个调查公司的撰写风格不同。对以上有些内容可以适当合并或进一步细分,应根据具体的案例背景加以灵活处理。市场调查计划书的封面设计,尽量做得与众不同而有特色,文字内容、印刷形式、字体设计、图表设计和纸张质量,都应该符合企业形象战略,既能彰显调查公司的实力，也能吸引客户的注意和兴趣。如果是第一次合作，更应注重对市场调查计划书的包装。

五、市场调查方案的可行性评估

1. 调查方案可行性研究的方法

（1）逻辑分析法，即用理论的逻辑方法检验研究方案的可行性，主要适用于对命题和假设、变量和指标进行检验，考查其是否符合逻辑和情理。

（2）经验判断法，是指通过组织一些具有丰富市场调查经验的人士，对设计出来的市场调查方案进行初步研究和判断，以说明调查方案的合理性和可行性。

（3）试点调查法，是通过小规模的实地调查来检验调查方案设计的可行性，并根据试调查的结果修正和完善原方案。

2. 调查方案的模拟实施

调查内容很重要、调查规模较大的项目才采用模拟调查，并不是所有的调查方案都需要进行模拟调查。模拟调查的形式很多，如客户论证会和专家评审会等形式。

3. 调查方案的总体评价

调查方案的总体评价可以从不同角度来衡量，但一般情况下对调查方案进行评价应包括四个方面的内容，即调查方案是否体现调查目的和要求；调查方案是否具有可操作性；调查方案是否科学和完整；调查方案的调查质量和效果。

☆思考练习题

一、问答题

1. 简述市场调查的一般程序。
2. 市场调查计划书应包括哪些基本内容？
3. 市场调查方案的可行性研究有哪些方法？

二、思考题

1. 为什么说界定调查问题是市场调查中最关键的步骤？
2. 如果企业派你负责管理一项大型市场调查活动，你应该做好哪些工作？

➤实训题

以组为单位，完成下列任务。

1. 实训目的：每组学生选择一个调查项目，通过参考他人的研究方法，提出自己的研究思路和框架，在此基础上撰写一份市场调查计划书。

选题范围：行业不限，服务领域不限。

选题参考：学生餐厅满意度调查、顾客满意度调查、社区服务满意度调查、社情民意调查、消费者行为调查、"神秘顾客"购物调查、广告媒体调查、医药保健服务调查等。

2. 实训内容：按照市场调查计划书的内容和格式要求，各组学生进行讨论，在此基础上撰写市场调查计划书。

3. 实训要求：市场调查计划书内容完整，研究目的明确，各项目阐述清晰，格式规范。

4. 实训考核

（1）每位学生填写实训记录，内容包括实训项目、实训目的、实训过程、本人承担的任务、完成情况、存在的问题和改进建议。

（2）教师对实训报告进行总结和评分。

第三章 二手资料的收集

学习目标

通过本章的学习，理解二手资料的概念和特点；熟知二手资料与一手资料的区别；掌握二手资料的来源及收集途径，具备面对实际问题按要求收集二手资料的能力。

收集资料是市场调查的关键环节，准确、翔实的调查资料，可为市场决策提供客观的依据。调查项目的研究问题确定之后，调查工作就开始进入资料收集阶段。收集什么样的资料，怎么收集，就成为首要问题。收集资料的方法有两种：一是通过实地调查获取一手资料；二是通过文案调查收集二手资料。有经验的研究者不会对每一项调查都从头收集资料，而是尽可能地利用他人的研究成果，以节省成本和提高调查的效率。特别是当研究问题的调查目标不明确时，二手资料可以提供一些背景信息，有助于研究人员对调查问题形成初步的认识。

第一节 二手资料的概念及特点

二手资料，是指特定的调查者按照原来的目的已经收集、整理的各种现成的资料，又称为次级资料或文献资料，如年鉴、报告、文件、期刊、文集、数据库、报表等，这些资料主要是以各种印刷品为载体，其采集和分析只需在办公桌上操作即可，故在早期这种调查方法也被称为文案调查。

一、二手资料与一手资料的区别

要正确地使用二手资料，应对各种资料有一个清晰的概念。二手资料和一手资料的划分，主要是基于资料的来源和采集的目的。

在市场调查中，一手资料也称为原始资料，它是指调查人员为解决特定问题，通过现场实地调查，从信息源头收集到的资料即直接向受访者收集的资料，除此之外获得的资料都属于二手资料。二手资料也称为次级资料或文献资料，是指经过他人收集、记录、整理所积累下来的已有信息资料。例如，要研究各种品牌的空调受消费者欢迎的程度及其原因，如果直接向消费者做调查取得的资料就属于一手资料，但如果是通过中国电器协会或者中国消费者协会得到的资料，或者一些关于空调消费的调查报告，乃至来自新闻媒体的资料，都是二手资料。

在这里，需要补充两点：第一，一手资料不等于就是原始数据。从信息源头直接采集来的，以散在状态存在，而尚未构成可直接利用形态的资料，只是原始数据。对原始数据进行整理，使之呈有规律的排列状态，乃至从中提取概要性的文字或数据描述，可以直接为调查者所利用的资料，方可称为一手资料。第二，二手资料具有可派生的性质。对一手资料进行处理和诠释，为手头的调查所利用之后，这些资料保存下来就变成了二手资料，而对于二手资料的引用、再整理和再诠释，又形成了新的二手资料。

虽然一手资料可以为企业提供最及时、最直接的市场信息，但收集过程较为繁杂，耗时长，代价高。二手资料尽管与当前问题相关性不一定很强，但却能以快速和经济的方式获得，可为问题的解决提供有效的帮助。因此，在市场调查中应优先考虑收集二手资料，在其不能充分满足调查需求时，再去收集一手资料，这就是市场调查的"先二手，后一手"原则。

二、二手资料的作用

根据市场调查的经验，几乎所有的市场调查都可始于收集二手资料。二手资料的收集、整理和分析，具有重要的作用和意义。

1. 为企业进行实地调查奠定基础

当某个企业面临的调查问题较复杂时，通过二手资料的分析，可以帮助调查者初步了解受访者的性质、范围、内容和重点，找出问题的症结和确定调查的方向，发现和明确研究的主题，为组织正式调查打下基础。

2. 可弥补实地调查的缺陷

由于各种主客观因素，即使是准备得很充分的实地调查，也往往难以全面周到地获取所需信息资料，或者是得到的资料并不适宜分析推断市场总体，这时，利用二手资料获得的信息就可以洞察或解决研究的问题。在有些情况下，文案调查与实地调查相结合，可以使得调查结果更加完善。

3. 为正式调查提供丰富的信息

利用二手资料，能为设计调查方案提供大量的背景资料，还可以为问卷设计提供一些基本信息。例如，了解目标消费者使用语言的方式，有助于组织问卷，使受访者更准确和全面地理解问卷。在抽样设计时，抽样框就是以往积累的二手资料，配额抽样也是以人口资料为依据的。二手资料使实地调查制订的计划更为周详，从而能提高实施的可行性，使市场调查取得良好的效果。在有些情况下，通过收集二手资料也可以单独形成调查成果。例如，某调查机构受托每年为某境外跨国公司撰写的"中国消费市场10个最新发展趋势（年度述评）"，是依据有关中国消费品市场的二手资料及专家咨询意见形成的。

三、二手资料的应用

二手资料常用来进行市场分析、行业分析及竞争分析。一般来说，当需要研究宏观环境和从一些公开数据来分析一个产品或者一个行业走势和策略的时候，可用二手资料研究，同时在客户对调查的行业或者产品一无所知或者知之很少的情况下也会用到二手资料。例如，某企业发明了一种能够对假牙在口腔中的活动情况进行三维测量的仪器，但在将这种仪器批量生产并推向市场之前，尚不了解市场的潜在容量如何，因而拿不准应该在什么时间、以多大的规模进行生产和销售。为了有利于企业管理层迅速做出决定，必须对市场潜力进行调查，这种市场潜在容量就是企业确定的信息需求。但是，所确定的信息需求仅仅是一种非常抽象的方向性的概念，在实践中是无法操作的，因此有必要将其具体化。口腔测量仪器只为牙医诊所所用，因而市场潜在容量实际上就是牙医诊所的吸纳潜力，于是信息需求可以具体化为收集和整理如下信息内容：其一，全国牙医诊所的绝对数；其二，全国每 10 万人口拥有的牙医平均数；其三，目前执业的牙医数。

为了获取上述数据，可以首先收集全国卫生部门在这方面的最新统计数据；其次收集全国牙医协会年度报告中的相关数据。在获取这些总的统计数据过程中，还要注意收集以下几方面的信息。

（1）各省区市的相应数据，来源仍然是国家卫生部门的年度统计。

（2）全国未来 20 年内新增牙医的数量，资料来源应是牙科医学发展动态方面的科研成果，如有关的学术会议论文，或是这方面研究专家或权威机构的学术著作中所做出的市场预测等。

（3）全国牙医现有的年龄结构或年龄分组情况，其中特别重要的是现已使用微机进行工作的牙医诊所在牙医年龄组中所占的比例，因为即将生产和销售的测量仪器是利用微机进行工作的，资料来源一般是行业协会的调查和研究报告。

（4）每位牙医平均诊治的居民数量，即诊治人口密度。这种数据可以从国家卫生部门的统计年鉴中查到，也可以从研究机构发表的全国医疗卫生状况普查结果中收集。

（5）全国牙医诊所在各省区市的分布情况，以及牙科医学研究机构在各省区市的分布情况，这种统计数据可以从国家、行业和学术机构的调查、统计和研究结果中收集。

在获取上述五类数据之后，要将它们同企业自行展开的第一手信息调查结果进行比较，以确认其准确性。企业自行展开的第一手信息调查活动，可以采取直接向所选定的牙医诊所发函附寄询问表的方法，对反馈回来的询问表进行汇总和统计，就可以得到较为准确的一手资料。在综合这两种资料的基础上，再进行分析和研究，就可以确定企业新近开发的牙医仪器现有市场和潜在市场的状况，由此制订生产和销售计划。

四、二手资料的优点及局限性

1. 优点

（1）收集容易，成本低。二手资料是长期累积形成的，数量大，用途多样，来源途径多，涉及面广，资料收集过程比较简单，节省调查时间，尤其是在企业建有管理信息系统或市场调查网络体系，并与外部有关机构具有数据提供协作关系的条件下，具有较强的灵活性，能够快速地获取资料，以满足市场研究的需要。因此，它能够节省人力和调查经费及时间。

（2）不受时空限制。通过对文献资料的收集和分析，不但可以获得有价值的历史资料，而且可以收集到比实地调查更广泛的信息资料；既能对企业内部资料进行收集，还可掌握大量的有关市场环境方面的资料。尤其是在做异地调查时，由于受诸多条件的限制，需要更多的时间和经费，相比之下，用文案调查就比较容易。所以，在很多情况下，如果现有的二手资料能为解决问题提供足够依据，就不需再进行实地调查。

（3）能较真实、客观地反映信息内容。由于各种形式的文献研究都不需要直接同人打交道，而只是研究那些已存在的文字材料、数据资料及其他形式的信息材料，故在整个研究过程中，不受调查人员和受访者主观因素的干扰，研究对象也不会因研究者的影响而发生变化。虽然这种方法在收集资料的过程中有可能受到调查者主观偏见的影响（如对材料的取舍），但收集资料方法本身却不会使正在收集的资料发生变化。

（4）适于做纵向分析。由于访谈、实验、观察等方法所研究的都是现时的情景，因而往往难以用来进行纵向研究或趋势研究，二手资料在这方面则有着它特别的优势。随着时间的推移，各个不同历史时期的社会现象和社会生活，或多或少总会以各种不同的文献形式记录和描述下来。因此，调查者就可以利用这些二手资料进行纵向的趋势分析。

2. 局限性

（1）缺乏针对性。从内容上看，因为所收集的二手资料大多是针对其他目的而形成的，不一定能满足调查者研究当前特定市场问题的数据需求；从时间上看，二手资料反映的是过去的情况，与现在的调查目标往往不能很好地吻合，对解决当前调查问题适用性不强。在市场调查中，二手资料常常隐含着由个人的偏见、作者的主观意图及在形成文献过程中因受客观限制影响所形成的各种偏误，从而影响到二手资料的准确性、全面性和客观性。

（2）难以保证时效。由于二手资料是历史的记载，随着时间的推移会失去时效，故在反映当前消费者及市场环境等方面会存在差距。二手资料总会或多或少滞后于现实，而且进行文案调查时往往很难把所需资料找齐、找全。

（3）准确性较低。之前的调查者在收集、整理、分析和提交资料的过程中，会有许多潜在的错误及遗漏。有些资料如果是估算和推测的，准确度就会更低。

（4）有些资料不易获得。许多二手资料不是公开的和随意获得的，因此，对于某些特定的市场研究来说，往往很难得到足够的二手资料。例如，某些政府机构、社会组织的文件、决议、记录、统计数字等，也属于这些机构和组织的内部机密，通常很难获取。

（5）编录和分析难度大。有些二手资料，如报纸，经常以一种标准的形式出现，因而编录和分析起来就比较容易，既可以进行纵向的对比研究，又可以同其他报纸进行横向的对比研究。但是，其他许多二手资料，特别是个人二手资料，由于撰写目的不同、内容或对象不同、语言表达形式不同、度量衡单位不同等，不具备标准化的形式，给编录和统计分析带来很大困难。

第二节 二手资料的来源

企业在进行市场调查时,由于其所解决的问题不同,因而就需通过不同的调查方式和途径获取相关的信息资料,二手资料的收集是市场调查的重要内容。在现代社会,由于信息流动速度很快,尤其是随着互联网的普及,二手资料的收集更加快速简便。二手资料的来源主要有企业的内部渠道和外部渠道。内部渠道主要是企业各个部门提供的各种业务、统计、财务及其他有关资料。外部渠道主要是企业外部的各类机构、情报单位、国际互联网、在线数据库及图书馆等所持有的可供用户共享的各种资料。

一、企业内部资料来源

企业可以充分利用自己内部积累起来的各方面资料,以达到市场调查的目的。例如,一个家具零售商或是电器商场能够免费为顾客送货,那么将送货单收集起来就成了十分有价值的市场信息,据此可以确认潜在顾客和潜在市场所在,甚至可以确认现有顾客的大概数量和潜在顾客的地理分布情况。

通常企业内部资料有两类,即企业经营活动的资料和市场环境方面的资料。

1. 企业经营活动的资料

(1)营销方面。包括订货单、进货单、发货单、存货单、购销合同、发票、销售记录、业务员访问报告等。通过对这些资料的了解和分析,可以掌握本企业所生产和经营的产品的供应情况,分地区、分用户的需求变化情况,等等。

(2)财务方面。由企业各财务部门提供的各种财务、会计核算和分析资料,包括生产成本、销售成本、各种商品价格及经营利润等,反映企业劳动占用和消耗情况及所取得的经济效益。通过对这些资料的分析可以确定企业的发展前景,考核企业的经济效益。

(3)物资供应方面。包括库存保管、进料出料记录、各种规章制度等。

(4)其他资料。企业积累的各种调查报告、工作总结、整理的各种上级文件资料、政策法规、顾客意见和建议、档案卷宗、图片、录音、录像、剪报等资料,这些资料对企业市场调查有一定的参考作用。

2. 市场环境方面的资料

(1)顾客方面。包括产品的购买者、使用者、购买动机、购买量等方面的资料,这些都可以从企业的顾客分析报告或顾客档案中获得。

(2)市场容量方面。包括市场大小、增长速度、趋势等。

(3)竞争方面。包括同行业的直接竞争者和替代产品制造企业的产品结构、服务的市场、市场营销策略、企业的优劣势等。

(4)分销渠道方面。包括销售成本、运输成本、分销渠道中间商的情况等。

此外，企业的市场分析报告、顾客档案及以前的市场研究报告常常是获得企业现存的市场环境方面资料的重要途径。

企业内部资料对于分析、辨别存在的问题和机会，制订与评价相应的决策行动方案都是必不可少的。随着现代化程度的提高，越来越多的企业已经建立起内部局域网，有些企业还在内部应用了管理信息系统来管理企业内部资源，有的还引入了客户管理系统，将企业的内部资料全部放入信息系统的数据库中。数据库的建立，对于现代企业是一项必要的工作。企业通过收集和积累的大量的信息，经过处理后利用计算机存储起来，这些都为市场调查人员利用企业内部信息提供了极大的便利。

有关企业自身的二手资料有公开与非公开之分，公开的资料既包括企业内部报告，还有公司介绍、公司刊物、向媒体透露的产品测试数据及服务承诺、上市公司的各种公开披露的信息等；非公开的资料包括企业发展战略、营销计划、活动方案、专业调查研究报告、产品供销存数据、各种记载详细原始记录的企业数据库等。其中有些非公开资料属于商业秘密，如客户名单、新产品开发计划甚至被列为企业的高度机密，不仅对外保密，对内部无关人员或低层管理人员也可能限制接触。

二、企业外部资料来源

企业外部资料是指来自企业外部的各种信息资料的总称，包括政府各种公告、统计资料、年鉴、书籍、报纸、杂志、名录、电视、广播、互联网上的资料。在互联网和在线数据库出现以前，图书馆是收集二手资料的唯一途径，现在，对于有些调查人员来说，跑图书馆已成为历史。

企业外部资料来源一般有三个：公开的资料、数据库和辛迪加数据。

（一）公开的资料

公开的资料指的是那些可从图书馆或政府部门及其他实体（如贸易协会等）获得的公开的资料。公开的资料可以说是数量巨大，因此，对公开的资料进行适当的分类相当重要，只有这样做才能使市场调查研究人员清楚自己需要什么类型的资料，并知道可以从哪些途径找到这些资料。市场调查人员要真正做到这一点，除了了解公开资料的分类外，还要学会使用一些重要的检索工具，如能使用计算机检索，那就更加方便和迅速。公开的资料种类繁多，但是习惯上将其分为政府数据和普通商业数据。其中，政府数据主要包括普查数据和其他政府数据；普通商业数据包括指南、目录、索引和其他非官方统计数据。

1. 政府数据

政府机构包括中央和地方的各级政府机构。中央政府机构如国家统计局、财政部、工业和信息化部、商务部等。地方各级政府机构如地方各级统计部门、各级经济管理部门等。国家统计局和地方各级统计部门每年都定期或不定期地发布国民经济统计资料，每年还出版统计年鉴，内容包括人口与就业、投资、财政、工业、农业、建筑业、商业、对外贸易、人民生活文化、教育、卫生、环保等许多重要的国民经济统计资料。各级政府机构如计委、财政、工商、税务、银行、贸易等部门，也经常定期不定期发布各种有关政策法规、财政和金融、价格、商品供求等信息。政府部门发布的法律、法规和公报，编辑发行的各种年鉴，载有其主管领域或行业的各种基本信息，这些都是市场调查必不可少的重要资料。各国政府数据都提供大量的二手数据，政府的出版物可以分为普查数据和其他政府数据。普查数据是政府数据的最大来源，它通常由国家统计局负责组织和实施，并最终形成公开出版的普查报告。主要的政府普查报告包括人口普查报告、基本单位普查报告和经济普查报告。

（1）人口普查报告。人口普查报告是政府提供的最具市场价值的二手数据。基于多种目的，各国政府都非常重视人口普查，一般都相隔一定周期进行全国性人口普查。

（2）基本单位普查报告。基本单位普查的数据对市场调查研究来说同样是非常有价值的资料。我国基本单位普查的对象为中华人民共和国境内除城乡住户和个体工商户以外的所有法人单位及其所属的产业活动单位。

（3）经济普查报告。除人口普查和基本单位普查数据之外，对市场调查研究机构和委托研究的企业而言，非常重要的普查数据还有农业普查、工业普查、第三产业（服务业）普查及综合性经济普查等重要的数据。

（4）其他政府数据。政府除了有普查数据之外，还发布或出版大量的统计数据。非常有用的统计数据有工业增加值增长速度、工业主要产品产量及增长速度、全社会客货运输量、城镇固定资产投资情况、各地区城镇投资情况、社会消费品零售总额、居民消费价格分类指数、各地区居民消费价格指数、商品零售价格分类指数、各地区城镇居民家庭收支基本情况、消费者信心指数、宏观经济景气指数等月度报告的数据，还有一些重要的按季度、年度报告的数据。一些专题数据和部门数据也是市场调查中非常有用的数据，如连锁零售商业企业数据、连锁餐饮企业数据、大中型企业自主创新统计资料等。除了发布上述统计数据之外，政府部门也出版一些定期的出版物。调查研究中比较有用的出版物有《中国统计年鉴》《中国发展报告》《中国农村统计年鉴》《中国工业经济统计年鉴》《中国第三产业统计年鉴》《中国科技统计年鉴》《中国高技术产业统计年鉴》《中国连锁零售业统计年鉴》《中国城市（镇）生活与价格年鉴》《中国商品交易市场统计年鉴》等。

2. 普通商业数据

除了政府提供的大量二手数据之外，现在普通的商业数据也非常丰富。从形式上看，有书籍、杂志、报纸、专题报告和行业数据等大量公开出版数据，也有帮助调查研究者搜索有关数据的工具出版物，如指南、目录、索引和其他非官方统计数据。普通商业数据包括以下四种类型。

（1）年鉴类。年鉴是以全面、系统、准确地记述上年度事物运动、发展状况为主要内容的资料性工具书，是汇辑一年内的重要时事、文献和统计资料，按年度连续出版的工具书。它博采众长，集辞典、手册、年表、图录、书目、索引、文摘、表谱、统计资料、指南、便览于一身，具有资料权威、反应及时、连续出版、功能齐全的特点，属信息密集型工具书。常用的年鉴有《中国对外经济贸易年鉴》、《世界年鉴》、《国际金融统计年鉴》、《国际贸易统计年鉴》和《美国统计摘要》(Statistical Abstract of the United States)等。

（2）报纸类。常用的包括《经济日报》、《国际商报》、《中华工商时报》、《中国经营报》、《经济观察报》和《21世纪经济报道》等。

（3）杂志类。常用的包括《经济研究》、《国际贸易》、《世界经济》、《管理世界》、《商业评论》、《营销科学学报》和《销售与市场》等

（4）工具类。指南是搜索二手数据的最重要的工具之一，它可帮助调查研究者确定其他重要的数据来源。因此，研究人员须学会熟练使用各类指南，以便迅速获得其他重要的二手数据。在美国这样的指南很多，最有用的有"美国市场营销协会系列丛书"(American Marketing Association Bibliography Series)、《市场情报指南》(Marketing Information Guide)、《商业信息资源》(Business Information Sources)和《商业与市场分析数据源》(Data Sources for Business and Market Analysis)等。国内这样的指南相对较少，但是借助互联网可以发现一些指南类商业信息，如中国商业数据中心、中国商业情报网和互创中国商业信息网。目录对于确定收集特定数据的个人和组织非常有用，最常见的是各类企业和经理人名录。例如，可以在互联网上找到最新的《中国企业名录》《世界五百强企业名录》《中国民营企业百强名录》等。索引是搜索特定主题文献的最重要的工具。国内最知名的索引工具有《中文社会科学引文索引》《科学引文索引》《科学技术会议录索引》《全国报刊索引》等。

（二）数据库

数据库指的是按照一定要求收集且具有内部相关性的数据的集合体。尽管存在着一些非计算机化的数据库，但数据库的主体却是计算机化的，因为数据库包含着大量的信息，只有通过计算机进行编辑、分类和分析才能较为容易地运用它们。外部数据库指的是公司外部的组织所提供的简单的数据库，它们可以作为二手数据的来源。比较典型的是，商业信息机构向信息需要者提供这些数据库并收取一定的费用。

根据包含在数据库中的数据记录的性质进行分类，可以将数据库分为四类：文献目录数据库、数字数据库、名录数据库和全文数据库。

（1）文献目录数据库。此类数据库包含杂志文章、政府文件、科技报告、市场营销研究报告、报纸文章、论文、专刊等文件和索引，它通常还附带索引数据的概要和摘录。

（2）数字数据库。此类数据库藏有反映时间变化的动态原始调查数据，还有各种产品销量和销售额的统计数据。

（3）名录数据库。此类数据库由个人、企业及商业服务部门的有关信息组成，通过名录数据库可以查获某个地理区域内过去两年中成立的企业名单。

（4）全文数据库。此类数据库收集组成数据库所有文件的各种数据和文字的全部内容。

（三）辛迪加数据

辛迪加数据指的是一种具有高度专业化和标准化的外部二手数据。信息供应商定期

或不定期地收集和出售共同数据，以满足多个客户的信息需求。辛迪加数据的主要优点就是每一个需要者获得信息的成本相对低廉；另一个优点就是信息需要者可以非常快速地获得所需的信息。辛迪加数据可以在测量单位的基础上进行分类。一类是来自家庭或消费者的辛迪加数据，如消费者心理测量和生活方式、广告收视率调查或其他关于消费者态度偏好和购买行为的一般性调查；另一类是来自零售商、批发商等机构的数据，如零售商审计数据和行业服务。

国外的辛迪加数据相当丰富，比较有影响的是 SRI 咨询公司与前斯坦福研究所合作完成的《消费者价值观与生活方式细分》、《尼尔森电视收视率调查》和《尼尔森零售指数》。国内的市场调查公司及其他信息提供商也开始关注辛迪加数据的开发与研究，比较有影响的有 IMI 市场信息研究所开发的《IMI 消费行为与生活形态年鉴》和零点调查公司开发的《零点指数系列报告》。

辛迪加数据的主要应用如下：

（1）测量消费者态度及进行民意调查。例如，美国的盖洛普民意调查就是询问公众关于国内事件、国际事件、私人问题等的态度和意见。

（2）确定不同的细分市场。调查人员通过对态度等的测量和研究进行市场细分并可对每一细分市场的特性进行描述。

（3）进行长期的市场跟踪。进行市场跟踪可以监控不同时期的产品销售情况和市场份额，从而为公司采取相应的策略提供必要的信息。

三、二手资料的网络收集法

随着网络技术的不断发展，利用互联网收集二手资料进行市场调查是很有价值的。通过网络收集二手资料，应掌握网站、搜索引擎和关键词等工具的使用方法，还要充分考虑信息的及时性、准确性和经济性。

1. 利用搜索引擎

几乎所有的搜索引擎都有两种检索功能：一是主题分类检索，就是通过各搜索引擎的主题分类目录查找信息。搜索引擎把收集到的信息资源按照一定的主题，分门别类，建立目录，先建一级目录，一级目录下面建二级目录，二级目录下面建三级目录，如此下去，建立一层层具有概念包含关系的目录。当用户查找信息时，先确定要查找的信息属于分类目录中的哪一主题或哪几个主题，然后对该主题采取逐层浏览打开目录的方法，层层深入找到所需信息。当需要查找某一类主题的资料，但又不明确具体是哪一方面的资料时，可以采取主题分类检索。二是关键词检索，其要点是明确检索目标，分析确定几个能反映调研项目主题的核心词作为关键词，采用一定的逻辑关系组配关键词，同时适时地采用一些检索技术。

2. 访问相关的专业网站收集资料

根据调查目标到相关专业网站搜寻所需要的数据资料，如需要购物平台方面的资料，可以到相关网站搜寻，如淘宝网、亚马逊（Amazon）、易贝网（eBay）等。淘宝网是亚太地区较大的网络零售商，由阿里巴巴集团在 2003 年 5 月创立，是中国深受欢迎的网购零售平台,拥有近 5 亿的注册用户数,每天有超过 6000 万的固定访客,同时每天的在线商品数已经超过了 8 亿件,平均每分钟售出 4.8 万件商品。亚马逊是一家美国跨国电子商务公司,总部位于美国华盛顿西雅图,是世界上最大的在线零售商。起初,亚马逊只是一个网上书店,但是很快就开始多元化发展,商品种类涉及图书、影视、音乐和游戏、数码下载、电子和电脑、家居园艺用品、玩具、婴幼儿用品、食品、服饰等。易趣网是世界著名的网购零售平台,主要业务跨越 C2C(consumer to consumer,个人对个人),总部位于美国加利福尼亚州圣何塞。易贝网于 1995 年成立,之后崛起成为一个互联网成功案例。现在,易贝网是一个多元化公司,在全球超过 30 个国家都有其本地化网站。

3. 利用相关网络数据库查找资料

网络数据库是把数据库技术引入计算机网络系统中,借助于网络技术将存储于数据库中的大量信息及时发布出去,而计算机网络借助于成熟的数据库技术对网络中的各种数据进行有效管理,并实现用户与网络中的数据库进行实时动态数据交互。网络数据库目前有大量的应用,从最初的网站留言簿、自由论坛等到今天的远程教育和复杂的电子商务等,这些系统几乎都是采用网络数据库这种方式来实现的。网络数据库系统的组成元素如下:客户端、服务器端、连接客户端及服务器端的网络,这些元素是网络数据库系统的基础。使用网络数据库的最大优势是用户无须在自己的客户端安装任何与所需存取或操作数据库系统对应的客户端软件,只需要通过 Web 浏览器便可完成对数据库数据的常用操作。这种方式的优点是用户不必再去学习复杂的数据库知识和数据库软件的使用,只需要掌握基本的网络操作,如填写、提交表单等就可以从任何一台连接互联网的计算机上访问数据库。

第三节 文案调查的程序

在很多情况下,研究者并不知道上哪里去寻找想要的资料。由于收集企业内部资料相对比较容易,调查费用低,调查的各种障碍少,所以市场调查应尽量利用企业内部资料,如果不能满足研究要求时,再利用互联网搜索查询,或去图书馆、资料室、信息中心等外部机构进行相关资料的收集。为提高查找的效率,研究人员应熟悉检索系统和资料目录,并在可能的情况下,尽量争取相关工作人员的帮助。

一、收集二手资料的途径

1. 免费索取

免费索取是指向拥有信息资料的机构或个人无偿地索取二手资料的方法,如直接派遣人员或通过信函向政府有关机构、国内外厂商等索取某方面的市场情报或资料。有些企业出于宣传的目的,会乐于向社会提供有关的资料,向其索取会收到较好的效果。由于索讨属于免费的，这种方法的效果在很大程度上取决于对方的态度。因此，可向那些已有某种联系的单位和个人索取，或由熟人介绍向某些单位和个人索讨。有些企业为了宣传新产品或在进行技术推广时，赠送产品目录、产品样本、说明书等资料，可以向其索取。

2. 有偿购买

有偿购买即通过支付一定的费用，从有关单位获取资料。随着信息的商品化，一些专业信息公司对其贮存的信息实行有价转让，许多在线数据库需要付费才能使用。

（1）订购公开出版物。企业订阅有关的报纸、杂志等从本质上说也属于购买一类，只不过这种方式是一种经常性的工作。要注意对这些报纸、杂志等发布的信息资料进行系统的收集整理，从各类文献资料中筛选出有关的信息和情报，主要利用印刷型文献资料，包括报纸、杂志、图书、统计年鉴、会议文献、论文集、科研报告集、专利文献、政策法规、地方志等。研究人员可以从各种报刊上所刊登的文章、报道中收集和分析情报信息。

（2）向一些收费的情报部门、统计部门、信息中心、信息咨询公司购买所需的数据资料。向一些同行购买声像资料，或委托其复制、翻印、录制一些所需要的声像资料、图片等，并付给一定的费用。

（3）通过有偿、有奖征集取得所需的情报信息，即对提供信息资料的协作单位给予一定的经济报酬，对那些产生重大经济效益的情报信息给予重奖，对企业中提供各种有价值情报信息和有价值建议设想的职工进行物质奖励。

3. 获取竞争对手信息

（1）访问竞争者网站。这是挑战者、追随者获取其竞争者信息的最好途径。

（2）收集竞争者网上发布的信息，如产品信息、促销信息、电子出版物等。

（3）从社交媒体包括官方微博、微信公众号、小程序等收集竞争者信息。

（4）关注有关竞争对手的新产品发布会和降价促销等活动的新闻。

（5）以普通顾客的身份购买竞争对手产品或服务来获取相关信息。

4. 建立情报联络网

企业可在一定范围内设立情报联络网，用以收集市场情报、竞争情报、技术经济情报。建立情报网可采用重点地区设立固定情报点，派专人负责或由营销人员兼职；一般地区可与同行业、同部门的情报机构、信息中心、调查机构建立资讯业务联系，定期互通情报、交换资料，以满足各自的需要。

5. 收集国际市场资料

现在，随着国内外交流渠道的增多，各种合作关系的确立和信息传输的进步，研究者在国内就可以通过信函和联网直接向外国政府、国际组织、行业组织、研究机构索取和查询、调阅资料，也可以直接向国外信息供应商购买信息服务。

应当特别注意的是，收集二手资料应注意合理规避法律风险。在激烈的市场竞争中，利用各种手段去获取所需的技术及商务信息资料往往是必要的，但一定要有法律意识，在合同、保险、主体资格、行为授权等多方面提前做好防范。做到不违背当地的法律，并把握好实际执行的"度"。

二、二手资料的评估

二手资料的获取仅仅是开展市场调查工作的第一步，对二手资料的收集不仅有严格的要求，还要对所收集到的二手资料的质量进行评估，使之成为制定市场调查方案的依据。

（一）收集二手资料的要求

（1）针对性。必须有明确的指向和目标，着重收集与调查主题密切相关的内容，善于对一般性资料进行摘录、整理和选择，以得到对企业生产经营决策有参考价值的信息。

（2）真实性。对所获取的二手资料，要进行认真鉴别和筛选，坚持实事求是，避免个人偏见和主观臆断。只有获取真实、准确、明确、可靠的数据和信息，才能达到正确决策的目的。

（3）及时性。分析市场变化的最新趋势，调查人员必须及时收集市场变化的数据资料。只有这样，才能得到有价值的信息，不至于错过开拓市场和占领市场的良机。决不能贪图简便，用过时的资料来推断当前的市场状况。

（4）同质性。由于不同地区的环境条件、数据收集程序和统计方法不同，对数据的统计和分析存在着差异，影响到数据的实用性。获取的资料必须围绕当前的调查问题，做到同质、相关并有可比性，对同一问题还要明确统一的定义标准和计量单位。

（5）完整性。收集的资料要力求能全面系统地反映市场行情的来龙去脉，所获取的同类数据在时间上应当是连续的，形成一定的序列，能够反映各时期情况及其发展趋势。

（6）经济性。资料的收集、处理、传递方式必须符合经济利益的要求，通过资料的使用，必须使企业在经济上有所收益，即用最小的成本按要求完成调查工作。

（二）二手资料的评估标准

对二手资料的评估要掌握三个标准，即有效性、可靠性和可行性。

1. 二手资料的有效性评估

二手资料与当前调查问题的相关程度如何，是调查人员最关心的问题。评估二手资料满足当前调查问题和调查目标需要的适用性，主要涉及以下几个方面。

（1）是否与调查问题的范畴相一致。对二手资料有效性的评估，首要标准就是它能否有助于回答调查目标定义中提出的问题，如果回答是否定的，那么该二手资料就不适用，应当终止收集工作。

（2）是否适用于受访者的范围。对于每个严格执行的市场调查项目而言，为满足调查设计的需要，严格定义受访者是必须的。不同调查项目的受访者都是特定的，不可以将调查数据随便进行比较。例如，某超市在对店内服务内容进行变动的决策之前，需要了解经常到自己的商店购买商品的区域内居民的购买特点。虽然通过收集二手资料可以得到关于某个地区或某个城市的类似资料,但很多时候资料所涉及的范围或单位与这个超市的要求不同,这些二手资料就缺乏相关性。

(3)是否适用于调查时间的范围。在当今瞬息万变的环境中,信息资料很容易过时。因为大部分调查的目标是预测未来,二手资料必须是适时的,这样对决策才是有用的。

(4)所使用的术语和变量分类是否适用于当前的调查项目。对于每个严格执行的市场调查项目而言,为满足调查设计的需要,都会对所使用的术语和有关概念进行定义。在市场调查中,二手资料经常会存在收入、年龄、公司规模大小等分类方面与要求不一致的问题,从而影响二手资料的准确性、全面性和客观性。

(5)数据的测量单位是否可以比较。测量单位如果不太符合调查人员的需要,也可能引起某些问题。例如,家庭人口平均收入不能与家庭总收入相比较。如果二手资料的格式不符合调查人员的需要,就有必要对这些资料进行变换。例如,食品销售可以按照销售量、次数或销售额进行报告,并根据这些数据估计售出单位的平均价格及其他相关格式。

2. 二手资料的可靠性评估

二手资料的另一个局限是使用者无法控制数据的准确性,尽管适时的、相关的二手资料可能适合调查人员的需要,但这些数据也许是不准确的,因为这些数据毕竟是其他人收集的,他们也许为了支持既定的假设而使数据结果有所偏差。例如,媒体为了确定其订阅者或阅读者的情况,经常发布通过调查得到的数据,但是他们很可能从报告中去除各种贬损的数据。如果确实存在偏见的可能性,就不应该使用这样的二手资料。对二手数据的可靠性评估主要有两条途径。

(1)评估数据来源。通过检验二手资料来源的专业水平、可信度和声誉,可以获得对数据可靠性的总体认识。调查人员倾向从信誉好的来源获得资料,如政府的统计调查机构及声誉卓著的专业调查公司。建立总体认识是必要的,但是在采集特定的二手资料之前,调查人员仍然需要评估相关的调查设计,以便确定调查是否得到正确执行。如果二手资料的收集者缺乏足够信息来了解实地调查当初的执行情况,那么对这个资料来源的评估就很难实现。

(2)交叉检验。为了验证数据资料的准确性,调查人员还可以对不同来源的数据进行交叉检验,即将一种来源的数据与另一种来源的数据进行比较,以确定独立项目的相似性。如果两种来源的数据不一致,调查人员应该努力确定这些差异的原因,并决定哪种数据最有可能是准确的。假设不能确定数据的准确性,调查人员须决定是否值得冒险来使用这些资料。

3. 二手资料的可行性评估

如果二手资料能够顺利通过有效性和可靠性评估,调查者有时还要考虑收集成本是否会过高,是否物有所值。通过文案调查查找最初的数据来源可能并不容易,而且文案调查对调查人员的素质要求很高,通常只有那些拥有广泛和深厚专业理论知识与技能的调查者才能胜任此工作。

三、二手资料收集整理程序

通过文案调查获取二手资料的渠道很多，研究者需要查阅大量资料，并通过烦琐的收集、分析、筛选、整理和归类工作，才能获得有用的信息和数据。为了提高调查的效率，节省调查经费，必须按照科学的程序进行调查。

1. 明确信息需求

在确定市场调查的目的阶段，委托方与受托方需进行深入沟通，双方对于调查目的、调查内容必须达成一致，以避免日后调查结果的不适用。调查人员必须明确调查的目的，限定调查范围，避免调查方向失误。

2. 确定资料收集的范围和内容

根据确定的信息需求，进一步明确应收集哪些方面的内部资料和外部资料，才能满足市场研究和生产经营管理的决策需求。一般来说，应收集与市场调查课题有关的背景资料、主体资料和相关资料，以便研究问题的题由、特征和原因。同时，资料内容的界定应力求具体化、条理化。

3. 拟订详细的调查计划

收集二手资料以描述性调查为主，拟订调查计划的内容包括：

（1）确定各种调查目标并按优先顺序排列；
（2）罗列所有可能适用的资料及其来源清单；
（3）说明调查人员的特长和能力水平；
（4）预计调查所需时间及最后完成日期；
（5）进行调查费用的估算与控制；
（6）培训调查人员并分配工作。

4. 确定收集资料的方法

要明确有效地收集二手资料的有效方法。一般来说，外部资料的收集需要采用多种方法组合应用。内部资料收集的主要方法是核算法、报告法、汇编法及企业内部数据库、管理信息系统搜寻法等。

5. 评审企业现有的内部资料

评审企业内部积累的统计资料、财务资料、业务资料和其他资料是否能够满足特定的市场调查问题的需要，是否能满足企业经常性的生产经营管理的信息需求。通过评审，对发现的问题进行整改，以完善现成资料的内部来源，规范内部信息流程和基础工作。

6. 确定外部资料的来源渠道

外部资料来源的渠道很多，应根据收集的内容确定收集渠道，明确向谁收集、收集什么和何时收集等基本问题，还要综合考虑提供者的信誉、专业化程度和服务水平及其所提供数据的质量、数据的系统性与可用性等，以便做出选择。

7. 收集、评估和筛选资料

二手资料收集的内容、渠道和方法确定之后，调查者则可实施资料的收集工作。通过文案调查所收集的二手资料，有些比较真实、清楚，可以直接利用，有的则是杂乱无章且有失真情况，这时就要对所收集的资料，从技术、质量、内容、目的、时间、水平、系统性、可靠性等方面做出评估和筛选，把有利用价值的资料摘录出来。

8. 对各种不同资料进行调整和融合

对挑选出来的二手资料进行分类、综合、加工、制表、归档、汇编等处理，使其条理化、系统化，为市场分析研究和满足管理的信息需求提供优质的信息服务。有时收集的资料从时间上看可能有间断，此时调查人员应该运用相关知识和经验对资料进行判断，加以调整、补充、衔接及融会贯通。为此，应注意以下几个方面的问题。

（1）在资料的整理过程中，将用不同计算单位得到的资料统一口径，转换为标准单位。

（2）从理论上对调查资料做逻辑性分析，将所收集的数据进行重新编排和有机的组合，成为新的可用的资料。

（3）经整理后的资料不可孤立地分析和运用，必须经过比较分析和相互衔接，才能用来发现事物的发展、变化的规律。

（4）将整理后的数字转化成统计图表，并做必要的分析和解释，使阅读者容易掌握事实情况。

（5）详细检查资料是否周详严谨，无遗漏。

（6）通常运用演绎法和归纳法进行资料的衔接与融会贯通。

9. 形成书面报告

资料分析完成之后，即可用书面报告的形式解释调查问题。调查报告应按照重要程度排列调查结论，客观准确地提出调查结论与对未来事态发展的估计和建议，内容力求简明扼要，高度切题。

☆思考练习题

一、问答题

1. 二手资料调查可应用于哪些研究？与一手资料相比，二手资料有何优缺点？
2. 在市场调查的资料收集中，为什么要坚持"先二手，后一手"的原则？
3. 调查人员可以从哪些渠道获得二手资料？
4. 说明下列二手资料的最佳来源：
（1）某市居民家用汽车的拥有情况。
（2）某市经济型酒店的经营情况。

二、思考题

1. 为什么说互联网对查询二手资料有重要意义？

2. 如何评价二手资料的价值？

➤实训题

以组为单位，完成下列任务之一。

1. 利用二手资料，了解西安大学生笔记本电脑市场的规模，并具体描述不同品牌偏好者的情况。

2. 对某一感兴趣的市场进行二手资料的收集，写出一份调查报告。报告的内容包括以下几点：①中国市场目前的规模大小；②市场增长趋势；③目前此市场上的领导品牌成功之处分析。

3. 张强是某经济类院校市场营销专业的一名学生，面临毕业，到一家知名国产智能手机企业应聘营销经理助理的职务，他和另外两人一起通过了面试，这时人事经理要求三人在三天之内分别提交一份关于国产智能手机市场发展前景的报告，公司将根据报告质量决定三人谁被录用。由于时间紧迫，只能通过查询二手资料的方式来完成这份报告。请为张强完成这个任务。

（提示：报告内容应包括目前中国手机市场的规模和发展趋势、目前市场的基本格局、国产智能手机在市场上的表现、影响消费者接受国产智能手机的主要因素、对国产智能手机的市场前景展望和相应的对策。）

第四章 抽样设计

学习目标

通过本章的学习，熟悉抽样设计的基本概念及各种抽样技术；掌握样本量的确定方法；能根据具体问题选择合理的抽样方法，并设计抽样方案。

按照受访者的范围，可以将市场调查分为普查和抽样调查。从理论上讲，市场调查若采用普查方式，其调查结果应该最准确、最有价值，但普查需要耗费大量的人力及经费，而且调查时间长。当今市场构成多元化、变化节奏快、调查经费相对紧张，所以商业性的市场调查活动很少使用普查来获取市场信息。基于此，如何以更快、更节省的方法满足客户所需信息的质量要求，获得正确的调查结果，就有赖于抽样调查。

第一节 抽样调查的基本概念

市场调查中的抽样调查是指按照随机原则或非随机原则，从全部受访者中抽取部分样本进行调查，然后用样本所获得的结果来说明总体的基本情况。在进行抽样设计时，常会涉及以下几个基本概念。

一、全及总体和抽样总体

全及总体是指受访者全体，简称总体或母体，用 N 表示。总体由研究对象中的个体组成，组成总体的元素称为总体单位。例如，要调查西安市有多少家庭拥有小轿车，那么调查总体就是西安市所有的家庭，每个家庭户就是总体单位。总体的单位数通常是很大的，甚至是无限的。在组织抽样调查之前，有时并不清楚总体的数量特征，但所要研究对象的性质、范围及实施的条件等应该是明确的。

抽样总体是从总体中抽取的部分个体的总和。例如，在西安市家庭拥有小轿车的调查中，所有被抽到的家庭就构成该项调查的样本总体，每一个被抽到的家庭就是一个样本单元。样本中所包含的单位个数称为样本量，用 n 表示。一般当样本数大于或等于30时，称为大样本；当样本数小于30时，称为小样本。

在抽样调查中，抽取的样本对总体是否具有代表性，是衡量调查结果准确性、可靠性的重要标准。

二、总体指标和样本统计量

根据全及总体计算的统计指标称为全及指标或总体指标,根据样本总体计算的统计指标称为样本指标或样本统计量。对于某个总体来讲,总体指标是一个确定的量,但它是未知的,需要通过抽样调查来推算,抽样调查就是用样本统计量作为代表去推断总体指标。

三、重复抽样和不重复抽样

从总体 N 个单位中抽取 n 个单位组成样本,有两种抽取方法:一是重复抽样,即每抽出一个单位进行登记后,放回去,混合均匀后,再抽下一个,直到抽满 n 个为止。二是不重复抽样,即每次抽出一个单位进行登记后,不再放回参加下一次抽取,依次下去,直到抽满 n 个为止。实践证明,不重复抽样误差比重复抽样小。在实际的抽样调查活动中,一般执行不重复抽样。

四、抽样单元和抽样框

为了便于实现抽样,常常将总体划分为有限个互不重叠的部分,每个部分叫作一个抽样单元。抽样单元不一定是组成总体的最小单位——基本单元,它可能包含一个或一些基本单元,最简单的情况是只包含一个基本单元。在简单随机抽样中,抽样单元为基本单元。在整群抽样中,群为抽样单元,而群中又可能包含相当多的基本单元。例如,一项关于日用品的消费者调查中,如果在某个住宅小区抽取一栋居民楼,那么居民楼是抽样单元,楼中的家庭户既可能是抽样单元也有可能是基本单元,而家庭户的每个居民是基本单元。

在抽样设计时,必须有一份全部抽样单元的资料,这份资料就是抽样框。抽样框一般可采用现成的名单,如居民户口簿、企事业单位职工名册、学生名册等。在抽样框中,每个抽样单元都有对应的位置或序号,这常常通过编号来实现。直接可以使用的抽样框有时并不存在,调查者可通过界定抽样单元自行建立抽样框。例如,在一项关于女性化妆者调查中,某个城市并不存在一个直接可用的由所有女性化妆者构成的抽样框,但城市一般有区、街道办、社区的清单,调查者可以将社区作为抽样单元从而建立起抽样框,在抽中的社区居民中调查符合条件的受访者。

五、抽样误差和非抽样误差

调查误差是指调查所得结果与总体真实数据之间的差异,按照性质不同可分为抽样误差和非抽样误差两大类。

样本是总体的一部分,虽然有代表性,但并不等于总体,因此从样本得出的结果估计来说明总体肯定会产生一定的误差。抽样误差是指用样本指标对总体指标进行估计所造成的误差。抽样误差是客观存在的,它的大小与抽取的样本能否代表总体有着密切的关系。抽样误差越小,估计量的精度越高。抽样误差可进一步分为两种:一种是随机误差，是指虽然遵守了随机原则但仍然会出现的误差，通常对抽样误差的理解就是随机误差，这种误差是客观存在的，但可以计算并加以控制。另一种是偏差，是指破坏了随机原则而带来的误差，也称为抽样系统误差。为了使抽样误差减小，要尽可能使样本的结构与总体的结构相一致。

非抽样误差是指在抽样调查中由于人为因素造成的误差，这种误差是由调查者、访问员和受访者造成的。例如，由于调查方法欠妥引起的受访者反应不当；访问员工作不认真、不仔细所造成的记录错误；受访者拒绝配合或不认真作答；等等。这类误差是无法测量的，但它可以通过如加强对访问员的培训、提高访问员的素质、采用合理的资料采集方法、设计高效的问卷等手段来克服。

第二节 抽样的基本方法

抽样方法可分为随机抽样和非随机抽样两大类。随机抽样也称为概率抽样，在抽取样本时完全排除主观上有意识的挑选，总体中的每个单位都有被抽中的机会。非随机抽样也称为非概率抽样，是根据便捷的原则或调查人员的主观判断来抽取样本。随机抽样和非随机抽样又可以根据抽样的形式、特点进一步加以细分（图 4-1）。

```
                                    ┌─→ 简单随机抽样
                                    │
                         ┌─→ 随机抽样 ├─→ 系统抽样
                         │          │
                         │          ├─→ 分层抽样
                         │          │
                         │          └─→ 整群抽样
              抽样方法 ──┤
                         │          ┌─→ 任意抽样
                         │          │
                         └─→ 非随机抽样├─→ 判断抽样
                                    │
                                    ├─→ 配额抽样
                                    │
                                    └─→ 滚雪球抽样
```

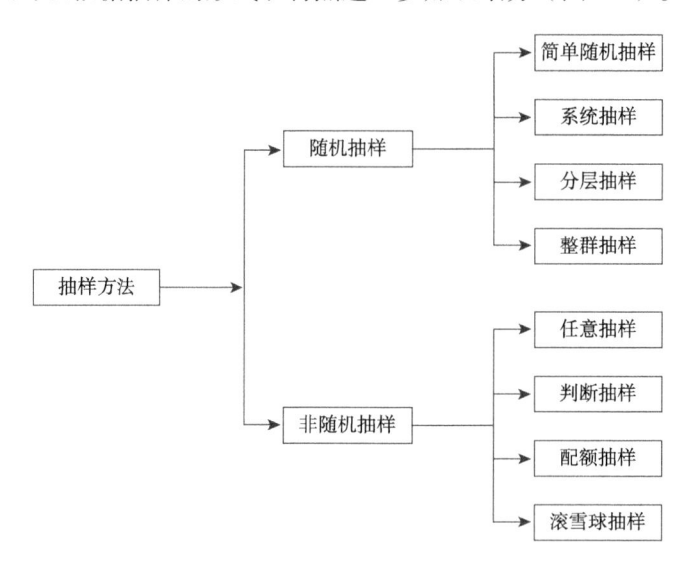

图 4-1 抽样的基本方法

一、随机抽样

随机抽样是指按照随机原则从总体中抽取一定数目的单位作为样本进行调查。这种抽样方法实施的难度大，比较费时费力，但根据这种方法抽取样本做出的结论对总体具有充分的代表性。随机抽样常用的方法有简单随机抽样、系统抽样、分层抽样和整群抽样。

（一）简单随机抽样

简单随机抽样又称为纯随机抽样或完全随机抽样，它是按照随机原则，从调查总体中不加任何分组、划类、排序等先行工作，直接抽取调查样本。这种方法的特点是调查总体中的每个样本被抽中的概率相等，完全排除了抽样中主观因素的干扰。按照抽样方式的不同，简单随机抽样分为重复抽样和不重复抽样。一般情况下，不重复抽样得到的估计结果更精确，实际操作也比较方便。

用简单随机抽样法抽取样本的方法有很多，在市场调查活动中通常采用抽签法和随机数表法。

1. 抽签法

抽签法是将总体的每个单元编号并做成号码标签，将所有的标签充分混合均匀后，每次抽取一个，签上的号码即表示样本中的一个单位。抽出的标签不再放回，接着抽取下一个标签，直至抽足所需样本量为止，这部分标签号码所对应的所有个体就构成样本。

2. 随机数表法

随机数表也称为乱数表，是把 0~9 的数字随机排列成一张表，有两位数、三位数、四位数甚至五位数的号码，可用计算机程序或随机数表（统计类的书籍一般后面有附录）生成。每次抽样时利用随机数表可以大大简化抽样的程序。

使用随机数表不受任何限制，可随机地从某行某列中任意指定一个数字，然后以这个数字为起点，从左至右或从上往下按顺序读取数字，按照事先的规定去掉不符合要求的数字，直到抽足所需的样本量为止。表 4-1 是从相关资料的统计用表中截取的一部分，以此表为例，如果要从一个 80 人的总体中抽取样本量为 10 的样本，可先将这 80 人按 01~80 编上号码，选取时规定凡两位数字不大于 80 的均可纳入样本，超过 80 的数字去掉，重复的数字只能保留一个，直到选够规定的样本量为止。假设从表中第 7 行与第 8 列交叉处的数字 74 开始沿竖列方向往下查，得到 10 个号码如下：74，85，84，72，52，45，28，52，17，95，那么按照规定要把重复数字 52 及超过 80 的数字 85，84 去掉，再接着从后面的数字中依次读取 3 个不大于 80 的号码 51，08，46，直到满足样本量 10 为止。

表 4-1 随机数表（截取）

93 05 31 03 07	34 18 04 52 35	74 13 39 35 22	68 95 23 92 35	36 63 70 35 33
21 89 11 47 99	11 20 99 45 18	76 51 94 84 86	13 79 93 37 55	98 16 04 41 67
95 18 94 06 97	27 37 83 28 71	79 57 95 13 91	09 61 87 25 21	56 20 11 32 44
97 08 31 55 73	10 65 81 52 59	77 31 61 95 46	20 44 90 32 64	26 99 76 75 63
69 26 88 86 13	59 71 74 17 32	48 38 75 93 29	73 37 32 04 05	60 82 29 20 25
41 47 10 25 03	87 63 93 95 17	81 83 91 04 49	77 45 85 50 51	79 88 01 97 30
91 94 14 63 62	08 61 74 51 69	92 79 43 89 79	29 18 94 51 23	14 85 11 47 23
80 06 54 18 47	08 52 85 08 40	48 40 35 94 22	72 65 71 08 86	50 03 42 99 36
67 72 77 63 99	89 85 84 46 06	64 71 06 21 66	89 37 20 70 01	61 65 70 22 12
59 40 24 13 75	42 29 72 23 19	06 94 76 10 08	81 30 15 39 14	81 83 17 16 33

那么假如要从一个 300 人的总体中抽取样本量为 30 的样本，须先将这 300 人按 001~300 编上号码，这时总体数目是一个三位数，在表 4-1 中同样可以操作。假设从表中的第 3 行与第 14 列交叉处的数字 13 开始沿横行方向往右查，连续地以三位数为一个数码，重新获得一组三位数的随机数码如下：139，109，618，725，215，620，113，244，970，831，……，同样规定凡三位数字不大于 300 的均可纳入样本，超过 300 的数码去掉，如果有重复的号码只保留一个，按要求选够 30 个为止。

简单随机抽样是其他随机抽样方法的基础，从理论上说它是最符合随机原则的，而且抽样误差的计算也比较简明，然而这种方法在实践中的运用却有一定的局限性。第一，当调查总体很大时，给每个个体编号，去构造一个可供抽取样本的抽样框是非常困难的，实施起来也很麻烦，既费时又费力。第二，这种抽样方法忽略了总体已有的信息，降低了样本的代表性。例如，在许多调查总体中，男女的性别比例是确定的，如果采用简单随机抽样进行抽样，抽出来的男女性别比例有可能与总体的真实比例相差很大。所以在市场总体规模大、总体内某项特征差异比较明显的情况下，不能直接使用简单随机抽样抽取样本。

（二）系统抽样

系统抽样也叫等距抽样或机械抽样，是将研究总体按照一定的标志（有关标志和无关标志）排序后，每隔一定的间距抽取一个单元直至抽够所需样本量为止。其抽样过程如下。

第一步，确定抽样框。将总体中每个单元按某种顺序排列并加以编号。可根据与调查单位有关的标志（如收入等）或无关的标志（如居民门牌号、学生学号等）排列调查总体单位顺序。

第二步，计算抽样距离。抽样距离等于总体的容量除以样本的容量，即

$$抽样距离 K = \frac{N}{n} （取整数）$$

第三步，抽取第一个样本。根据确定的抽样距离，从第一个抽样距离的所有单元内采用简单随机抽样法抽取一个单元作为第一个样本。

第四步，抽取所有样本。确定了第一个样本之后，每隔一个抽样距离抽取一个单元，这样所有样本就可逐一被抽取出来。

例如，某市场研究公司受某大型购物中心委托，欲进行一次日用品消费者购买行为的调查。根据抽样要求，需在购物中心附近的某个拥有 324 户居民的居委抽取 20 户进行入户调查，那么，采用系统抽样的步骤如下：按照门牌号将该居委全部居民户编号即 001~324；计算抽样距离为 324/20≈16，即抽样间距为 16 户；在 001~016 户随机抽取第一个编号作为第一个样本，然后每隔 16 户抽取 1 户，直到抽满 20 户为止。

系统抽样比简单随机抽样简便易行，而且能比较均匀地抽到总体中各个部分的个体，样本的代表性比简单随机抽样强。系统抽样虽然过程简单，但在单独使用时同样也面临着总体过大不便于编号的困难。所以在大规模的市场调查中，系统抽样常与其他抽样方法结合起来使用。另外，这种抽样的误差计算也比较复杂，一般用简单随机抽样的抽样

误差来代替。需要注意的是，在有些调查中要尽量避免使用会使抽样单元有系统性的间隔数，如对超市的零售额进行调查时抽取的间隔天数不能为7，否则会影响调查结果。因为每周7天中超市销售额的情况是不同的，有一定的规律性，即周末和假日零售额较高，平日较低。

（三）分层抽样

分层抽样也叫分类抽样或类型抽样，是指先将总体按某些特征分成若干个层（或子总体），再从各层（或子总体）中分别随机抽取一定的单元构成样本。分层抽样过程如下。

第一，确定分层的特征，如性别、年龄、经济收入等。

第二，将总体（N）分成若干（k）个互不重叠的部分，分别用$N_1, N_2, \cdots, N_k$表示，每一部分叫一个层，每一个层也是一个子总体。

第三，根据一定的方式（如各层单元占总体的比例）确定各层应抽取的样本数。

第四，采用简单随机抽样或系统抽样方法，从各层中抽取相应的样本，分别为$n_1, n_2, \cdots, n_k$，这些样本也叫子样本，子样本之和为总样本。

分层抽样的优点在于它充分地利用了总体的已有信息，可以保证所有重要的子总体在样本中都有代表，使样本更具代表性，抽样方法简明，精度较高，实施便利，因而是一种非常实用的抽样方法。据以对总体单位进行分层的标志，一定是总体的某种重要属性或特征，而且与调查主题内容密切相关。例如，进行消费者调查时可以按照年龄、收入、职业等标志将调查总体进行分类或分层。对于总体该分成几层，要视具体情况而定。总的原则是，各层内的差异要小，而层与层之间的差异要大，否则就会失去分层的意义。

分层抽样抽取的单位数是事先确定的，各层是按一定的标准分配数目。为了使分层抽样更合理、科学，在具体实施过程中可采用下列三种方式抽样。

1. 分层比例抽样

分层比例抽样也叫等比例抽样，是指按各分层子总体数量占总体单位数量的多少，等比例抽取各层的样本数量。假设调查总体数量为N，总样本数量为n，分层子总体数量为N_i，分层子样本数量为n_i，计算公式为

$$n_i = \frac{N_i}{N} \times n$$

按此公式可计算出各层抽取的样本数量，这种分层方法是在各分层内的变异数不知道的情况下进行的。

2. 最佳分层抽样

最佳分层抽样也叫纽曼分层抽样，是在各层内根据变异数（标准差）大小调整各层的样本数，以提高样本的可信度，计算公式为

$$n_i = \frac{N_i \sigma_i}{\sum N_i \sigma_i} \times n$$

其中，σ_i为任一层内的标准差（若没有现成资料，可以从该层抽一个小样本算出标准差S_i

代替 σ_i 进行计算）；N_i 为任一层的总数；n_i 为任一层抽取的样本数。

3. 最低成本抽样

最低成本抽样也称德明抽样或经济抽样，是指当各层的调查费用有明显差异时，在不影响可信度的前提下调整各层的样本量，使调查费用尽量减少，这样可兼顾各层的差异程度与调查费用，计算公式为

$$n_i = \frac{N_i\sigma_i/\sqrt{C_i}}{\sum\left(N_i\sigma_i/\sqrt{C_i}\right)} \times n$$

其中，C_i 为各层中单位调查费用。

在分层抽样中，有时可在分层子总体的基础上再进一步加以分层，这就是多次分层抽样或多阶抽样。分层的标准一般为地区、年龄、性别、收入、文化程度等。分层抽样由于充分利用了总体已有的信息，故样本的代表性及推论的精确性一般都优于简单随机抽样。此外，在抽样实施时，也比简单随机抽样简便。

（四）整群抽样

整群抽样也称为分群抽样、聚类抽样或集团抽样，是先将调查总体区分为若干个群，然后从所有群中随机抽出一部分群，对这些群内的所有个体或单元均进行调查。整群抽样的分群标准有时与调查主题无关，可以按照自然形成的团体或区域分群。例如，学校学生可以按班级抽选，公司职员可以按工作的群体抽选，城市住户可以按街区抽选，农村居民可以按自然村抽选，等等。抽样过程可分为以下几个步骤。

第一步，确定分群的标准，如班级、自然行政区域。

第二步，将总体（N）分成若干个互不重叠的部分（$R_1, R_2, \cdots, R_i$），每个部分为一群。

第三步，根据总样本量，确定应该抽取的群数。

第四步，采用简单随机抽样或系统抽样方法，从 i 群中抽取确定的群数。

整群抽样也可跟多次分层一样，把群进一步分成若干个子群。分群的次数依据实际情形而定，分群的标准通常是地域或自然构成的团体。

整群抽样与分层抽样在形式上有相似之处，但实际上差别很大。

（1）分群（层）的标准不一样。分层是按某一特征，分群则一般是按自然形成的区域、团体等。

（2）分层抽样要求各层之间差异大，层内个体或单元差异小，而整群抽样则要求群与群之间的差异小，群内的个体或单元差异大。

（3）分层抽样的样本是由从每个层内抽取的若干单元或个体构成的，而整群抽样则是要么整群抽取，要么整群不被抽取。

整群抽样在调查实施过程中比较方便，在抽样设计上也比较便利，只需要关于群的抽样框而无须群内次级单元的名单。整群抽样的抽样单元过于集中，因此与上述其他抽样方法相比，整群抽样的抽样误差较大，准确度差。

前面所介绍的这四种随机抽样只是一些最基本、最简单的抽样方法，除此之外还有

其他随机抽样应用技术，如与个体大小成比例的随机抽样、多级（多阶）抽样及多项抽样等。

在市场调查实践中，往往是根据具体情况将几种方法互相结合使用的，比较常见的是将整群抽样和分层抽样结合，在市场调查中应用很广泛，特别是在复杂的、大规模的市场调查中，抽取的调查个体一般不是一次性直接抽取的，而是采用两级或多级抽取的办法，即先抽大单元，在大单元中抽小单元，再在小单元中抽更小的单元。

以二级抽样为例，先将总体分为互不重叠的若干部分（称为一级单元），每一部分为一群或一个单元。从中随机抽取一些一级单元，这是抽样的第一阶段；再从这些抽中的一级单元中分别随机抽取子样本，所有的子样本集合起来就构成二级样本，这是抽样的第二阶段。这里，第一级样本中的单位相对于二级抽样来说，又是总体（子总体）。分层抽样和整群抽样，可以看成二级抽样的两种特殊形式。

二级抽样与分层抽样、整体抽样有相似之处，它们都必须先将总体分组，然后抽取一级单元或二级单元。分层抽样在第一级抽样中实际上是抽取了全部的层（一级单元），然后再从各层中抽取部分的二级单元，而整群抽样则是从全部群中抽取部分的群（一级单元），然后对抽中的群的二级单元全部进行调查，相当于抽取全部的二级单元。二级抽样在第一级和第二级抽样时，都是分别随机地抽取部分的一级单元和二级单元。因此，在抽样形式上可以把二级抽样看成分层抽样和整群抽样的综合。

多级抽样适合于大规模的调查，其组织实施的便利程度与抽样精度介于分层抽样和整群抽样之间。我国城市住户调查采用的就是多级抽样，即先从全国各城市中抽取若干城市，再在城市中抽选街道，然后在各街道中抽选居民户。例如，在全国性的调查中，将总体按社会经济发展水平或按地理区域分层后，从每层中先抽取几个地区，再从抽中的地区中抽市、县、村，最后再抽至户或个人。这种方法在大规模的调查研究中，比起简单随机抽样、系统抽样及分层抽样等方法，可以节省大量的人力、财力和物力。在抽取样本及组织调查时很方便，具有整群抽样简单易行的优点，但在样本量相同的情况下又比整群抽样的精度高，因为它所抽取的单元在总体中的分布更广泛，因而更具代表性。不足之处是在设计抽样调查方案、计算抽样误差和推断总体上比较麻烦。

实践中可以利用计算机程序来生成样本，如在统计分析软件中实现具体样本单元的抽取，具体操作方法如下。

1. 在 SPSS 中抽取样本单元

第一步，建立由抽样框构成的数据文件。例如，调查者拟从陕西省 106 个县中随机抽取 5%的县进行调查，建立的由抽样框构成的数据文件如图 4-2 所示。

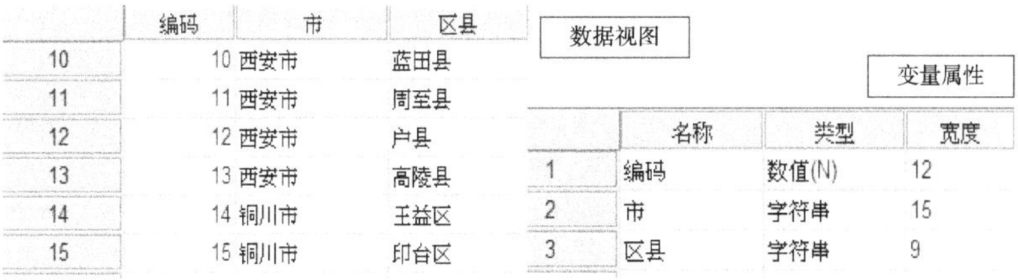

图 4-2 样本框数据表变量属性

第二步,选择抽样方法。在"数据"菜单中选择"选择个案",打开个案选择主对话框,选择"随机个案样本",在打开的随机样本选择子对话框中,根据抽样设计需要选择按百分比随机抽样或是按确定的样本个数抽样,本例中选择按5%抽样(图4-3)。

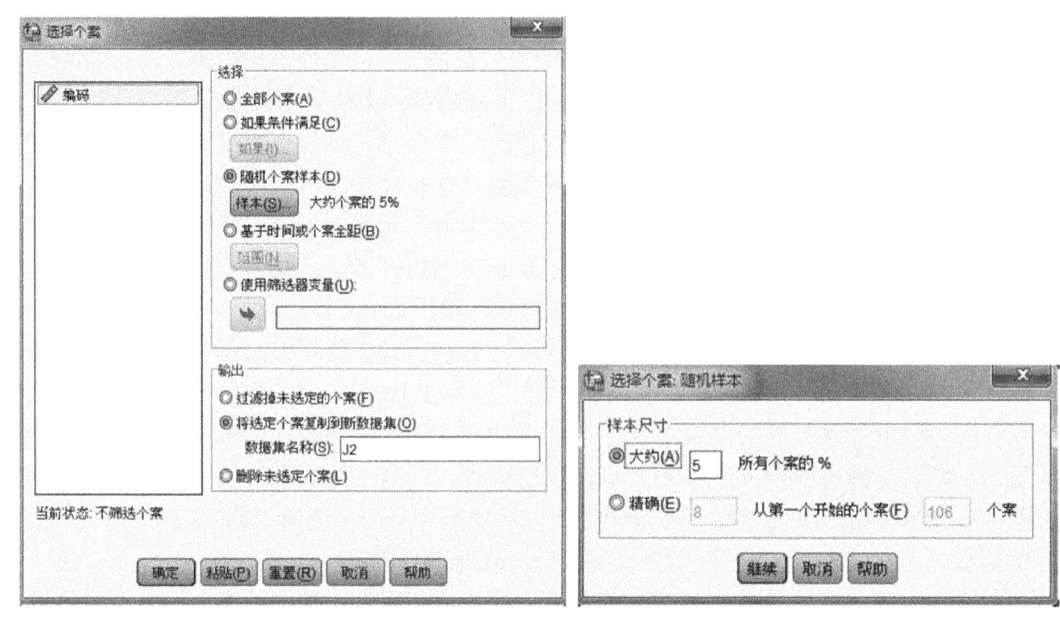

图4-3 选择个案主对话框

第三步,选择样本单元保存方式。点"继续"返回主对话框,选择"输出"选项。可以选择在原数据表中只保留选中的个案,也可以选择将选中的个案另存为一个数据文件。本例中选择"另存为"一个新的数据文件。点"确定"即可生成一个只包含已选定抽样单元的数据文件(图4-4)。

	编码	市	区县
1	4	西安市	灞桥区
2	5	西安市	未央区
3	30	咸阳市	秦都区
4	32	咸阳市	三原县
5	33	咸阳市	泾阳县
6	34	咸阳市	乾县
7	37	咸阳市	彬县
8	39	咸阳市	旬邑县
9	40	咸阳市	淳化县
10	68	汉中市	南郑县
11	90	安康市	汉滨区
12	105	商洛市	镇安县

图4-4 随机个案选择结果

2. 在 Excel 中抽取样本单元

第一步，在 Excel 中建立抽样框。建立的数据文件与 SPSS 相同。

第二步，选择抽样方法。Excel 中抽取样本有两种方法：一是使用随机函数产生随机数；二是使用分析工具产生随机数。

（1）使用随机函数产生随机数。Excel 中有两个随机函数，分别是 RAND 和 RANDBETWEEN。不同的是 RAND 产生 0~1 的随机小数，RANDBETWEEN 产生任意两个数之间的随机整数。在 Excel 任意单元格中输入"=RAND（）"即可生成一个随机小数，点住单元格右下角的拖拽柄拖动单元格复制，即可生成一行（列）随机小数。在单元格中输入"=RANDBETWEEN（1，106）"即可生成 1~106 的随机整数，同样，拖动复制这个单元格即可生成一行（列）随机整数。以此作为抽样框的编号即可抽出随机样本单元。

需要注意：第一，采用函数生成的随机数是动态变化的，工作表的任意变化都会使得这个随机数发生变化，可以复制这些随机数采用选择性粘贴，将其粘贴成数值后就不会变化了。第二，这样产生的随机数是有可能重复的，即 1 个随机数可能在这一行（列）中出现多次，对此，可以比设计的样本单元多生成一些随机数，然后删除重复的即可。

（2）使用分析工具产生随机数。在加载了分析工具加载项后，在数据选项卡上会出现分析工具，点击分析工具弹出分析工具选择对话框，选择"抽样"或"随机数发生器"均可产生随机数。以"抽样"为例，选择抽样后弹出抽样选择对话框，在输入区域选择编码所在的列，即样本框全部编号，在抽样方法中选择是等距抽样还是随机抽样，如果是等距抽样，在周期间隔输入框中输入间隔数；如果是随机抽样，在随机样本数输入框中填入准备抽取的样本单元的个数，在输出选项中选择将结果输出到什么位置，选定后点"确定"，即可生成所需的随机数（图 4-5）。

图 4-5 在 Excel 中使用分析工具抽取样本单元

需要注意的是，采用分析工具抽取的随机数不是动态的，不会随着工作表内容的改变而改变，但是，也是有可能重复的，为了避免重复，可以多产生一些随机数，或者对重复的数重新抽取来达到不重复抽样的目的。

二、非随机抽样

除了随机抽样之外，许多市场调查（一般是较小规模的研究）也采用非随机抽样。非随机抽样也称非概率抽样，是指抽样时不严格遵循随机原则，而是根据调查人员主观上设立的某个标准抽选样本。与随机抽样相比较的主要优点如下：省时、省力、省钱，抽样过程比较简单。在非随机抽样中，受访者被抽取的概率是未知的，抽样误差难以控制，样本的代表性差，利用调查结果推断总体的情况风险较大，但是只要抽样方法适当，其准确度也能基本达到要求。目前使用较多的非随机抽样方法有任意抽样、判断抽样、配额抽样和滚雪球抽样。

（一）任意抽样

任意抽样也叫方便抽样或偶遇抽样，是指样本的选定完全根据调查人员最方便的途径来决定。最典型的方式就是街头拦截过往行人做访问调查。例如，在商场的柜台访问顾客，征求其对某种商品的评价和意见；又如，一些大城市欲做流动人口消费品购买力调查，可以在车站、机场、旅馆等地方对旅客进行询问调查。

任意抽样的优点是简便易行，能快速取得所需资料，省时省力，节约经费，但易受调查员的倾向性影响，导致抽样偏差大，调查结果的可信度较低。在此基础上做统计推断也不科学，一般在总体同质的情况下才能取得良好的效果。因而，任意抽样的样本一般多用于探索性调查或正式调查前的预调查，不适合做描述性调查和因果性调查。

（二）判断抽样

判断抽样又称主观抽样或目的抽样，是根据调查人员的主观经验选取样本的方法。这种抽样选取的样本通常是比较典型的。例如，为了了解消费者对某品牌啤酒的口感评价，可以选择经常饮用啤酒的消费者作为访问对象。判断抽样的代表性取决于调查者自身的相关知识、经验和判断能力，要求调查者熟悉总体的有关特性，尽量选择多数型或平均型，从而减小调查结果的误差。

判断抽样在抽选参加深度访谈或小组座谈会的人员的定性研究中以及在对某些特定群体进行调查的定量研究中被经常使用。判断抽样的优点是能适合特殊需要、抽样过程简单、调查回收率高，但容易因调查人员的主观判断偏差而导致严重的抽样误差。

（三）配额抽样

配额抽样也称定额抽样，是指将总体对象依据某种特性分类，然后按一定比例在各类群体中依主观判断抽取样本的方法。配额抽样实质上是一种分层判断抽样，与分层抽样相似，但在每个层里抽取的样本不是随机的而是主观选择的，这样会使所抽取的样本不至于太偏重某一群体或地区，从而有效地保证样本的代表性。

按照配额的要求不同，配额抽样可分为独立配额抽样和交叉配额抽样两种。

1. 独立配额抽样

独立配额抽样是根据调查总体的不同特征，对调查样本单独规定分配数额。例如，对某市居民进行液态奶消费调查，确定样本量为 400 人，选择消费者年龄、性别、收入三个特征分类，可以建立独立控制样本配额表，如表 4-2 所示。

表 4-2 独立配额抽样

年龄	人数/人	性别	人数/人	收入	人数/人
18~30 岁	100	男	160	低收入	100
31~45 岁	100			中等收入	200
46~60 岁	100	女	240		
61 岁及以上	100			高收入	100
合计	400	合计	400	合计	400

表 4-2 虽然列有年龄、性别、收入三个特征，但是各个特征是独立控制样本的配额，不规定三种特征的配额之间有任何关系。这种方法的优点是简单易行，调查员选择余地较大；缺点是调查员可能图一时方便，选择样本过于偏向某一类别，从而影响样本的代表性。

2. 交叉配额抽样

交叉配额抽样是对受访者的各个特征的样本数额进行交叉分配，这样可以兼顾各个控制特征的样本分配，使所抽取的样本在总体上有较高的代表性，因而可以大大提高抽样结果的可信度。

交叉控制表可在独立控制表（参照表 4-2）的基础上完成，如果采用交叉配额抽样，选择年龄、性别这两项特征建立交叉样本控制配额表，如表 4-3 所示。

表 4-3 交叉配额抽样　　　　　　　　　　　　　　　　　　　　单位：人

性别	18~30 岁	31~45 岁	46~60 岁	61 岁及以上	合计
男	40	40	40	40	160
女	60	60	60	60	240
合计	100	100	100	100	400

在实际调查中，配额抽样通常与其他随机抽样方法结合起来使用。如果总体单位的特征比较明确，并有相关的数据可以参照，当抽取的样本量不是足够大时，使用配额抽样能够保证在一定程度上控制调查数据的偏差。配额抽样如果操作控制得当，实际上就成为一种修正的概率抽样，能保证总体的各个类别在样本中都有代表，使得样本具有较

高的代表性。有时基于研究目标的需要使用配额抽样设置配额，不但可以满足研究分析的需要，而且可以节省调查时间和费用，特别适合较小规模的调查。因为实施简单，配额抽样在市场调查中被广泛应用。

（四）滚雪球抽样

滚雪球抽样也叫推荐抽样，是在对个别符合要求的受访者进行访问的基础上，再请其推荐或介绍其他符合条件的人，根据他们提供的信息，进一步对其他人进行调查，直至满足样本量要求为止。由于具有某一特征的人相互之间或多或少都有一些往来，所以每名受访者都可能推荐出另一些受访者，访问员根据介绍寻找到其他满足条件的受访者，对其访问后再进一步请其推荐更多的受访者，依次类推，样本如同滚雪球般由小变大直至满足样本量要求为止。

在市场调查中，有时会根据调查目标要求调查一些比较特别的人，他们在某些方面具有十分稀缺的特征，如有过蹦极或攀岩经历的人、收藏古玩的人、城市的流浪者等。这类人员在一个城市中可能仅占万分之一，在人群中不易找到，因而无法建立抽样框，如果采用通常的抽样方法进行筛选，则每找到一名受访者所需要筛选掉的人将达到成千上万，花费的代价相当大，此时就需要采用滚雪球抽样。滚雪球抽样通常适用于对总体缺乏了解、没有现成的抽样框的情形，一般在产业调查中运用较多。此种抽样的主要优点是可以大大减少调查费用，但样本代表性差，调查质量低。另外，如果受访者不愿意推荐其他人员接受访问，那么调查就会受阻。

在一项市场调查中采用什么样的抽样方法，要综合各种主客观因素来考虑，主要依据受访者总体的规模和特点、调查的性质、抽样框资料、调查经费及对调查结果的精确性要求等方面来决定。一般来讲，随机抽样用于需要对总体给出很准确估计的情况，如估计市场占有率、整个市场的销售量或某个地区的电视收视率等。非随机抽样常用于不需要以调查结果精确推断到总体的情况，如市场调查中的概念测试、包装测试、名称测试及广告测试等，在这一类调查研究中，主要的兴趣集中在样本给出各种不同反应的比例。若对调查结果的精确性要求高，则可采用随机抽样；若抽样框资料难以获得，或调查费用有限，或调查属于预备研究性质，则可采用非随机抽样。

第三节 样本量的确定

在市场调查中，如何确定样本容量至关重要。样本太大，会浪费人力、财力；样本过小，则又会降低估计的精确度，以致达不到预期的目的。那么样本量究竟多少才最合适？这是抽样设计中要解决的基本问题。确定样本的容量，首先涉及对总体参数估计值的精度要求；其次还需要考虑各种运作限制如可获得的经费预算、调查时间限制、需要配备的人力物力等诸多方面之间的平衡。下面将分别对初始样本量的确定及考虑复杂情况下对初始样本量的调整进行分析。

一、假定条件下计算初始样本量

调查所需样本量取决于调查估计值要求的精度,而精度又受到总体指标的变异程度、总体规模大小、抽样方式等因素的影响。采用简单随机抽样,通常使用置信水平和允许误差来确定所需的样本量。

(一)确定置信度和最大允许误差

置信度也称把握程度,是指由抽样调查结果来推断总体情况的可信程度,用$1-\alpha$表示,即置信水平。在抽样调查中,一般规定置信度为95%、99%和99.9%,即置信水平为0.05、0.01和0.001,它们分别表示由抽样调查结果估计总体情形的可信程度为95%、99%和99.9%。

最大允许误差E,是指被允许的最大抽样误差。确定最大允许误差,就是给所要拟订的抽样计划规定一个最大的误差标准,要求按照所拟订的抽样计划执行时,抽样调查所得的结果与总体的真值的差异不能超出这一误差范围。

(二)根据公式计算样本量

在简单随机抽样条件下,假定采取重复抽样,可以用统计方法建立估计精度和样本量之间的基本关系,并据此给出确定样本量的基本公式。

1. 估计总体平均数的样本量

当研究的目的是估计总体平均数时,初始样本量的计算方法为

$$n = \frac{Z^2 \sigma^2}{E^2}$$

其中,Z为置信水平;σ为总体标准差;E为最大允许误差。

最大允许误差E和置信水平Z在调查之前,由调查人员与客户进行磋商后事先确定。置信水平和误差范围的确定不仅要根据统计原则,同时要顾及财务与管理方面的要求。因此,要在精确度、置信度与成本之间进行权衡。有时不要求很高的精确度和置信度,如只想基本了解消费者对产品的普遍态度是正面的还是负面的。如果是一项产品创意测试,就需要精确度很高的销售估计值,以便做出是否向市场推荐某种新产品的高成本、高风险的决策。

调查人员在抽取样本之前,需要确定总体标准差σ,可以将以前的调查结果作为本次总体标准差的估计值。如果调查总体规模太大,可以投入一定的时间和资源对总体进行小规模的试验调查,根据调查结果估计总体标准差。

2. 估计总体比率的样本量

当研究的目标是比率或成数时,如调查收看某一电视节目的观众占总体的百分比等,初始样本量的计算方法为

$$n = \frac{Z^2 P(1-P)}{E^2}$$

其中，Z 和 E 含义同前，P 为总体成数。与确定估计平均值所需的样本量的过程相比，调查人员在估计比例 P 时有一个优势：如果缺乏估计 P 的依据，可以对 P 值做最悲观的假设。给定 Z 值和 E 值，当 P 值为多大时要求的样本量最大？当 P 等于 0.5 时，$P(1-P)$ 有极大值 0.25 存在，这时样本量最大，即在未知 P 的情况下，通常取 P 等于 0.5 来进行样本量的计算。

其他随机抽样的样本量计算公式均有所不同，而且比简单随机抽样方法复杂，所以在实际操作中，常用简单随机抽样的计算公式来计算最低限度样本量，再综合考虑其他因素对样本量进行调整。在分层抽样中，当各层按比例进行分配时，有时会出现某一或某些层的样本量太少的情况，当与其他层作比较时，样本量没有达到统计方法的基本要求。遇到这种情况，在抽样设计时就应事先考虑好对有些层在已分配的样本数基础上，适当地增加样本。

二、综合其他因素确定样本量

用统计公式计算样本量在实践中操作起来比较困难，如标准差、最大允许误差等指标，只能根据小范围的探索性调查结果大致估计，这样就增加了样本量的不确定性。现实中，确定样本量常常会受到各种资源的约束，除经费和时间之外，其他的一些因素如数据的收集方法、数据编码和审核、处理数据的设备等，都会对样本量的确定产生一定的影响。在商业性的调查中，通常最好的选择是对经费和精度进行权衡。最终样本量的确定需要在精度、费用、时限和操作的可行性等相互冲突的限制条件之间进行协调。可先根据研究的预算来决定样本容量的大小，再综合考虑其他因素如调查时间、决策的重要程度、调查的性质、数据分析的方法、预期有效问卷的回收率等，选择足够大的样本容量来满足规定的精度水平。

由于确定样本量的大小要考虑很多因素，在实际调查中每项调查的样本量都不一样，而且有些非随机抽样的样本量难以按上述方法来确定。在一般的市场调查中，其实并不需要很高的精确度和把握度，主要采用非概率抽样，调查人员往往根据主观判断和从事实际调查的经验来确定样本的大小。对于某些调查项目的配额抽样，也常常使用一些经验数据。假如以前他人做过类似的研究，就可以参照。例如，在一个中等以上规模城市进行市场调查的样本数量，按调查项目的要求不同，可选择 200~500 个样本。如果是大城市、省区市一级的地区性研究，样本数在 500~1000 个比较适合；如果是多省区市或者全国性的研究，则样本量可能在 1000~3000 个比较适合。表 4-4 是对于不同的市场调查项目，抽取样本量的经验数据参考。

表 4-4 不同市场调查中样本大小的经验数值

调查项目	最小样本量	典型样本量范围
市场分析	500 个	1000~1500 个
战略研究	200 个	400~500 个
试验市场深度研究	200 个	300~500 个

续表

调查项目	最小样本量	典型样本量范围
观念/产品测试	200个/单元	200~300个/单元
名称测试	100个/名称差异	200~300个/名称差异
包装测试	100个/单元	200~300个/单元
电视商品测试	150个/单元	200~300个/单元
广播测试	150个/广播	200~300个/广播
印刷品广告测试	150个/广告	200~300个/广告

凭借经验分析抽取的样本量数目是长期从事该调查的经验积累和总结，但缺乏严格的理论依据，带有很大的随意性。事实上样本量的确定通常是介于理论下的完善方案与实际上的可行方案之间的一个折中方案。

第四节　抽样方案设计

抽样方案是对抽样调查中的总体范围、抽样方法、抽样数目、抽样框、抽样精度、抽样实施细节等问题所做的统筹计划和安排，其目的在于提高抽样调查估计的科学性和可靠性，控制抽样调查的过程，提高抽样调查的效率，确保抽样调查的质量。现以入户调查为例，详解抽样方案设计的基本内容。

一、明确抽样调查的目的

抽样调查的目的应根据市场调查的任务和要求及客户管理者的信息需求，与确定市场调查总体方案设计中界定的调查目的和任务保持一致。抽样方案是访问工作的前期准备，抽样的原则是按一定的走向、一定的间隔，在一定的范围内选取样本，详细记录明确的样本地址，保证访问员循地址能顺利地找到该居民户。抽样的合理性直接影响到访问结果的代表性及工作质量。

二、界定调查总体和抽样单元

界定调查总体就是给受访者一个明确、可以操作的定义，使受访者与非受访者可以明确地加以区分。例如，在对白酒类产品的消费者行为调查中，受访者的界定是"18周岁以上，60周岁以下，每周喝白酒3次以上的男性消费者"。如果本人或家庭成员有在广告公司、市场研究公司或相关产品制造公司及经销单位工作，那么该受访者不属于调查总体。这样调查时，什么人是受访者，什么人不是受访者，就比较容易判断了。

在界定总体的时候，有时也要注意界定被排除的对象。例如，某公司在进行关于电视收视率的调查中，当界定家庭户中的样本成员时，规定下列人员不作为样本成员：

- 住宿学校，仅在周末或寒暑假回家的学生；
- 连续离家超过 3 个月的打工人员或驻外人员；
- 由于结婚等原因而搬出家庭的人员；
- 吃在家中，长期住集体宿舍的人，应根据其在家中看电视的情况决定。

界定抽样单元，实际上就是明确划分个体单位的标准，确定总体中个体的范围或单元，使个体相互不重叠。在进行多级抽样时，每一级抽样单元都必须给予相应的定义。例如，在全国性的抽样调查中，一级抽样单元通常是以行政区作为划分标准，如"省""自治区""直辖市"，然后再从中抽出若干个市，由市进一步抽出区，由区再抽出居委，最后一级的抽样单元通常是"户"或"个人"。

三、确定样本容量

样本规模的大小涉及人力、物力、财力的消耗问题，在抽样调查前要审慎地加以考虑，要根据既定的经费、工作时间及规定的精度，依据抽样理论估计样本容量，使得调查工作既符合调查质量的要求，又不浪费人力、物力和财力。在实际运作中，当对某一特定总体进行抽样调查时，调查总体、抽样方法往往已经确定，样本量的大小实际上是允许的抽样误差（精确度）与调查费用之间相互平衡的结果，样本量的确定原则是控制在必要的最低限度。

四、选择抽样方法

在一项调查中采用什么样的抽样方法，要综合各种主客观因素来考虑，如总体的规模和特点、调查的性质、抽样框资料、调查经费及调查的精度要求等方面。在入户访问中最常用的是选择抽样方法，即先将总体各单位按某一标志顺序排队编号，然后根据一定的抽样距离从总体中抽取样本。

五、建立抽样框

抽样调查样本的代表性如何，取决于抽样框的质量。抽样框是抽样调查前在可能条件下制作的抽样单元一览表或一览图，即由抽样单元构成的名录。在市场调查中，不同的受访者，其抽样框资料是不一样的。建立抽样框有时比较容易，有时则很困难。例如，企业普查或人口普查，就可以利用现成的企业名录或当地派出所的户籍资料。但是，有时直接可以使用的抽样框并不存在，调查者只能通过全体消费者来寻找符合条件的受访者，要将全体人员名单找到几乎是不可能的。如果是对消费者进行调查，采用非随机抽样，就不一定要建立抽样框，可以采取街头拦截的方式选取受访者，也可以用主观判断的方法选取样本。

如果采用入户访问，则要用到关于全体居民户的抽样框资料，这种抽样框本来可以从居委（小区）的物业管理资料中直接获得，但是随着经济的飞速发展、旧城改造和居民住房条件的不断改善，住户搬迁频率越来越高，加之流动人口越来越多，居委的业主资料并不能及时准确地反映当时的实际居住情况，或者有的居委不愿意提供这些资料,这就需要进一步完善或重新建构抽样框。应该注意的是,在利用现有的资料作为抽样框时,要先对该名单进行检查,避免有重复、遗漏的情况发生。可以直接在这些资料的基础上定期派员加以核实,删去已经搬迁或长期不在所属居委居住的住户,增加新搬入的住户名单。这种方法要求挨家挨户进行核对,工作量比较大,但建立的抽样框比较准确。

若没有现成的住户管理资料,就需要建立新抽样框。以西安市某个居委为例,建立抽样框的方法如下:进入该居委后,依照右手原则(选定起点后,沿着前进方向的右手边行走,在拐弯处往右转,除非死胡同和超出所管辖区域,否则不得左转,抽取的样本户须靠抽样员的右手边),并画出该居委住宅的分布路线图(图4-6)。

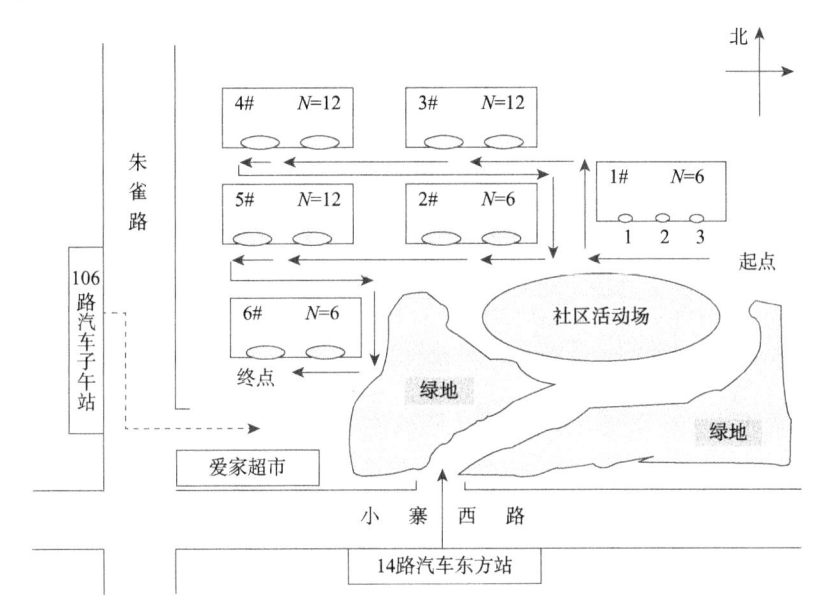

图 4-6 西安市小寨西路某居委抽样线路图
#表示楼号,N 表示层数,椭圆形小圈表示单元门

在该居委抽取居民户有以下两种方法。

第一种,先建立全部居民的抽样框,然后再抽样。抽样员按照右手原则,以 1 号楼作为起点,从 3 单元开始抄写每层每户的门牌号(抄录时要写详细地址,如雁塔区朱雀大街×号××居委几号楼几单元几层几号),然后再抄 2 单元和 1 单元,接着按此法抄写 3 号楼、4 号楼、2 号楼、5 号楼,最后是 6 号楼。该居委总共有 324 户,按抄写顺序编号,即 001~324,并在背面画上行走路线图,这就是该居委的抽样框。如果要在此居委抽 20 户,间隔为 324/20≈16 户,即隔 16 户抽 1 户,另抄一份被抽取居民户的地址名单即可。如果是在更大的区域内按照此法建立抽样框,当抄写地址表时,遵循右手原则,逐一登记该区域内每个居委(或小区)所有居民户的详细地址,每个地址只代表一个家庭户,并画出相应的线路图,那么区域线路图及其所有居民户地址表就是一份完整的抽样框。

第二种,不用建立抽样框,直接抽取样本。从理论上讲,第一种方案是最科学的，但如果访问区域很广，这种方法操作起来难度太大，费时费力。若不想花费大的代价去建立抽样框，可在欲抽样的区域遵循右手原则自行抽样，直接抽出样本户。仍以上述某居委为例，具体的做法如下：假定按照抽样要求在该居委抽15户，每隔22户抽1户。抽样员在开始操作前必须先沿抽样居委的边缘走一遍，或向居民了解，以熟悉其管辖范围，确保所抽取的样本都属于该居委。假如选择1号楼作为起点，3单元位于最右边，所以从3单元开始抽样。第1户按随机原则抽取的是1号楼3单元3层右手第一家，抄写在地址表上，接着按顺序每隔22户抽1户，抄写出样本居民户的详细地址表。

如果在更大的区域（如西安市雁塔区）抽样时，采取第二种方案，不用建立抽样框，直接由抽样员抽出样本。具体做法如下：以该区域为界限，依照右手原则画出所有居委（或小区）住宅的分布路线图。在画住宅分布和路线图时，要注意标出该区域内的标志性建筑物及公共汽车停靠站，以便访问员入户访问时行走和查找。此项工作需要预先熟悉各居委的范围，然后选定起点、行走路线、间隔户数，选户、画图、抄录地址。

在较大规模的入户调查如对西安市所有居民进行消费者调查时，需要在整个市区抽取样本，一般采用多级抽样的方式：一级抽样单元是从所有居委中抽取样本居委，可采用简单随机抽样、分层抽样、系统抽样相结合的方式抽取；二级抽样是从被抽中的居委抽取居民户，可按具体规则实施操作；三级抽样是从被抽中居民户中抽人。

六、抽样复核

抽样员交回抽样地址表和入户情况登记表，抽样督导应当检查两个表格记录的清晰度、准确性等。对于可能有质量问题的居委，优先进行复核。抽样复核应该注意涵盖抽样过程前、中、后三个时间段所抽取的居委。实地抽样复核的时候，注意右手原则、间隔原则、画图的准确性等。在一个居住小区进行抽样复核的时候，一般是选择一个起点，然后连续复核一定数量的地址，也可以在该小区已抽取地址的前、中、后段选择多个起点，分别连续复核，复核地址的数量累加计算。在抽样复核中发现有问题的小区要及时安排实地补抽或重抽。

七、确定户内受访者

确定户内受访者是在现有抽样框的基础上，按照抽样要求，逐一抽取构成样本的单元。例如，在全国性的调查中，经常要先从全国抽出若干个省、自治区、直辖市，再从中抽出若干个市，由市进一步抽出区，由区抽到居委，最后由居委抽出居民户。

在随机抽样调查的实际操作中，常以户为最小单位进行随机抽取。这样在样本确定之后，所面临的另一个问题如下：一户中往往包括若干个符合调查条件的成员，在这些成员中应该具体对哪一位进行访问调查呢？可以对每户分别采取抽签法和随机数表法来抽取，但这比较麻烦，现在常用的方法是采用简单随机抽样方法设计出来的被称为 Kish 的入户抽样表（表4-5）。

表 4-5　入户随机抽样调查表　　　家中 14~70 岁人口数：____人

序号	姓名	年龄	性别	选样	问卷编号尾数									
					1	2	3	4	5	6	7	8	9	0
1					1	1	1	1	1	1	1	1	1	1
2					2	1	2	1	2	1	2	1	2	1
3					1	3	2	2	3	1	3	1	1	2
4					2	2	4	1	3	3	1	3	3	2
5					2	5	3	3	4	1	2	1	5	3
6					3	1	4	1	5	2	6	2	3	6
7					4	5	6	5	7	2	3	1	7	3
8					4	5	6	2	7	1	8	3	4	5
9					2	4	9	5	9	3	7	6	1	8
10					5	2	3	4	10	8	8	9	9	1

表中序号代表家中合适受访者的人数。抽样时，先确定该户符合调查要求的人口数，依照年龄由高到低把家庭成员编号的顺序写在表的相应位置上，然后找出该户问卷编号尾数和家中合适受访者人数这两个数字在表中的交叉点的数字，即受访者。如果户中只有一位合格受访者，则直接访问该人。如果户中有一位以上的合格受访者，则使用户内随机表选取受访者。假设某份问卷的编号尾数为 5，调查户的合适人数为 4，那么该家庭中应调查的就是年龄顺序排在第 3 位的人。

☆思考练习题

一、问答题

1. 抽样调查在市场调查中有何意义？
2. 随机抽样和非随机抽样有何本质区别？
3. 整群抽样和分层抽样的异同点是什么？
4. 非随机抽样有哪些方法？试分别举例说明。
5. 确定样本量需要考虑哪些因素？
6. 什么叫抽样框？如何建立居民户抽样框？
7. 完整的抽样方案包括哪些内容？

二、思考题

1. 某市政府决定针对该市的公共服务设施听取市民的意见，计划抽取 2000 名居民进行调查。你认为采取什么抽样方法才能使调查具有代表性？
2. 某市场研究公司受某客户委托做一项调查，按照置信度 95%，最大允许误差不超过 2% 的要求，需抽取样本量 500 个，预算费用为 25 000 元，但客户只愿意付 20 000 元，请问还有没有其他方案可供选择？

三、计算题

1. 某企业准备对中间商进行调查，已知中间商的年平均营业额为 3000 万元，标准差为 200 万元。如果要求 95% 的置信度，允许误差不超过 50 万元，请问应该抽取多少家中间商进行调查？

2. 某电器供应商对产品售后服务的满意率进行抽样调查，要求极限误差不超过 3%，概率把握度为 95%，已知过去三年的顾客满意率分别为 89.15%、89.50% 和 90.10%，根据以上资料计算至少抽取多少顾客进行调查。

3. 某汽车 4S 店欲估计当地私人轿车的潜在用户，决定以家庭收入为分层的基础抽取 200 户作为样本进行调查。假定当地居民户总数为 20 000 户，高收入的家庭为 2000 户，中等收入的家庭为 6000 户，低收入的家庭为 12 000 户。根据上述资料，回答下列问题：

（1）如果采用分层比例抽样，各层应抽取多少户？

（2）根据以往的调查，高、中、低收入家庭户的标准差分别为 300 元、200 元和 50 元。如果采用最佳分层抽样，各层应抽取的样本数目又是多少？

（3）两种抽样法的结果有何不同？你认为哪种更科学合理？为什么？

➤实训题

以组为单位，完成下列任务。

1. 实训目的：掌握抽样调查的技术和方法。

2. 实训内容：陕西卫视欲了解西安市居民收看电视节目的偏好，为该项调查设计一份抽样方案。

3. 实训要求：抽样方案中要明确调查总体、抽样单元、抽样框、抽样方法、样本量、抽样实施等。

第五章 问卷设计

学习目标

通过本章的学习,理解问卷的含义、问题和答案的类型及设计技巧;掌握态度测量技术;熟知问卷的基本结构和设计程序;能针对具体调查项目独立完成简单问卷的设计。

在市场调查特别是一手资料的调查中,大多数情况下都要使用问卷来收集调查所需的资料。问卷作为一种标准化的数据收集程序,对于保证访谈调查的效度与信度具有重要作用。作为调查信息的主要载体,问卷表现了调查设计、调查实施、数据处理乃至报告撰写各个环节之间的联系,其作用贯穿在整个调查过程中。因此问卷设计是市场调查中的一个重要环节,掌握问卷设计的技术是做好市场调查的一门基本功夫。

第一节 问卷的含义及基本结构

一、问卷的含义

问卷,又称为调查表,是调查者根据调查目的和要求,所设计的由一系列问题、备选答案、填答说明等组成的书面文件。问卷是用来收集所需资料和信息的一种调查工具,在市场研究和社会调查中的应用非常广泛。

在市场调查活动中,获取足够的信息资料是实现调查目的的基础。在收集资料时,往往要通过问卷方式进行。特别是在获取第一手资料时,问卷调查是其最基本的方法。因此,问卷设计在整个调查活动中具有重要的地位,问卷的设计水平是保障市场调查质量的关键因素。设计完美的问卷能够帮助调查者全面准确地收集资料,而问题设计不当、结构不完整的问卷则往往会造成所需资料的差错和遗漏,加大整理和分析的难度,降低资料的可信度,有些偏离调查目的、设计粗糙的问卷甚至会导致调查的失败。

二、问卷的作用

1. 方便实施调查

调查者将所要获得的资料内容按照一定的顺序以提问的方式在问卷中列出,并提供大多数问题的答案选项供受访对象选择,易于使之接受。如果没有问卷,受访者的回答可能会受到访问员用词的影响,而不同的访问员以不同的方式提问,导致的结果是所收集的资料精度下降,严重影响调查报告的质量。

2. 提高调查效率

由于问卷设计已将调查目的、调查内容转化为具体的问题和备选答案罗列出来，除一些特殊情况需要受访者做文字方面的解答以外，受访者只要对所选择的答案做上记号即可，这样就使受访者能在较短的时间内回答更多的信息，大大节省调查操作所经历的时间，提高调查工作的效率。

3. 便于对资料进行处理和分析

问卷可以将受访对象的态度、观点、行为及动机等定性内容转化为定量数据的形式，这样就有利于对所获得的信息和资料进行后期的计算机处理与数据分析。如果没有问卷，对不同受访者进行比较的有效基础就不复存在。

三、问卷的基本结构

调查问卷因调查的形式不同，在具体结构、题型、措辞、版式等设计上会有所不同。通常来说，一份完整的调查问卷一般包括开头部分、甄别部分、主体部分、背景部分（受访者基本情况）、结尾部分等。

（一）开头部分

开头部分是对调查项目本身的说明，其作用是要引起受访者对调查的重视，争取他们的协作和配合。一般包括标题、问候语、填写说明、问卷编号及编码等内容。

1. 标题

概括说明调查研究的主题，使受访者对所要回答什么方面的问题有一个大致的了解，要求简单明确，能引起受访者的兴趣，一般不超过15个字，例如"西安市居民商品房需求状况调查问卷"等。标题不能简单写成"调查问卷"或"问卷"。

2. 问候语

问候语常以简明扼要的一段话语出现，一般放在问卷的开头，主要是向受访者说明调查者的身份、代表的组织或机构，调查的内容和意图，受访对象的选取方法、保密措施，以及希望受访者能够配合和对他们的合作表示感谢等。问候语有着特殊的作用，它能引起受访者对调查的重视，使他们消除心理上的压力和顾虑，激发参与意识，争取合作，顺利完成调查。问候语要语气亲切，谦虚诚恳，文字应简洁明确。访问式（可口头表达）短一些，自填式可长一些，不超过300字。例如，下面是某产品消费者行为调查问卷的问候语。

先生/女士：

您好！

我是××市场调查公司的访问员程××，受厂家的委托，正在进行一项××产品的市场调查，您是我们按照科学的方法随机抽中的访问对象。这项调查主要是想了解大家对这个产品在使用过程中的意见，您的意见可以帮助厂家为消费者生产更好的产品和提供更好的服务。请您将您的真实想法提供给我们，本问卷不记姓名，答案无谓对错，您的回答我们将按照《中华人民共和国统计法》予以保密。大概得耽误您十几分钟的时间，希望能得到您的支持和帮助。

访问结束后我们将送您一份小礼物以表谢意。

3. 填写说明

填写说明也叫指导语，通常在自填式问卷中出现，旨在帮助受访者准确顺利地回答问题，包括填写方法、注意事项、交回问卷的时间要求等。可集中说明，写在问题前面，也可以分散在每个问题中说明，用括号括起来。下面是一份留置问卷的填写说明示例。

填写说明

（1）请在每一问题后适合自己情况的答案号码上画圈（或打√）。

（2）所有的单选题只能选择一个答案，限选题的选项不能超过题目要求的选项数目。

（3）对于表格中选择答案的题目，在所选的栏目内画圈（或打√）。

（4）对注明要求您自己填写的内容，请在规定的地方填写您的意见。

（5）填写问卷时，请不要与他人商量。

问卷回收注意事项：

此次调查的期限是×月××日至×月××日，请您在×月××日之前务必将问卷填写完毕，您可在完成问卷之后及时来电告知，我们将派员与您商定取回问卷的具体时间，并赠送礼品一份，以示谢意！

4. 问卷编号

问卷编号是指对于问卷按顺序编写的序号，便于识别问卷及对问卷的数量进行控制，一般放在问卷封面的右上方。

5. 编码

编码可以在问卷设计时编好，称为预编码，也可以在调查完成后进行，称为后编码。编码常放在问卷每一页的后面，并用一条竖线将它与其他问题及答案分开。

（二）甄别部分

主要是用来对受访者进行过滤，筛选掉不合适的人，然后针对特定的受访者进行调查；另外，排除与调查项目有直接关系的人，减少干扰因素。这些都是为了确定哪些人才是最合适的受访者。

1. 确定合适的受访者

一般情况下，市场调查总是有比较明确的受访者。有的市场调查在开始进行主要内容的调查之前，通过甄别部分的提问，确定面前的人士是否符合受访者的条件。如果符合就调查，否则就放弃，以确保调查资料的针对性和有用性。

2. 排除其他调查干扰因素

为了能够收集到真实的信息资料，需要排除一些可能会给调查活动带来不利影响的因素。例如，与调查内容在职业上有关联的调查者；在三个月或半年内曾经接受过调查的人士（职业受访者）；在调查活动中可能提供虚假信息的人士；等等。

甄别部分是通过提出问题及备选答案来对受访者进行过滤，提出的问题主要是与受访者的界定有关。例如，某项关于高档住宅消费情况的调查，对受访者的界定如下：年龄在30~60岁，在西安居住5年以上，月收入在8000元及以上者，等等。

Q1. 请问您的年龄属于哪一个阶段呢？
　　30岁以下 ·················· 1【终止访问】
　　30~60岁 ·················· 2【继续访问】
　　60岁以上 ·················· 3【终止访问】
Q2. 请问您在西安居住多长时间了？
　　5年以下 ·················· 1【终止访问】
　　5~10年 ·················· 2【继续访问】
　　10年以上 ·················· 3【继续访问】
Q3. 请问您目前的月收入是8000元以下还是8000元及以上？
　　8000元以下 ·················· 1【终止访问】
　　8000元及以上 ·················· 2【继续访问】
Q4. 请问您和家人及与您交往密切的好友中是否有人在下列单位或行业工作？
　　媒体公司/广告公司/公司的广告部门 ·················· 1【终止访问】
　　市场调查公司/公司的研究部门 ·················· 2【终止访问】
　　房地产公司 ·················· 3【终止访问】
　　以上都没有 ·················· 4【继续访问】
Q5. 请问您在过去6个月内有没有接受过同类调查？
　　有过 ·················· 1【终止访问】
　　没有 ·················· 2【继续访问】

（三）主体部分

主体部分是问卷需要了解和掌握的主要信息资料部分，是问卷的核心内容，由一系列问题和相应的备选答案组成。此外，对于某些复杂的问题要采取答案卡片的方式。问卷设计是否合理，能否满足调查目的的要求，关键在于主体部分内容的设计水平和质量。

（四）背景部分

背景部分是指受访者的基本情况。当受访者是个人时，基本情况包括以下特征分类资料：性别、年龄、家庭人口、职业、文化程度、收入等；如果受访者是单位，基本情况则包括行业类别、员工人数、经营的商品种类、资产总额、营业额、利润额等。背景部分所列出的项目是为了方便对调查资料进行分类和分析，具体要列出哪些项目，应根据调查目的和资料分析的要求确定，并非多多益善。

（五）结尾部分

在问卷的结尾部分，可设计调查实施的相关信息（作业记录），记录调查的情况，如受访者姓名、联系方式、家庭住址、受访者的配合情况，以及调查地点、调查开始时间和结束时间等，以便于事后对问卷进行审核校对和复访。有时还会设置一些开放式问题，征询受访者参与调查的意见与感受。这一部分的规范做法是应该放在问卷的最后，但很多研究人员为了操作上的方便，在制作问卷时会将其放在前面。现在，很多市场研究公司在制作问卷时，习惯上是将标题、问卷编号、问候语、访问员保证、作业记录等放在同一个页面，作为封面。

利用问卷获取第一手资料的方式有多种，不同的调查方式对问卷设计的要求也不一样。前面介绍的问卷结构就其具体格式来讲是最适合作为个人面谈的访问问卷。对于小组讨论调查、电话调查、留置调查的问卷设计而言，由于交谈双方接触的方式不同，问卷结构各部分内容需做适当变通，才能适应调查的要求。

四、电子问卷

电子问卷是依托电子科学技术，采用相关程序、软件或插件制作的可供受访者根据提示自主填写的调查问卷，主要用于采取现代网络信息系统开展的各类调查。

1. 电子问卷的几种方式

（1）使用插入宏代码或 ActiveX 控件制作的 Word、Excel 文件格式的问卷。

（2）使用 Adobe Acrobat 制作的交互式 PDF 文件格式的问卷。

（3）使用网页技术制作的网络问卷。

（4）使用专门的调查系统设计的系统专用调查问卷。

2. 电子问卷的特点

（1）可利用当代电子信息系统进行快速而广泛的发布。主要利用电子邮箱、在线网页、QQ 等社交软件进行发布和传播。

（2）问卷具有交互性，受访者可利用电脑等电子工具填写。电子问卷可将选择类题目设计成下拉选项菜单，将配对问题设计成点击两点即可自动画线，可在线验证回答问题的逻辑关系，并提示错误，可根据选项自动跳转，可根据填入的分项数字自动合计等。

（3）通过电子信息系统快速回收。电子问卷通过电子信息渠道回收，回收速度快，成本很低。

（4）具有自动汇总数据的功能。一般设计电子问卷时都考虑了回收后的后台数据支持，多数可以自动实现数据导入和自动计数、汇总等基本数据整理功能。

设计电子问卷除了要求问卷设计者了解调查问卷设计的一般要求，还要了解问卷题目之间、备选选项之间的逻辑关系才能编写出具有一定功能和水准的问卷。以问卷星为例，该调查网是一个专业的无限制的免费在线问卷调查、测评、投票平台，专注于为用户提供功能强大、人性化的在线设计问卷、采集数据、自定义报表、调查结果分析等系列服务，支持手机填写、微信群发。与传统调查方式和其他调查网站或调查系统相比，问卷星具有快捷、易用、低成本的明显优势，已被企业和个人广泛使用。

第二节　问卷的设计技术

问卷的主体部分由一系列问题及备选答案构成，是市场调查的主要内容，这部分的设计技术直接影响调查质量的优劣。如果问句用词不当，可能会使受访者产生误解而答非所问，甚至引起其反感而拒绝回答；答案选项的顺序排列不同也可能引致不同的选择，影响调查的结果。因此在设计时必须反复推敲和斟酌，才能设计出高水平的调查问卷。一份好的问卷应该做到：措辞通俗易懂，内容简明扼要，信息包含齐全，问题安排合理，以便于对资料的处理和分析。

一、问题的类型

在问卷设计中，一份问卷中问题的数量多少是由问卷调查的方式决定的，入户问卷、邮寄问卷、留置问卷可多一些，街访问卷问题较少，电话问卷最少。

问卷主体部分的问句设计按照问题是否提供备选答案，可分为开放式问题、封闭式问题和混合式问题三种类型。

（一）开放式问题

开放式问题也称为非结构化问题，只提问题，不给具体答案，要求受访者根据自身实际情况自由作答，对受访者的选择不加任何限制。开放式问题的设计方式很多，通常有以下几种。

1. 自由回答问题

自由回答问题是开放式问题设计中最为常见的一种类型，是指设计问句时不提供备选答案，让受访者自由回答而不给予任何限制。例如"您对网上购物有什么看法？""您认为现有共享单车的运营模式有哪些优势和教训？"通过这类问题可以直接了解受访者的态度和观点，而且回答不拘形式，受访者可以自由发挥，但这种调查方式并不适合所有的受访者，因为在有限的时间里，有些人不愿对此类问题做更深入的文字描述，宁愿接受选择答案的方式。

2. 填入式问题

对于有些答案不固定的问题，只能设计成开放式，如：

您的年龄_____岁。

您家里冰箱的品牌是_____。

填入式设计简便，易答，多数情况下是用来填答数字的。

3. 回忆式问题

回忆式问题是指通过回忆了解受访者对不同的品牌、广告等印象的强弱程度，如：

请列出最近您在电视广告上看到的牙膏品牌。

请说出您所知道的洗衣粉品牌。

您知道在西安小寨这个区域有哪些超市吗？

4. 再确认问题

再确认问题是通过给受访者提供与受访者相关的某种线索来刺激其回忆确认，回忆程度可分为"知道、听说过、不知道"或"见过、好像见过、没见过"，刺激材料可以是文字、图画或照片等。例如："请问您知道这个品牌吗？"如果回答知道，可以继续询问："您是通过什么渠道知道的？"直到受访者不能确认为止。通过这类问题的提问和确认，可以了解产品给予消费者的不同印象、产品市场的知名度、广告媒体的选择方式及广告设计创意的成败之处等。

开放式问题具有明显的优点，主要表现在提问方法比较灵活方面。例如，既可以用一般的问卷形式提出问题，也可以用产品实体、图片等形式提出问题，这有利于调动受访者的回答兴趣，得到他们的合作。另外，由于没有限制答案，受访者可以根据自己的想法回答问题，因而能够得到较为深入的观点和看法，有时还能获得意外的信息资料。因此，开放式问题适合于答案复杂、数量较多或者各种可能答案还不清楚的问题，在动机调查中的应用尤为广泛。

开放式问题的不足之处则主要表现如下：每个受访者的回答差异较大，增加了编码和统计分析的难度和工作量；回答此类问题需要花费时间和精力，因而容易遭到受访者的拒绝；调查人员在记录时也会发生遗漏、误解等差错；受访者有时容易产生理解偏差；对受访者的表达能力要求较高，文化水平高、表达能力强的受访者回答问题详尽，提供的资料比较多，表达能力差的受访者则不能充分反映自己的观点，这就有可能造成代表性误差。

（二）封闭式问题

封闭式问题是指在提出问题的同时，设计各种可能的答案让受访者从中选取自己认为合适的答案。常见的有二项选择题、多项选择题和量表题（量表题在第三节专门讨论）。

1. 二项选择题

二项选择题是指对提出的问题只设计两个对立的备选答案供选择，也称为是否题，适合于询问较简单的事实性问题，如"是"或"否"、"有"或"无"等。这两种答案必须是互斥的，受访者的回答非此即彼，没有更多的选择。对这种提问常见的说明如下：请选择两者之中的一个作为回答，用"√"表示。例如：

您家里是否有太阳能热水器？

□有　　　□没有

在设计这类问题时，要注意有些问题看似只有两个选择，其实并非如此。例如，"您是否准备购买小轿车?"这个问题从表面上看答案只有"是"或"否",实际上却有五个答案:是、否、可能买、可能不买、不一定。所以,对可能包含有多个答案的问题最好设计成多项选择题。

二项选择题明确简单,容易理解,答案易于选择,便于统计处理。缺点是会产生大量误差,因为选择答案处于两个极端,省略了大量可能存在的其他选择答案。尤其在涉及受访者的态度问题时,不能反映受访者在意见及其程度上的细微差异,所以对于态度方面的调查很少用二项选择题。

2. 多项选择题

多项选择题是指对提出的问题给出两个以上的备选答案,让受访者从中选择,这是各种调查问卷中出现最多的一种题型。根据要求选择的答案多少不同,又分为三种不同的类型。

(1)多项单选型,要求受访者对所给出的多项答案只选择其中的一项。例如,请问:如果买私家车,您认为什么样的价位适合您?(任选1项,并在选项前的□里打√)

□10万元以下 □10万~15万元
□15万~20万元 □20万~30万元
□30万元以上

(2)多项限选型,要求受访者在所给出的多个答案中,选择自己认为合适的答案,但数量受到一定限制。例如,请问:当初您选择到这家公司工作时,主要考虑哪些因素?(限选3项,在所选答案的题号上打√)

①能改变生活处境 ②公司名气大
③能解决家属的工作问题 ④和老板是同乡,能得到照顾
⑤工资和福利待遇好 ⑥能增长见识

(3)多项多选型,让受访者选择自己认为合适的回答,数量不限。例如,请问:您在购买小轿车时,主要考虑哪些因素?(可多选,在所选答案的题号上打√)

①价格 ②款式 ③品牌
④耗油量 ⑤售后服务 ⑥维修费用
⑦安全性能 ⑧内部配置

多项选择题比二项选择题的强制选择有所缓和,答案有一定的范围,便于统计处理。在设计多项选择题时应注意以下事项:

其一,必须对多个答案事先编号,以方便资料的统计处理;

其二,答案应尽可能包括所有可能情况,但不能互相包含;

其三,答案个数不宜过多,一般不应超过9个。

(三)混合式问题

在实践中,有时根据需要还会采用开放式问题与封闭式问题相结合的方式,如将封闭式问题的最后一个答案设计成开放式,这样既可以使问题的答案相对集中,又能扩大信息量,也避免受访者找不到合适答案的情况。例如,请问您家的大米是在哪里购买的?

☐超市　　　　☐粮油商店　　　☐农贸市场　　　　☐其他（请注明）_____

封闭式问题无论采取哪一种形式，答案都是事先设计好的，标准化程度比较高，有利于受访者回答，同时也便于以后对资料的整理分析，所以问卷中的绝大部分问题都是封闭式问题。封闭式问题的缺点主要表现为列出的答案有限，影响受访者提供更多的信息。另外，当需要调查的问题比较复杂时，答案设计的难度增大，难免遗漏重要信息或者不能收集到较深层次的资料。一旦设计有缺陷，受访者就无法正确回答问题，从而降低回答的真实性和可靠性，影响调查的质量。

二、问题设计注意事项

问题设计就是确定调查时所要询问的问题及其表达方式。问卷所要调查的资料由若干个具体问题组成，无论所研究的调查项目大小，要设计一份科学合理的问卷都是一项复杂的系统工程。除了考虑一些必要的原则、程序以外，在问题的设计中需要注意一些技术和技巧。

1. 措辞得当

问题的措辞是指将所需的问题内容和结构转化为受访者能清楚、容易地理解并接受的问句。如果措辞不当，受访者会拒答、错答或不能正确回答，从而导致调查误差的产生。

（1）措辞要通俗。大规模的调查，受访者的文化背景、教育水平、知识经验都有很大差别，应尽量少用生涩难懂的专业性词汇。例如："您喝酒的频率如何？""您家的恩格尔系数是多少？"，频率、恩格尔系数都属于比较专业的词语，一般人很难理解其意，可以改为"您每周喝几次酒？""在您家每月的消费支出中，食品占到几成？"。

（2）用词要确切。一定要保证所要提的问题清楚明了，具有唯一的含义。不确切的用词和含糊不清的问句会使受访者感到茫然，不知从何答起，甚至根本就不愿作答。类似的词语有"经常"、"很多"、"偶尔"和"有时"等。例如："您经常坐飞机吗？"这个"经常"让受访者很难把握，不知道该怎样去理解多久才算"经常"，不妨改成"你每个月坐几次飞机？"。

（3）勿使用冗长复杂的语句。例如："假设你注意到冰箱的制冷功能并不像你刚把冰箱买回来的制冷效果那样好，于是你打算修一下，这时你脑子里有什么想法？"不如改成"假若你的冰箱制冷功能不正常，你会怎样解决？"

2. 避免用否定形式提问

否定式提问也称假设性提问，是指对有些要提的问题，先做出某种假设，以此为前提让受访者做出单项或多项的选择。例如："您觉得这种产品的新包装不美观吗？""您赞成对当前的薪酬制度不改革吗？"，日常生活中人们受习惯思维的影响，不太适应否定形式的提问，这样的提问会破坏受访者的思维，有时会造成相反意愿的回答或选择，因此尽量不要使用否定形式提问。上述两个问题可以改为："您觉得这种产品的新包装美观吗？""您赞成对当前的薪酬制度进行改革吗？"。

3. 避免诱导性和倾向性提问

合格问卷中的每个问题都应该是中立的、客观的，不带有任何倾向性或诱导性，应让受访者自己去选择答案。例如，问一个爱喝啤酒的人："××啤酒制作精细、泡沫丰富、口感清纯，您是否喜欢？"，这种提问带有明显的肯定倾向，会诱导受访者选择"是"。如果把提问改为："您觉得××啤酒怎么样？"，这样就可以消除倾向性和诱导性。还有一些提问中含有从众效应及权威效应，也要避免。例如："有品位的男人都戴金利来领带，你喜欢什么品牌的领带？""您认为在我国汽车工人有可能失业的情况下，作为一个爱国的中国人应该购买进口小汽车吗？"，这些提问中所使用的字眼并非"中性"，而是有意识地向受访者暗示答案的方向，会让受访者产生随大流的思想，受权威观念影响而放弃自己的意愿，这些都是问卷设计所忌讳的。

4. 避免断定性提问

断定性提问是指先假定受访者已有某种态度或行为，基于此进行提问。例如："您每天抽多少支香烟？"或"您喜欢喝什么酒？"，事实上该受访者很可能根本就不抽烟或不喝酒，正确处理此类问题的方法是在断定性问题之前加一个"过滤"问题，例如："请问您抽烟吗？"如果受访者回答"是"，接下来再用断定性问题继续问下去，这样才有意义。如果受访者回答"否"，则应停止提问。

5. 避免直接提出敏感性问题

有些关于个人隐私方面的问题，或者不为一般社会公德所接纳的行为或态度类问题，通常称为敏感性问题或困窘性问题，如私人财产、青少年婚前性行为、偷税漏税、酗酒等。对于这类问题若直接提问往往会引起受访者疑虑不安，可能拒答或不真实地回答。例如："您每周打几次麻将？""您总是用公款吃喝吗？""您的小轿车是分期付款买的吗？""您是否逃过税？逃过几次？数量是多少？"等，这类问题属于敏感性问题，受访者往往出于本能的自卫心理，产生顾虑，有时会引起对方反感而中断调查。如果一定要想获得这类问题的答案，最好的方法是采取间接提问的方式，并且语气要特别委婉，以降低问题的敏感程度。可采用以下几种方法。

（1）释疑法，即在敏感性问题的前面加上一段功能性文字，或在问卷引言中写明严格替受访者保密，并说明将采取的保密措施，以消除疑虑。如果是入户或拦截访问，可由访问员在提问敏感性问题之前，做如下解释："下面要问的这个问题比较敏感，会涉及您的个人隐私，希望您不要介意，我们保证会替您保密"。例如："打麻将是我国民间传统的一种消遣娱乐活动，您每周打几次麻将？"，通过前面的肯定打麻将是一种娱乐活动来消除人们心理上的疑虑。

（2）假定法，即用一个假定性条件句作为问题的前提，然后再询问受访者的看法。例如："假定允许各类人员自由调动工作的话，您会考虑跳槽吗？"。

（3）转移法，即让受访者不以第一人称而是以第三人称来回答这类问题。例如："汽车消费将是我国未来消费中的一个热点，您周围的亲戚朋友对分期付款购买私家车有什么看法？"

6. 避免隐含的假定和选择

隐含的假定指的是问题中没有表述清楚的假设，例如："您赞成在我国采取高收入政策吗？"，这样询问隐含了工资和物价同步增长的假定，将导致过高的"赞成"比例，不如改成"如果提高工资和提高物价同步进行的话，您赞成在我国采取高收入政策吗？"。

隐含的选择指的是问题中没有明显地表达清楚的可能选择。例如："在市区内购物时您愿意乘坐出租车吗？"，这种询问隐含了乘坐公交车或开私家车的选择，不如改成："在市内购物时您是愿意乘坐出租车还是愿意开私家车（或乘坐公交车）？"。

7. 一项提问不能包含太多内容

一个问句中最好只问一个要点，如果包含过多的询问内容，会使受访者无从答起。例如："您对某产品的价格和服务质量满意吗？"对于这种情况，可以分解为两个问题。此外，更不要笼统地提问，如"您觉得东方航空公司怎么样？"，这样的问题过于笼统，应当避免。可以这样提问："您觉得东方航空公司的安全性怎么样？"等。

8. 避免推算和估计

提出的问题必须避免让受访者去推算和估计。例如："您家平均每人每月生活费用是多少？"，受访者可能就需要在脑子中做一些推算，大多数人不愿意费神去回忆和估算，最好将上述问题拆成两个问题："您家每月的生活费是多少？""您家有几口人？"，然后由调查人员根据回答进行必要的计算。

9. 要考虑时间性

时间过久的事情易使人遗忘，如果询问会让受访者不愿意回答。例如："您去年七月喝了多少瓶啤酒？"不如改成："您上个月喝了多少瓶啤酒？"，这样就缩小了时间范围，便于回忆。

10. 应有明确的界定

家庭人口有常住人口和暂住人口；经济收入有基本工资、岗位津贴、奖金、其他收入、实物发放折款等；年龄有虚岁、实岁等，这些问题通常会产生歧义的理解，拟定问句时应该有明确的界定。

三、答案设计注意事项

封闭式问题的答案设计，是问卷设计的重要组成部分，必须经过多方面周密细致的考虑和反复推敲。

1. 选项要穷尽

将所有的答案尽可能地列出，才能使每个受访者都有答案可选，不至于因为所列答案中没有合适的选项而放弃回答。例如：您家目前的收支情况是下列哪一种？

　　□较多节余　　　　　□略有节余　　　　　□收支平衡

该问题只设计以上三个备选答案就违背了穷尽性原则，须加上第四个备选答案"入不敷出"，这样答案就全面了。有时为了防止列举不全的现象，可在备选答案中的最后列出一项"其他（请注明）_____"，这样受访者就可以将问卷中未穷尽的项目填写在所留的空格内。需注意的是，如果受访者选择"其他"类答案的人过多，说明答案的设计选项是不全面的。这种缺陷可以通过预调查暴露出来，然后可根据受访者填写在"其他"处的答案，选一些具有代表性的答案对问卷进行补充完善。

2. 答案须互斥

多项选择题中所列出的答案之间不能相互包含或重叠，否则受访者会做出重复内容的双重选择。例如：您每月的支出中，花费最多的是哪一项？

□食品　　　□服装　　　□书籍　　　□洗衣液
□日用品　　□娱乐　　　□水果　　　□其他（请注明）_____

该问题备选答案中食品和水果、日用品和洗衣液都不是互斥的，需去掉洗衣液和水果这两个选项。

3. 合理安排顺序

有些问题的答案排列顺序会影响受访者的选择倾向，在选项较多的情况下，受访者容易接受排在前面的答案，认为这些选项重要。从设计人员的角度来说，也很容易产生一种倾向，将自认为重要的选项排在前面，例如：下列电脑品牌中，给您留下印象最好的是哪一个？

□联想　　　　　　　　□IBM
□IBM　　　　　　　　□康柏
□方正　　　　　　　　□方正
□康柏　　　　　　　　□同创
□同创　　　　　　　　□联想

实验证明上述第一种排列会造成选择联想的比例高，而第二种排列选择联想的比例大幅度下降。避免这种偏差的一个办法是设计若干种不同排列的问卷，如欲发放300份问卷，用5套问卷，每套60份，问题完全相同，只是在该问题的具体选项排列上进行轮换，最后将五套问卷的结果分别进行汇总；另一种方法是访问员在念问卷时，通过在问卷上添加人为的记号修改顺序。

4. 尽量不用贬义词

答案中如果使用贬义词，会影响受访者选择，特别是语义差别量表的设计，量表两端的形容词最好不要用"恶臭"对应"香甜"，"厌恶"对应"喜欢"。通常的做法是在褒义词的前面加上否定，如喜欢或不喜欢，而不用厌恶或讨厌。

5. 选项不宜过多

受访者在阅读与回答中，记忆答案的数量是有限的，多选题答案一般不超过9个。特别是面访调查时，如果答案过多，受访者在回答时会有遗忘或不耐烦现象。

6. 要有可读性

可读性即趣味性，答案设计要形式多样。过于呆板、形式单一的设计，会使受访者失去回答的兴趣。对于文化程度较高者，可采用一些成语、专业术语；对于一般市民，则要用词通俗；对于少年儿童，可设计一些漫画等。

7. 讲究语言技巧

答案设计也要讲究语言技巧，用词不当会引起受访者反感。例如，在问到受访者不买私家车的原因时，如果设计的备选答案如下：

☐买不起　　☐学不会　　☐怕出交通事故　☐养不起　　☐没多大用处

这样的答案设计会使受访者感到窘迫和难堪，很伤自尊，导致拒绝回答。可以改成：

☐等待降价　　　　☐不如租车划算　　☐不喜欢开车
☐不环保　　　　　☐其他（请注明）_____

答案设计除以上注意事项之外，在询问月收入或女士年龄等敏感性问题时，为消除受访者的顾虑和满足资料处理分析的要求，可采用"数值归档法"进行设计，即将要研究的变量取值划分成几个连续的区间，由受访者自行选择。例如："请问，您的月收入是下面哪一项呢？"

☐3000 元以下　　　☐3001~4000 元　　　☐4001~5000 元
☐5001~6000 元　　　☐6001~7000 元　　　☐7000 元以上

8. 开放式问题的答案设计

开放式问题的答案设计，主要是预留给受访者回答问题的书写空间。由于该类问题的答案是非标准化的，回答内容五花八门，篇幅长短不一，这将给事后的数据编码、处理和分析带来较大的麻烦。所以，对于开放式问题的回答要进行适度的控制，其方法是在问题后适当预留用于回答内容的下划线行数。

第三节　态度测量技术

前面介绍的封闭式问题的备选答案设计，只是针对一般性问题和事实性问题，此外还有一种就是对于态度性问题的设计，这种类型比较复杂，要用到量表设计技术。

一、态度测量的含义与类型

市场调查所涉及的问题不外乎两类，一类属于客观特性，如价格、收入、年龄、购买的数量等，可以用数字表示，还有一些事实性的问题，可以直接询问。另一类属于主观特性，如要了解消费者对产品、品牌和企业等的评价、看法、意见等态度性问题，就不能通过直接询问或观察获得。

态度是一种与人们周围环境的某些方面相关的包括动机、情感和认知过程的持久结构，是对某一客体所持有的一种比较稳定的赞同或不赞同的内在心理状态。在很多情况下，市场调查的主要目的是了解受访者的态度或意见，通过直接询问的方法一般无法准确地测量人们的态度。为了了解受访者态度的强弱程度，人们在市场研究的实践中逐渐形成一些测量态度的特定方法和技术，这就是态度量表，它被用于测量受访者的态度，把主观特性的问题用数量的形式表示出来。

测量是指按照特定的规则对测量对象（目标、人物或事件）的某种属性赋予数字或符号，将其属性量化的过程。测量的本质是一个数字分配的过程，即用数字去反映测量对象的某种属性，进而通过与属性对应的数字或统计量来研究个体或整体的性质。需要指出的是，要测量的不是对象本身，而是它们的某种属性。

态度量表的设计包括两步。第一步，设定规则，并根据这些规则为不同的态度特性分配不同的数字。这些数字和态度变量的取值必须一一对应，每个数字代表唯一的态度变量值，即每个态度变量值对应一个唯一的数字。第二步，将这些数字排列或组成一个序列，根据受访者的不同态度，对其在这一序列上进行定位。例如，将对于某商品的态度这一变量的可能取值，用不同的数字来代表："1"代表"喜欢"，"2"代表"无所谓"，"3"代表"不喜欢"；然后，根据受访者的回答是"喜欢"、"无所谓"或"不喜欢"来填写调查问卷或调查表，这就是一个典型的 3 级量表。量表中用数字代表态度的特性是出于两个原因：一是数字便于统计分析；二是数字使态度测量本身变得容易、清楚和明确。

态度测量的方法有多种，根据精确程度由低级到高级可分为四种类型：定类量表、定序量表、定距量表和定比量表。

1. 定类量表

定类量表又称为类别量表或命名量表，是市场调查中最普通的量表，也是最低水平的量表，它是将数据分成各种互相排斥、互不相容的类别，用数字来识别事物或对事物进行分类，数字本身没有意义，只代表每类答案的编号，其目的在于对调查资料进行分类。例如：

例 1　您的性别？
　　（1）男　　　　（2）女

例 2　您住在什么地方？
　　（1）城市　　　（2）农村　　　（3）郊区

定类量表可用于两个方面：一是对受访者的品质属性，如性别、民族、职业、文化程度等进行分类处理；二是对受访者的态度、意见进行分类处理，如对某种商品是喜欢还是不喜欢等问题的测量与处理。通过这种量表所获得的资料，适用的统计方法有百分数、众数和 χ^2 检验等，计算平均数则毫无意义。

2. 定序量表

定序量表也称为顺序量表，它比定类量表的水平高，除了测量类别特性外，还增加了对数据排序的能力，如销量的名次、质量的等级、对各品牌的喜欢程度等。这里给出的只是相对的程度，只能表示不同类别的顺序关系，并不能指明其绝对差距。例如：您喜欢综艺类电视节目吗？

　　非常喜欢　　　喜欢　　　一般　　　不喜欢　　　很不喜欢

定序量表中各等级的评分方法，可采用自然顺序序数评分法、固定总数评分法等。固定总数评分法是将总分定为 10 分或 100 分，要求受访者对不同商品或不同项目打出一定分数，但总分不得超过10分或100分。例如，某消费者对3种品牌的质量评分如下：

　　甲品牌20分　　　乙品牌50分　　　丙品牌30分

定序量表主要应用于两个方面：一是对多种产品的质量、性能、式样、包装、价格等方面进行评价，也可对不同人员的能力、知识水平等方面进行评价；二是对受访者的态度进行测量。定序量表在数值处理上，可汇总求出各受访者对不同商品或不同项目评价的总得分、平均得分和标准差，进而可对各类别进行排序和做出评价，所能应用的统计方法有百分数、四分位数、中位数、相关系数等。

3. 定距量表

定距量表除包含定序量表的所有特征外，还能测量各顺序位置之间的距离，它等于定距量表上对应值之差。例如，温度计的温度不但能表示出温度的高低，还能表示出度数与度数之间的差别，但没有绝对零点。量表上1与2之差等于3与4之差。例如，对某产品进行评价，可先确定若干评价项目，每个项目按评价的形容词不同划分为7级：

很好	好	较好	中等	较差	差	很差
1级	2级	3级	4级	5级	6级	7级

在调查中，用得分给出的态度数据、满意度数据等也常按定距量表来处理。它不能计算测度值之间的比值，如数学考试成绩为0分，并不能说没有数学知识，也不能说分数为100分的人的数学水平是分数为50分的人的两倍。定距量表可用算术平均数、中位数、众数进行数据处理，还可以计算标准差、相关系数、t检验和F检验等。

4. 定比量表

定比量表具有绝对零点，可以对变量的实际数值进行比较，是测量数据中最高水平的量表，其测量结果可以进行分类、排序、以及加、减、乘、除等运算，并能做各种统计分析。例如，可以说体重100千克的人是体重50千克的人的两倍重，零的标准是客观存在的，无论体重的单位如何制定，这两个人之间都存在两倍的比率关系。

以上四种态度测量表中，最常用的是定类量表和定序量表。在调查中，使用何种测量等级首先取决于被测对象自身的特性，其次取决于测量的目的和研究的要求。例如，性别、民族、宗教信仰、所有制等只能按性质分类的指标，就必须也只能用定类测量。又如，利润这类数量指标，如果仅要求将企业分为有无利润两类的话，就可以使用定类量表；如果要求将营利企业分为10万元以下、10万~50万元、50万~100万元、100万元以上几个等级，则应进行定序测量；如果要求计算出各类企业利润的具体差距或其比例关系，则应进行定距测量或定比测量。

二、态度测量的方法

态度测量的类型有四种，但在具体的测量方法上是多种多样的，有些方法是直接对受访者的态度进行测量的，有些方法是通过其他的标准对受访者反映的态度进行评定。一般来说，调查人员用有关态度询问的问题或语句，直接询问受访者，并由后者自己测量其态度来选择答案，这种方法所使用的量表称为直接量表，也有一些调查人员在做有关态度询问时，由受访者自己决定询问语句，然后由调查人员来进行态度评定，这种方法所使用的量表称为间接量表。

1. 评价量表

评价量表也叫评比量表，在市场调查中应用很广泛。它是由调查人员事先将各种可能的选择答案标示在一个评价量表上，然后要求受访者在测量表上指出自己的态度或意见。根据量表的形式，评价量表又分为列举评价量表和图示评价量表。列举评价量表是要求受访者在有限类别的表格标记中进行选择，获得的数据通常作为等距数据使用和处理。图示评价量表要求受访者在一个有两个固定端点的图示连续体上进行选择，量表的两端是极端答案，中点是中性答案，并且每个答案都事先给定一个分数。下面分别给出一些列举评价量表和图示评价量表的例子。

（1）列举评价量表。以计量水准为依据，列出评价性的询问语句和备选答案，量表尺度的两端是极端答案，相反的备选答案数量相等（对称量表，也可以不对称）。常见列举评价量表的形式主要有评价满意度：非常满意、比较满意、一般、不满意、很不满意；对某事物的好恶程度：非常喜欢、喜欢、一般、不喜欢、很不喜欢；等等。

例1　您认为相貌对面试成功的影响程度怎样？
　　　非常重要　　　重要　　　无所谓　　　不太重要　　　不重要
例2　让明星做保健品广告的代言人，您的意见是哪一项？
　　　很不合适　不合适　不太合适　不知道　比较合适　合适　相当合适

（2）图示评价量表。

量表A　●────────────────────────────●
　　　　喜欢　　　　　　　　　　　　　　　　　　　　不喜欢

量表B　├────────┼────────┼────────┼────────┤
　　　　+2　　　　+1　　　　0　　　　-1　　　　-2
　　　非常赞同　　赞同　　无所谓　　不赞同　　很不赞同

量表C　　☺　　　　　　　　😐　　　　　　　　☹
　　　　喜欢　　　　　　　一般　　　　　　　不喜欢

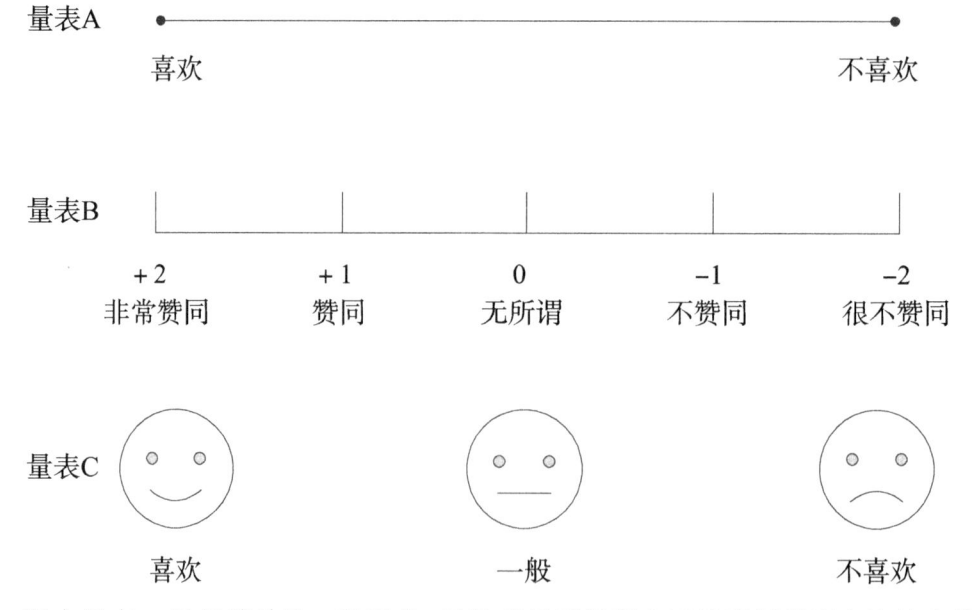

图中量表A是最简单的一种形式，受访者只需根据自己的喜好程度在连续直线的适当位置做出标记，然后研究者根据整体的反应分布及研究目标的要求，将直线划分为若干部分，每个部分代表一个类别，并分配给一个对应的数字，这种量表称为非比

较量表。

量表 B 是将直线分为 5 个阶段，分别为非常赞同、赞同、无所谓、不赞同、很不赞同，记分也可以采用+2、+1、0、-1、-2 或 5、4、3、2、1，这种设计也可以划分为 3 段和 7 段，其中以 5 段最常用。量表 B 属于数值尺度式设计，用数值的大小来表示态度的强度。事先在连续体上标出刻度并分配相应的数字，受访者在适当位置做出反应标记即可，这种量表称为分段评价量表。

量表 C 称为笑脸量表，在本质上与量表 B 没什么区别，但是在连续体两端分别增加了对应的笑脸和哭脸，使量表更具有生动性和趣味性，这种设计适合文化程度比较低的受访者和少年儿童。

2. 等级量表或顺序量表

等级量表是一种顺序量表，它是将许多研究对象同时展示给受访者，并要求他们根据某个标准对这些对象排序或分成等级。例如，要求受访者根据总体印象对不同品牌的商品进行排序，要求受访者对他们认为最好的品牌排"1"号，次好的排"2"号，依次类推，直到量表中列举出的每个品牌都有了相应的序号为止，一个序号只能用于一种品牌。下面是一个典型的等级量表的例子。

以下的卡片中列举的是一些电视机的品牌，请您根据对各品牌的喜爱程度进行排序，分别给予 1 到 7 个等级，等级 1 表示您最喜欢的品牌，等级 7 表示您最不喜欢的品牌，以此类推（请注意：一个等级号码只能用于一个品牌）。

电视机

品牌名称	品牌等级
TCL	————
海尔	————
康佳	————
长虹	————
海信	————
创维	————
厦华	————

等级量表也是一种使用很广泛的态度测量技术，这种量表题目容易设计，受访者也比较容易回答。等级量表强迫受访者在一定数目的评价对象中做出比较和选择，从而得到对象间相对性或相互关系的测量数据。等级量表最大的缺点在于只能得到顺序数据，因此不能对各等级间的差距进行测量，同时卡片上列举对象的顺序也有可能带来顺序误差。此外，用于排序的对象个数也不能太多，一般要少于 10 个，对象个数越多，受访者越难以分辨对各对象偏好程度的差别。

3. 配对比较量表

配对比较量表是把若干可以比较的事物或现象整理成两两对比的形式，要求受访者根据某个标准在两个被比较的对象中做出选择。这种量表实际上是一种特殊的等级量表，不过要求排序的是两个对象，而不是多个。配对比较量表克服了等级排序量表存在的缺点：首先，对受访者来说，从一对对象中选出一个肯定比从一大组对象中选出一个更容易；其次，可以避免等级量表的顺序误差。但是，因为一般要对所有的配对进行比较，所以对于有 n 个对象的情况，要进行 $n(n-1)/2$ 次配对比较，是关于 n 的一个几何级数。下面是一个配对比较量表的例子。

以下是 10 对牙膏的品牌，对于每一对品牌，请指出您更喜欢其中的哪一个，在选中的品牌旁边□处打√。

① 中　华□　　草珊瑚□
② 中　华□　　两面针□
③ 中　华□　　高露洁□
④ 中　华□　　黑　妹□
⑤ 草珊瑚□　　黑　妹□
⑥ 草珊瑚□　　两面针□
⑦ 草珊瑚□　　高露洁□
⑧ 两面针□　　黑　妹□
⑨ 两面针□　　高露洁□
⑩ 高露洁□　　黑　妹□

访问结束之后，将每个受访者的回答整理成表格，获得该受访者对 5 个牙膏品牌的偏好，再将所有受访者的回答结果进行汇总，经过处理和分析，即可得到所有受访者对 5 个牙膏品牌的喜爱程度。

当要评价的对象的个数不多时，配对比较法是有用的。如果要评价的对象超过 10 个，就会使受访者产生厌烦情绪而影响回答的质量，也不便于进行统计处理。配对比较量表的另外一个缺点是"可传递性"的假设可能不成立，在实际研究中这种情况常常发生，同时列举的顺序也可能影响受访者，造成顺序反应误差，而且这种二选一的方式和实际生活中做购买选择的情况也不太相同，受访者可能在 A、B 两个品牌中对 A 品牌要略为偏爱些，但实际上可能两个品牌都不喜欢。

4. 语义差别量表

在市场研究中，常常需要知道某个事物在人们心目中的印象，语义差别量表可以用来测量人们对商品、品牌、商场的印象。在设计这种量表时，要确定与要测量对象相关的一系列属性，对每个属性选择一对意义相反的形容词，分别放在量表的两端，中间划分为 5 个（也可以是 7 个或 9 个）连续的等级。受访者被要求根据他们对被测对象的看法评价每个属性，在合适的等级位置上做标记。在语义差别量表的形容词中，习惯上是将肯定的词放在量表的左边，否定的词放在右边，但是为了减少反应误差，可将一半肯定的词放在左边，另一半否定的词也放在左边，也可以将项目的顺序随机排列。

语义差别量表的主要优点是可以清楚有效地描述事物的形象，甚至能同时测量几个对象。由于功能的多样性，语义差别量表在市场调查研究中的应用很广泛，主要用于比较不同品牌商品和厂商的形象，以及帮助制定广告策略、促销策略和新产品开发计划等。例如，"下面是三个不同汽车品牌的一系列评价标准，每个标准两端是两个描述它的形容词，这两个形容词的意义是相反的。在您认为合适的地方打√，请注意不要漏掉任何一项标准"（图 5-1）。

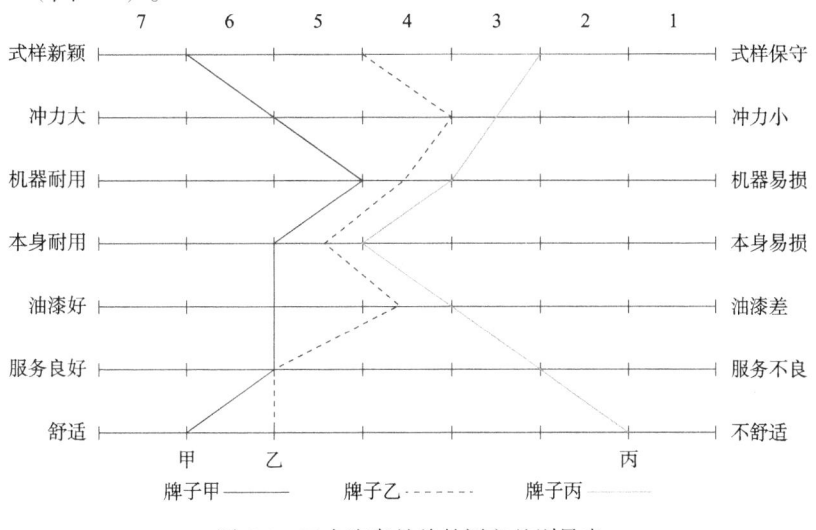

```
              7     6     5     4     3     2     1
式样新颖      ├─────┼─────┼─────┼─────┼─────┼─────┤  式样保守
冲力大        ├─────┼─────┼─────┼─────┼─────┼─────┤  冲力小
机器耐用      ├─────┼─────┼─────┼─────┼─────┼─────┤  机器易损
本身耐用      ├─────┼─────┼─────┼─────┼─────┼─────┤  本身易损
油漆好        ├─────┼─────┼─────┼─────┼─────┼─────┤  油漆差
服务良好      ├─────┼─────┼─────┼─────┼─────┼─────┤  服务不良
舒适          ├─────┼─────┼─────┼─────┼─────┼─────┤  不舒适
              甲    乙                      丙
              牌子甲 ——— 牌子乙 ------ 牌子丙 ———
```

图 5-1 三个汽车品牌的语义差别量表

在量表上，将各种汽车特性的形容词所代表的分数相加即得到每种品牌的总分数，最不利的位置给予 1 分，其次不利者给予 2 分，依次类推，所得总分包括了所有决定消费者态度的因素。然后用计算机统计出每对反义词的平均值，把这些平均值用不同的线条连接起来，就可以清楚地、直观地看到消费者对三个不同品牌汽车的印象。

5. 瑟斯顿量表

瑟斯顿量表是由美国著名心理学家瑟斯顿为对态度测量达到客观量化的目的，在 1929 年创造的一种间接量表，其建立的方式是由调查人员先拟定几十条甚至一两百条有关态度调查的语句，然后再选定一批特定的测试对象作为评判者，针对所提供的数条语句由测试对象自己做出判断。一个测量态度的瑟斯顿量表，其制作的基本步骤如下。

（1）由调查人员列出若干条有关态度或者评价的语句，通常可以是几十条甚至上百条，具体数量的多少以有利于说明对某个主题的一系列态度或者评价为宜，保证其中对主题不利的、中立的和有利的语句都占有足够的比例，并将其分别写在特制的卡片上。

（2）将这些表述提供给一组评判人员，通常在 20 个人以上，要求他们将这些表述划分成 11 组，这些组分别反映他们对每一个表述肯定、否定或者中立的看法。将中立态度列入第 6 组，不利态度列入第 1 组、第 2 组、第 3 组、第 4 组、第 5 组，最不利态度放在第 1 组，有利态度列入第 7 组到第 11 组，最有利的放在第 11 组。先取出中立态度组，然后在前面选择不利态度组，在后面选择有利态度组即可。

（3）计算每条语句被归在这 11 类中的次数分布。

（4）删除那些次数分配过于分散的语句。

（5）计算各保留语句的中位数，并将其按中位数进行归类，如果中位数是 n，则该态度语句归到第 n 类。

（6）从每个类别中选出一两条代表语句（即各评判者对其一致的语句），将这些语句混合排列，即得到瑟斯顿量表。

下面是一个关于电视观众对商业广告评价的瑟斯顿量表。

① 所有的电视商业广告都应该由法律禁止
② 看电视广告完全是浪费时间
③ 大部分电视商业广告是非常差的
④ 电视商业广告枯燥乏味
⑤ 电视商业广告并不过分干扰我欣赏电视节目
⑥ 对于大多数电视商业广告，我无所谓好恶
⑦ 我有时喜欢看电视商业广告
⑧ 大多数电视商业广告是挺有趣的
⑨ 只要有可能，我喜欢购买在电视上看到过广告的商品
⑩ 大多数电视商业广告能帮助人们选择更好的商品
⑪ 电视商业广告比一般的电视节目更有趣

瑟斯顿量表在设计时，有关态度语句并不一定非要划分成11类不可，7类和9类也可以，但最好划分成奇数个类别，以中点作为中间立场。分类后在每个类别中至少选择一条代表语句，每条语句根据其类别都有一个分值。每个受访者应该只同意其中的分值相邻的几个意见。如果在实践中一个受访者的语句或意见分值过于分散，则判定此人对要测量的问题没有一个明确的态度，或者说明量表的制作可能存在问题。

瑟斯顿量表根据受访者所同意的陈述或意见的分值，通过对分值平均数的计算求得受访者的态度分数。例如，某人同意第8个意见，他的态度分数就是8，如果同意⑦、⑧、⑨三条意见，他的态度分数为（7+8+9）/3=8。分数越高，说明受访者对某一问题持有的态度越有利；分数越低，说明受访者持有的态度越不利。瑟斯顿量表是顺序量表，可以用两个受访者的态度分数比较他们对某一问题所持态度的相对有利和不利的情况，但不能测量其态度的差异大小。

在市场调查中，经常会涉及对某一主题的态度测量，如人们对电视商业广告的态度、对品牌的态度、对人寿保险的态度等，可以用瑟斯顿量表去测量。这种量表的实地测试和统计汇总都很简单，但调查实践中使用的并不是太多，主要原因是制作非常麻烦，即使单一主题的量表制作也要耗费大量的时间，多个主题的制作就更加困难。另外，不同的人即使态度完全不同，也有可能获得相同的分数。再有，它无法获得受访者对各条语句同意或不同意程度的信息。

6. 李克特量表

李克特量表是由美国心理学家伦斯·李克特根据一般量表方法发展而来的，之后该量表被许多调查者所采用，并且在实践中不断发展和调整。李克特量表形式上与瑟斯顿量表相似，都要求受访者对一组与测量主题有关的陈述语句发表自己的看法。它们的区别如下：李克特量表要求受访者对每一个与态度有关的陈述语句表明他同意或不同意的程度，而瑟斯顿量表只要求受访者选出他所同意的陈述语句。另外，李克特量表中的一组有关态度的语句按有利和不利的程度都有一个确定的分值，而瑟斯顿量表仅仅需要对

态度语句划分是有利还是不利。李克特量表制作的基本步骤如下。

（1）收集大量（50~100条）与测量的概念相关的陈述语句。

（2）研究人员根据测量的概念将每个测量的项目划分为"有利"或"不利"两类，一般测量的项目中有利的或不利的项目都应有一定的数量。

（3）选择部分受访者对全部项目进行预先测试，要求受访者指出每个项目是有利的或不利的，并在下面的强度描述语中进行选择，一般采用五点量表，即

非常赞同　　　赞同　　　无所谓　　　不赞同　　　很不赞同

（4）对每个回答给一个分数，如从非常赞同到很不赞同的有利项目分别为5分，4分，3分，2分，1分，对不利项目就为1分，2分，3分，4分，5分。

（5）根据受访者的各个项目的分数计算代数和，得到个人态度总分，并依据总分多少将受访者划分为高分组和低分组。

（6）选出若干条在高分组和低分组之间有较大区分能力的项目，构成一个李克特量表，如可以计算每个项目在高分组和低分组中的平均得分，选择那些在高分组平均得分较高并且在低分组平均得分较低的项目。

在李克特量表中，受访者对每一条语句分别表示赞同的程度，一般采用5级：1表示非常赞同、2表示赞同、3表示无所谓、4表示不赞同、5表示很不赞同。当然也可以是相反的顺序，如1表示很不赞同，5表示非常赞同。可以将各数字代表的含义在题目开头给出，然后让受访者根据对每个陈述语句的赞同程度勾选1~5中的某个数字，这种方式看起来不太简洁，但便于受访者理解和回答。李克特量表在设计上比较灵活，可以表现为多种形式，最常见的是矩阵式和表格式。例如，"下面的说法是有关个人对公司的态度，请您考虑一下目前您对公司的感受，表5-1中的数字1代表不同意、2代表无所谓、3代表同意，请您就每个说法表示同意或不同意的程度，并在相应的数字上画圈"。

表 5-1　职工对所在公司感受的李克特量表

观点	同意	无所谓	不同意
1. 为了公司取得成功，我愿意付出最大的努力	3	2	1
2. 为了有个稳定的工作，我能接受任何条件	3	2	1
3. 我觉得公司对员工的条件太苛刻	3	2	1
4. 我为自己是这家公司的一员感到自豪	3	2	1
5. 只要一有机会，我就会跳槽到另一家公司	3	2	1
6. 我们的老板很有人情味	3	2	1
7. 我认为公司的前途对我的成长和发展有利	3	2	1
8. 我会对我的亲戚朋友推荐说我们公司不错	3	2	1
9. 我觉得公司给我的报酬太少	3	2	1
10. 我非常高兴选择了为这家公司工作	3	2	1
11. 让我离开这家公司，对我来说无所谓	3	2	1
12. 在公司待的时间越长，我越离不开这家公司	3	2	1
13. 当消费者称赞我们公司的产品时，我觉得很高兴	3	2	1
14. 决定来这家公司工作是我的一个错误选择	3	2	1
15. 长期待在这家公司对我的将来没有任何好处	3	2	1

在进行实地调查时，访问员通常会给受访者一个回答范围卡，请他从中挑选答案。在数据处理时，给受访者对每项态度语句的回答分配一个分值，如 1~3 分或 1~5 分。分析时可以汇总计算每条态度语句的得分，从而了解受访者群体对测量对象各个方面的态度，也可以计算每个受访者对测量对象的态度总分，以了解不同受访者对测量对象的不同态度。通过对上述例子的分析，会发现不同得分的受访者对公司的态度是截然不同的。

李克特量表在市场调查实践中应用非常广泛，受访者容易理解和填答，也比较容易设计和统计处理，在人员访问、邮寄问卷及留置问卷中很适用。李克特量表是顺序量表，每条态度陈述语句的得分及每个受访者的态度分数都只能用作比较态度有利或不利程度的等级，但不能测量态度之间的差异。李克特量表的主要缺点是回答时间长，因为受访者需要阅读每条态度的陈述语句。目前在商业调查中很少按照上面给出的步骤来制作李克特量表，通常由客户项目经理和市场调查机构的研究人员共同讨论确定。

三、量表选择时应考虑的问题

随着市场调查定量化程度的提高，态度量表的作用愈加重要。上面介绍的几种量表，可以用于对不同对象的测量，在设计时应注意一些问题。

1. 量表种类的选择

量表制作与测量的难易程度是研究人员选择的重要因素。绝大多数研究人员都倾向使用制作简单且操作比较容易的量表。所以在实践中，制作相对容易的评比量表、等级量表、配对量表和李克特量表经常被采用，而制作过程冗长复杂的瑟斯顿量表则很少被使用。语义差别量表的制作和开发也比较复杂，但是此量表用于对特定问题的测量效果非常好，所以使用的场合也比较多。究竟采用哪种量表，原则上取决于所要解决的问题和想要知道的答案。通常，在一份调查问卷中会使用多种不同的测量量表。

2. 平衡量表与非平衡量表的选择

平衡量表就是在量表中肯定态度的答案数目与否定态度的答案数目相等，否则就称为非平衡量表。一般来讲，如果研究人员想得到广泛的意见，并且估计有利的意见和不利的意见分布是对称的，采用平衡量表比较好。如果以往的经验或预先研究已表明，大多数的意见都是肯定的，那么量表就应该给出更多的肯定答案，这样可使研究者能更确切地测出受访者的肯定程度。

3. 量级层次的个数选择

量表主要用于测量态度、感觉或动机等的倾向程度，如果层次个数太少，如只有同意、无所谓、不同意 3 层，就过于粗略而不够全面，难以反映出感觉的强度。然而，如果量表层级太多，如 10 层以上的量表，可能会超出调查人员的分辨能力，让人无从判断。研究表明，评比量表、李克特量表等基本上以 5~9 层为宜，如果采用电话访问方式，量级层次个数只能为 3 层或 5 层。一般来讲，5 层的量表使用得最多。

4. 量级层次的奇数与偶数选择

偶数个量级的量表意味着没有中间答案。如果没有中间答案，受访者就会被迫选择一个正向或负向答案，但那些确实持有中立意见的人就无法表达他们的观点。另外，研究人员认为设立一个中间答案，事实上就给受访者提供了一个简单的出路。假设其确实没有某种很强烈的意见，就不必集中思考真实感觉而可以简单地选择中间答案。

5. 强迫性与非强迫性量表的选择

强迫性与非强迫性量表的选择与奇数和偶数量表有关，通常强迫选择就是剔除量表中的中立答案，使受访者被迫给出正面的或负面的答案。事实上，在实际工作中人们对某些问题的态度可能是中立的，量表要测量准确全面的数据就得给出中立选择。但是，有时在涉及一些行为选择和决策时，中立的态度无法指示研究人员做出满意的决定，在这种情况下使用强迫选择是必要的。

根据调查者拟收集资料的性质和目标调查者的特点，综合以上五个因素，可以设计出千变万化的量表形式，如：

你喜欢"脑白金"的广告语吗？
    喜欢   一般   不喜欢   很不喜欢

你对海尔家用电器的售后服务满意吗？
    非常满意   满意   比较满意   一般   不满意

第四节 问卷设计的程序和评估

一、问卷设计的程序

问卷设计的整个过程大体上分为事前准备、实际设计、事后检查三个阶段十个步骤。

（一）事前准备阶段

事前准备阶段包括把握调查的目的和内容，收集有关调查所需的资料，确定调查方法的类型。

1. 把握调查的目的和内容

问卷设计的第一步就是要充分地了解调查的目的和内容，这一步的实质就是规定问卷设计所需的信息。为此，需要认真就调查方案、调查主题和理论假设进行讨论，将问题具体化和条理化，这是设计调查问卷的基础，也是很重要的一步。在全面分析调查目的和要求的基础上，确定某一调查主题，由此才能明确调查内容、调查资料的来源、调查范围等，酝酿问卷的整体构思，将所需调查的资料一一罗列出来，并确定调查地点、时间及对象。

2. 收集有关调查所需的资料

根据研究的需要，确定调查所要了解的内容和所要收集的资料，对已有的资料进行分类整理，分析哪些是主要资料，哪些是次要资料，哪些是调查的必备资料，并分析哪些资料需要通过问卷来取得、需要向谁调查等。特别要搜寻与受访者各种特征相关的资料，如能够反映受访者行为规范、社会环境等特征的资料，还有反映文化程度、知识水平、理解能力等文化特征的资料，分析了解各类受访者的社会环境、行为规范、观念习俗等社会特征，需求动机、潜在欲望等心理特征，理解能力、文化程度、知识水平等学识特征，以便针对其特征来拟定问题。

3. 确定调查方法的类型

不同类型的调查方式对问卷的格式和要求也要有所差别。在面访调查中，受访者能与访问员面对面地交谈，就可以询问较长的、复杂的各种类型的问题。街头拦截的面访调查，要求问卷内容尽量简短。电话访问要用丰富的词汇描述问题，可用对话的风格来设计。邮寄问卷由受访者自己填写，要给出详细的指导语。在计算机辅助访问中，可以实现复杂的跳答和随机化安排问题，以减少排列顺序造成的偏差。

（二）实际设计阶段

在准备工作做完的基础上，设计者就可以按照设计原则和要求着手设计问卷初稿。其内容主要包括：调查中所要提问的问题的设计、备选答案的设计、提问顺序的设计及问卷版面格式的设计等。在确定调查的具体项目后，针对每一个调查项目，确定问句的类型，设计若干问题，且尽量详细地列出问题。然后对问题进行检查、筛选，看看有无多余的或遗漏的问题，有无不适当的问句，以便进行删减、补充、替换，同时在设计好答案的情况下形成调查问卷初稿。

1. 确定问答题的内容

一旦决定了访问方法的类型，下一步就是确定问卷中具体包括哪些问题及这些问题都应该询问什么内容，能否准确有效地反映调查所需的信息。一份问卷的内容不宜过多，否则不但浪费时间和增加资料处理的费用，还会使受访者感到厌烦，影响调查的质量。当把所有的问题提出来之后，要对已编写好的题目逐一进行检查，将重复的、可要可不要的题目删掉，把表述不准确、不适当的题目加以修改，有的题目如不能充分体现调查内容时，还要加以补充。

2. 决定问答题的结构

调查问卷的问题有两种类型：封闭式问题和开放式问题，大多数问卷的题目都是以封闭式问题为主，也含有少量的开放式问题。两种形式的问题各有利弊，用哪种形式完全取决于研究问题的性质、特点。一般来说，在需要快速回答，对量化结果感兴趣，受访者教育水平较低的情况下，采用封闭式问题比较合适；在有些预备性调查中，让受访者充分陈述自己的观点和看法，就需要采用开放式问题。在实践中，为了避免两种形式的缺点，有时需要采用两者相结合的方式。

3. 决定问答题的措辞

问卷中的问题是了解受访者的意图和提供资料的依据，如何将所需内容转化为受访者容易接受的句子，就必须注意措辞的技巧。提问的措辞要准确清楚，易于被理解和接受。如果措辞不当，会造成拒答或理解偏差。

4. 安排问题的顺序

在问卷设计中，根据难易程度安排好问题的顺序是非常重要的。要站在受访者的角度，顺应受访者的思维习惯，先易后难，循序渐进。总的来说，安排问题顺序应遵循以下规则。

（1）简单的问题放在前面。把简单的、容易回答的问题放在前面，把复杂的、较难的问题放在后面，会使受访者开始时感到轻松，有能力继续回答下去。如果让受访者一开始就感到很难回答，就会影响他们回答问题的情绪和积极性。

（2）能引起受访者兴趣的问题放在前面。把受访者感兴趣的问题放在前面，把比较敏感的问题放在后面，这样可以引起他们回答问卷的兴趣和注意力，而如果一开始就遇到敏感性问题，会引起受访者的反感，产生防卫心理，不愿意回答或拒绝回答。

（3）按问题的逻辑顺序排列。问题的安排应具有逻辑性，以符合受访者的思维习惯。否则，会打乱受访者的思考和兴趣，不利于其对问题的回答。

（4）开放式问题放在后面。开放式问题一般需要较长时间的思考，而受访者一般不愿花太多时间甚至动脑筋来完成问卷。如果将开放式问题放在前面，会使受访者产生畏难心理，影响受访者填写问卷的积极性。

5. 确定格式和排版

问卷的格式、问答题的排放位置、题与题之间的距离等都会对调查结果有影响，特别是对自填式问卷显得更为重要。因此，在排版时应特别注意一些事项。

（1）问卷的版面格式规整。要求版面规整、字体字号选用得当、行间距合理、各组成部分之间层次清晰、填答引导与说明醒目。例如，问卷的标题、各模块的标题均可使用加粗字体，行间距选择 1.25 倍等。问卷的版面应避免使用过多的颜色、字体和不必要的插图等，要使受访者感觉这是一次科学的调查活动。在一些带有娱乐性质的调查中，如出于新闻性的宣传目的而进行的趣味调查，可以设计较活泼的版面，以使受访者感到轻松。

（2）问题和答案排列合理。问卷中所有的问题和答案要排列整齐。如果条件允许的话，每个题的可选择答案最好排成一列，这样使受访者易于回答，最好不要为了节约纸张而将可供选择的答案分排成几列。不要将一个问答题（包括可选择的答案）分列在两页纸上。将问答题紧凑地排列以使问卷显得短一些也是应当避免的，特别是开放式问题，如果空间过小可能使回答内容变短变少。

（三）事后检查阶段

事后检查阶段包括问卷的模拟试验、制成正式问卷。为了使调查能顺利进行，达到调查的目的，有必要就调查问卷在小范围进行实地模拟调查，以检查问卷的可行性。站在调查者的立场上试行提问，看看问题是否清楚明白，是否便于资料的记录、整理；站在受访者的立场上试行回答，看看是否能够回答和愿意回答所有的问题，问题的顺序是否符合思维逻辑；估计回答的时间是否合乎要求。

1. 问卷的试调查

问卷设计完成以后，在进行大规模正式调查之前，需要对问卷的内容、措辞、问题的顺序等进行全面的检查，具体办法是通过试调查来检查问卷中是否存在问题。试调查是在正式调查之前组织访问员、督导按照调查方案设计的问卷内容、受访者、调查地点环境、调查方式而进行的试验性调查，以便对问卷设计暴露出来的问题进行修改。如果试调查是按调查设计严格执行的，试调查的样本也可用作实际调查的样本，从而节约所付出的成本。

2. 制成正式问卷

根据问卷的模拟调查情况，对某些不合理的地方进行修改，再模拟调查，再修改，直到完全合格，最终形成正式的调查问卷，然后定稿复印。问卷经过修正后，就可进入最后的印制阶段。如何印刷和装订也会影响调查结果。如果纸张质量很差或外形很破旧，受访者会认为该调查项目不重要，那么回答的质量就会受到影响。因此，应当用质量好的纸张印刷，使问卷有一个"专业性"或"职业性"的外形。如果问卷有多页，不应该简单地用订书机订一下了事。每页最好是双面印刷并装订成册，这样看起来会更正规。

二、问卷的评估与测试

通常，问卷初稿设计完毕之后，并不能立即用于实际调查，还要对问卷进行评估。由于问卷的设计者可能对所调查研究的现象或问题并不十分熟悉，考虑问题也可能不够全面细致，还有可能缺乏问卷设计的实践经验等，这些原因都可能导致问卷初稿存在一些问题，所以有必要对问卷初稿进行评估，认为质量合格的问卷才能用于正式调查。在问卷正式使用之前，一般都要先进行问卷测试。

对于问卷的全面测试，应尽可能使用真正的受访者。在选择样本的子样本进行测试时，样本中各单位之间的差异越大，用来进行测试的子样本也应该越大。问卷测试所用的方法应尽量与最终调查的方法相同。问卷测试后，应该对其中的一些人做进一步的询问。请他们谈一谈填写问卷或回答问题的感受，以便了解问卷测试中的缺陷，进行修改。如果测试完成之后的改动较大，则需对改动过的问卷再做进一步的测试。

（一）问卷评估的主要内容

问卷是对受访者进行各种测量的工具，由受访者回答问卷中的各种问题，以收集研究所需要的调查数据。问卷的评估内容主要包括以下几个方面。

1. 问题的必要性

调查研究的目的取决于调查内容，调查内容决定了需要调查哪些问题。评估时需要对问卷初稿中的问题进行逐一审查，判断问题存在的必要性，对于研究目的不相关的或难以收集资料的问题，应当加以剔除。

2. 是否存在遗漏问题

在设计问卷的过程中，需要根据研究的目的、研究的假设来提出问题。在设计问题时，如果对研究目的理解不透彻，或对研究假设所涉及的概念缺乏系统的梳理，可能会导致设计出来的问题不够全面，存在遗漏现象，此时有必要增设题目。

3. 问题与答案的表述是否准确

问卷的主体部分由问题和答案构成，问题与答案的表述是否准确、易懂，直接关系到受访者能否准确理解问题的内容，并给出正确的答案。另外，备选答案有时以所采用的量表所固有的格式表述出来，需要评估量表的复杂程度，受访者使用该量表回答问题的能力。对于表意不清、难于理解的问题及答案，要根据前面所述的问题表述及答案设计的要求，加以相应的修改。

4. 回答说明是否明确、醒目

问卷中所有的问题均具有回答要求。对于统一的要求，一般需在问卷的说明词中进行规定，要评估这些规定是否明确清晰。对于某些存在特殊回答要求的题项，如跳答题、排序题、语义差别量表通常有专门的回答引导，这些引导词务必醒目且准确，便于了解，否则需要修改相应的文字。

5. 版式设计是否符合要求

问卷的版式设计直接关系到受访者能否对调查产生兴趣、阅读问卷是否存在困难、回答问题是否方便等。评估问卷初稿，还需要根据问卷版式设计的要求，对问卷进行评估，对不符合要求的版式要加以优化。

6. 问卷构成要件是否完善

一份完整的问卷一般由标题、说明词、正文、受访者的基本情况、结尾等部分内容构成。评估问卷初稿还需要逐项审查各个要件，对于遗漏的要件应进行补充。

7. 问卷的长度是否合适

无论采用哪种方法进行调查，问卷的长度应该合适，篇幅过长的问卷会增加受访者的填答负担，容易导致厌烦情绪而影响作答。问卷的长度没有固定的标准，但应保证不占用受访者过多的时间。一般来说，面谈问卷的长度以受访者能够在 10 分钟之内完成回答为宜。电话调查问卷应尽可能使受访者能够在两到三分钟之内完成回答为宜。邮寄调查问卷与在线调查问卷的篇幅可以适当地长一些。

（二）问卷评估的主要方法

1. 专家审查

专家审查就是组织有关的专家、学者或具有丰富问卷调查经验的研究人员，对问卷初稿进行审查与评估。专家审查是一种技术性审查，主要是审查问卷设计的基本框架是否合理，问题的表述是否准确、清晰，问题的版式设计是否美观，问卷中量表的使用是否科学等。专家审查可以采用网络调查与小组座谈两种组织方式,网络调查需要将问卷发送给专家,必要时应在问卷初稿给专家的同时发送调查方案,以便专家审查问卷与调查方案之间的匹配性。

2. 预调查

如果正式调查属于大规模的问卷调查,涉及的范围广,受访者人数多,此时对问卷的审查必须非常谨慎,稍有疏忽就会造成难以挽回的损失。除了需要组织专家对问卷初稿进行审核评估之外,还应组织预调查,以发现问卷存在的问题,为问卷的修改提供依据。

在问卷测试的预调查过程当中,要重点了解受访者对问题是否完全理解,问卷的措辞和表达方式是否具有诱导性,问卷的长度是否合适,问卷的结构和形式是否合理,问题的编排顺序是否妥当,答案的设计是否合理,等等。另外,通过预调查所获得的调查数据,还可以用于检验问卷的信度与效度。

通过问卷初稿的审查与评估,发现问卷中存在的各种问题,并对问卷进行认真的反复修改,最后形成正式调查中所使用的问卷终稿。

☆思考练习题

一、问答题

1. 一份完整的调查问卷包括哪些部分?
2. 简述问卷设计的流程。
3. 问卷设计问句应注意哪些问题?
4. 如何对问卷初稿进行审查与评估?
5. 如何创建网上调查问卷?

二、判断改错题

下面是在一些问卷中挑出的不恰当问句,请你指出其错误之处,并改正。

1. 您是经常还是偶尔坐飞机?
2. 您用什么剃须刀?
3. 请问去年以来,您喝过多少瓶啤酒?
4. 请问您有过考试作弊的经历吗?
5. 您认为黄酒的分销是否充分?
6. 您认为《销售与市场》杂志是最好的营销杂志吗?
7. 为了减少环境污染,所有的洗衣粉都应该是无磷的,您是否同意?

三、辨析题

1. 有人说问卷设计的关键在于问句及答案是否恰当,至于问题的排列可以随意,放在前面还是放在后面都无所谓。你同意这种观点吗?为什么?你认为应该怎样排列比较合理?
2. 对一项调查进行预调查后,发现大部分受访者问卷中的某些封闭式问题最终选择了"其他"这一选项，这意味着什么？如何修正它？

▶实训题

以组为单位，完成下列任务。

1. 实训目的

熟悉问卷设计的基本流程；掌握问卷中问题与答案的设计方法；熟悉在线问卷的创建方法。

2. 实训内容

每个调查小组根据第三章课后选择的调查项目，按照问卷设计的规范，选择一个具有问卷设计功能的网上调查平台（如问卷星平台），借助其中的问卷设计模块，创建一份在线调查问卷。要求设计10个以上的问题，题型不能太单一，要形式多样。

3. 实训组织

各组完成问卷设计，再做50份问卷的预调查，并对问卷进行评估。

4. 实训考核

（1）每位学生填写实训记录，内容包括实训项目、实训目的、实训过程、完成情况、存在的问题和改进建议。

（2）教师对实训报告进行总结和评分。

第六章 访问法

学习目标

通过本章的学习，了解一手资料的收集方法；熟知访问法的特点、种类和主要内容，掌握访问调查中各种具体方法的运用。

一手资料是市场调查人员通过实地调查获取的原始资料，具有直观、具体、零散等特点。一手资料的收集是市场调查中一项复杂、辛苦的工作，但又是必不可少的一个环节，其质量高低将直接影响到最终的调查结果。一手资料收集方式按所收集资料的特征可分为定量调查和定性调查。定量调查包括访问调查、电话调查、邮寄调查、网上调查、观察调查和实验调查等。定性调查有小组座谈会、深度访问和投射技术等。定量调查和定性调查的主要区别如下：第一，定性调查常用于探索性调查，以收集二手资料为主，也收集一手资料；定量调查常用于描述性调查，以收集一手资料为主，也收集二手资料。第二，定性调查的结果不能作为结论，但它对某些问题细节研究的深度，或对问题研究的广度是定量调查所不能及的，定性调查常用以解释定量调查的结果。第三，定性调查常为定量调查做准备，为之选择研究方向和内容。根据调查的具体方式可将一手资料的调查方法分为访问法、观察法和实验法三大类，本章主要讨论访问法。

第一节 定量调查法

定量调查法，又称为问卷调查法，是一种利用结构式问卷，抽取一定数量的样本，依据标准化的程序来收集数据和信息的调查方式，是市场调查中应用最为广泛的方法。根据调查人员与受访者接触方式的不同，又可将定量调查法分为人员访问、电话访问、自填式调查和网上调查等。

一、人员访问

人员访问又称面访，它是通过调查人员和受访者之间面对面地交谈从而获得所需资料的调查方法。人员访问先要对访问员进行培训，给每个访问员指派任务，对访问地点、访问人数、访问对象、访问技巧等都要具体说明，以及给他们分发问卷、文具和礼品等。

（一）入户访问

入户访问，是由访问员对被抽到的样本逐一进行访问，访问是在受访者家中进行的。

访问员按照抽样地址表找到受访户后,访问员必须严格按照问卷的题目顺序向受访者询问并作记录。受访者的作答范围是有限制的,只能从问卷提供的答案中做出选择。

1. 入户访问的流程

入户访问从寻找受访者开始。在寻找受访户时,常会发生找不到受访户的现象,原因主要有以下三种:一是地址不详;二是受访户家中无人;三是访问时间不合适。如果是地址不详,访问员要跟抽样人员进一步核实;如果是受访户家中无人,可按要求寻找下一户;如果是访问时间不合适,访问员要另找时间访问。

找到受访户之后,访问员就要想方设法登门。登门既有客观的障碍(如防盗门),也有主观的障碍(受访者不愿意接受访问)。访问员一定要注意耐心说明,个别受访户经反复沟通无果,可放弃。当抽中的受访户同意接受访问时,进门后访问员要根据抽样要求抽取家中的受访者,然后依照问卷的题目次序或培训时的要求进行询问并作记录。有时被抽到的受访者会要求由家中其他成员替代接受访问,这时访问员应坚持原则,委婉拒绝并做出解释。如果被抽中的人不在家,访问员应另约时间登门访问,不能由家庭其他成员替代访问。

受访者回答完所有问题,访问员要当场检查答案,看有无遗漏问题,发现问题及时解决。访问结束后,访问员要向受访者及受访户中的其他人致谢,并赠送礼品。

2. 入户访问的注意事项

(1)准备材料。在访问之前,访问员要带好各种材料,包括胸卡、介绍信及能证明身份的证件、入户访问地图及详细地址表、充足的问卷、记录工具、送给受访者的礼品等。

(2)取得居委配合。入户访问是以住房所在市、镇、街道和住宅门牌组成的体系为抽样框,通过抽样确定受访者。在当前情况下,做入户访问宜先取得当地居委的支持和配合,方可保证成功入户。

(3)按要求访问。访问员不要轻易放弃某个受访户,要想办法让其开门接受访问。能否入户成功,在一定程度上取决于访问员的耐心和技巧。入户后,应严格按要求提问,当受访者不明白时可给其解释,但不能暗示答案,更不能自己作答。对于开放式题目,尽量用受访者的措辞记录。

3. 入户访问的优点及局限性

1)入户访问的优点

(1)问卷回答的完整率高。从受访者愿意接受访问开始,就表示已经对访问员产生信任,愿意合作,同时由于访问是在受访者家中进行的,外界因素干扰较少,能够保证调查顺利地完成。

(2)调查结果较为准确。在访问中双方通过直接交谈,对所提出的调查事项如有不明确或不理解的地方,访问员当场就能给予解释说明,这样可以减少不完整答案或遗漏答案,使回答误差减少到最低程度。同时,还可以通过受访者的肢体动作和表情来判断回答的真实性。

（3）可获得较多资料。入户访问时间较长，一般在40分钟左右，所以能提出较多的问题。同时还可以借助其他辅助工具（如图片、表格、产品的样品等）进行询问，能获得较多的资料。

（4）易于回访复核。由于双方建立了信任关系，易于获得受访者的联系方式，便于实现事后的回访或复核，以检验访问的真实性。

2）入户访问的局限性

（1）拒访率高。近年来，由于社会治安等原因，家庭住户对陌生人有较强的戒备心理，防盗门成为横亘在访问员与受访者之间的一道屏障，登门成为一件难事，这也是很多市场研究公司不愿意做入户调查的原因。

（2）调查费用高。实地访问要求访问员对受访者一一进行访问，访问员的劳务费、交通费及受访者的礼品费等，是一笔不菲的支出，另外调查也很耗时。

（3）对访问过程的控制较为困难。由于访问员是分散作业，难以对他们的工作进行监督检查，有的访问员在登门受挫、不能完成问卷的情况下，很可能会在问卷上弄虚作假。

（4）受访问员自身素质影响较大。访问员的形象不佳、沟通技巧差及业务素质低等，会导致访问受阻，回答不准确、不完整或记录不正确等，由此产生较大的访问偏差。

（二）拦截访问

拦截访问也叫街头访问，是指访问员在特定场所（超市、写字楼、车站、停车场等）拦截过往行人，对符合条件者进行面访调查。这是一种十分流行的询问调查方法，约占个人访谈总数的三分之一。在街头抽取的样本具有较强的特殊性，因此其调查结果不能简单地用于推断总体消费者的意见。作为一种辅助性研究方法，街头访问通常应用在对时尚性、随意性较强的产品或服务的简短调查上。由于目前入户访问受到客观条件的限制，难度越来越大，很多调查公司把拦截访问作为入户访问的替代方式。

1. 拦截访问的方式

拦截访问常用在商业性的消费者行为及态度研究中，如调查消费者购买方便食品的偏好、购买习惯、决策方式等，或者在某个商业街区中心拦截街区购物消费者，了解其来此街区购物所考虑的因素等。拦截访问主要有以下两种方式。

第一种方式是街头不定点拦截访问，是由经过培训的访问员在事先选定的若干个地点，如交通路口、户外广告牌前、商场或购物中心内外、展览会大厅内外等，按照一定的程序和要求，选取访问对象，征得其同意后，在现场按照问卷设计的问题进行简短的面访调查，这种方式常用于需要快速完成的探索性研究。

第二种方式是定点拦截访问，也叫中心地调查或厅堂测试，是在事先选定的若干场所内，租借好访问专用的房间或厅堂，根据研究的要求，可能还要摆放若干供受访者观看或试用的物品。然后按照一定的程序和要求，在事先选定的若干场所附近，拦截访问对象，征得其同意后，带到专用的房间或厅堂内进行面访调查。这种方式常用于需要进行实物展示或特别要求有现场控制的探索性研究，有时还可用于进行实验的因果关系研究。例如，广告效果测试、某种新开发产品的试用实验等。图 6-1 是西安 FY 市场研究公司为某乳业集团所做的液态奶口味测试调查的拦截访问流程。

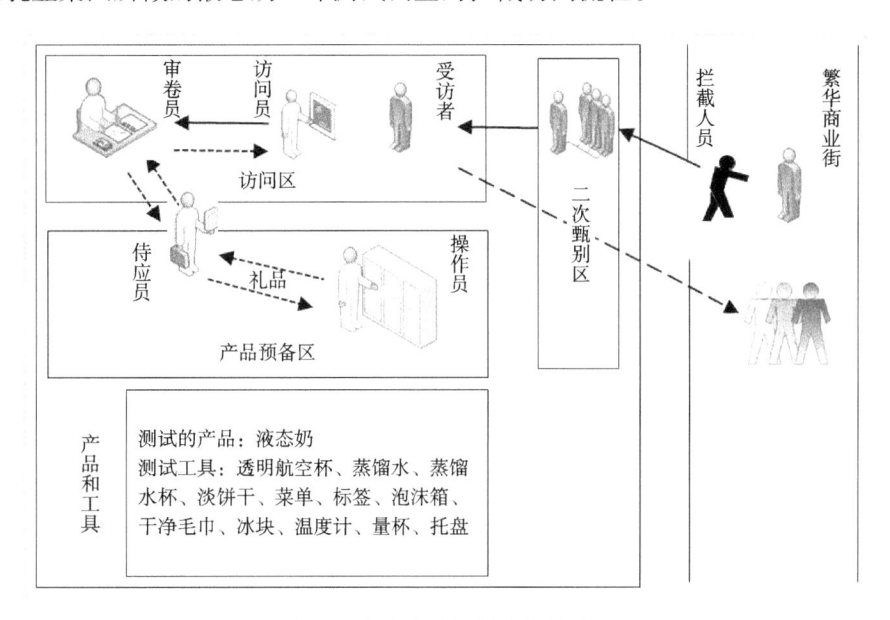

图 6-1　街头定点拦截访问的流程

2. 拦截访问的样本选取

由访问员对出现在拦截地点的人群进行抽样，通常采取任意抽样或判断抽样，有时也采取等距抽样。例如，每隔几分钟拦截一位，或每隔几个行人拦截一位，等等。拦截访问的时间通常安排在星期六、星期日或节假日，以保证时间充裕及街头的人流量。选择的地点要求活动的人员相对较均衡，能覆盖到来自各个地区及各个社会层次的人群。

3. 拦截受访者应注意事项

（1）不要拦截一些有特殊障碍的人，如盲、聋、哑、残疾者。
（2）不要拦截携带婴儿的受访者（除非有特殊需要）。
（3）不要拦截那些看起来很匆忙（赶时间）的人。
（4）不要在人们进入商店之前或他们在商店的橱窗前观看时进行甄别访问。
（5）不要站在商店的通道或阻碍人群通过的购物中心。

4. 拦截访问的优点及局限性

1）拦截访问的优点

（1）效率高。访问在现场进行，免去寻找受访者的麻烦，省时省力，可以在短时间内访问多个受访者。

（2）费用低。由于访问地点和时间都比较集中，对受访者要求也不是很严格，能节省每个样本的访问费用。

（3）便于对访问员进行监控。拦截访问过程中需要安排督导员现场监控，以保证调查的质量。由于这种访问的时间、地点通常比较集中，所以指派督导员在现场对访问员的工作加以监督是可行的。

2）拦截访问的局限性

（1）事后回访较难实现。由于访问是在公共场合第一次与受访者接触，受访者一般都比较敏感，不愿将真实的个人信息留给访问员，故很难进行事后回访复核。

（2）调查误差较大。受访者在特定地点的出现普遍带有偶然性，访问员在拦截行人时经常会加入个人的主观判断，影响样本的代表性和调查的精确度。另外，拦截访问的题目较少，也不适合复杂和敏感问题的调查。

（3）访问过程容易被中止。行人在公共场所被访问员意外拦截，有些人因为忙于办事，怕耽误时间会拒绝访问，或当时接受访问但中途因被人围观等原因可能会中止访问，这些因素都会影响到调查所收集信息的质量。

（三）CAPI

CAPI（computer assisted personal interview，计算机辅助面对面访问）系统，该系统被公认为调查执行领域内最重要的技术进步。CAPI系统发展最早在美国，20世纪90年代中期在欧美国家得到广泛应用，现已在发达国家使用了三十多年，许多国家半数以上的访问均通过CAPI完成，有些国家CAPI访问量甚至高达95%。CAPI系统的工作形式如下：访问员带着笔记本电脑（或PDA[①]）进行入户访问或街访，由访问员或受访者将回答通过鼠标、键盘、手写笔或触摸屏输入电脑中。若是受访者不愿透过访问员回答的话，也可由受访者直接将答案输入计算机中以保障受访者的隐私。当访问结束或告一段落时，访问员通过互联网直接将问卷结果传回调查机构，研究人员可在接收到各调查结果后立刻进行结果分析。

CAPI的适用范围：包含很多图片的传统项目，如U&A、BEM[②]等；具有复杂逻辑控制或条件的传统项目，如多概念的测试（可以很方便地实现多个概念随机测试部分概念）、多品牌的BEM（可以同时测试20个以上的品牌，使之能够覆盖整个行业）；需要播放视频、声音等的测试项目，如广告测试、网页测试、外观测试等；需要实现独特功能的项目，如联合分析进行品牌、价格、包装研究；通过映像地图进行货架研究、平面广告测试等；应用拖曳题完整模拟消费者购买决策过程；通过记录受访者反应时间进行信息传达、消费心理挖掘等。

1. CAPI的优点

（1）数据实时输入电脑，再以电子方式传给服务器，无须事后的数据录入，免去数据审核和整理过程，可提高调查效率。

（2）计算机控制跳转逻辑、输入校验等，既能提高调查效率，又能保证数据的完整。

（3）无须印刷、邮寄纸面问卷、准备卡片、冲印照片，可节省成本。

---

① PDA：personal digital assistant，掌上电脑。
② 所谓BEM模式，即"品牌（brand）+体验（experience）+会议（meeting）"的营销模式。品牌代表着产品与消费者之间的关系，好的品牌是一笔巨大的无形资产，能够给予消费者信任；体验营销能够通过消费者对品牌价值的切身体验，强化内心的真实需求，达到满意；会议营销能够实现品牌与消费者面对面地沟通，有助于企业与目标消费者产生直接的感情交流，促进销售。

（4）支持逻辑复杂和更多题型的问卷，尤其是对图片、音频、视频、3D 动画等多媒体的支持。

（5）可以在移动环境下进行访问，如可在机场对国际游客进行访问。

2. CAPI 的局限性

（1）很高的设置费，包括购买笔记本电脑的费用。
（2）对 IT 部门要求较高，需要配置和维护软硬件环境。
（3）需要专门的编程人员开展访前编程。
（4）移动电脑电池可连续使用的时间有限。
（5）对访问员需要额外的培训。

（四）基于移动终端的面访调查

CAPI 在 20 世纪是相对较新的技术，在实践中随着科技的进步和调查业务的发展而不断演变，现在出现的计算机辅助移动面访系统是 CAPI 的另一种新的形式。基于移动终端的面访调查系统是综合运用现代通信技术设计的一套计算机辅助调查数据采集、管理与分析系统。它既可用于移动终端面访调查，也可用于网络在线调查，能实现数据、图像、声音、位置信息的实时获取。传统 CAPI 访问借助电脑进行面对面访问调查，移动面访主要是通过 PDA、智能手机、便携式笔记本等移动终端替代传统的纸笔形式进行访问调查，可用于入户调查、流动街访、定点街访、专家访谈等，从而提高面访数据质量，减少人为因素造成的非抽样误差。由于 5G、Wi-Fi 等网络的全面覆盖及移动智能设备的定位、拍照特性，采用移动面访进行访问调查更为便利，数据上传更实时，质量更可控。

基于移动终端的面访调查系统由服务器端和移动终端 App（网络调查时采用 Web 方式）两个部分组成，通过有线或无线通信网络传输数据。服务器端软件由数据库软件和调查系统软件两大部分组成，其中调查系统软件具有调查项目管理、样本管理、问卷设计与发布、调查信息记录与统计、访问员权限管理、调查进程实时监测等功能模块，可实现访问前的样本、问卷设计，访问中的数据、图像、声音实时监控，调查数据传输时自动逻辑审核，访问完成后的问卷审核、基本信息统计、访问报表输出等功能。客户端采用两种方式获取数据，一种是通过在基于安卓系统的移动终端安装移动面访 App 应用，打开应用软件经过简单设置即可进行调查员注册，注册成功后经服务器端管理员授权即可将经过授权的调查问卷下载到移动终端实施面访调查，在线填写问卷，调查获取的数据可实时上传到服务器。客户端另一种方式是浏览器方式，访问员（或受访者）打开指定的网址，经简单注册并授权后即可打开问卷填写，填写完成的问卷也将实时上传到服务器端。需要强调的是，在使用移动终端调查时，管理员可以要求并控制客户端打开 GPS（global positioning system，全球定位系统）定位功能，从而在后台采集到调查时访问员的经纬度位置及移动信息，即使没有打开 GPS 或室内无法接收 GPS 信号，只要调查时有移动通信信号，系统也可以通过移动基站进行大致定位。这一功能保证了访问员必须在指定的地点进行调查,从而大大提高了调查的真实性和可靠性。基于移动终端的面访调查系统构成如图6-2所示。

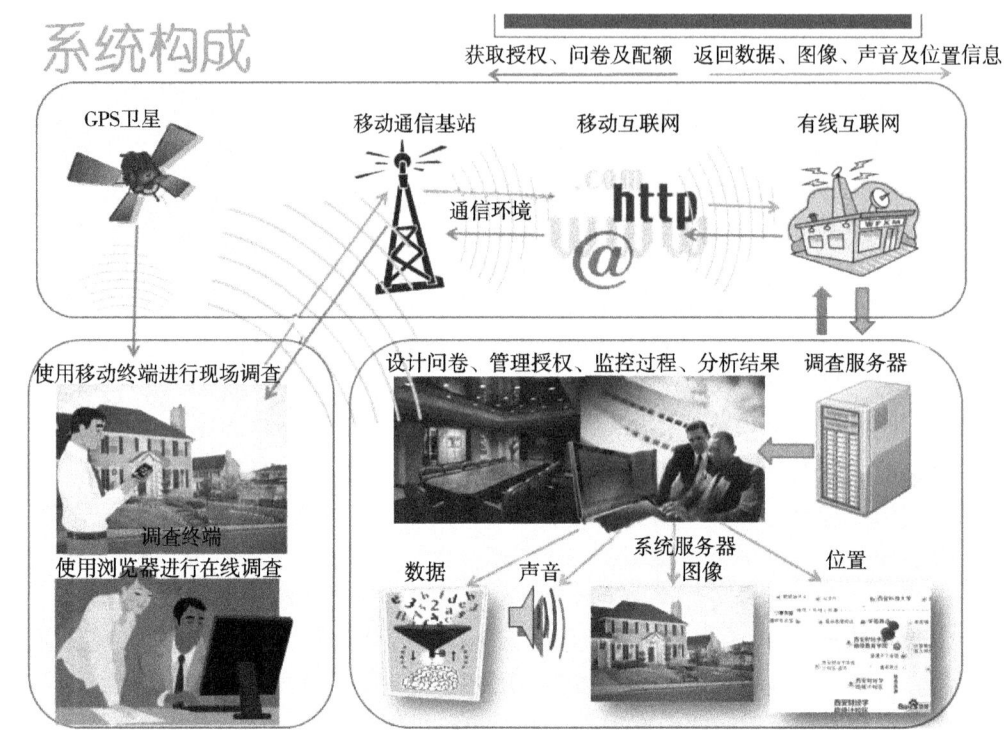

图6-2 基于移动终端的面访调查系统构成

以中国家庭发展追踪调查项目为例,访问员携带装载有面访调查App软件的手持移动设备(如PDA)入户,对家庭成员(即受访者)进行调查。由于电子问卷提前进行了编制,各种逻辑和数据验证规则也已提前准备,访问员在操作过程中,无须关心问卷的条件和判断,也不用担心录入数据不符合要求,只需按照标准流程逐步操作,即可完成整个面访过程。面访过程中,全程有定位和录音,对单个问题可以拍照进行补充说明,受访者回答的结果同步记录到PDA中。访问结束后,调查数据通过无线网络自动传送到后台服务器,并且可以随时进行统计分析和数据导出。在无线网络无法覆盖的情形下,允许访问员进行离线调查,调查结果暂存在PDA设备中,待网络连接后,自动上传。

由于以上特点,基于移动终端的面访调查系统可满足家庭跟踪调查、流动人口调查、流行病调查等各类入户和拦截访问调查需求,广泛应用于政府、物流、高校、电力、电信、移动、网通、银行等十多个行业。第六次全国人口普查中普查人员登门调查采用的就是这样一套系统。

基于移动终端的面访调查系统具有以下明显的优点。

第一,由于基于移动终端的面访不再使用纸质问卷,大大节约了社会资源,降低了调查成本,既省钱又环保。

第二,由于调查数据实时上传到服务器,免去了手工录入问卷数据环节,在缩短项目执行时间的同时，也消除了手工录入数据而产生错误的可能，提高了调查数据的准确性。

第三，实现了调查数据的实时汇总和调查结果的实时分析，从而提高了调查效率。

第四，实现了声音、图像等多种方式的远程实时监控，保证了调查数据的真实性。

第五，实现了精确的调查点空间定位，为空间数据分析提供了调查数据支持。

二、电话访问

电话访问是调查者通过查找电话号码簿，用电话向受访者进行访问，以收集市场调查资料的一种方法。电话访问在西方发达国家使用较多，在我国，直接用电话向消费者进行访问的调查还不是很普遍。现在，随着市场竞争日益激烈，家庭座机、移动电话特别是智能手机的日益普及，给电话访问调查带来极大的方便。电话访问分为传统电话访问和计算机辅助电话访问（computer assisted telephone interview，CATI）两种形式。

（一）传统电话访问

传统电话访问就是选取受访者的样本，然后拨通电话，询问一系列问题。调查员（访问员）使用一份问卷和一张答案纸，在访问过程中用笔随时记下答案。调查员集中在某个场所或专门的电话访问间，在固定的时间内开始访问工作，现场有督导人员进行管理。调查员都是经过专门训练的，一般以兼职的大学生为主，一些调查公司由于电话访问项目较多而专门设有专职的电话访问员。

1. 传统电话访问的程序

（1）根据调查目的划分为不同的区域。

（2）确定各个区域必要的样本单位数。

（3）编制电话号码本（抽样框）。

（4）确定各个区域被抽中的电话号码。

（5）确定各个区域的电话访问员。

（6）利用晚上或假日与受访者通话。

2. 传统电话访问的技巧

要成功地进行电话访问，必须先解决好以下几个方面的问题。

第一，设计好问卷。这种问卷调查表不同于普通问卷，由于受通话时间和记忆规律的约束，问卷设计大多采用两项选择向受访者进行访问，而且问卷时间一般控制在15~20分钟。

第二，挑选和培训调查员。电话访问要求调查员有良好的语言表达能力，如口齿是否清楚、语气是否亲切、语调是否平和等，而对仪表等方面相对要求不高。一般要挑选深谙交际之道、口才较好、语音清晰悦耳的女性作为调查员。

第三，调查样本的抽取。电话访问对于调查样本的抽取及访问对象的确定等问题非常重要。解决抽样框不完整问题的通常做法是先随机抽取几本电话号码簿（按随机数表随机抽取），再从每个电话号码簿中随机抽取一组电话号码，作为正式抽中的受访者，选择的受访者也要和调查项目的内容相符合。

第四，选择适宜的访问时间。考虑受访者的作息习惯，如访问年轻人有关消费者偏好等问题，最好选择在工作日的晚上，而对老年人购买习惯的访问，可以选择在白天。

3. 传统电话访问的优点及局限性

1）传统电话访问的优点

（1）反馈速度快，调查费用低。由于电话访问不需要登门，访问员在单位时间里完成访问量比较大。在跨地区的访问项目中，不需要异地差旅，可节省时间和费用。对于一些急于收集的资料而言，采用电话调查最快。

（2）覆盖面广。可以对任何有电话的地区、单位和个人直接进行调查。

（3）可以访问不易接触到的人群。有些受访者不容易接触到，如工作繁忙或个人访问方式不易被接受，那么，短暂的电话访问是比较适宜的。

2）传统电话访问的局限性

（1）拒答率高。由于电话访问采用不见面的方式，当访问时，受访者当时的心态、手头正在从事的工作等情况均无法判断，因而拒答率高。

（2）由于调查的项目过于简单明确，而且受通话时间的限制，调查的问题不够深入，因而调查内容的深度远不及其他调查方法，一般只适合进行一些意向性调查或者进行一些市场行情的了解，也正因为这一点，电话访问一般无法进行深度访谈。

（3）不能使用视觉辅助手段。有些调查项目需要得到受访者对一些图片、广告或设计等的反应，电话访问无法达到这些效果。

（4）无法判断信息的真实性。电话访问由于不能见到受访者，无法观察到受访者的表情和反应，只能凭听觉得到资料，故对于受访者回答问题的真实性很难做出准确的判断。

尽管电话访问存在着诸多缺陷，但对那些调查项目单一、问题相对简单并需及时得到调查结果的调查项目而言，仍不失为一种理想的访问方式，如信息中心、调查咨询公司等借助电话向企业了解商品供求状况及价格信息等；股民通过电话了解股票行情等；电台通过电话调查收视情况等。目前在国内，电话访问主要应用于热点问题或突发性问题的快速调查、某个特定问题的消费者调查、企业调查、特殊群体调查等。

（二）CATI

CATI 是将现代高速发展的通信技术及计算机信息处理技术应用于传统的电话访问所得到的产物，自 1970 年在美国出现后，经过多年的发展，许多国家半数以上的访问均通过 CATI 完成，有些国家 CATI 访问量甚至高达 95%。CATI 技术在国外之所以如此流行，一方面得益于电话的高普及率，另一方面也是迫于城市入户访问成功率越来越低的现状。在中国，直到 1987 年，电话调查才开始被一些专业的调查机构使用，主要用于民意测验和媒体接触率研究。现在，CATI 在中国已获得较为广泛的应用，专业市场研究机构、高等院校、政府机关、卫生机构、大型企业、呼叫中心等都出现了 CATI 系统，主要应用于品牌知名度研究、产品渗透率研究、品牌市场占有率研究、产品广告到达率研究、广告投放后的效果跟踪研究、消费习惯研究、消费者生活形态研究、顾客满意度调查、服务质量跟踪调查、家庭用品测试、选举民意测验、健康问题调查,以及客户回访、电话营销等诸多领域。

CATI 是由电话、计算机、访问员三种资源组成一体的访问系统,其主要工作原理是利用计算机来导入已设计好的问卷,选取一定的受访者样本,进入 CAPI 系统后,电脑屏幕上会出现访问的主画面,包括问卷中各题的访问状况、访问题目及各种视窗。调查人员坐在计算机远程终端与总控计算机相连的带屏幕和键盘的终端设备前面,计算机远程终端代替了问卷、答案纸和笔头,调查人员头戴小型耳机式电话通过计算机拨打所需的号码,电话接通之后,访问员读出计算机远程终端屏幕上显示出的问答题,并直接将受访者的回答(用号码表示)用键盘录入计算机的记忆库之中,计算机会系统地指引调查员工作,现场有督导员实施质量监控。在计算机远程终端屏幕上,一个问答题只出现一次,计算机会检查答案的适当性和一致性。数据的收集过程是自然的、平稳的,而且访问时间大大缩减,数据质量得到加强,也不再需要数据的编码和录入等过程。由于回答是直接输入计算机的,关于数据收集和结果的阶段性的和最新的报告几乎立刻就可以得到。采用这种访问调查方式,具有调查内容客观真实、保密性强、访问效率高等特点。

三、自填式调查

自填式调查是一种自我管理调查的形式,是调查者将调查问卷邮寄(或面送)给受访者,由受访者自己阅读和填答,然后再由调查者收回的方法,包括邮寄调查、留置调查、固定样本调查等。

(一)邮寄调查

邮寄调查,是指调查人员将设计好的调查问卷或调查表格,通过邮政系统向受访者寄发,由他们按照要求和规定时间填写问卷并且寄回给调查者。如果是在很大的地域范围开展调查,而且有些地方电话通信手段不太普及,派员访问所耗成本很大,则邮寄问卷调查不失为一种替代方法。

一个典型的邮寄调查包裹由如下几部分组成:邮出信封、封面信、问卷、回邮信封及可能附上的小礼品或其他谢礼。一般情况下,为了提高邮寄问卷的回收率,在开始收集数据之前,要对受访者进行广泛的确认。因此,最初的工作是要获取一份有效的抽样框即邮寄名单。由于这种抽样框资料很难获得,邮寄访问目前在我国应用还不太普遍,除了书籍、杂志、报社等出版单位较多采用此种方法了解读者需求之外,一般来说,这种调查方式较少运用在商业性市场调查研究中。在企业已掌握其客户名单及地址的情况下,对于客户满意度的研究及读者调查可以使用这种方式。

1. 邮寄调查的优点及局限性

1)邮寄调查的优点

(1)调查区域较广。只要通邮的地方,都可以进行邮寄调查。同时,对于从事市场调查这一行业的公司来讲,邮寄调查是方便而有效的,因为它比较容易接近目标受访者中的特定群体。

(2) 调查成本低。调查实施过程不需要进行访问员的招聘、培训、监控及支付报酬，只需花费少量邮资和印刷费用，整个调查过程无须更多的人力投入，它是所有调查方式中成本最低的。

(3) 受访者自由度大。受访者可根据自己的时间安排完成调查，如果需要，还可以查阅有关资料，以便准确回答问题。

(4) 调查信息含量大。受访者有较充分的时间填写问卷，问卷设计时可提问较多的内容，能获得更多的信息。

(5) 调查方式容易被接受。可以匿名方式回答问题，适合对某些敏感问题或隐私情况进行调查，易于被受访者接受。

2) 邮寄调查的局限性

(1) 回收率低。受访者收到调查邮包后，也许并不在乎调查后可以得到礼品，或者收到礼品后并没有热情完成调查问卷，还有一些人由于距离邮局较远，不方便将完成的问卷填好邮出，从而放弃调查。

(2) 信息反馈时间长。从问卷寄出到受访者填答完成，再寄回调查机构，需要耗费较长时间，问卷回收时间具有不确定性，不能及时得到信息。

(3) 可能出现自我偏差。由于缺乏访问员的指导、监督和检查，有些受访者对于问卷中的个别问题因不解题目原意而导致回答出现偏差，还有的受访者有意无意地漏掉一些问题，使得问卷缺乏完整性。

(4) 无法避免替代作答的情况发生。有的受访者在收到问卷后，随便让家里不符合条件的人填写，影响样本的代表性。

(5) 对受访者的要求较高。要求受访者有一定的文字理解能力和表达能力，所以这种调查方法对文化程度较低者不适用。

邮寄调查有许多自身无法避免的局限性，其中最大的缺点是问卷回收率低。有实践证明，邮寄调查的回收率低于 15%。除此之外，由于各种主客观原因，问卷滞留在受访者手中的时间较长，当很多问卷回收以后，往往已经失去其分析研究的价值。

2. 提高邮寄问卷回收率的方法

问卷回收率低是困扰邮寄调查的一道难题，所以努力提高邮寄问卷回收率将是市场研究不可回避的问题。要提高邮寄问卷的回收率，不妨试试下述几种方法。

(1) 跟踪提醒。试着做些事后性的工作，如发封跟踪信、打个跟踪电话、寄张明信片等，也许会收到意想不到的效果。有调查学者研究表明，跟踪提醒一般可将问卷回收率提高大约 20 个百分点。

(2) 附加一点实惠的东西。例如，对完成问卷并及时回寄者给予一定的中奖机会，或赠送一些购物优惠券，或享受会员待遇等，会比打多个跟踪电话效果更好。当然，使用物质刺激也可能导致一些趋利性动机的产生，如受访者填写问卷仅仅是为了那一张可享受八折优惠的购物卡，这样的结果当然是大大降低了问卷的完成质量。因此，在给予实惠的同时要把握好度。

（3）预先通知。这也许并不会花费太多的时间和精力，却能在一定程度上满足受访者的情感诉求，激发其合作热情，提高问卷作答质量和问卷回收率。

（4）请权威机构主办。邮寄调查由受人尊重的权威机构主办将大大提高问卷的回收率。通常由大学或政府机构主办的调查会得到较高的回收率。在我国，由政府机构主办和支持的市场调查受到反馈的可能性和收集资料的容易程度大大高于其他机构。

此外，附上回邮信封和邮票等细节问题也被认为是提高回收率的有效方法。当邮寄设计问卷时，提出的问题要易于回答，便于汇总；问题要少，篇幅要短，以免占用答卷者过多时间而使其失去兴趣；要求回答的问题最好采用画图、打"√"等选择形式，避免书写过多。

（二）留置调查

留置调查也称面送调查，是一种自我管理调查的形式，调查员与事先确定好的受访者取得联系，向他们介绍调查的目的，获得预约受访者的合作，再将问卷送到受访者单位或家中，留给他们在闲暇时间自行完成，调查员会在随后几天内取回完成的问卷。

留置调查是介于面对面访问和邮寄调查之间的一种调查方法，可以消除面访和邮寄调查的一些不足。留置调查又分为问卷留置调查和产品留置调查。如果不需要进行产品测试，只将问卷留置给受访者由其完成后，调查员上门取回问卷。产品留置调查是调查员先将测试产品及问卷留置给受访者，由其试用产品后填写问卷，访问员在一段时间后取回填好的问卷。

留置调查特别适合在交通比较便利的市区内调查。以这样的方式，一位调查员可通过开始时的送达和后来的回收，在一天时间内跨越数个居民区或商业区进行调查。各种不同的留置方式包括将问卷送到受访者的工作地点，要求他们在家完成，然后返回问卷；一些旅游业连锁酒店会将调查问卷置于客人的房间里，请他们填完后交至结账柜台；一些商店有时会对消费者的人文统计、媒体习惯、购买意向或其他住处做简短的调查，顾客可以在家里完成后在下一次购物时带来；等等。作为一种鼓励，有时会赠送一件小礼物给受访者。

1. 留置调查的优点

（1）问卷回收率高。由于当面送交问卷，可以向受访者说明填写的要求和方法，解释他们的疑问，故这种调查方式可以减少自我偏差，而且能控制回收时间，提高问卷回答的完整率和回收率。

（2）受访者自由度较大。受访者在听清楚访问员给他讲解如何填写问卷等事宜后，可自行安排时间填答问卷，配合度较高。

（3）费用相对较低。填写过程中不需要访问员和督导，在一定程度上降低了资料收集的成本。

2. 留置调查的局限性

（1）无法进行过程控制。由于整个问卷都是由受访者自行完成的，因而访问只能凭受访者填写的问卷来评定访问是否有效，至于受访者是不是按照事先的规定程序使用产品，是不是按照要求完成问卷等，则没有更好的办法去控制。

（2）会有较大的偏差。受访者由于没有访问员的现场指导，很容易误解题目，或不正当操作测试产品而导致测试结果失真。

（3）实施时间较长。由于访问对象的信息不能立即反馈，一般需要一周左右的时间才可以取回问卷。

（4）调查区域范围有一定限制。一般只局限于受访者比较集中的区域，郊区及其他远离市区的地方，用这种方法调查的代价偏高。

（三）固定样本调查

消费者固定样本调查是在随机抽样的基础上，对抽取的家庭户或者个人进行长时期的追踪调查。固定样本调查一般常用的方式是利用调查日志记录，即调查机构将日志分送给随机选出的受访者如家庭主妇，请她将每天购买的生活用品逐日据实记录，项目可包括种类、品牌、包装单位、价格、数量、购买场所、购买者、赠品名称及所收看的电视节目的名称，甚或所订阅的报纸、杂志等名称。这种调查资料对于把握整个市场的变化，以及了解各种品牌的市场占有率、品牌转移状况、产品需求的季节性变化等方面有着极为重要的意义。

1. 固定样本调查的步骤

第一步，确定调查样本。

（1）确定一个城市所需要的样本容量，通常大城市取 2000 户，中等城市取 1000 户。取这样大的样本容量的目的是保证按家庭收入分层后，所得到的结果具有较高的精确度和可靠性。

（2）按照该城市的收入水平将家庭户划分为四个层次，即低收入家庭、中收入家庭、高收入家庭、特高收入家庭，并将总样本数平均分配到每个收入层次中。

（3）对该城市所有家庭户用随机抽样方法抽取 3~4 倍于样本容量的家庭作为备用样本，因为被抽到的家庭未必愿意参加调查，另外，为了完成各收入层次的样本配额，备用样本中的家庭名单数必须远大于所需的样本容量。

（4）按照备用样本中的名单，逐户征求他们是否愿意参加调查，对愿意参加者询问他们的家庭收入等人口统计特征，并检查该收入层次中的配额是否已满，若未满则该家庭就可以作为一个调查样本，若已满则登记下来作为后备家庭。对所选的样本家庭主妇解释本次调查的作用和具体操作方法。

第二步，调查实施。

对抽取的样本家庭户，征得其家庭或个人同意后，由调查机构向该固定样本家庭中的成员定期面送或邮寄调查表。如果采用面送形式，可将印有各种调查项目的日记簿交给样本户的家庭主妇，请她把每天购买的生活用品逐项据实记录，其项目包括商品的种类、品牌、包装规格、价格、数量、购买场所、购买时间等。样本成员将调查表按要求填好后，调查员每周访问样本户一次，送交新日记簿及回收上周的日记簿，并当场检查日记簿的记录是否正确，如发现错误请该主妇及时改正。如果采用邮寄方式，家庭主妇填好调查表后应及时寄回调查机构。为确保数据的可信度，市场调查公司的访问督导将对回收的日记簿再次进行检查，并且每周抽取 10% 的样本户，再次到样本户家庭复核其记录。经过检查和复核的日记簿资料，将被输入计算机中进行统计分析。

由于是连续调查，在调查过程中可能会有一些样本户不胜其烦，选择退出调查，此时就要从备用样本调查所得到的大量后备家庭中，选择一户收入和人口特征相似的家庭替换退出者。由于有的受访者突然中途退出，所以每周不一定回收到足额的购买日记记录，但回收率应尽力保持在 80% 以上。

虽然固定样本调查具有如此强大的作用，但因为时效与费用等因素并未被市场调查公司普遍使用，在国内只是统计系统用于调查城市居民家庭生活结构等，目前能够提供固定样本调查报告的是拥有 40 000 个样本的央视市场研究股份有限公司。

2. 固定样本调查的优点及局限性

1）固定样本调查的优点

（1）回收率较高。因为调查是多次进行，通常都会给受访者逢年过节赠送礼品。因此，调查者与受访者之间会逐渐建立起深厚的人际关系，故调查表回收率较高。

（2）可以观察事项的变化趋势。因为是连续观察一群消费者的活动状态，从而可以了解消费者行为及态度的规律性或变动趋势，这是其他调查方法难以做到的。

（3）只对同一样本做连续的、多次的调查，不需要每次都重新找样本，可以减少抽样上的麻烦。

2）固定样本调查的局限性

（1）调查费用甚高，调查时间长，常失去时效。

（2）受访者由于成年累月登记资料，容易产生倦怠而发生敷衍了事的情况。由于调查时间长，中途常会发生迁移或拒绝接受调查等不合作的现象，必须另补样本，这样就会失去连续观察的效用。

（3）会产生记录误差。主要原因包括记录者不知道家庭其他成员的购买情况、忘记或漏登；记忆模糊而登错、伪造或曲解问题等，填写质量会受影响。

（4）易发生反应误差。受访者可能因为加入固定样本调查而改变原有的习惯。例如，某家庭平时喜欢收看某一电视节目（如综艺节目），但在加入一项收视率的固定样本调查后，可能因为警觉到其收视行为将被自动记录仪记录下来，便改看其他电视节目（如新闻或科普类节目）。

四、网上调查

网上调查又称为网络调查，是指利用互联网收集和掌握市场信息的一种调查方法。网络具有传送电子邮件、信息查询、远程登录、文件传输、新闻发布、电子公告、网上聊天、网上寻呼、网上会议、IP 电话等多种功能。与传统调查方法相比，网上调查在组织实施、信息采集、信息处理、调查效果等方面具有明显的优势，能够为客户提供领域更广、周期更短、成本更低、精度更高、效能更佳、应用更灵活的市场调查服务。20 世纪 90 年代中期以来，中国互联网的发展十分迅速。截至 2020 年，中国互联网网民数已达到 9.04 亿个。互联网的迅速发展客观上为网上调查提供了必要的基础。

（一）网上调查的形式

网上调查的应用领域十分广泛，主要集中在产品消费、广告效果测试、生活形态、社情民意、市场供求、企业生产经营等方面的调查研究。尽管也不可避免地存在一些问题，但网上调查因其自身强大的功能，还是备受调查者欢迎。网上调查有多种形式，主要包括在线专业平台问卷调查、网页调查、站点调查和电子邮件调查等。

1. 在线专业平台问卷调查

在线专业平台问卷调查是指使用专业的在线问卷调查平台，可提供功能强大、人性化的在线设计问卷、采集数据、自定义报表、调查结果分析等一系列服务。与传统调查方式和其他调查网站或调查系统相比，具有快捷、易用、低成本的明显优势，已被大量企业和个人广泛使用。

2. 网页调查

网页调查是在网站上制作好电子问卷，然后邀请被随机抽到的目标受访者到特定的网站填答问卷。网页调查与电子邮件调查的区别主要如下：前者是在线回答，研究者可以根据受访者的回答进一步提问，并通过逻辑查错及时了解受访者是否认真完成问卷作答。电子邮件调查的受访者在离线的情况下还可以自由选择合适的时间作答，但作答过程、是否出错等问题不能得到及时反馈。

3. 站点调查

站点调查是将调查问卷的 HTML（hyper text markup language，超文本标记语言）文件附加在一个或几个网络站点的 Web 上，由浏览这些站点的网上用户在此 Web 上回答调查问题，即将问卷置于网络中供受访者自行填答后再传回。站点法属于被动调查法，是目前网上调查的基本方法，站点法既可在企业自己的网站进行，也可在其他公开网站进行。

4. 电子邮件调查

电子邮件调查是指通过电子邮件方式获取信息的资料收集方法。先将调查问卷及调查说明制作成电子邮件发送给目标受访者，要求他们收到邮件之后抽空填答并以电子邮件的方式发回。电子邮件调查与邮寄问卷调查基本相似，不同的是电子邮件调查比邮寄问卷调查的速度更快、费用更少，受访者填答问题和寄回问卷更加方便，但电子邮件也可能在目标受访者接受之前就被当作垃圾邮件给删除掉。

（二）在线专业平台问卷调查的程序

1. 在线设计问卷

平台提供了所见即所得的设计问卷界面，支持多种题型及信息栏和分页栏，并可以给选项设置分数（可用于考试、测评问卷），设置关联逻辑、引用逻辑、跳转逻辑，同时还提供了千万份量级专业问卷模板。

2. 发布问卷并设置属性

问卷设计好后可直接发布并设置相关属性，如问卷分类、说明、公开级别、访问密码等。

3. 发送问卷

通过微信、短信、QQ、微博、邮件等方式将问卷链接发给受访者填写，或者通过发送邀请邮件，嵌入公司网站，还可与企业微信、钉钉、飞书等高度集成。

4. 查看调查结果

可以通过柱状图、饼状图、圆环图、条形图等查看统计图表，卡片式查看答卷详情，分析答卷来源的时间段、地区和网站。

5. 创建自定义报表

自定义报表中可以设置一系列筛选条件，不仅可以根据答案来做交叉分析和分类统计（如年龄在 20~30 岁女性受访者的统计数据），还可以根据填写问卷所用时间、来源地区和网站等筛选出符合条件的答卷集合。

6. 下载调查数据

调查完成后，可以下载统计图表到 Word 文件、保存、打印，在线 SPSS 分析或者下载原始数据到 Excel，导入 SPSS 等调查分析软件，做进一步的分析。

（三）网上调查的优点及局限性

1. 网上调查的优点

（1）辐射范围广。只要调查者将制作的问卷投放到网络，它将在几秒钟之内辐射全球互联网。不受空间限制，可以实施大范围大样本调查。

（2）收集资料速度快。网上调查的问卷发送、信息采集、统计处理都可以由计算机自动完成，调查周期短，还能够通过网络迅速地获取信息、传递信息和自动处理信息，因而可以大大缩短调查周期，提高调查的时效性。此外，网上调查还能进行 24 小时的全天候调查，不间断地接收调查填表，直到满足样本量的要求为止。

（3）匿名性好。网上调查与邮寄调查相比优势更为突出，对于一些人们不愿在公开场合讨论的敏感性、隐私性问题，在网上展开讨论能使各方畅所欲言。

（4）费用低廉。网上调查节省了大量的印刷、邮寄、录入费用。在信息采集过程中，不需要派出调查人员，不受天气和距离的影响，能节省调查人员的开支。信息采集和录入工作可以通过分布在网上的众多用户的终端完成，信息检验和信息处理也由计算机自动完成。因此调查成本低，具有经济性。

（5）能提供独特的视觉及音响效果。网上调查能够设计出多媒体问卷，互联网的图文及超文本特征可以用来展示产品或介绍服务内容，对于那些拥有较新版本的用户，还可以将声音及播放功能插入问卷中，这是其他访问方式所无法比拟的。

2. 网上调查的局限性

（1）样本的选择有一定的局限性。很多消费者不经常上网，即使上网，主动浏览调查问卷的人也很少，这就使得样本的代表性受到一定的限制。

（2）要求访问员有较强的计算机操作能力。无论在 CATI 还是在 CAPI 的访问中，访问员都需借助计算机完成访问任务，这就要求访问员不仅要有一般传统访问的经验，还要有熟练操作计算机的能力。

（3）信息容易失真。网上调查对受访者无限制，任何人都可以随便回答，甚至多次重复填写，故有时会产生大量的无效问卷，影响调查结果的真实性和可靠性。

以上讨论了几种常用的调查方式，每种方式都有其各自的优点及局限性，很难绝对地说哪种方式明显优于其他方式，因此在选择调查方法时，必须根据具体的调查内容和项目要求及操作可行性来决定。下面是四种调查方式在不同评价标准下，各自的优点及局限性比较（表6-1）。

表6-1　各种调查方式的比较

评价标准	人员访问	电话访问	邮寄调查	网上调查
处理复杂问题的能力	很好	差	好	一般
收集大量信息的能力	很好	好	一般	很好
敏感问题答案的标准性	一般	一般	很好	很好
对调查者效应的控制	差	一般	很好	很好
样本控制	很好	好	一般	差
收集资料的周期	一般	很好	一般	很好
灵活程度	很好	好	差	一般
调查费用支出	差	好	好	很好
回收率	高	较高	差	一般
收集资料的真实性	好	一般	好	一般

在调查实践中，可以根据不同的调查人群，将具体的访问调查法结合应用，从而达到最优的调查目的。例如，希望调查全国不同地区、不同年龄段人群的环保意识，单一的访问调查法难以做到，可以采取如下策略：在经济发达地区，对年轻人群的调查采用网上调查法，其他年龄段的人群采用面谈调查法或电话调查法；在经济不发达地区或者是山区，则可以采用邮寄调查法或留置调查法等。

第二节　定性调查法

定性调查是依据调查人员的直觉来获取资料，通过感受、判断得出调查结果，一般只针对小样本进行研究，且更多的是探索消费需求心理层次的一种调查方式。定性调查主要有小组座谈会、深度访谈法和投射技术法等。

一、小组座谈会

小组座谈会又称焦点小组访谈，是采用小型座谈会的形式，挑选一组具有代表性的消费者或客户，在一个装有单面镜或录音录像设备的房间内（在隔壁的房间里可以观察小组座谈会的进程），在主持人的组织下就某个专题进行讨论，从而获得对有关问题的深入了解。小组座谈会的特点在于它所访问的不是一个一个的受访者，而是同时访问若干个受访者，即通过与若干个受访者的集体座谈来了解市场信息。小组座谈会作为定性调查中最常用的方法，在发达国家十分流行，近年来我国的许多调查机构在市场调查中也越来越多地采用这种研究方法。

小组座谈会可以应用于需要初步理解或深入了解的几乎所有的问题。例如：
（1）了解消费者对某类产品的认识、偏好及行为。
（2）获取对新产品概念的印象。
（3）产生关于老产品的新想法。
（4）研究广告创意。
（5）获取价格定位的印象。
（6）获取消费者对具体的促销策略的初步反应。

（一）小组座谈会的实施步骤

1. 明确座谈目的，准备调查提纲

调查提纲是小组座谈会的问题纲要，其既要给出小组讨论的所有主题，还要把主题的顺序做合理的安排，这是一项十分重要而又需要技巧的工作。会议的主题应简明、集中，且应是与会者共同关心和了解的问题，这样才能使座谈会在有限的时间内始终围绕主题进行讨论。

2. 邀请参与者

小组座谈会的参与者一般是采用判断抽样或配额抽样甄选的，常用的方法有商业街上的随机选取、随机电话邀请及依据数据库进行邀请等。实际上，被邀请者通常是有条件限制的，需要根据具体情况事先设计好一些标准进行筛选，只有满足条件的人才能参加小组座谈会。每个小组参与者的数量，一般8~12人比较合适。对参会者的分组一般以某个参数是否同质为准，做到同质同组，目的在于减少参会者之间的抵触，提升认同感，这样有利于互相激发。一般的调查项目组织3~4次座谈会为宜。

找到足够的合适的参与者并不是件容易的事，经常会发生参与者不够用的问题，为此，要了解参与者参加小组座谈会的目的和心理。研究表明，参加小组座谈会的动因按重要性排序如下：报酬、对调查内容的兴趣、有没有时间、对调查主题比较了解、好奇心理、有发表观点的机会。向目标人选描述小组座谈会的趣味性及意义，强调目标人选的参与对研究十分重要等方法，都能有效地吸引人们参与小组座谈会。为了防止所邀请的与会者突然因故不能参会，每组可多邀请 2~3 人。在座谈会开始前要落实与会者的出席情况，告知其开会的确切时间。

被邀请的参与者应该尽量普通一些，如果没有十分必要，应该把有"专家"行为倾向的人排除在外，包括一些特殊职业（如律师、记者、讲师）的消费者，因为他们很容易凭借自己的"健谈"过多占用发言时间，并且影响其他参与者，同时也增加了主持人的控制难度。曾经参加过小组座谈会的人，也不是合适的参会者。参与者中应该避免有亲友、同事关系，因为这种关系会影响发言和讨论。万一发生这种现象，应该请其中一人退出。

3. 确定会议主持人

小组座谈过程是主持人与多个参与者相互影响、相互作用的过程，要想取得预期效果，不仅要求主持人熟练掌握主持技巧，还要求有驾驭会议的能力。拥有合格的参与者和一个优秀的主持人是小组座谈会取得成功的关键因素。一个合格的主持人必须具备以下条件。

（1）有良好的专业基础知识，并受过一定的小组座谈会技巧的训练，最好有过成功主持小组座谈会的经验，否则很难胜任这个角色。

（2）具有较强的组织、协调和语言表达能力，同时有较强的亲和力，能迅速与参与者建立良好的沟通关系。

（3）具备良好的商业沟通技巧，以便与委托方进行交流。

（4）能够倾听参与者的意见，客观地分析参与者语言中蕴含的有效信息。

（5）思维敏捷，有较强的应变能力，能引导和激励整个小组积极讨论。

（6）对待事物能分清主次，抓住重点，合理掌握时间进度。

4. 小组座谈会的场所选择和布置

传统意义上的小组座谈会场所，从外观上看跟普通会议室差不多，不同的是要在一面墙上安装单向镜，在某个隐蔽的地方安装麦克风和摄像头，为了保证录音效果，墙壁和天花板可能会用一些特殊材料。单向镜的另一边是观察室，观察室内配备各种控制仪器。观察室的工作人员能看到座谈室里面的情况，而座谈室内的参会者却看不到观察室。不同的调查项目会需要不同的现场布置，如广告效果座谈就需要投影仪和屏幕；概念测试需要制作概念板；口味测试则需要更多的准备，如苏打水、饼干、笔和纸等。有时还可能应用一些特殊的调查技术，如测试态度的量表等，还有一些特殊的仪器，如在广告效果测试时常需要瞬间显露器、投影仪和屏幕等，这些都需要提早落实，准备到位。另外，还要配备一些监控设备及 1~2 名工作人员，主要作用是操作仪器，协助座谈的实施。

小组座谈会也可以安排在一个较大的房间中，如广告公司的会议室、主持人的家中、某一参与者的家里、客户的办公室、酒店的会议室等。理想的小组座谈，应放在市场调查公司专门用于进行小组座谈的房间，便于使用各种仪器设备。会场的环境十分重要，室外能泊车，周围安静无噪声。一般来说，小组座谈的时间为 1.5~3 个小时，因此要注意室内的舒适性。室内的桌椅应以圆形桌或椭圆形桌的形式摆放，这样可以减轻参会者的压力，使其畅所欲言。总之，对场地的布置要营造一种轻松、非正式的气氛，以鼓励大家自由、充分地发表意见。图 6-3 显示了一个小组座谈的房间布置。

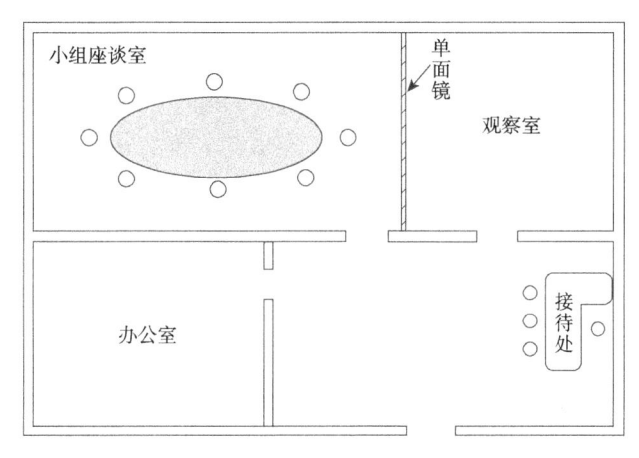

图 6-3　小组座谈的房间布置

例如，西安 FY 市场研究公司拥有两套进行定性研究的国际标准监听室及 FGD（focus group discussions，焦点小组讨论）会议室的专业设施，包括两套高清晰度的监听、监测设备的单面镜会议室及监控室，可以方便客户观察会议情况，也可以同声传译，配备的 A/V（audio/video，音频/视频）监听监控设备能够满足全方位的实况录像需要。

在每次座谈前，把参与者的名字写在桌牌上，预先放置妥当。这样做很有好处，首先，可以使参与者能够根据设定的次序就座，大大方便记录和数据分析处理；其次，主持人在座谈过程中能够直接称呼参与者，可以迅速建立良好的沟通关系，也方便主持人的工作；最后，每一位与会者能从此举中感受到被人尊重，增强其自信心，有利于调动与会者发言的积极性。

5. 实施座谈

主持人在座谈开始时应首先真实坦诚地介绍自己，亲切热情地欢迎和感谢大家的参与，解释本次小组座谈的目的和意义，其次请所有的参会者一一做简短的自我介绍。

会场气氛活跃后，主持人宣布讨论的主题和规则，告诉参与者：第一，所有问题都不存在标准的答案，怎么想的就怎么说，只要说出真心话。第二，你的意见代表着其他很多像你一样的消费者的意见，所以很重要。第三，应该认真听取别人的观点和意见，不允许嘲笑贬低。第四，不要互相议论，应该依次大声说出。第五，不要关心主持人的观点，主持人对这个调查主题跟大家一样，主持人不是专家。第六，如果你对某个话题不了解或没有见解，不必担心，也不必勉强地临时编撰。第七，为了能在预定时间内完成所有问题的讨论，请原谅主持人可能会打断你的发言。还有其他很多变通和技巧，这些规则当然主要靠主持人去把握。

6. 对资料分析总结，撰写调查报告

小组座谈会的数据和资料分析要求主持人和分析人员共同参与，必须重新观看录像，不但要听取参与者的发言内容，而且要观察发言者的面部表情和肢体语言。对会上反映的一些关键事实和重要数据要进一步查证核实，对于应当出席而没有出席小组座谈会的人，或在会上没有充分发言的人，如有可能也最好进行补充询问并记录下来。一般的做法是，先让主持人在所有小组座谈会结束后，尽快递交一份即时分析报告，以便及时与营销专家取得沟通，在深刻印象淡化之前产生更多的碰撞，挖掘出更多的创意。比较好的做法是要求主持人、参与座谈的工作人员、观察者（营销专家、调查人员）每人都递交一份分析报告，然后集中到研究人员手中，由研究人员召集项目组成员举行头脑风暴会议，对每个人的独到见解再次进行剖析和发散，总结归纳出具有高度概括性的结论，最后由研究人员撰写正式报告。

小组座谈会报告通常由三个部分构成：第一，研究背景、目的、主要内容、小组参与者个人情况简介及甄选过程；第二，讨论的主要结果或发现及建议，通常为 2~3 页的篇幅；第三，访谈记录资料，分主题将访谈内容进行精心归类，并以附录的方式附在报告后面。

（二）小组座谈会的优点及局限性

1. 小组座谈会的优点

（1）资料收集速度快、效率高。可同时访问若干个受访者，从而节约了人力和时间。

（2）结构灵活。在覆盖的主题及其深度方面，都可以由主持人灵活掌握，调查结果更具针对性和有效性。

（3）取得的资料较为广泛和深入。由于有多个受访者参加座谈会，在主持人的适度引导下，大家能够开动脑筋、互相启发，从而可以获得大量的和有创意的想法与建议。

2. 小组座谈会的局限性

（1）对主持人的要求较高。调查结果的质量依赖于主持人的水平和能力，而挑选理想的主持人往往是比较困难的。

（2）代表性较差。小组座谈会的结果对总体的代表性较差，且受客户或调查者的影响容易出现偏差。因此，不能把小组座谈的结果当作决策的唯一根据。

（3）回答结果散乱，导致使用者对资料的分析和说明都比较困难。

（4）受会议时间限制，有时很难进行深入细致的交流。有些涉及隐私、保密的问题也不宜在会上多谈。

小组座谈会最新发展趋势有电话焦点小组访谈、在线焦点小组访谈、双向焦点小组访谈、电视会议焦点小组访谈、儿童焦点小组访谈等。

二、深度访谈法

在市场调查中，常需对某个专题进行全面深入的了解，同时希望通过访问发现一些更深层次的信息，要达到此目的，仅靠表面观察和一般的访谈是难以实现的，这就需要采用深度访谈法。

深度访谈法是一种无结构的、直接的、一对一的访问形式，又称个别访问法。调查者按照拟定的调查提纲，对受访者进行个别询问，以获取信息。在访问过程中，由掌握高级访谈技巧的调查员对受访者进行深入的访问，可以揭示受访者对某一问题的潜在动机、情感和态度。

与小组座谈会一样，深度访谈法主要也是用于获取对问题的初步了解或深层理解的探索性研究。不过，深度访谈法不如小组座谈会使用得那么普遍。尽管如此，深度访谈法在有些特殊情况下也是比较有效的，例如：

（1）详细地了解受访者（如高级小轿车的买主）的想法。
（2）讨论一些保密的、敏感的或让人窘迫的话题（如男女青年未婚同居等）。
（3）详细地了解某种复杂行为（如选择购物的商场等）。
（4）访问专业人员（如房地产开发商、新闻工作者等）。
（5）调查特殊产品（会引起某些情绪及富有感情色彩的产品如香水等）。
（6）访问竞争对手（他们在小组座谈会上不太可能提供信息）。

（一）深度访谈法的技术与技巧

（1）在开始访谈之前，应先使受访者完全放松，与受访者建立融洽的关系。访问员所提出的第一个问题应该是一般性的问题，能引起受访者的兴趣，并鼓励其充分而自由地谈论他的感觉和意见。一旦受访者开始畅谈之后，访问员应避免打岔，做一个被动的倾听者。为了掌握访谈的主题，有些问题可以直截了当地提出来，并且提出的问题必须是开放式的，不可有任何的提示或暗示。

（2）访问员的访问技巧是很重要的，绝不可把深度访问变成访问员和受访者之间一问一答的访问过程。访问员通常会在访问前准备好一份大纲，列举所要询问的事项，但并不一定按照大纲上所列的顺序一项一项地问下去，问题的先后顺序完全按照访问的实际进行情形来决定。

（3）在访谈过程中，访问员通常只讲很少的话，尽量不问太多的问题，只是间歇性地提出一些适当的问题，或表达一些适当的意见，以鼓励受访者多说，以刺探更多的信息。

（4）访问员如能适当运用沉默的技巧，常可使受访者暴露无意识的动机。沉默可以使受访者有时间去组织他的思想，使他感到不舒服，或认为访问员希望他继续说下去，因此，他会继续发表意见以打破沉默。

（5）人的记忆有一定的期限，超过了这个期限便渐渐忘记。当人们购买某种商品时，为何选择该商品，其动机意识经过相当长的时间会忘记。对该商品所感到的及使用该商品时所意识的一切，也都无法记忆。为了使受访者想起这种意识，访问员最好请他回忆决定购买商品的过程，或者重新把当时购买该商品的感受及如何行动做详细的说明。从这种说明当中可以发现他当时的购买动机。

（6）深度访问的地点，以在受访者的家中进行效果最好，这对受访者来说也比较方便。不论在何处实施，深度访谈应单独进行，不应让第三方在场，因为那样会使受访者感到困窘或不自然，不愿提供真实的想法。

（7）深度访谈的时间通常在1~2小时，时间不宜过长。

在实际的市场调查活动中,能够胜任深度访谈的调查员(一般是专家,需要有心理学或精神分析学的知识)是很稀缺的,也难以找到。调查的无结构使得结果易受调查员自身的影响,调查结果和质量的完整性也完全依赖于调查员的技巧,调查结果也常常难以分析和解释,因此需要一定的心理学知识来解决这个问题。由于占用的时间和所花的经费较多,因而在一个调查项目中深度访谈的受访者数量是十分有限的。

(二)深度访谈法的优点及局限性

1. 深度访谈法的优点

(1)能更深入地发掘消费者内心的动机态度。它比小组座谈会能更深入地探索受访者的内心思想与看法。在访谈过程中,将受访者的反应与其自身相联系,便于评价所获资料的可信度。

(2)能更自由地交换信息,常能取得一些意外的资料。可以更自由地交换看法,而在小组座谈会中也许做不到,因为受访者有时会有群体压力而不自觉地形成与小组一致的意见。

(3)便于对一些保密、敏感问题进行调查。

2. 深度访谈法的局限性

(1)调查的无结构性使这种方法比小组座谈会更易受到调查员自身素质高低的影响。

(2)结果的数据常常难以解释和分析,它的样本通常较小,样本代表性较差。

(3)由于访谈时间长,故所需经费较多,有时不易取得受访者的合作。

三、投射技术法

小组座谈会和深度访谈法都属于直接调查法,即在调查中明显地向受访者表露调查目的,但这些方法在某些场合却不太合适。例如,对动机、原因、态度、情感等方面的提问,对较为敏感性问题的提问,等等。由于被询问者心存戒备,很难得到正确的答案,此时,研究者就应采取间接的调查方法,其中最有效的方法之一就是投射技术法。

投射技术法也称投影技法,是能够穿透人的心理防御机制,使真正的情感和态度浮现出来的一种方法。它采用无结构的、非直接的询问方式,可以激励受访者将他们所关心话题的潜在动机、态度或情感反映出来。在投射技术法中,并不要求受访者描述自己的行为,而是要他们在解释他人的行为时,间接地将他们自己的动机、信仰、态度或感情"投射"在无规则的刺激上。因为受访者并不认为是在谈论自己,所以就绕过了心理防御机制。受访者认为谈论的是其他人或事情,然而却无意识地间接透露了自己的内在情感。

(一)投射技术法的类型

市场调查中最常用的投射技术法有词语联想法、句子完成法、文章(故事)完成法、漫画测试法、照片归类法等。

1. 词语联想法

词语联想法又称引导性联想，是通过让受访者听或看一些词语，然后在规定的时间内说出最初联想到的词语（反应语），第一联想的东西往往是最重要的。这是利用人们的心理联想活动或在事物之间建立的某种联系，向受访者提及某种事物或词语，询问他们联想到什么，以获取人们对调查问题的看法、动机、态度和情感。例如，调查者说出"葡萄酒"一词，要求受访者马上说出或者写出所能联想到的品牌，如"长城""张裕""中国红"等。在市场调查中，词语联想法多用来测试品牌形象、新产品命名、广告用语、产品需求定位、关联产品研究等。例如，在某面包店欲顺带卖其他食品，可用词语联想法对目标人群进行测试。设计"面包"这个字眼，问受访者想到了什么，可能会有如"蛋糕""奶油""果酱""黄油""全麦""反式脂肪"等的回答，这说明人们希望在面包店还可以买到蛋糕、果酱和黄油等，对于喜欢绿色的食品的受访者，他们会担心面包中会含有反式脂肪酸，影响健康。

词语联想法有三种形式：第一种是自由联想法，例如，看到"面包"这个词，你首先想到什么？第二种是控制联想法，例如，看到"面包"这个词，你想到了什么食品？第三种是提示联想法，例如，这张纸上写了一些词语，请你把与"面包"密切相关的词语用笔勾出来。

在使用词语联想法进行调查时，要注意记录受访者回答问题的时间。因为回答速度越快，其实是一种条件反射，说明受访者对这个字词印象越深，越能反映他们的态度。回答越慢，则说明受访者的态度不肯定，答案的可靠性越差。

2. 句子完成法

在句子完成法中，调查人员会给受访者一些残缺的句子，要求他们将其补充完整。然后，调查人员分析这些句子，以确认人们的想法或观点。在市场调查中，此类方法多用于分析客户特征、产品需求定位、用户态度测试、广告效果评估、品牌形象定位等研究。这种方法对受访者提供的刺激是更直接的，不像词语联想法那么隐蔽，许多受访者可能会猜到调查的目的。例如：

（1）在电视上看到××保健品的广告_____。
（2）在药店看到××保健品_____。
（3）喝××保健品的人都是_____。

调查人员根据所有受访者对句子的完成情况，归纳出××保健品的广告效果，人们对该保健品的态度及该保健品适宜的人群。与词语联想法相比，句子完成法不用强调受访者回答问题的时间，由于完成的是句子，调查结果也比较容易分析，故这种方法常用于调查消费者对某种事物的态度或感受。为了减少受访者回答时的顾虑，在设计问题时应避免用第一或第二人称。

3. 文章（故事）完成法

由调查人员向受访者提供有头无尾的故事，让他按自己的意愿来完成故事的后半部分，借以分析受访者的隐秘动机。例如，在某服装商场进行的消费者光顾情况的调查研究中，要求受访者完成下面的故事：

一位男士在他所喜爱的一家服装商场里购买上班穿的西服，他花了40多分钟试了几套之后，终于选中了一套他所喜欢的。当他往结账柜台走去的时候，一位店员过来说："先生，我们现在有减价的西服，同样的价格但质地也不错。您想看看吗？"这位消费者的反应是什么？为什么？从受访者完成的故事中就有可能看出他对花费时间挑选商品的相对价值方面的态度，以及他在购物中的情感投资行为。

又如，"一个朋友对我说，前天她在商场看到一件新款服装，非常时尚漂亮，做工及面料也很好，只是价位偏高，朋友当时出于价格方面的考虑没有买。朋友总说，买一套特贵的衣服，不如买很多套中等质量的衣服，还能经常换着穿，我对她说……"通过受访者对故事的完成情况，可以看出女性在服装问题上的态度和情感动机。

4. 漫画测试法

漫画测试法是按照调查目的设计出一张有两个人物的漫画，其中一人向另一人提出有关问题，而对方正在考虑，还未给出答案。在调查时将设计好的漫画展示给受访者，要求其在漫画中另一人的对白话框中写出他自己的回答。漫画测试法的优点是能够把不便表达的问题用图画的方式表现出来，以实现调查的目的。为了使受访者易于理解和接受调查，设计漫画时要注意整个画面的主体是文字不是画，漫画内容尽量不要对语言反应有影响，可不画人物的眼睛、鼻子或反映个性的其他特征，使人物具有中立性。

5. 照片归类法

让受访者从所提供的很多照片中挑选出与所要描述的事物相匹配的照片，这种方法多用于竞争对手分析、品牌形象定位、广告效果评估、产品市场定位等。例如，一个汽车品牌经过一系列包装上市了，厂商希望了解该品牌的概念是否能很好地传达给消费者。调查者给出代表高贵、经济、廉价、结实、轻便、可爱等的一系列图片，让消费者从中选取他们认为与该品牌汽车类似的图片并解释其选择的原因，使用这种方法可以得到用户对某汽车品牌从形象到功能的认知和情感信息。

（二）投射技术法的优点及局限性

与小组座谈会和深度访谈法相比，投射技术法的主要优点就是可以提取受访者在知道研究目的的情况下不愿意或不能提供的回答。在直接询问时，受访者常常有意无意地错误理解、解释或引导调查者。在这种情况下，投射技术法可以通过隐蔽研究目的来增加回答的有效性。特别是当要了解的问题是私人的、敏感的或有着很强的社会标准时，作用就更明显。当潜在的动机、信仰和态度是处于一种下意识状态时，投射技术法是十分有用的。

投射技术法也有无结构的直接调查法的许多缺点，而且在程度上可能更严重。这些技术通常需要有经过专门高级训练的调查员去做个人面访，在分析时还需要合理的解释。因此，一般情况下这种方法的费用都是高昂的，还有可能出现严重的解释偏差。除了词语联想法之外，所有的投射技术法都是开放式的，因此分析和解释起来就比较困难，也容易产生主观片面性，所以投射技术法一般不像小组座谈会和深度访谈法那样常用。

☆思考练习题

一、问答题

1. 入户访问应该注意哪些事项？
2. 拦截式访问有哪些主要方式？
3. 应用电话访问时要注意哪些问题？
4. 基于移动终端的面访调查具有哪些优点？
5. 邮寄调查有何局限性？怎样克服其缺陷？
6. 网上调查可应用于哪些方面的研究？
7. 利用小组座谈会收集资料应事先做好哪些准备工作？
8. 什么是深度访谈法？有哪些访谈技术？

二、思考题

1. 目前入户访问面临的难题是什么？应该如何解决？
2. 你对访问员作弊的问题怎么看待？应该采取什么措施防止作弊行为？
3. 基于移动终端的面访调查有何局限性？
4. 调查人员在进行深度访问时，如何营造融洽的访谈气氛？

▶实训题

某市场研究公司受某食品厂的委托，计划进行关于消费者对月饼包装的态度、意见和偏好的小组访谈，各组同学为此拟一份小组座谈会提纲。

第七章 观察法

学习目标

通过本章的学习，了解观察法的含义及种类，掌握利用观察法收集资料的技术，能够针对具体的调查项目进行观察调查表格和程序的设计。

第一节 观察法的含义和种类

一、观察法的含义

观察法即观察调查法，是根据调查目的，调查者在现场利用直观感觉器官（视觉、听觉、嗅觉、味觉、触觉）或者凭借其他科学手段及仪器，跟踪考察、记录受访者的活动过程和现场事实，以取得所需的信息资料。这种方法主要应用于对原始资料的收集，其特点如下：调查人员一般不需要向受访者提问，在他们毫无察觉的情况下获得真实的信息。由于商业的连锁经营、电子收款机的普及，观察技术日臻成熟、设备日益完善，观察法的应用愈加广泛。

二、观察法的种类

观察法的种类很多，调查者可以根据特定的调查任务选择合适有效的观察方法。

（一）按受访者是否参与调查活动分为参与性观察和非参与性观察

1. 参与性观察

参与性观察也称为局内观察法，是指调查者参与到被观察对象群体中并成为其中的一员，直接与受访者接触以收集资料的一种调查方法。观察者隐瞒自己的真实身份，较长时间置身于受访者的群体之中，能更快更直接地取得所需信息。在市场调查中，参与性观察往往通过"神秘顾客"购物来组织实施。

2. 非参与性观察

非参与性观察又称为局外观察法，是指观察者以局外人（旁观者）的身份，置身于调查群体之外观察、记录所发生的市场行为，以获取所需的信息。在非参与性观察中，观察者像记者一样进行现场采访和观察，他们不参与受访者的任何活动，只是如实地记录事件发生、发展的真相。这种观察方式虽然比较客观，但往往只能看到表面现象，无法深入了解人们在行为背后的真实原因。非参与性观察往往需要配备一定的观测和记录设备，如望远镜、反窥镜、摄像机等，以保障观察的隐蔽性，降低调查人员的计数负担，提高资料的可靠程度。

（二）按观察的内容分为结构式观察和非结构式观察

1. 结构式观察

结构式观察是指事先制订好观察计划，并严格按照规定的内容和程序实施的观察。调查人员事先设计好一份观察调查表，并且按照调查表上的内容对受访者进行观察，观察后为每位受访者填写一份调查表。这种观察方法的最大优点是观察过程标准化。它对观察的对象、范围、内容、程序都有严格的规定，一般不得随意改动，因而能够得到比较系统的观察资料以供解释和研究使用，适用于结论性研究。结构式观察可以防止观察内容的遗漏，但是比较死板，不能对更多的事物进行观察。

2. 非结构式观察

非结构式观察是指对观察的内容、程序事先不做严格的规定和要求，视现场的实际情况随机决定的观察。非结构式观察的优点是比较灵活，调查者在观察过程中可以在事先撰写初步提纲的基础上充分发挥调查者的主观性、创造性，记录更多的内容，要求观察人员有较高的素质和观察技巧，适用于探索性研究。缺点是得到的观察资料不系统、不规范，受观察者个人因素影响较大，可信度较差。

（三）按观察的手段分为人员观察和仪器观察

1. 人员观察

人员观察是指观察人员通过自己的感觉器官或借助简易设备（如望远镜等）进行的观察。通过对人们的各种活动，如表情、言语、声调、动作等，了解受访者的行为表现，通过科学的分析，掌握受访者的内心活动及偏爱，实现认识受访者的目的。对人们的行为观察可分为两种：一是对消费者的购买行为和消费行为进行观察；二是对经营者的行为进行直接或间接的观察。

2. 仪器观察

人员观察会受到人的感觉器官观察能力的局限，使资料收集的范围、精确度和速度均受到影响，所以有时还需要借助仪器设备达到观察目的。现代科技已使电子仪器和机械设备成为市场调查的有力工具，在特定的环境中，仪器观察比人员观察更便宜、更精确、更容易完成工作。市场调查中有代表性的观察仪器如下：视向测定仪即眼相机、自动记录仪、条码扫描器、阅读器、瞬间显露器、精神电流测定器、皮肤电流反射器等。

第二节 观察法的步骤及应用

一、观察法的记录技术

（一）记录技术

在采用观察法进行资料收集时，要注意选择良好的记录技术，以便减轻调查者的负担，避免因忙于记录而顾此失彼。准确、及时、无遗漏地记下宝贵信息及事项的变化情况，便于资料的整理及分析。常用的记录技术主要包括观察卡片、符号、速记、记忆和机械记录等。

（1）观察卡片或观察表的结构与调查问卷相似。在卡片上列出所有观察项目和每个项目可能出现的各种情况，合理编排。在实施时，观察人员直接在观察卡片上填写观察记录，这样可以加快记录的速度。

（2）符号是指在记录时只需根据所出现的情况记下相应的符号，或在事先写好的符号上打"√"，不需要用文字叙述，这样也是为了加快记录速度和便于资料的整理。

（3）速记是用一套简便易写的线段、圈点等符号系统来代表文字进行记录的方法。

（4）记忆是指在观察中，采取事后追忆的方式进行记录的技术。通常在调查时间紧迫或不宜进行现场记录的情况下使用。由于人的记忆力有限，故必须抓住要点进行记忆，事后及时进行整理。这种记录技术虽然可以避免受访者的顾虑，但却容易遗忘一些重要的信息。

（5）机械记录是指在观察中运用录音机、摄像机、照相机等各种专用仪器进行记录。这种方法能详尽地记录所要观察的事实，免去观察人员的负担，但容易引起受访者的顾虑，使调查结果失真。

（二）观察记录表的设计

相对于访问法的调查问卷，观察记录表的格式要简单得多。观察记录表只是由必要的作业记载和观察问题构成，不必设计引言，也没有紧跟引言之后的指导语。作业记载包括观察活动的时间地点和观察对象，以及观察人员的姓名或编号，观察问题与问卷问题在形式上基本相同。观察记录表设计要简明、科学、结构化、易于操作。设计的关键就是要根据一些假设，对估计可能出现的结果内容条理化、结构化，形成一个层次不同的纲目，制成表格。有了这样较为周密的量表，在观察时就可以做出详尽的记录，有的只要填写数目或符号即可，这样会让观察人员有边观察边思考的余地。

二、观察法的操作步骤

一次完整的观察调查，一般按照以下步骤进行。

第一步，确定观察的目的和选定观察的对象。这是任何一种类型的观察首先要确定的问题，观察对象可以是个人，也可以是企业、商场等。

第二步，确定观察内容，并设计、印制观察记录表。观察内容是所要研究的现象，它反映了观察对象的特征和状态。在进行观察时，调查者都有固定的观察项目，因而对某一项记录的设计也十分周详。设计观察卡片，首先要确定观察项目及其相互关系，其次选择反映观察项目具体特征的观察指标或单位，形成标准化的观察范畴。根据观察范畴制定出具体的观察卡片，同时标明观察的时间、地点，以及观察客体的特征。

第三步，做好观察前的准备工作。观察前要准备好所用的观察仪器。现代化的观察仪器主要有录音机、光学照相机、电视摄像机、录像机、闭路电视装置等，还有进行图像和声音处理的多媒体计算机等。

第四步，进入观察场所，进行观察并作记录。

第五步，整理观察结果，分析资料并撰写观察报告。

三、观察法的具体应用

运用观察法收集资料一般是在精心选择的观察地点（如超市、繁华地段的过街天桥和专门设置的观察室等），由训练有素的观察人员（或调查人员），利用感觉器官或设置一定的仪器，观测和记录消费者购物时的行为和举动、道路的拥挤堵塞状况和观众对广告的反应等。观察法可用于很多方面，这里介绍几种典型的方法。

（一）"神秘顾客"调查

"神秘顾客"又称伪装购物者，"神秘顾客"调查是让接受过专门训练的"神秘顾客"作为普通消费者进入特定的调查环境（如商场、超市等），进行直接观察，亲身对企业的服务、业务操作、员工诚信度、商品推广情况及产品质量等进行体验、感受，并做出客观评估，一般用来收集有关商场、营业厅的销售或服务人员如何对待顾客方面的数据。"神秘顾客"不同于一般性调查的访问员，在调查过程中，应具备较高的综合素质和良好的心态、端正的工作态度、敏锐的观察和分辨能力、较强的记忆能力，这样易于发现服务管理中存在的问题。近年来，利用"神秘顾客"检测、评估一线服务的顾客满意度及终端市场管理，正被广泛使用于各品牌和窗口服务机构，以及对服务质量要求较高的分支行业，成为商家竞争和制胜的绝招。

"神秘顾客"在对受访者的观察中以第三方的身份出现，这些受过专门培训的购物者在体验过程中不掺杂任何个人主观偏好，可以保持观察对象的客观、公正、隐秘性。"神秘顾客"与一个正常购买商品的顾客一样，会与营业员进行交流，咨询与商品有关的问题，挑选商品，比较商品，最后做出买或不买某种商品的决定。"神秘顾客"与服务人员的交流并不是访问式，而是为了观察服务人员的态度、行为并对此做出评价。"神秘顾客"还可以通过观察商场的环境、商品的陈列、货架的摆放、橱窗和广告的内容等，了解和判断企业的经营管理水平，及时提出改进的建议。

（二）购买行为观察

购买行为观察是指调查人员在商场、超市、展销会、交易会等现场，秘密跟踪和记录顾客的购买行为和购买情况,以获取所需信息。观察的方式有人员观察和仪器观察两种。

人员观察是调查人员以局外人的身份,利用视觉和听觉到特定的商场观察,如顾客的流量、行走的路线、平均逗留的时间、停步留意商品的时间、对商场各种促销活动的反应、对产品的评价、购物的品种和数量等。在消费者购买的高峰期对进入商场的消费者的购买行为及言谈进行观察和记录,观察之后的建议可以为商场的采购、市场定位,甚至人员的分配等各种经营管理决策提供依据。

仪器观察是指在特定的场所,通过放置仪器对顾客的购买行为进行观察,获取有关信息的调查方法。例如,有些商场在进出口处安装流量计数器,用以观察顾客流量,并对顾客进行分类;在某些柜台安装录像录音设备,自动拍摄顾客挑选、评议、购买商品的过程,然后通过音像的加工整理,即可了解顾客的购买行为、购物偏好及其对商品和商场的评价意见;在超市使用电子收银机、光学扫描仪等,当顾客通过出口结账处时,光学扫描仪通过阅读购货清单,记下品牌、规格和价格,这些数据进入计算机后,由计算机帮助分析以改进存货和即将制订的营销方案。购买行为的仪器观察具体有以下方法和内容。

1. 入口处顾客观察

在商场的门口放置仪器,对进入商店的顾客人数、类型等进行观察,掌握的信息可以成为进行顾客细分和商业网点财务分析的依据。例如,超市出入口十字旋转计数器就是一个专门统计顾客人数的自动观察仪器,顾客走进或走出推动十字旋转计数器的同时,十字旋转计数器便记下了进出顾客的数目。如果进一步把十字旋转计数器与时钟相连,就可以知道什么时间、有多少顾客光临过商场。

2. 顾客路线观察

顾客路线观察是指利用仪器对顾客在商店内的行动路线进行跟踪和记录的调查方法,根据调查的结果可以对商场货架的设计与商品的摆放进行科学的调整,能够较好地缩短顾客购买时间,增加消费者与产品的接触机会,提升顾客的购买频率。例如,对进入商场的顾客用摄像机跟踪拍摄,调查人员在监视荧屏前观看,用各种彩色笔在一张特制的图表上标出每位顾客的位置和行走的路线,通过统计分析确定有代表性的购物者的行走路线,据此调整商品的陈设。

3. 顾客视向观察

顾客视向观察是指通过仪器对受访者的视觉方向进行观察的调查方法。在不同的方向安装仪器,通过仪器捕捉和记录顾客眼光注视的方向、顾客目光注视的焦点。根据观察结果可以对产品的摆放、商店的布置进行比较和改善,使不同的顾客在他们感兴趣的方向和位置上,找到他们感兴趣的商品。因此,可以有效地提高商场货架的使用率和商品的销售率。例如,经过观察发现顾客看货架高度总是停留在与眼睛水平上下 30 厘米的地方。因此,应该加大该层次货架的利用率,争取多放一些商品,促使顾客更多地购买。相反,更高的地方或者最下面的地方,可以放一些一目了然的商品,主要是能起到促销作用。

(三) 竞争对手行为观察

竞争对手行为观察是指在对方不知晓或者己方蓄意隐瞒之下，对主要竞争对手的行为所采取的特殊调查方法。例如，以顾客的身份到对方的销售现场购买产品，进行关于商品结构、商品定价、促销技巧等方面情报的记录。在特定市场上，有的公司派出人员，在竞争对手目标市场所在地建立办事处或维修站之类的机构，办事处工作人员的任务就是时刻密切注视竞争对手的行为动向和消费者的反应，还可以利用竞争对手召开新产品新闻发布会、新产品展销会、意见征询会、内部观摩会等时机去收集信息；在竞争对手进行新产品实验、生产或者产品试销现场进行秘密观察。随着市场竞争的加剧，这些调查和观察手段，越来越接近间谍手法。

(四) 实物痕迹观察

实物痕迹观察是通过对现场遗留下来的实物或痕迹进行观察，了解顾客行为规律或者其他市场情报的调查方法。痕迹观察法包括垃圾分拣与损蚀物观察。例如，国外流行的食品厨观察法，即调查者通过察看顾客家里的食品橱，记下顾客所购买的食品品牌、数量和品种，来收集家庭食品的购买和消费资料。又如，通过家庭丢掉的垃圾等痕迹调查，在居民小区的垃圾点等地址进行垃圾的收集和分类工作，从消费者丢弃的包装物、容器和其他废物中，了解该区域消费者的消费结构、消费水平及各种产品的市场占有率、社会普及率等资料。损蚀物观察是对物品磨损程度的一种观察。这种方法在现实中实施起来既简单又有效，如某书店的经理想了解本周上架的新书中哪本最受欢迎，不需要查看电脑统计数据，也不用询问售货员，直接观察新书架上摆放的新书的磨损程度就可以了，显然，磨损程度最大的书就是最受欢迎的书。

(五) 电视收视监控

电视收视监控是仪器观察的一种典型应用形式。A. C. 尼尔森的电视监控系统是仪器观察最知名的调查系统，它是用来估测全国的电视观众数量的。A. C. 尼尔森在所选定的一个消费者小组 (5000 个家庭) 的电视机上安装一种电子扫描装置，实时获取节目选择、观看时间的长度及观众的基本情况等各种重要数据。当消费者打开电视机的时候，荧屏上会出现一个问号，提示观众说明是谁在观看节目。然后这名观众就会使用一个电子设置，记录下观看电视节目的人群。安装在电视上的一种配置可以自动向 A. C. 尼尔森发送观测到的数据，即观众的性别、年龄及其所观看的节目。

随着数字电视的广泛使用，专业调查公司正在研制一种更高级的数字有线技术，主要是利用置顶盒解码系统，该系统将会"问"置顶盒在做什么，并确认荧屏上的频道或节目。这些数据将发送至中心处理地点，而观众是看不到也听不到这些数据的。

(六) 网站访问量监控

很多企业会记录有多少人访问它们的网站，如果使用者点击网站的某个单页，系统就会立刻做出记录，如果访问者点击很多地方来查阅图片等资料，网站可能做出更多的记录。如果公司的网站包括很多网页，将有助于追踪网页的点击率。网页点击率可以用于说明访问网站网页的人数，也可以用于追踪访问者的路径或访问网页的顺序。

Nielsen/NetRatings 是 A. C. 尼尔森与 NetRatings 公司联合成立的一家公司，是一家辛迪加信息服务提供商，主要向广告主、网址出版商及媒体计划人员提供互联网用户的信息。该公司推出全球第一项以网民样本为基础，覆盖全球的网络监测服务——Nielsen/NetRatings，专门跟踪记录网民的上网频率、浏览的网站、停留时间及在线广告的出现频率和点击情况。

Nielsen/NetRatings 服务通过在样本户计算机上安装的先进软件追踪和收取数据。数据通过互联网即时从样本户的计算机传输到公司的服务器端，样本户不直接参与数据的收集过程，避免了任何人为的误差。这套软件不受平台限制，无论样本户使用哪种操作平台都一样适用，如果样本户改用移动电话或 PDA 也可以安装该软件。目前，该公司已在 26 个国家的 22.5 万台计算机上安装了自己的软件，对这些用户使用互联网的情况实行实时监测。

（七）以电子标识码为基础的调查

随着 IC(integrated circuit,集成电路)芯片卡技术、RFID(raido frequency identification，射频识别) 技术及激光扫描技术的发展，以受访者的电子标识码为基础的市场调查越来越广泛。这些技术不仅可以用于消费者个人识别，也广泛应用在物流货物识别、车辆识别方面。利用这些技术，可以在不直接访问受访者的情况下，记录受访者的行为或运动信息，如比较常见的超市会员卡就是一种典型的顾客标识码，每张卡都有一个唯一的编码，在这张卡中写有会员的姓名、年龄、性别、电话等基本信息，当会员购物结账时，收费员通过相关技术读取卡片信息的同时也记录了该客户每次购买的行为，调查人员即可根据这些记录分析消费者的购买时间、购买频率、购买类型、购买额度、常用付款方式等信息。这些信息也可以用来调查了解消费者对价格促销的不同反应，以及这些反应差异如何影响促销活动的效果，还可以了解消费者所购商品的结构，以掌握消费者的购买力和购物习惯。利用这种观察方法可以测量出各种影响因素（如广告、促销、新产品推出等）所引起的市场变化。目前，客户信息电子标识码广泛应用在银行、保险、交通等行业，这类调查方法一般是由以扫描仪为基础的消费者研究小组来执行的。

（八）内容分析

内容分析是指通过观测和分析某些媒介信息的内容，如广告、报纸文章、电视节目、网站等，来获得各种有用的信息。内容分析涉及系统性分析和观察方法，主要是用来确认某些特定信息内容或信息的其他特点。此外，内容分析主要研究信息本身，但为了定量描述信息传达的显性内容，还需要设计系统性观察及相关的记录程序。这个技巧可以用来观察某给定分析类别的重要程度。例如，可以通过调查广告的内容来评估其措辞、主题、人物或时间及空间的关系。

内容分析可以用来调查各种问题，如有些广告商是否更多地使用某种类型的主题、特色、措辞或欺骗性的手段。有线电视节目制作人可以执行内容分析，评估其竞争对手的网络节目情况。此外，有关机构还可以分析儿童电视广告的信息内容、广告中的公司形象及广告中的其他各个方面。

(九) 生理反应测量

调查人员使用各种机械装置来评估消费者对广告样本、包装等刺激物的生理反应，当调查人员认为消费者不会意识到自己对刺激物的反应，或者消费者不会提供真实应答时，他们就会使用生理反应测量来收集感兴趣的数据。

生理观测技术大都是建立在以下认识基础之上：如果身体受到一定的刺激，就会产生肾上腺素，生理调查正是依赖于这个事实。当肾上腺素开始发生作用时，心脏跳动就会加速、变强，血液主要流向神经末梢，指尖和耳垂部位的毛细血管迅速膨胀；皮肤表面温度开始上升，毛囊逐渐竖立起来，皮肤表面的毛孔开始排出汗液，而且皮肤的电导率也会受到影响，眼睛瞳孔开始放大，大脑的电波频率逐渐上升，呼吸变得急速且低沉，而且呼出气体的化学成分也有所改变。这个过程可以提供 50 多种不同的测量选择。目前，已经开发出来用于测量生理反应的机械装置主要有以下几种。

(1) 眼部追踪监控器。印刷广告客户希望通过视觉景色来抓住读者的注意力，然后使其注意到有关的包装或优惠券。电视广告客户希望能确认卖点，然后加以强调突出。眼部追踪设备可以记录受访者如何阅读印刷版广告或观看电视广告，以及他们在每一部分所花费的时间。调查人员使用眼部追踪监控器来测量潜意识的眼部动作（生理反应），进而了解读者或观众的凝视动作。传统上，这种眼部追踪装置要求把读者或观众的头部固定放置在某个位置，操作起来很麻烦。现在，眼部追踪技术主要是使用红外线光束来追踪眼部活动，然后由微型摄影机将眼部活动数据记录下来。经过计算机分析这些数据，便可以确认读者观看了广告中的哪些部分，以及忽略了哪些部分。

(2) 瞳孔计。它主要用于观测并记录受访者的瞳孔变化情况。受访者需要仔细观看屏幕上的一则广告或其他刺激物。当外界亮度及刺激物与眼睛之间的距离保持不变时，瞳孔大小的变化可以看作由刺激物引起的认知活动的变化，而不是由光线强度、与物体的距离或其他观测环境引起的生理反应。这种观测方法假定增大的瞳孔反映了受访者对产品的强烈感觉或他们对广告等刺激物的兴趣。

(3) 心理电流反应检测器。心理电流反应检测器是测量由电流引起的皮肤反应，即当皮肤抗拒电流时所产生的无意识变化。这个装置的使用原理是假定人的生理变化，如呼吸加速等伴随着主体对广告、包装或标题的情绪变化。情绪兴奋可以增加身体的汗液排出量，这样就可以提高皮肤对电流的抗拒力度，这个测试是情绪激动或紧张的指示器。

(4) 语调分析。语调分析主要是根据一个人的声音变化来测量他的情绪反应情况。神经系统的变化可以引起声音的异常，这种情况可以通过一种计算机运行的音频设备来进行测量。当受访者口头回答自己对电视广告等刺激物的主观评价时，计算机分析系统可以把这时的语调同他们平时对话的语调进行比较。这种技术不同于其他生理测试装置，调查人员不需要在受访者身上缠绕各种电线等仪器。

（十）流量观察

流量观察是指在一定的时间内，对经过某个地点的人口或者事物的数量进行现场记录的调查方法。流量记录主要的调查方法有人口流量观察和交通工具流量观察两种。

人口流量观察是指调查人员在一定时间内对经过某个地点的人口数量及特定内容进行的观察。例如，在机场、车站和旅游胜地等，对过往的人口流量数目或者其他行为进行观察和记录，这种方法获得的数据主要用于商场、餐馆等的选址，还有利于对企业的多种市场营销决策的启发和修正。

交通工具流量观察是指对某个具体时间通过某个路段的交通工具的数量和种类进行观察统计的方法，包括汽车流量观察和物流观察。汽车流量观察是指在某个交通要道上对过往汽车的数目、种类、运载情况和行驶方向进行观察统计，所获得的关于旅客数量、类型和流向，以及货物运载数量和类型等方面的资料，可以为多个部门提供决策依据。例如，对加油站的设立，酒店、餐馆的增减，汽车维修和零配件的供应，货物运输等多个方面的决策很有启发。物流观察是在某个具体的地点，通过对各种交通工具的类型、品牌、载重等情况进行统计，对于了解各种产品的流向、市场供应量、市场普及率、市场占有率、顾客的品牌爱好等有帮助。例如，在某个商场门口，对出入的车辆类型、运输内容和车辆的来源进行观察与统计，可以了解该类商场的货源和采购类型、商场的进货量、进货周期、大宗商品的主要品牌等情况，并且可以间接预测出该商场主要商品的销售情况、商场采购网络和销售网络的分布等。如果结合商场内外部的观察，可以对该商场的经营环境、经营状况等进行分析和预测。

四、观察法的优点及局限性

1. 观察法的优点

（1）在受访者不知情的情况下进行有目的的观察，直接记录受访者的现场行为和活动事实，调查结果客观真实，所获资料准确性较高。

（2）可以随时随地进行调查，对现场发生的现象进行观察和记录或通过摄像、录音等手段，如实反映、直接测度或记录现场的特殊环境和事实，有较强的灵活性。

（3）基本上是反映调查者的单方面活动，特别是非参与观察，一般不依赖语言交流，有利于排除人际交往中可能发生的种种误会和干扰。

2. 观察法的局限性

（1）只能取得表面性资料，无法深入探究其内在原因、态度和动机问题。

（2）时间长，费用高。需要大量观察人员进行长时间的观察，加之配备仪器的费用，调查成本高，因而不太适合研究大范围、大规模的社会现象。

（3）对调查人员的业务技术水平要求较高。要求调查人员应具有敏锐的观察力，良好的记忆力，必要的心理学、社会学知识及对现代化设备的操作技能等，否则将无法胜任此项工作。

（4）一般情况下，采用观察法观察的样本数量少，代表性差。

基于以上缺点，为减少观察者误差，应注意以下事项。

第一，为了使观察结果具有代表性，能够反映某类事物的一般情况，要选择那些有代表性的受访者，在最适当的时间内进行观察。

第二，在进行现场观察时，最好不要让受访者有所察觉，尤其是使用仪器观察时更要注意隐蔽性，以保证受访者处于自然状态。

第三，在实际观察和解释观察结果时，必须实事求是，客观公正，不得带有主观偏见，更不能歪曲事实真相。

第四，观察项目和记录用纸最好有一定的格式，以便尽可能详细地记录观察内容的有关事项。

第五，应注意挑选有丰富经验的人员充当观察员，并进行必要的培训。

☆思考练习题

一、问答题

1. 什么是观察法？有哪些具体的方法？
2. 试述观察法的操作步骤。
3. 观察法有哪些优缺点？

二、思考题

请通过查找外国企业收集我国经济情报的个案或者案例，谈谈你对一些公司利用网络黑客窃取商业情报持什么看法。

➤实训题

以组为单位，完成下列任务之一。

1. 某大卖场欲进行一次"神秘顾客"购物调查，检测的内容包括停车场、洗手间、手推车、卖场布置、日用品部、食品部、家电部、服饰部、收银处、售后服务中心等，请为其设计一份暗访评分标准。

2. 为书店做"神秘顾客"购物调查，请设计一份暗访评分表，寻找一家书店进行三次实地观察，填表并进行分析总结，递交给书店经理。

第八章 实验法

学习目标

通过本章的学习，理解实验法的概念、特点及主要形式，熟悉实验调查的步骤，了解实验设计的种类，掌握利用实验法收集资料的各种技术。

第一节 实验法的概念、形式及优缺点

一、实验法的概念

实验法即实验调查法，是指从影响调查问题的许多可变因素中，选出一个或多个因素，将它们置于同一条件下进行小规模实验，然后对实验获得的数据进行处理和分析，确定调查结果是否值得大规模推广，从中提取有价值的信息，为市场决策提供依据。简单地说，实验法是研究者通过控制某一个或某几个自变量（如价格、包装或广告），研究其对因变量（如销售量、品牌态度等）的影响。实验法是运用类似于自然科学中的实验室求证的原理来研究市场问题，单纯从逻辑上说，实验法最具科学色彩，因为只有实验法才能证明实验变量与目标变量之间是否存在因果关系，因此实验调查又称为因果关系调查。

从某种意义上说，实验法是把研究对象放在某一特定的条件下进行观察，因而也可以视作一种特殊的观察法，但从本质上看，在访问法和观察法中，调查人员是一个被动的信息收集者，而在实验法中，调查人员成了研究过程中的主动、积极参与者。单纯的观察只能在自然条件下进行，无论直接用感觉器官观察还是借助仪器观察，观察者都没有改变或干预自然状态。在这种情况下，由于事物现象错综复杂，不利于人们认清现象背后的最本质的起着决定性作用的东西，所以单纯的观察已经不能满足人们的需要，这时就要求人为地去干预并尽可能地去控制所研究的自然现象，或者在实验条件下再现它最本质的方面，排除偶然，这就是实验法产生的背景。

实验法在市场调查中的应用比较广泛。例如，一种产品在进入市场或者改变原有产品的包装、款式、价格、广告、陈列方法、推销方法时，均可先做一个小规模的实验，然后再决定是否需要大规模推广。例如，要研究价格对销售量的影响，研究者可选择几个购买力等条件基本相同的地区或商场，分别以同一品牌的几种不同价格销售，然后观察这几个地区或商场在销量上有何不同。如果较高价格销售的地区销量明显较大，说明价格高反而有助于产品的销售。反之，如果中等价格地区销量较大，说明中等价格比较

适合消费者。

二、实验的形式

市场实验的形式根据人工或自然水平可以分为现场实验和实验室实验。

实验的人工水平是指在某一实验环境中，一个受访者的行为与他在自然环境下的正常行为之间的差异程度。例如，在一个实验室做一项关于消费者味觉偏好的测试，实验环境的人为程度就偏高，而同一个实验若由一些商场采用联合展销的方式进行，人为程度就较低。前者属于实验室实验，后者则是现场实验。

1. 现场实验

现场实验的一个最突出的特点就是实验环境非常接近于真实环境。但是，现场实验缺乏对自变量的控制，也缺乏对外生变量的控制。例如，许多现场实验要求批发商或零售商合作，但是这种合作经常难以保证，一些正试图大规模降价的商场可能会拒绝以某特定价格经营某一种商品的要求。对于外生变量的控制更困难，如天气变化、竞争者的活动等，这些因素都无法由实验者控制。从某种意义上讲，现场实验不如实验室实验应用广泛，但是由于它的结果有较高的预测效力，所以在市场研究中经常被用于新产品大范围推出前的最后验证。

2. 实验室实验

实验室实验在新产品、包装和广告设计，以及其他调查的初始测试中有着广泛的应用。实验室实验可以通过实验环境，有意识地控制、操纵实验条件，最大限度地减少外生变量的影响，这是现场实验所不能及的。另外，实验室实验与现场实验相比既省钱又省时，所以研究者常常在调查的初始阶段使用这种方法。

实验室实验的最大弱点就是预测效力差。预测效力是指用实验结果推断实际情况的能力，因为实验室实验最大限度地消除了外生变量对实验结果的影响，所以它的环境就与真实环境相差甚远，从而降低了它的预测效力。另外，实验室实验可能导致反应误差，也就是说，被测试者（被试）可能只是对环境有所反应，而对自变量没有反应或反应很小。反应误差可能来自两个方面，一是实验环境，二是实验实施者。被试在实验环境中并不总是被动的，他们试图了解测试人员正在干什么，并且总是希望有正确的（即实验实施者所希望的）行为。如果实验环境中有任何线索透露出实验者的意图，那么被试就会按照"好"的行为行事，结果就出现了反应误差。例如，对一组被试在实验室中进行某种产品广告促销效果实验。事前测量被试对这个产品的态度，而后在30分钟的电视录像节目中插播包括此产品在内的几则广告。如果在进行事后测量时，由于事前测量被试猜到实验者希望通过广告改善消费者对这个产品的态度，则被试就很可能按照实验者希望的样子做出反应。

三、实验法的优点及局限性

1. 实验法的优点

（1）可以探索不明确的因果关系。

（2）通过合理设计，有效控制实验环境，实验结论有较强的说服力。

（3）可以主动进行变量控制，从而观察各种因素之间的相互关系，这是其他调查方法无法做到的。

2. 实验法的局限性

实验法在市场调查实践中并不经常使用，究其原因，主要是费用、花费时间、保密问题、实施难度等方面的局限性。

（1）费用高。从某种程度上讲，实验法在费用方面比访问法和观察法都高。为保证实验的实现，一系列其他工作必须完成，所有这些花费有可能要超过所获信息的价值。

（2）花费时间长。一般在短时间内不能获得有效的信息，实验变量与有关因素的关系会由于其他多种干扰因素的变化而发生变化，因此，实验结果用于实际推广必须有一定的时间约束。

（3）保密性差。现场实验或市场测试，真实市场中要进行的某个营销计划或营销计划的某些关键部分容易暴露，这种信号会使竞争者做出快速反应，极有可能在大规模市场推广之前率先采取行动。

（4）实施难度大。实验法只能识别实验变量与有关因素之间的关系，而不能解释众多因素的影响，不能分析过去或未来的情况。由于影响实验变量的因素是多种多样的，要想准确地掌握实验变量与有关因素之间的关系，在技术和分析上有一定的难度。此外，在市场测试中，既要考虑不影响企业的正常工作，又要考虑取得实验对象及其他人员的合作，实施起来并不容易，尤其是非实验变量不可控制，很难找到有充分代表性的实验对象和实验环境，会使实验结果失真。

基于以上原因，实验法在我国目前还缺乏系统的研究，一般只局限于新产品的试销、展销、试用等。

第二节 实验法的步骤和设计

一、实验的基本要素

（1）自变量。自变量也称实验变量或处理变量，是指那些可以操纵处理的，而且效果可以测量和比较的变量。例如，产品的形状、包装、价格水平、促销方法等。

（2）因变量。因变量是由自变量的变化而引起变化的变量，是测量自变量结果或效应的变量，如在包装设计与销售量的关系中，销售量就是因变量。在市场调查中，常见的因变量有销售量、市场占有率、品牌态度、品牌知名度等。

（3）实验处理。实验处理是指改变实验对象所处的市场环境的实验活动。例如，改变价格或改变包装形式。

（4）实验组。实验组是指一组被研究对象或实验实体，可以是消费者、商场、零售商、销售地区、电视观众或广播电台的听众等。

（5）控制组。控制组又称对比组，就是在实验中自变量维持不变的那些个体所构成的组，即不引入处理的实验组。

（6）干扰变量。干扰变量是指自变量和因变量以外的影响因素，也叫外部变量或无关变量。干扰变量有两类：一类是调查者可以加以控制的因素，如各实验对象之间的差别、商场规模、地理位置等；另一类是调查者难以控制的因素，如气候、季节、竞争对手的行动等。这些干扰变量可以把因变量的测量值搅乱，干扰测量结果的准确性，在市场实验中必须努力加以控制和排除。

二、实验调查的步骤

在市场调查中，实验法主要应用于产品测试、包装测试、价格测试、广告测试、销售测试等方面。无论是工业品、消费品，企业试制新产品，或者老产品改变质量、包装、设计、价格、广告、陈列方法等因素时，均可通过实验法先做小规模的实验性改变，以调查顾客反应，了解市场对商品的评价和商品对市场的适应性。在应用时必须明确实验的目的，所选择的实验变量或指标必须能为所研究的问题提供重要的信息，要选择好可控因素及其不同状态或水平，优化实验设计，认真监视实验过程，做好实验数据的记录、处理和综合分析。实验法的步骤如下。

（1）根据调查目的和要求，提出研究假设，确定实验自变量。例如，某种新产品在不同的地区销售是否有显著的差异，哪个地区的销售效应最好；不同的广告设计方案的促销效果是否存在显著的差别，哪个方案的促销效果最佳；等等。

（2）进行实验设计，确定实验方法。实验设计的方案很多，有单因素实验设计、双因素实验设计和多因素实验设计三大类，其中每一类又分为许多具体的实验设计形式。一般来说，应根据因素的个数、因素的不同状态或水平、可允许的重复观察次数、实验经费和实验时间等综合选择实验方案。

（3）选择实验对象进行实验。按实验设计方案组织实施实验，对实验结果进行认真观测和记录，对实验观察数据进行整理、编制统计表，并运用统计对比分析、方差分析等对实验数据进行研究和推断，得出实验结果并加以解释。

（4）编写实验调查报告。实验结果验证确认无误后，可写出实验调查报告。实验调查报告应包括实验目的说明、实验方案和实验过程的介绍、实验结果及解释，并提出有价值的信息和行动方案，为市场决策提供依据。

三、实验设计

实验设计是指调查者控制实验环境和实验对象的规划与方法，常用的实验设计有非正规实验设计和正规实验设计。

（一）非正规实验设计

非正规实验设计是指在进行实验设计时，对实验组的选择不是随机的，因此处理实验所引起的变化不能完全通过统计检验分离出来。这种方法耗费小，易于操作，常被用于市场研究。在对调查的对象情况比较熟悉、实验单位数目不多的条件下，采取判断分析法选定实验单位,可用此种设计进行实验调查。非正规实验设计有很多种,这里介绍常用的几种方法。

1. 无控制组的事前事后实验设计

无控制组的事前事后实验设计是一种最简便的实验调查法。在这种实验设计中,调查人员只选择一批实验对象作为实验组。在相似的市场内,实验前对实验组在正常情况下的数据进行测量,经过一定的实验期后,收集实验过程中产生的数据资料,通过对比实验组在实验前和实验后所要观察的现象的变化,研究分析实验的效果,得出实验结论。这种实验调查简单易行,可用于企业改变产品功能、花色、规格、款式、包装、价格等因素后的市场效果测试,其实验过程见表8-1。

表8-1　无控制组的事前事后实验设计

项目	实验组	对比组
事前记录	X_1	—
实验处理	有	—
事后记录	X_2	—

实验效果=实验后检测效果-实验前检测效果=$X_2 - X_1$。

实验效果在一般情况下只测定绝对效果,也可同时测定相对效果。

例如,某饮料厂为了扩大产品的销售量,计划改变某纯天然果汁饮料瓶的形状,由于改变形状后的果汁瓶成本较高,企业不能贸然行动。为了测试新设计果汁瓶的外形效果,在某市选定6家超市进行为期1个月的实验调查。事先对这6家超市在实验前1个月的旧瓶装饮料的销售量做了统计,计得总销售量X_1为6750箱,实验开始后,对6家超市销售新瓶饮料的销售量进行连续1个月的统计,得到的结果是X_2为8725箱。实验测试表明,改变饮料瓶的形状后,设计的新瓶果汁饮料比旧瓶果汁饮料的销售总量增加了1975箱,上升的幅度为29.26%,即

实验绝对效果 $E = X_2 - X_1$ =8725-6750=1975(箱)

实验相对效果=8725/6750×100%≈129.26%

说明改变饮料瓶的形状对产品的销售确有刺激作用,如果经过分析发现无其他因素影响,就可做出该果汁饮料瓶是否推广新的形状设计的决定。

此方法最大的优点是简便易行,缺陷在于没有考虑干扰变量的影响,因而难以肯定测量的结果是由改变自变量所致,由此结果做出的决策有较大风险。

2. 有控制组的事后实验设计

在单一实验组事前事后实验设计中,由于不能排除其他非实验因素的影响,只能粗略地估计实验效果。若采用有控制组的事后实验设计,将实验组和对比组的观察对象在同一时间上进行对比,就可以排除其他非实验因素的影响。假如用X代表实验组事后检测效果,用Y代表对比组事后检测效果,则实验绝对效果=实验组事后检测效果-对比组事后检测效果=$X - Y$,实验相对效果=$X / Y \times 100\%$,见表8-2。

表 8-2　有控制组的事后实验设计

项目	实验组	对比组
事前记录	—	—
实验处理	有	无
事后记录	X_2	Y_2

例如，某企业想了解店面 POP 广告[①]对其销售量是否有促销作用，决定采用有控制组的事后实验设计来观察效果。从所有的零售商中选择了 10 家商场，其中 5 家商场为实验组，5 家商场为对比组，实验期为 1 个月，规定实验组自实验开始悬挂 POP 广告，而对比组不悬挂 POP 广告。实验开始后连续 1 个月分别记录两组的销售量。实验结束后，实验组的销售量 X_2=6180 件，对比组的销售量 Y_2=4850 件。

实验绝对效果 $E = X_2 - Y_2$=6180-4850=1330 件

实验相对效果= X_2 / Y_2 =6180/4850×100%=127.42%

采用这种实验方法，应当注意实验组和对比组的可比性，如两组商场的规模、类型、地段等要大体一致，才能保证实验的效果。在有控制组的事后实验中，对比组和实验组是在其他因素影响相似的条件下进行的实验，其结论可以代表同类事物，因此具有一定的准确性，但也无法剔除实验前后其他因素的影响。

3. 有控制组的事前事后实验设计

以上两种实验设计都具有简便易行的特点，但都无法排除非实验因素对因变量的影响。要消除非实验因素的影响，须先确定它对实验效果的影响程度，再将它从实验结果中剔除，可以采用有控制组的事前事后实验设计。这种方法是在同一周期内，选择两组条件相似的研究对象，一组为实验组，一组为对比组，然后对实验前后的观察数据进行处理，得出实验结果。假设实验组在实验前一定时期内某现象变量的测量值为 X_1，实验后相同时期内该现象变量的测量值为 X_2；对比组实验前后与实验单位相同时期的该经济变量的测量值相应为 Y_1 与 Y_2（表 8-3）。

表 8-3　有控制组的事前事后实验设计

项目	实验组	对比组
事前记录	X_1	Y_1
实验处理	有	—
事后记录	X_2	Y_2

实验绝对效果 $E = (X_2 - X_1) - (Y_2 - Y_1)$；实验相对效果= $(X_2 - X_1)/X_1 - (Y_2 - Y_1)/Y_1$。其中，$X_2 - X_1$ 表示实验组的实验变量，在实验前后不同时期的增（减）量，它不但反映了实验效果，而且包含着由其他非实验因素引起的增（减）量。$Y_2 - Y_1$ 表示对比组的同一变量在实验前后不同时期的增（减）量，完全由其他非实验因素引起。所以上式中的 E

---

① POP 广告：point of purchase advertising，店面广告，即在各种营业现场设置的各种广告形式。

值表示的是实验的实际效果，即如实地反映了给定实验条件而引起的增（减）量。

例如，某食品公司欲测定改进虾条包装的市场效果，选定 5 家超市作为实验组，销售新包装虾条；另选 5 家超市作为对比组，销售旧包装虾条，实验期为 1 个月。实验前后 1 个月的销售量统计如表 8-4 所示。

表 8-4　虾条新包装销售实验统计

项目	实验前月销售量/件	实验后月销售量/件	变动量/件
实验组	2200	3360	+1160
对比组	1800	2170	+370

$$实验绝对效果\ E = (X_2 - X_1) - (Y_2 - Y_1)$$
$$= (3360 - 2200) - (2170 - 1800)$$
$$= 1160 - 370 = 790\ (件)$$

$$实验相对效果 = [(3360 - 2200)/2200 - (2170 - 1800)/1800] \times 100\%$$
$$= [1160/2200 - 370/1800] \times 100\%$$
$$\approx 52.73\% - 20.56\%$$
$$= 32.17\%$$

由此可以判断，产品采用新包装有利于提高销售量。

有控制组的事前事后实验设计，是对上述两种实验方法的结合，其优点是可以控制外来因素对实验过程的影响，可以反映实验前后的变化程度。缺点是在进行消费者行为、态度测量时，将会受到调查者、受访者态度的相互影响及实验前后调查者与受访者人员变动的影响。

4. 所罗门四组实验设计

所罗门四组实验的设计思想与有控制组的事前事后实验设计相似。为了控制所有干扰变量对实验的内在有效性的影响，可以通过加入第二个实验组和对比组，进行六次测量，即两次事前事后测量和两次事后测量，被称为"最理想实验模型"。它实际上是由有控制组的事前事后实验设计和有控制组的事后实验设计结合而成的，其基本思路如下：第二个实验组不接受预先检测，否则与第一个实验组没什么区别，第二个对比组只接受后期测量。所罗门四组实验设计如表 8-5 所示。

表 8-5　所罗门四组实验设计

项目	实验组 1	对比组 1	实验组 2	对比组 2
事前记录	Z_1	Y_1	—	—
实验处理	有	—	有	—
事后记录	Z_2	Y_2	Z_2	Y_2

实验效果的检测可以有三种方式：

$$E = (Z_2 - Z_1) - (Y_2 - Y_1)$$
$$E = Z_2 - Y_2$$
$$E = Z_1 - Y_1$$

如果在这些测量中实验效果有一致性，即发现效果都比较显著，那么对实验处理影响所得出的推断更加有力。但是，按照上面的实验方法，还应注意因为实验单位的不同，也会产生一些误差。另外，寻找在各方面都相同或极其类似的实验单位在实际操作中有很大的难度。有时可以将对比组与实验组在实验一次以后互相交换再试一次来抵消误差，但除非是为了要求非常精确的实验结果，这种办法不太常用，因为它所耗费的时间太长。在这种情况下，往往对实验方法进行一些变通，如只用 1 个月时间在两组商场分别销售新、旧包装的食品，第 2 个月再相互交换，观察记录两个月中两组商场销量的变化是否相同，变化情况有多大。

（二）正规实验设计

当实验单位很多，市场情况比较复杂时，按主观的判断分析选定实验单位就比较困难，这时可采用随机抽样法选定实验单位，这种方法称为正规实验设计。正规实验设计必须在各阶段抽样上遵循随机原则，然后再根据分析研究的目的，利用相应的统计学方法进行信息处理与分析。正规实验设计的方法很多，这里介绍两种重要的正规实验设计。

1. 单因素实验设计

单因素实验设计就是在实验设计中只选择一个影响因素作为实验因子，通过几组样本的同类观察数据的统计分析比较，得出实验开始前所做的假设是否能够成立的结论。这种设计的所有实验单位都是完全采用简单随机抽样抽取的，使众多的实验单位被选中的概率相同，从而保证实验结果的准确性。单因素实验设计在统计处理上是不同的，如果只有两种处理，就用 t 检验方法来检验两种处理之间的差异。如果是两种以上的处理，则先用一元方差分析来检验各处理之间差异是否显著，若 F 检验不显著，说明各种处理之间无显著差异；相反，若 F 检验显著，说明各种处理之间的确存在差异，在此基础上可进一步采用 t 检验方法对每两种处理之间的差异进行检验。

2. 多因素实验设计

多因素实验设计是在实验设计中引进两个或两个以上的因素，这些因素是定类或定比变量。若目标变量受到几个实验因素变动的影响，就要采用多因素随机实验设计方法，它的优点是可以研究因素间的交互作用。当一个因素对因变量的影响依赖于另一个因素的水平时，就可能发生这种交互作用。多因素实验设计的统计处理过程与单因素实验设计的处理过程类似，对因变量的整体影响效应、交互作用效应及各个单因素的效应均可通过 F 检验进行检验。只有当交互作用效应不显著时，才对主要因素进行检验，可获得比较准确的结论（具体方法见第十章第三节中方差分析的相关内容）。

对于实验对象的代表性及测量上的随机性所产生的影响，一部分可以在实验设计时加以控制和消除。例如，通过实验组与对比组比较的方法来消除一部分外来因素的影响，通过科学方法选择实验对象来消除代表性偏差。另外，还有一部分剩余下来的不可控制因素和随机误差，是实验设计者没有能力加以消除的，它们形成了最终实验误差。实验误差的存在，会影响到实验结果的可靠性。为了说明实验调查结果误差的大小和其可靠程度，可以利用统计分析的方法加以测定。一般在正规的市场实验中，实验的组织者都需要测量实验误差的大小，以保证实验调查结果的准确性和可信度。但是，由于正规实验所需要的费用多、时间长，且操作技术较为复杂，所以一般的实验调查较多地采用非正规实验。非正规实验一般不需要做实验误差的测量。这样做虽然实验的结果稍欠精确，但由于节省费用和时间，操作简单，所以在市场调查中使用较为广泛。

四、市场测试

市场测试又称为市场试销或小规模市场实验，是利用实验的方法对一种新产品或营销组合的某种要素进行测试，即将产品投放到一个典型的市场上进行有限规模的销售并测定销售结果。这样制造厂家在进行全国性或区域性大量销售活动之前，或者说在其将承受大量开支之前，就能够收集到各种市场情报和对产品不同质量的反应。研究的目的是通过提供一种真实市场的测试，来评估产品和营销计划，协助营销经理确定产品在全国推广后得到的估计利润是否超过潜在风险，从而对全新产品做出更好的决策，并对现有的产品策略或营销战略进行调整。

市场测试经常用于新产品的开发。在市场竞争日益激烈、消费者越来越喜新厌旧的今天，没有新产品的企业是注定要被淘汰的，然而新产品的开发和推广往往带有很大的风险。如何降低和规避风险是企业开发新产品必须面对的问题，在新产品上市前进行市场测试是降低风险的一种有效手段。一种新产品开展大范围营销活动以前，先在一个或几个地区（一般为城市）进行测试，以推断一旦展开全面营销活动以后可能的后果。当然，试销并不局限于新产品，它还常常被用来评价价格变化、新式包装、分销渠道的变化和不同的广告战略。大部分市场测试的主要目的有两个：一是确定新产品在市场上被接受的程度；二是对几种相互可以替代的营销组合进行测试，找出效果最佳者。另外，它还有一个附加作用，即发现营销管理中的问题和新的市场机会。

（一）进行市场测试前须考虑的因素

市场测试的费用很高，还有可能泄密，竞争对手很可能仿效测试公司的做法，并抢先进入全国性分销渠道，所以在进行市场测试之前，先确定是否需要进行市场测试，应从以下几个方面考虑。

（1）将失败的风险、测试成本、成功的可能性及相关利润进行比较。如果不进行市场测试，新产品直接上市失败会严重损害公司的声誉，还会损害分销渠道其他成员的声誉并影响公司与之今后合作的可能性。在一些情况下，市场测试即使失败，也可能比直接上市新产品成本低。可以将测试成本与不进行测试直接进入市场失败后导致的成本相比较，如果直接进入市场失败后导致的成本高，而且又不能完全确定成功的可能性，那么就应该考虑市场测试。反之，如果直接进入市场失败后导致的成本低，而且产品失败的风险也小，那么不用市场测试而直接进入市场可能是合适的战略。

（2）竞争者仿制产品并推向全国市场的可能性和速度。如果一个公司由于试销而延迟了全国性的推广，那么竞争者就可能会发现这个实验并且"读出"试销的结果，公司因此将承担暴露给竞争对手新产品或营销计划的风险。如果竞争者发现产品很容易模仿，它就可能在全国性市场内抢先推出仿制品，使产品的原创公司遭受巨大损失。如果产品能轻而易举地被复制，最好直接将产品推向全国市场而不必进行市场测试。

（3）试销市场的人口规模、收入水平、职业分布、生活方式、心理特征及其他市场属性都应该加以考虑，这些信息有助于企业改善产品的营销战略。了解目标消费者的心理和生活方式的特征，能帮助营销者创造出更有效、更有影响力的媒体计划，也能为如何进行产品定位和确定吸引顾客的促销手段提供有价值的参考。

（4）市场测试的控制。试销的控制方法是在一个小城市进行"迷你试销"，控制商场分销或者是强制性分销。一个专门从事市场测试的调查公司负责完成整个试销任务，包括向零售商的最初销售、仓储、分销及试销产品的货架摆放。调查公司向零售商支付货架占用费，以确保被选中的那些具有代表性的商场能顺利进行分销。

（5）进行媒体隔离。试销区域以外的广告可能会对试销产生干扰。另外，当广告所覆盖到的消费者因为生活在测试区域之外而不能购买到广告中的产品时，为此付出的广告费用就得不偿失。

（二）市场测试的步骤

一旦决定进行市场测试，那么按市场测试的步骤进行将有利于提高测试的效率。市场测试的步骤如下。

（1）确定测试目标。包括估计市场份额和销售量、决定产品购买者的特征、决定购买的频率和目的、决定在什么地方购买、测量新产品的销售对产品线和现有相似产品销售的影响程度。

（2）选择测试市场。确定市场测试的目的后，就要选择适合既定目标测试方法的类型。有三种可行的基本类型可供选择，即标准的市场测试、控制的市场测试、模拟的市场测试。测试市场的选择是很重要的决策。在选择测试市场时，应确保市场测试结果能被用到产品销售的整个地区。

（3）制订详细的测试计划。确定了目标和基本的测试方法后，就要制订详细的市场测试计划，制定分销决策必须保证提供适当的产品，而且出售具体产品的方式在大多数商场是可行的。另外，用于测试的营销计划必须详尽地加以规定。应当以市场定位为依据，根据目标市场消费者的特性，制订合适的商业广告计划、价格策略、媒体计划及促销活动等。

（4）执行计划。有了合适的计划后，下一步就是执行计划。测试商场中所有品牌在上述几个方面的信息，将其列表并加以分析，调查人员可以据此研究测试产品与其他品牌的关系，同时确定出测试产品的相对优势和劣势。测试应持续足够长的时间，起码能够观察到重复购买行为。竞争者反应的预期速度和进行测试的成本是另外两个需要考虑的因素。如果有理由预计竞争者对正在从事的活动迅速地做出反应，那么测试时间应尽可能缩短。最后，必须考虑到从测试中获得的附加信息价值与继续进行测试的成本之间的关系。在某些情况下，测试的成本有可能超出所获得的附加信息的价值。如果测试成本过高，就要考虑修改市场测试方案。

（5）分析测试结果。测试结束后，主要是对根据市场测试目标所收集的数据进行分析。尽管在实验进行过程中也评估所产生的数据，但是在实验完成之后，必须进行一次更详细、更彻底的数据分析，从而做出是否将新产品投放市场的决定。主要从四个方面进行研究，即购买数据、认知数据、竞争反应、销售来源。根据这些估计，企业可以对产品或营销计划进行修订，决定终止该产品的上市还是推动产品进入全国或地区分销系统。

五、模拟市场测试

目前，实验调查使用越来越普遍的测试方法是模拟市场测试。它并不是真实市场测试，它是指在实验室以外的某个场合，利用实验室的方法和条件，营造一个与实际市场比较接近的环境而进行市场调查的方法。这种方法介于实验室实验和市场测试之间，临时市场可以借用商场的一个局部作为实验场所，更多的是在一个经过挑选的其他场合，如大学的广场、礼堂或者会议厅等。典型的模拟市场测试包括以下几个步骤。

（1）在购物商场里拦截顾客。在实验中，消费者被领入一间测试室，要求完成一份有关人口统计特征、购买实践及新产品类别的购买行为调查问卷。根据使用类别进行筛选，或从新产品的目标市场获得有代表性的消费者样本来参与一系列的实验。

（2）让消费者观看竞争环境中的新产品测试广告。这些广告在实际电视节目中播放，其中包括许多属于产品类别中的现有品牌的商业广告，也有一些其他种类的产品和服务的商业广告。其目的在于测试环境要尽可能地现实，而并不仅仅是覆盖产品类别中的每一种品牌。

（3）模拟市场测试的参与者被给予在现场或实验室环境中购买新产品的机会。把参与者组成小组进入模拟商场。在节目中做了广告的品牌和一些测试实验内没有包括的其他竞争品牌都可以在这个商场找到。给予受测试者一定数量的金钱或代金券，让他们在这家"商场"购买东西，但所给的钱要低于测试产品的价格。之后要求他们根据自己的喜好进行购物（或决定不购买）。很显然，要想购买测试产品就需要他们加上一部分钱。在这个测试中，只有那些受到品牌特征和用途的强烈吸引的受测试者才会加钱去购买产品。

（4）让参与者讨论他们的选择及做出选择的原因，同时填写覆盖同样问题的结构化问卷。在完成讨论和设计选择原因的问卷调查后，受测试者回到家中，按平时的习惯使用他们购买的产品。

（5）在经过足够长的一段时间后，打电话给受测试者或登门征询他们使用产品的态度，以确定他们对产品的评价和再次购买的可能性。值得注意的是，受测试者事先并没有被告知会再次回访他们。回访跟踪调查是为了了解：①对自己所选产品的感觉如何；②其他家庭成员对产品有怎样的反应；③对产品的满意程度；④是否满意的原因；⑤对所选产品与其他曾经用过的同类型产品进行比较；⑥使用产品的数量、频率；⑦如果产品在市场上可以买到的话，他们是否已购买了更多的产品，以及将来他们购买此产品的可能性。

（6）将先前做出的试用和重复购买的估计值输进数学模型，用来预测产品在全国上市的份额和销售量。另外，管理层必须提供关于广告、分销和为新产品提出的营销战略中的其他要素的信息。

模拟市场测试以更低的成本、询问数据和数学模型来模拟市场测试结果，该数学模型用来进行销售量的估计，并提供评价产品特性和预期营销组合的信息。导致模拟市场测试日趋普及的主要原因包括：其一，保密性好。由于采用的是实验室设计，竞争者并不太可能了解正在进行什么测试、测试的细节及有关测试的产品的特性。其二，比标准市场测试进行得更快。通常最多 3~4 个月就能全部完成，而标准的市场测试则需要更长时间。其三，比标准市场测试更省钱。最重要的一点，已有证据表明模拟市场测试非常精确。

☆思考练习题

一、问答题

1. 什么是实验法？实验法有哪些优缺点？
2. 进行市场测试前须考虑哪些因素？
3. 简述模拟市场测试的步骤。

二、思考题

试对观察法和实验法进行比较。

➤实训题

以组为单位，完成下列任务：

某公司欲推出一款新的洗发水，但不知道推出之后反响如何，所以想做一个市场测试。在做市场测试之前应该注意哪些问题？请为该公司编写一份市场测试计划。

第九章　调查资料的整理

学习目标

通过本章的学习，熟知调查资料整理的一般程序；掌握问卷编码和数据录入技术；了解调查资料的描述方法；掌握 Excel 及 SPSS 软件的操作技术，并能运用其进行问卷资料录入及统计图表制作。

调查资料的整理，广义上是指在对调查资料进行统计分析之前要做的所有准备工作，包括对定性资料的分类、简化，对定量资料的汇总和分组等。随着现代市场调查越来越趋向将定性资料量化研究和普遍应用计算机进行统计分析，汇总、分组、制表等许多工作被划入后序的计算机统计分析中。因此，调查资料的整理主要是指把调查中收集到的资料转换为适合汇总制表和数据分析形式的过程，它包括资料收集完毕之后、做分析之前对资料进行加工处理的所有活动，主要是检查资料中潜存的错误、将数据资料转化为数字形式，录入数据、核查、对不完整的数据进行插补及将资料变成计算机的数据文件，对数据资料进行分组、汇总、制作图表（图 9-1），等等。在此，以纸质问卷为例，简要说明调查资料处理的过程。

问卷初审 → 问卷校订 → 问卷编码 → 数据录入 → 数据核查 → 数据存储 → 数据整理 → 列表制图

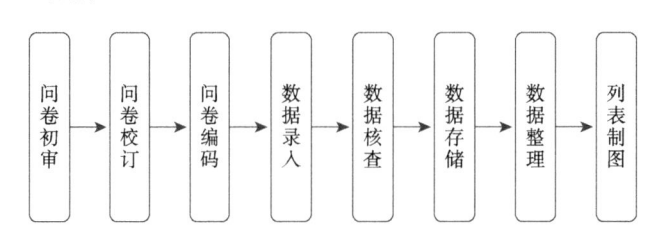

图 9-1　调查资料整理的一般程序

第一节　调查资料的预处理

市场调查主要是通过调查问卷获取相关资料，问卷收回标志着现场调查阶段结束，开始进入资料处理阶段，这是一项烦琐、细致且费时的工作，它决定着下一步调查资料分析工作的质量和效率。

调查资料的预处理主要包括问卷初审、问卷校订及问卷编码三项工作。

由于调查问卷是一批一批收集上来的，故调查资料的预处理是从收回第一批问卷就开始进行操作，督导员或审查员对回收的问卷逐个进行审核、校订，这样做的好处是一旦发现问题,即可迅速提醒现场调查人员及时修正或补充调查。

一、问卷初审

为了确保每份要进行数据录入分析的调查问卷都是有效的,对回收的问卷进行初步审核是市场调查特别是数据整理过程中必不可少的步骤。

1. 登记与编号

现场调查之后,对各个访问员提交上来的问卷进行登记编号。负责接收问卷的人员一般要事先设计好一定的表格,用于登记交来的问卷。表格上的项目一般包括调查员姓名、调查地区、调查实施的时间、提交的日期、实发问卷数、未答或拒答问卷数、丢失问卷数、合格问卷数及合格问卷的编码区间等。其中重要的是,在登记之后要及时在问卷表面上编号或注明调查员和调查地区等,否则大量的问卷混在一起,一旦在审核中发现问题就难以确定是哪个地区的哪个调查员出的问题。

2. 查验存在问题

对于访问员当天完成并交回的问卷,要组织专人及时进行面审及电话复核,主要是对回收问卷的完整性和访问质量进行检查。完整性是对访问员和受访者的疏忽、遗漏、错误进行检查,如是否有缺损、是否填写齐全、是否有答案模糊不清的问卷。访问质量是指审核访谈是否按照规定的方式进行、受访者是否符合过滤条件、是否遵循了规定的跳问路线、开放式问题的答案是否真实合理、受访者是否真正接受了调查、访问员有没有造假行为等,目的是要确定哪些问卷可以接受,哪些问卷要作废。这些检查一般是在调查进行的过程中就已经开始,多为人工操作。

3. 筛选出无效问卷

如果现场作业交由外界专门机构来完成,无论是入户调查、购物场所的拦截调查还是电话访谈,通常在所有现场调查结束后,调查机构或客户都要对每位访问员所做的调查问卷进行复查,复查的比例一般为10%~20%。在进行问卷审核时应当注意以下两个要点:第一,制定若干规则,使检查人员明确问卷完整到什么程度才可以接受。例如,至少要完成多少,哪一部分是应该全部完成的,哪些缺失数据是可以容忍的,等等。第二,对于每份看似完成了的问卷都必须彻底地检查,要检查每一页和每一部分,以确认访问员(或受访者)是否按照指导语进行了访问(或回答)并将答案记录在了恰当的位置上。

通常,一份不合格的调查问卷有以下特点。

(1) 问卷缺损,如个别页码丢失或页面破损。

(2) 问卷的回答不完全,即有相当多的部分没有填写。

(3) 受访者没有理解问卷的内容而错答或是没有按照指导语的要求回答的问卷。

(4) 答案几乎没有什么变化,如在五级量表中都选择了中性答案。

(5) 由不符合要求的其他人填写的问卷。

(6) 由于调查人员的记录不准确而造成的模糊答案,特别是对开放性问题。

(7) 前后矛盾或有明显错误的问卷,如某人年龄为56岁,职业却是中学生。

一般情况下会有一些审核人员难以判断的问卷，这些问卷应该先放在一边，通知研究人员来检查以决定取舍。因此，通常建议审核人员将问卷分成三部分：可以接受的；明显要作废的；勉强接受但是通过追访等措施还可以再利用的。

如果有配额的规定或对某些子样本有具体的规定，应将可以接受的问卷分类并数出其数量。如果没有满足抽样的要求，就要采取相应的措施，如在问卷校订之前对不足份额的类别再做一些补充访问。

二、问卷校订

问卷校订是为提高调查资料的准确度而进行的审查，这个阶段实际上就是在筛选出的合格问卷中找出不满意的答案，并对这些不满意答案进行处理的过程。

1. 检查不满意的答案

为了提高问卷的准确性，对初步可接受的问卷再做进一步的检查和校订，找出属于下列情况之一的答案。

（1）记录模糊不清，尤其是开放式问题，访问员由于记录速度过快造成字迹潦草模糊，不易辨认。

（2）模棱两可，如把"√"打在两个答案之间等。

（3）不符合作答要求，如对某些要求单选的封闭式问题却选择了多个答案，或在问卷上随意画个大钩，一笔带过若干问题，或出现跳答错误等。

（4）前后矛盾或有明显的逻辑错误，如从未使用过某产品，却对该产品的功效表达使用后的感受。

（5）受访者不符合要求，如在调查某些针对性较强的产品的使用效果时，无关人员成为受访者。

2. 处理不满意的答案

对于上述不满意的答案，通常有三种处理办法。

（1）返还现场。对于那些存在个别不合格答案或漏答的调查问卷，返还调查现场。例如，对于一份出现漏答某个关键问题的问卷，通常要求访问员对受访者进行重访，以补充未答的问题。

（2）按缺失值处理。如果不便于重访或重访会使调查成本大幅度增加，假如问卷中不合格答案数目不是很多，那么审核人员可以找出问卷中的不合格答案当作缺失值，以便在进一步的数据处理中避开这些被遗漏的信息，保留剩余的有用信息。

（3）作废。如果某份问卷中不合格的答案数量较多，可当作废卷处理，适用于这种情况的前提条件如下：①样本容量足够大；②这类受访者占样本容量的比重较小（如少于 10%）；③缺少对关键变量的回答；④在较为明显的特征上如人口统计学特征、产品使用特性等方面，不合格的受访者与令人满意的受访者之间几乎不存在差异。

需要注意的是，不满意的问卷与满意的问卷之间一般都会有差异，而将某份问卷（某个受访者）指定为不满意的问卷也可能是主观的。找出遗漏值或将受访者剔除，都可能会使数据产生偏差。因此，当研究者决定要丢弃不满意的问卷时，应向客户报告识别这些问卷的方法和作废的数量。

三、问卷编码

目前市场调查工作一般采用电子计算机汇总处理技术，在对资料进行编码后录入计算机，再通过 Excel 或 SPSS 等软件进行处理。为了充分利用问卷中的调查数据，提高问卷的录入效率及分析效果，在问卷数据录入之前，须对问卷选项进行编码。编码就是对一个问题的不同答案给出一个计算机能够识别的数字代码的过程，以便录入和制表。在同一道题目中，每个编码仅代表一个观点，然后将其以数字形式输入电脑，将大量文字信息转换成一份数据报告，使信息更为清晰和直观，以便对数据进行分组和后期分析。

编码可以在设计问卷时进行，也可以在资料收集结束后进行。通常，问卷中的问题有两类：一类是封闭式问题，即在提出问题的同时，列出若干可能的答案供受访者选择；另一类是开放式问题，即不向受访者提供回答选项的问题，受访者使用自己的语言来回答问题。封闭式问题的每一个答案在设计问卷时就有了代码，叫预编码或前编码；开放式问题的答案一般是在调查结束后根据答案的具体情况再编定代码，叫后编码。问卷调查中大部分是封闭式问题，因此编码比较方便，一般只要按问卷中相应的数字来规定变量和编码即可。编码设计的具体内容包括问卷代码、变量的定义（名称、类型、位数、对应问题等）及取值的定义（范围、对应含义等）。

一份调查问卷的结果通常表现为文字型和数字型两大类，其中文字型包括二项式选择问题、单项选择问题、多项选择问题、排序问题、开放式问题、连线问题等调查结果；数字型包括百分比、绝对数等。数字型可直接录入数据；文字型则需要进行事前或事后编码，且不同类型的调查结果有不同的编码表现。此外，无论是数字型还是文字型，都有可能碰到调查数据缺失等情况，也同样需要事先编码。

（一）问卷代码编码

问卷代码是对调查问卷基本背景信息的编码，目的是在数据分析中发现异常数据时可以核对原始问卷，查看产生数据异常的原因，以便对数据进行正确处理。对问卷代码进行编码可以采用两种方式。

第一种方式是将各类信息统一在一个编码中，通常表现为问卷编号。问卷编号包括三个部分，即空间范围、受访者类型及问卷顺序号。每个部分需要预留几位应根据一项调查中各部分最大可能的位数来确定。例如，全国有 34 个省级区域，因而代码为 2 位；一个省区市内市级区域不会超过 100 个，因而代码为 2 位；同理，县代码一般为 3 位，受访者类型代码根据调查所需的分类详细程度一般取 2~4 位；问卷顺序号编码根据该区域调查样本的数量来确定，百份以内取 2 位，千份以内取 3 位。例如，一份仅面向北京地区高校的调查问卷代码为"01160608"，开头代码"01"代表北京大学，后面两位数字"16"代表具体班级，再后面数字"06"代表调查人员的编号，最后两位数字"08"代表调查员在这个班级收到的第 8 份问卷。

第二种方式是调查问卷编号只是调查顺序号，其他背景信息如调查地区、地点、样本类型、调查员、督导员等在调查问卷中另外设置选项，各个选项单独编码。这种编码方式相对比较简单清晰，不容易出错。

此外，为了管理方便，还可以编制调查开始时间、结束时间和合计时间的代码，调查完成情况的代码，调查员和调查结果评价的代码，复核员和复核意见的代码，等等。所有这些都是对问卷分类和处理的依据。

（二）封闭式问题的编码

大多数问卷中的封闭式问题都已在事先设计好答案，给每个答案一个代码。通常，事先编码的问卷将每个答案的编码都印在问卷上。因为有些问题的答案范围研究者事先是知道的，如性别、学历等，在问卷中以封闭式问题的形式出现，受访者回答问题时只要选择相应的现成答案就可以了。

1. 二项式问题的编码

二项式问题是指只有两个选项的问题，如对于是否问题，用1代表是，2代表否；如性别问题，一般用1代表男，2代表女。

2. 单选问题或量表的编码

无论这种问题或量表有几项备选答案，受访者只能选择其中的一项，这时仅涉及一个变量，变量值即选项号码。例如：

请问，您选购电冰箱时最注重哪个因素？（可以用1~6分别代表6个选项）

　　①□制冷效果好　　　②□容积大　　　③□外观漂亮
　　④□耗电少　　　　　⑤□噪声小　　　⑥□维修方便

对于可选择答案在1~9个的，编码只给一个数字就足够了，超出10个的，则给两位数字，如01、02、…、12。对于未答项（又称为缺失值）和无须回答的问题，如因受访者未婚，无须回答子女教育开支的有关问题，无须编码，更不能按0值处理，否则会造成重大信息失真，在系统录入时会自动按缺失值（空白）处理。

3. 多选问题或量表的编码

多选问题需要使用多个变量来表示，编码的常用方法之一如下：所设立的变量个数与问卷提供的选项个数相同，即每个选项就是一个变量，每个变量取值都是0或1，如果受访者选择该项，则变量值取1，否则取0。例如：

请问，您是通过哪些渠道了解手机品牌的？

　　①□电视广告　　　　②□销售专柜
　　③□报纸广告　　　　④□商品展销/促销活动
　　⑤□广播广告　　　　⑥□网站
　　⑦□户外广告　　　　⑧□朋友介绍

这个问题的答案有8个选项，编码时可将8个选项看成8个变量，用1表示选择了该项答案，用0表示没有选择该项答案。若该问题的答案顺序从左到右、一行一行排列，那么当某份问卷结果的编码是"00110100"时，表示该受访者勾选了第3个、第4个和第6个答案。

4. 等级顺序量表的编码

等级顺序量表的编码同样设立多个变量，编码的常用方法之一是变量个数即选项个数，按照选项的顺序排列，分别定义各变量为对应选项所排次序号，取值为次序号。把每个序位当作一个变量，而需要排序的那些选项作为每个变量的取值。下面这个例子在某份问卷中是第3个问题，有7个选项要排序。

请将下列影响您选择航空公司的因素按照重要性排序，1代表最重要因素，2代表次重要因素，以此类推，请在各因素后面的横线上标出您的顺序。

因素	所排顺序
①航班时刻	_____
②票价	_____
③声誉	_____
④安全	_____
⑤服务	_____
⑥机型	_____
⑦常旅客计划	_____

编码时将"选择航空公司时考虑的最重要因素"作为第一个变量，记为"Q301"；取值可为航班时刻、票价、声誉、安全、服务、机型、常旅客计划中的任何一个，可分别编码为1、2、3、4、5、6、7。同理，可将"选择航空公司时考虑的次重要因素""选择航空公司时考虑的第三重要因素"等依次作为第二个、第三个变量等，记为"Q302""Q303"等，而每个变量的取值都与"Q301"相同，同样也编码为1、2、3、4、5、6、7。若某份问卷结果的编码是4、2、5、7、3、1、6，则表示该受访者认为安全是选择航空公司的最重要因素，票价是次重要因素，最不重要的因素是机型。

（三）开放式问题的编码

对于开放式问题或封闭式问题中的"其他"项及个别填空题的编码，只能在调查已经实施、问题已经作答之后，再根据受访者的答复来决定类别的指定代码。由于事先不知道这些问题有多少类答案，需要事后抽查部分调查问卷，对抽查结果进行统计后才能初步确定其编码，对此可按照以下步骤进行：①列出所有答案。②将所有有意义的答案列成频数分布表。③从调查目的出发，确定可以接受的分组数。④根据拟定的分组数对整理出来的答案进行排序，结合主观判断合并意思相近的答案，并对明显相同的答案统计其出现的次数；在符合调查目的的前提下，保留频数较多的答案，然后把频数较少的答案尽可能归并成含义相近的几组，以"其他"来概括那些难以归类的答案。⑤为所确定的分组选择正式的描述词语。⑥根据分组结果制定编码规则再进行编码。

例如，在对某市电脑消费者需求的调查中，其开放式问题是"您为什么选择××品牌的电脑？"，研究人员浏览所有受访者的答案后，将购买电脑品牌的原因，列出答案如下（假设有15个样本）。

（1）该品牌知名度高；

（2）买这个品牌的人多；

（3）主要是品质不错，还实惠；
（4）售后服务不错；
（5）价格便宜；
（6）该品牌质量好；
（7）购买时有很多优惠活动；
（8）在朋友店里低价拿的；
（9）孩子喜欢它的造型；
（10）性能好，耐用；
（11）设计轻巧，好看；
（12）大家都说这个牌子好，所以就买了；
（13）没有想过为什么；
（14）不知道，随意买的；
（15）好像没有什么特别的原因。

若对 300 个人询问，可能会得到五花八门的答案，如果不进行归类处理就很难进行分析，所以可将一些意思相近的答案归到某一类中，从而分析消费者购买该品牌电脑的主要原因。可将上例的答案分为 6 个类别，如表 9-1 所示。

表 9-1　消费者购买某品牌电脑的原因

回答类别描述	回答归类	分类的数字编号
品牌知名度高	1，2，12	1
质量好	3，6，10	2
价格便宜实惠	5，7，8	3
外形好看	9，11	4
售后服务好	4	5
不知道	13，14，15	6

如果样本量很大，编码时可从全部问卷资料中随机抽取 20%来确定答案类别。注意不要设太多类别，答案类别过多会掩盖研究对象在该项目上的本质特征，并且一些类别上的回答者比率小于 5%对分析没有太大的意义。

对于数字型开放题，如年龄、收入等，要求尽量使用直接回答的数字作为编码，变量取值为该数字。例如，某个受访者年龄填答为 36 岁，就直接用 36 作为编码。变量所占字节数可以根据事先预计的数字最大值的位数确定。设计编码时取变量名为 NL，所占字节为 2，小数点位为 0，取值范围为 0~60 或 99（99 表示该题选项缺失）。当为数字型问题设计编码时，根据取值范围可以核对该题的回答有无明显错误，是否合乎逻辑。此外，根据问卷的填写要求，对变量统一规定格式，如小数位数、计量单位等，以便数据的对比分析。开放式问题也可以通过数据分析时的关键词检索来实现归类。此外，编码还需要考虑数据录入软件对数据记录的要求。

没有答案，即漏答或不愿意回答的问题，应该当作缺失值，缺失值可以直接用空白表示，数值型变量的缺失值切记不能用数字 0 表示。

（四）制作编码对照表

在对问卷中的所有答案进行编码以后，通常要制作编码对照表（编码手册或编码簿），用以说明各种符号、代码的含义。因为在市场调查中，通常都有大量变量名称及数码的意义，如果不制作一本手册，录入时则很可能会忘记它们所代表的含义，查阅起来也不方便。编码手册一般包含以下信息。

（1）代码序号。代码序号是指代码的顺序号，为了便于录入时查询，一般按照该代码在一份问卷中位置的先后顺序排列。

（2）变量的名称及变量说明。变量是指问卷中的问题；相应问卷题号是指变量属于问卷中的第几题，便于查询原来的题意；变量名称是指变量的代号，代号便于计算机识别和统计操作，列入编码簿可使研究者便于根据代号查询其含义。

（3）变量性质和位数。变量性质和位数是编写问卷录入程序与设计数据分析程序的重要依据，特别是开放式问题必须根据问题答案的性质和所有可能慎重确定。变量性质按照计算机录入的要求通常分为文本型（字符型）变量、数值型变量、时间型变量、备注型变量、判断（是否）型变量，其中需要特别注意的是，数值型变量是直接输入数值，是未来要直接参与计算的变量，如受访者的年龄、月收入、月支出、当月销售量等开放性问题，需要事先估计好最大可能的值从而决定变量的位数。位数过大，会增加计算机占用的存储空间；位数过小，在录入时一旦问卷调查获得的数据超过设定位数就会造成差错。另外，用于输入文本的开放式题目，变量位数一般默认的长度是 255 个字符，如果估计录入的文本量比较大，就应当设计成备注型变量。注意有些变量是以数字形式表示的文本，如问卷代码，在制作编码表时应注明变量性质为文本型。

（4）编码说明。编码说明是对不同代码含义的进一步说明，也是问卷调查时填写的说明，表明各代码代表受访者的何种反应。例如，某次针对电脑用户开展的市场调查，涉及 4 个城市，每个城市对 16~60 岁的 500 个样本量进行问卷调查，制作的编码表如表9-2所示。

表 9-2　电脑用户调查问卷编码表

代码序号	变量名称/说明	变量性质	变量位数	编码说明
1	BFZBH/被访者编号	文本	3	从 001 到 500
2	CSBH/城市编号	文本	1	1=北京，2=上海，3=广州，4=成都
3	FYBH/访员编号	文本	2	从 01 到 50
4	Q1XB/被访者性别	是否	1	1=是，2=否
5	Q2NL/被访者年龄____岁	数值	2	按照被访者实际年龄填写
6	Q3XL/被访者学历	文本	1	1=小学及以下，2=初中，3=高中，4=大专，5=本科，6=研究生及以上
7	Q4SR/被访者月收入	数值	5	按被访者实际月收入填写（单位：元）

续表

代码序号	变量名称/说明	变量性质	变量位数	编码说明
⋮	⋮	⋮	⋮	⋮
17	Q14/购买电脑时考虑的因素（限选3项）	文本	1	1=性能，2=品质，3=外观，4=品牌，5=价格，6=售后服务，7=其他
18	Q15/产品销售不是靠广告而是靠口碑	文本	1	5=非常赞同，4=赞同，3=无所谓，2=不赞同，1=很不赞同
19	Q16/对电脑系列产品降价的态度	文本	1	5=肯定购买，4=会买，3=说不准，2=不会买，1=肯定不买

在大多数较为复杂的市场调查中，制作编码表是一项必要的程序。有了编码表之后，储存于计算机中的资料含义就更清晰。在目前常用的SPSS统计软件中，编码表其实就是在变量视图中要设置的内容，编码表的主要内容需要设置到各个变量的属性中，以便直接在统计结果中体现出来。

至此，所有的问卷已经成为编辑完好、核对无误、编码清楚的有效信息载体，可以转交给数据录入人员。

第二节　数据录入

数据录入是将调查的结果转换成有序存储的数据，以便使用数据分析软件进行分析，从而获取有效信息的过程。

数据录入包括录入软件选择、录入设计、录入校验、数据录入、数据存储五个环节。根据录入方式不同，数据录入分为独立录入和直接录入两种类型。独立录入是指调查人员与录入人员分离，由录入人员独立进行问卷数据录入。直接录入是指调查人员在调查的同时实现数据录入。

目前在调查领域大量采用以后台数据库为基础、信息化程度较高的计算机辅助电话调查、CAPI调查、网络在线调查及基于移动终端的面访调查等调查方式，这种方式取消了独立的数据录入环节，提高了调查的效率，越来越受到调查行业的青睐。但是，直接录入因缺少第三者验证环节，增加了在录入过程中产生差错的可能性。因此，直接录入对数据录入设计——特别是数据有效性和变量间逻辑关系验证的设计提出了更高的要求。

一、录入软件的选择

在市场调查领域目前使用较多的数据录入软件主要有 SPSS、Excel 等，大型调查数据录入则采用以 SQL Server、Oracle 等大型数据库为后台的、专门设计的软件。数据录入软件不但能存储数据，而且可以通过事先对数据属性和数据间关系的设计，在录入过程中对录入的数据进行有效性验证和逻辑性检查，避免数据录入过程中出现某种类型的错误，如录入无效的编码等。同时，对于调查问卷中经常出现的条件跳转回答问题的录入也能进行很好的控制，从而最大可能减少录入错误。

Excel 是微软公司的一款电子表格软件，是 Microsoft Office 电子办公软件套装的其中一个组成部分。Excel 具有与其他 Office 套件相似的操作界面、方便的计算功能和图表工具，为最流行的个人计算机数据处理软件。Excel 最大的优点是普及率高、界面友好、简单实用，可以与 Word、PowerPoint 等协同使用。从数据分析功能看，其主要缺点是相对 SPSS 软件统计分析功能较弱，适合做简单的统计分析，对海量数据分析速度较慢。

SPSS 原名社会科学统计软件包，是由美国 SPSS 公司在 SPSS/PC+的基础上发展起来的大型通用专业统计分析软件。2009 年，IBM 公司收购 SPSS 公司，并将软件更名为 IBM SPSS，如今 SPSS 已更新至 25.0 版本，并推出了简体中文版[1]。SPSS 能够对多种来源的不同类型数据进行全面而深入的统计分析，可以快速生成分析报表、创建多种统计图形，具有强大的统计分析功能。该软件界面友好、简单易学，被广泛应用于各类数据分析行业和教学科研部门。

在市场调查中，SPSS 主要适合对随机变量的分析。SPSS 的基本功能包括数据管理、统计分析、图表分析、输出管理等。SPSS 统计分析过程包括描述性统计、均值比较、一般线性模型、相关分析、回归分析、对数线性模型、聚类分析、数据简化、生存分析、时间序列分析、多重响应等几大类，每类中又分为几个统计过程。相较于 Excel，SPSS 在对基础数据的整理方面不如 Excel 来得更方便，如数据的多重分组、数据透视关系分析等。

二、数据录入设计

数据录入设计是根据所选择的录入软件的特点，针对一项具体调查问卷中的问题及类型、各个问题之间的关系，对问卷数据录入的顺序、方法、逻辑验证关系进行设计的总称。录入设计的结果是设计一张可以每一行录入一份问卷全部调查内容并便于分析软件处理的表格。录入设计是数据录入的关键环节，决定着数据录入的效率和后期数据分析的成败。为了保证录入后的数据结构能够正确反映问卷各题之间的关系并满足数据分析软件的需要，不同的软件录入对调查数据的要求和方式基本相同，大致分为录入设计、数据试录入与分析测试、正式录入数据三大阶段。这里以 SPSS 为例，介绍调查数据录入的步骤、方法和应该注意的问题。

（一）录入设计

录入设计主要包括常用调查题型的变量设置、变量属性设置、定义变量之间的关系三项内容。一般按照问卷中需录入内容的先后顺序逐项设计。

1. 常用调查题型的变量设置

一张标准的数据录入表就是一张数据库表，有以下要求：整张表不允许有合并的单

---

[1] 本书中有关 SPSS 的介绍和使用以 IBM SPSS 20.0 中文本为准。

元格；第一行为标题行，每一列应有不同的标题名（数据库称为字段名、统计表称为变量名），每一列具有相同的属性，每一行（数据库称为一条记录）为一个个案，是一份完整问卷的所有内容，一次调查有多少份问卷就应有多少行记录。

录入设计的第一步是设计需要哪些变量，也就是录入表格第一行的内容，应根据问卷中每一个问题特征和要求设置变量。

（1）开放式题型（填空题）的设置。这类题应按照1个空设置1个变量，填写内容为文本时变量类型为"字符串"，度量标准为"分类变量"；填写内容为数量时变量类型为数值型。

（2）单项选择题型的变量设置。单项选择题按1个题1个变量设置，文本型选项主要用于分类，属于分类变量；数值型选项主要用于计算，属于连续变量。

（3）多项选择题型的变量设置。多项选择题一个题有多种选择，因此需要设置多个子变量。多项选择题大致分为限制选项个数和不限制选项个数两种类型，应分别采用不同的变量设置。限制选项个数的多项选择题应按限选的个数设置子变量个数，每个子变量的标签值按题中的选项设置。不限制选项个数的多项选择题按选项个数设置子变量个数，每个子变量的标签值均设为二分变量，就是将每一个子变量的标签值均设置为"1=是""0=否"，即选中该项和不选中该项。

多项选择题型的变量属于无序分类变量。当为一个多项选择题设定多个子变量名时，尽量采用"题号_下划线_子变量序号"格式，这会为后期对多项选择题进行数据分析时建立多重响应集提供很大方便。

（4）排序类题型的变量设置。市场调查中经常会遇到对给出的多个选项进行排序的题目，这类题按题目中允许的排序数设置子变量个数，每个子变量的标签名均为该题中的所有选项，变量值为序号。排序类题型属于等级量表，其变量属于有序分类变量。

（5）配对比较类题型的变量设置。配对比较类题型大致分为两种。第一种是要求从已给出的两两配对中选择更倾向的一方，这种题型本质上是一种特殊的排序。这类题目在设置变量时应按配对选项的个数设置子变量个数，子变量标签值均为二分变量值，即是或否，"是"表示选择两者中的前者，"否"表示选择两者中的后者。第二种是在两个选项序列中进行画线连接，调查的目的是从多种可能的配对中选出最受受访者喜欢的配对类型。对这类问题应按第一列选项的个数设置子变量个数，按第二列选项的个数设置子变量标签值。

（6）对多个因素进行评分类题型（量表题）的变量设置。这种类型的题目应按选项的个数设置子变量的个数，子变量类型为数值型，子变量标签值按题目选项设置，但需注意标签值应从高到低排列，以便使分值大小的顺序与评价高低的顺序相同。例如，满意度调查中采用李克特五级量表时，标签值应设为"5=非常满意"，"4=满意"……"1=很不满意"；若题目选项量表要求在选项后直接填入评分数值时，标签值无须设置。

所有变量设置完成后点击保存，选择文件保存路径，输入文件名，SPSS将保存为"*.sav"格式的独立数据文件，即完成录入程序的初步设计。

2. 变量属性设置

变量确定后需要为每一个变量设定其相关属性，即录入表每一列的属性设置。编码表是定义变量属性的依据，可以按上节所述的编码表设置变量属性。在 SPSS 中需定义的变量属性有"变量名称"、"变量类型"、"数据格式"、"字符宽度"、"标签名称"、"标签值"及"对齐方式"等。

3. 定义变量之间的关系

一份问卷中的题目之间总是存在某种逻辑关系、计算关系等，如对游客的拦截访问问卷中，没有过夜的游客就不应产生住宿费，本地游客不应产生长途交通费；在对商场出入的顾客调查时，没有购物的顾客就不应产生购物支出；在对病人的调查中，男性病人不应产生妇科检查；等等。这些逻辑关系都应体现在变量间关系的设置上。变量间关系设置是为了建立起变量之间的正常逻辑关系或数量对比关系，以避免在数据录入过程中产生逻辑错误或数量关系错误。这种校验关系需要使用表达式或建立验证字段来实现。

（二）数据试录入与分析测试

数据试录入是在数据录入设计完成后，用少量实际完成的调查问卷进行验证性录入，在试录入中测试和校验变量属性设计是否正确、变量间逻辑关系是否正确、录入顺序是否顺畅及测试数据录入效率的全过程。录入校验的目的是检验数据录入设计的正确性和是否达到最佳的录入效率。根据试录入的数据进行主要分析测试，看能否达到分析的要求；根据校验的结果，对数据录入设计进行必要的修改和优化。

1. 问卷数据试录入

试录入前，参加录入的人员应熟悉问卷和编码，特别是问卷中每个题对应的变量名、子变量名和变量的标签值。为了尽可能减少数据录入时发生错误，应两人配合录入，其中一人读出应录入的信息，另一人根据读取的信息输入数据，同时重复听到的信息。

问卷的数据录入应注意以下几点。

（1）读问卷的人应按问卷中问题的顺序逐个读出，不要跳跃。

（2）录入数据时应读出问题的序号和回答的内容对应的编码信息——变量值，而不是直接读选项。例如，假定某份问卷"学历"选择的回答为第 5 项"本科"，本题变量名为 Q3，与选项"本科"对应的变量标签值为 5，因此，读问卷信息的人员应读"Q3，5"，而不是"学历、本科"。

（3）问卷录入时需要注意数值型变量的 0 值与缺失值的区别。例如，一个在调查期间没有工作的人，没有收入，那么劳动报酬收入应为缺失（空格），而不是 0；一个人在调查期间有工作，但当月收入因故被全部抵扣，其收入应为 0，而不是缺失（空格）。

图 9-2 显示的是问卷录入完成后的部分数据视图。在每份问卷数据录入完成后，注意及时保存数据文件。

	BFZBH	CSBH	FYBH	Q1XB	Q2NL	Q3XL	Q4SR	Q5ZC
1	001	1	01	1	24	5	4500.00	3500.00
2	002	1	01	2	22	4	2600.00	2500.00
3	003	3	03	2	36	5	5400.00	3200.00
4	004	1	01	2	25	4	2600.00	2600.00
5	005	2	02	1	45	4	3900.00	3200.00
6	006	4	04	1	62	3	3600.00	2100.00
7	007	3	03	2	19	3	2400.00	2400.00
8	008	2	02	1	24	5	2800.00	2600.00
9	009	1	01	1	36	5	3700.00	3300.00
10	010	3	03	2	32	6	4500.00	3600.00

图 9-2 数据录入界面图

2. 变量间逻辑校验

在录入问卷数据时，可以故意录入具有逻辑错误的值，检验录入程序能否做出反应。如果程序没有反应，则说明逻辑校验设计有问题，应及时找出问题所在并及时修正。

3. 数据分析测试

利用试录入的部分数据进行试分析，测试变量设置是否能够满足数据分析的需要。分析测试除了做一些简单常规分析测试（如单变量频数分析、交叉频数分析、描述性统计分析等）外，还应选取最接近调查目的的分析内容和方法进行测试。如果在测试中发现变量字节长度、变量类型、度量标准存在问题，要及时进行调整，然后再正式开始录入数据。

录入测试无误后，将录入文件命名并存储，即可分发给多个录入小组同时开始正式录入。

（三）正式录入数据

正式录入的过程与试录入完全相同。正式录入时，因为已对录入程序进行了验证，可以将数据文件复制几份，以不同的文件名分发给若干录入小组同时录入，录入完成后将各组录入的数据进行合并，这样可大大提高数据录入的速度。若使用 SPSS 录入数据，全部问卷录入完成后，在主文件上依次点击"数据"→"合并文件"→"添加个案"，可以将分组录入的数据合并到一个数据文件中。其他数据录入软件可以通过追加数据记录来实现数据合并。

需要提醒的是，为了避免录入过程中产生错误，通常采用以下两种措施。

1. 程序自动识别

在设计录入程序时全面考虑字段的属性及字段与字段之间的关系，设置好字段的有效性规则和记录的检验规则，以便在问卷录入过程中及时发现存在的问题。

2. 双机分别录入

用两台计算机同时录入原始数据，然后将录入结果进行比较。完全相同的可视为录入正确，如出现不一致的地方则认为录入出现了差错，可调出原始问卷进行仔细核对。

至此，数据录入过程完成。

三、数据导出

由于不同的数据分析软件具有不同的特点和功能，为了使录入的数据能够在不同的软件中使用，往往需要导出数据。SPSS 可以将数据直接导出到已建立好的数据库中，或通过"另存为"存储成 Excel、1-2-3rel、dBASE、SAS、Stata 等不同格式的数据，最常用的是导出为 Excel 格式数据。从 SPSS 中导出数据的方法如下：点击"文件"→"另存为"，在所打开的对话框中根据需要输入文件名，选择需要导出的变量和文件类型，如果导出的数据为 Excel 格式，还可以根据需要勾选"保存值标签而不是保存数据值"，图 9-3 是从 SPSS 导出的 Excel 数据表。

	A	B	C	D	E	F	G	H
1	BFZBH	CSBH	FYBH	XB	NL	XL	SR	ZC
2	001	北京	01	男	24	本科	4500	3500
3	002	北京	01	女	22	大专	2600	2500
4	003	广州	03	女	36	本科	5400	3200
5	004	北京	01	女	25	大专	2600	2600
6	005	上海	02	男	45	大专	3900	3200
7	006	成都	04	男	62	高中	3600	2100
8	007	广州	03	女	19	大专	2400	2400
9	008	上海	02	男	24	本科	2800	2600
10	009	北京	01	男	36	本科	3700	3300
11	010	广州	03	女	32	研究生及以	4500	3600

图 9-3 从 SPSS 导出的 Excel 数据表（保存标签值）

第三节 数据核查

在大量数据录入的过程中，不管组织如何严密、工作如何认真，即使在录入程序中设置了检验规则和数据有效性规则，差错仍有可能出现，为此，在正式开始数据分析之前需要进行查错。问卷录入后的错误主要有逻辑错误、数据缺失错误、奇异值错误。这里主要介绍如何通过一定的技术手段查找已录入问卷数据中的错误及其处理的方法。

一、变量属性错误

变量的属性错误在问卷录入中比较常见。例如，"性别"字段的取值范围是 1（男）、2（女）和 9（未回答）。如果出现了 3、4、5 等其他值，则说明超出了变量的正常取值范围。又如，"电话区号"应为文本但录成了数值型，致使前导字符"0"在所有记录中全部消失；"家庭月收入"应为数值字段但因变量属性设置时设置成了文本字段，以致数据录入后无法进行合计；"日期"字段的"年份"超过了千位，"月份"数超过了"12"；等等。

变量属性错误产生的原因通常是问卷录入设计时未能正确定义变量属性和验证提醒。可以通过检查和修改变量属性并设置出错提醒来解决，这样在数据录入发生错误时就可以及时提醒，也可以在数据录入完成后进行数据验证的过程中发现并及时改正。

SPSS 中可以采用分析数据的分布特征来发现逻辑错误。如果发现本不该有的数值出现在有效列内即可判定为属性错误，如某项调查只在 4 个城市进行，但城市编号的频率分布中出现了 5，显然在城市编号变量中录入的数据是有错误的（图9-4）。

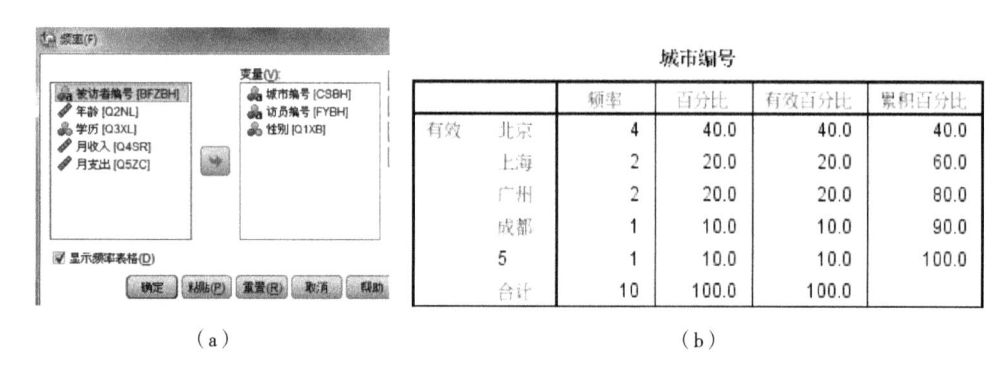

图 9-4　单变量逻辑错误检验

二、逻辑错误的检验与处理

1. 逻辑错误的类型

变量间逻辑关系错误表现为以下两种变量间的逻辑关系不匹配：一是样本结构上的逻辑错误，如年龄为 20 多岁的离退休人员。二是回答内容上的逻辑错误。例如，不喜欢某个品牌的受访者，在后面又对该品牌进行了赞美评价；回答从不收看某个频道节目的受访者在同一问卷上又选择了对该频道播出节目很感兴趣的答案；等等。

2. 逻辑错误的检验

变量间逻辑错误检查有多种方法，在 SPSS 中可以采用选择个案查找存在逻辑错误的样本。其方法如下：依次点击"数据"→"选择个案"，在弹出的主对话框［图9-5（a）］中的右侧选择"如果条件满足"并点击"如果"，打开条件对话框［图9-5（b）］，在右上方输入框内输入查找的条件。本例中查找年龄小于等于 20 岁，同时已大学毕业的样本，输入完成后点击窗口下方的"继续"返回主界面，在右下方输出选项中选择"将选定个案复制到新数据集"并输入一个文件名，如"错误样本"，点"确定"，SPSS 会自动新建一个名称为"错误样本"的数据文件［图9-5（c）］，其中就选出了年龄小于等于 20 岁同时已本科毕业的样本。然后可以据此查阅原始问卷，并加以处理。

(a)　　　　　　　　　　　　　　　　(b)

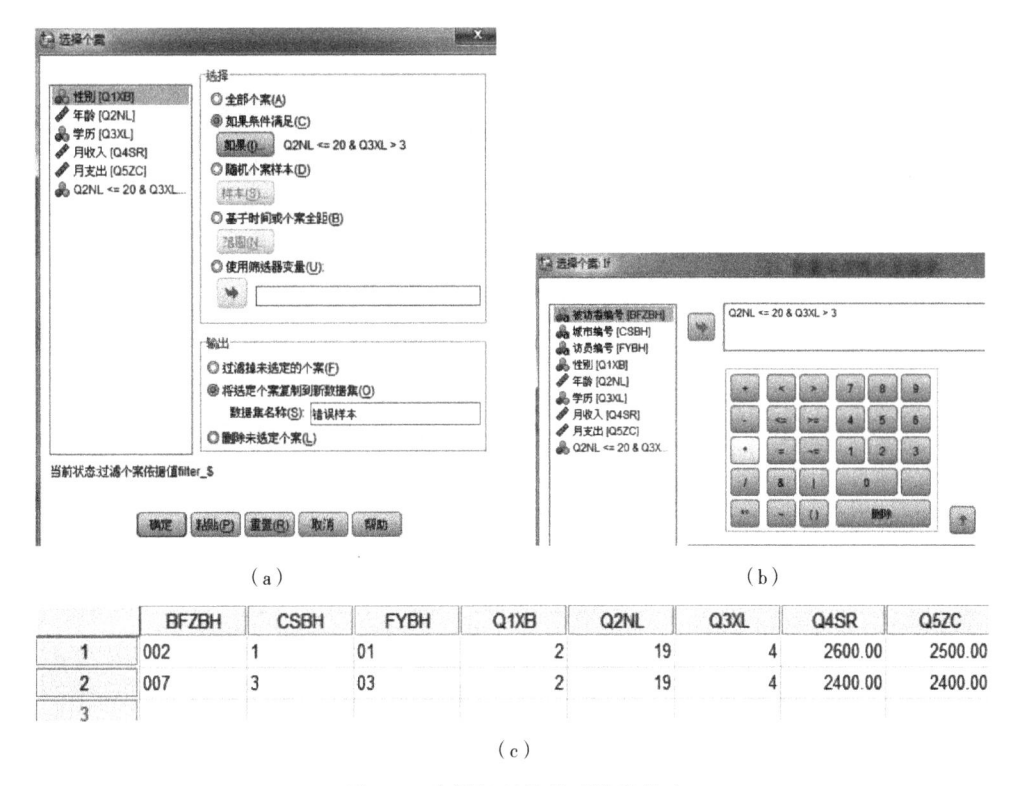

	BFZBH	CSBH	FYBH	Q1XB	Q2NL	Q3XL	Q4SR	Q5ZC
1	002	1	01	2	19	4	2600.00	2500.00
2	007	3	03	2	19	4	2400.00	2400.00
3								

(c)

图 9-5　变量间逻辑关系错误检验

查找变量间逻辑关系错误的方法还有很多，如建立辅助验证字段、建立交叉表、数据删选、Excel 中利用数据透视表建立分组表等。

3. 逻辑错误的处理

发现逻辑性错误先要判断是偶发性错误还是普遍性错误。偶发性错误须根据记录找出原始问卷对照检查错误所在，并予以纠正。普遍性错误则需要仔细跟踪检查录入程序，特别是字段有效性规则、表间关系的表达式是否正确、函数使用是否得当，从而重新检查和修改录入程序。此外，也可能是问卷设计存在重大缺陷，因此造成普遍性错误，这时就要考虑重新设计问卷，废弃当前的调查结果，重新进行调查。

三、数据缺失错误的检验与处理

数据缺失错误，是指由于受访者没有给出明确的答案或调查员没有记录下他们的答案而造成的某个变量值的缺失，也称为缺失数据或缺省数据。

1. 数据缺失的类型

一般有以下几种情况会产生数据缺失。

（1）回答者不知道问题的答案。
（2）回答者拒绝回答有关问题。
（3）回答者答非所问。

（4）访问员疏忽漏问此问题，因此受访者没有回答。
（5）受访者忘记填写该题。
（6）受访者提供了答案，但答案存在逻辑错误。
（7）录入时发生了差错，未及时纠正。

如果全部问卷均出现某个项目数据严重缺失，则可能是问卷设计不当。

2. 数据缺失的处理方法

（1）个案删除法。在缺失数据的个案比重较小，并且缺失数据的个案与总体数据的分布没有太大差异的条件下才能采用这种方法。

（2）部分排除法。部分排除法是指在数据分析时，并不删除有缺失数据的问卷，而是在进行数据分析时只排除缺失的变量值，即做某种计算时仅针对没有缺失变量值的个案。只有在样本容量较大，存在缺失数据的个案数较少而且变量之间不是高度相关时，才比较适宜使用这种方法。

（3）插补法。插补法也称插值法，是指利用其他数值来代替缺失数据，最典型的做法是使用变量的同类均值代替对应变量某些个案的缺失值。由于该变量的平均值会保持不变，那么其他的统计量如标准差和相关系数等也不会受很大的影响。另外还有回归估计、随机抽样和最近距离确定等方法，用回归模型计算值替代缺失数据比用平均值替代更准确。

（4）加权调整法。加权调整法是指使用加权系数对存在的缺失数据进行调整，以减少缺失数据的影响，此法的实质是加倍使用有效变量值。

在 SPSS 中可以采用数据转换处理缺失值（图 9-6），其中，Q5ZC_1 变量即插补了缺失值的新变量。

图 9-6 SPSS 中的缺失值插补

在选择处理缺失数据的特定方法时，要充分考虑可能出现的各种问题。不同的缺失数据处理方法可能产生不同的结果，特别是在缺失数据不是随机出现及变量间的相关程度较强的情况下。因此，应当使变量值的缺失率保持在最低水平。

四、奇异值的检验与处理

奇异值也称离群值，是指数据表中某变量的部分记录值明显不同于该变量下的多数记录的数值。例如，在"您的月平均收入"变量中，绝大多数的值为 4~5 位数，突然有一个值高达 6 位数，这就是奇异值。奇异值被定义为一个观测值或一组观测值，它的夸大作用常常会歪曲统计结果。

1. 奇异值产生的原因

（1）录入数据时操作失误，如无意中多敲或少敲键盘。
（2）受访者回答问题时将计量单位搞错，录入时未仔细检查。
（3）有可能真实情况就是如此，抽样时抽到了有极端值的样本。

2. 奇异值的检测

奇异值的检测最常用的方法是通过绘制散点图进行检验。在数据表中，选中需要检测的数据列的全部数据，点击插入散点图即可快速建立一个散点图，奇大、奇小的数据点会明显凸显出来。将鼠标移到图中的奇异值点上，会显示记录所在的行，即可找到奇异值的位置。

在 SPSS 中可以采用探索性分析绘制箱形图来寻找奇异值或离群值，箱形图可显示所选变量的分布，其中远离箱体的奇异值按照个案编号标注出来。奇异值是指与四分位数全距在 1.5~3 倍的个案变量值，在图中用"○"表示；极端值是指与四分位数全距在 3 倍以上的个案变量值，用"☆"表示。图 9-7 中，11 号样本的月收入值为奇异值，月支出值为极端值。

图 9-7　SPSS 中奇异值检验

3. 奇异值的处理

经与原始问卷对比，奇异值如果是错误的，改正错误即可。如果属于真实情况，为避免极端值对调查结果造成偏移的影响，可以采用以下方式处理：在样本量较大时可以将这个样本剔除；在样本量不是很大，又不想失去这个样本的其他信息时，可以用这个变量的全部样本或同类样本的平均值代替原始值。

第四节 调查资料的整理与描述

对问卷资料进行编码、录入、核查完成之后，录入人员将录入的调查数据以数据库的形式存放在计算机里。在对数据进行分析之前，最好还要使复杂的数据简单化、通俗化、形象化，数据的图表就是达到这一目的的有效方法。分析人员将调查数据进行整理、分组、汇总，并用图表的形式表现出来，便于比较和分析研究。图表具有直观、形象、生动、具体的特点，让人一目了然，具有较强的说服力。通过对应的图表，可以迅速了解数据的整体情况，获得相关的信息与结论。

一、调查资料的分组整理

市场调查所得的原始资料往往是杂乱无章的，无法发现其中隐含的规律，也不便于进一步分析利用。调查资料分组整理就是根据调查数据分析任务的要求和受访者总体的内在特点，把受访者总体按某一标志划分为若干性质不同但又有联系的组成部分的过程。通过分组，可以为揭示受访者总体内部的构成及分析各部分之间的依存关系奠定基础。

对调查资料进行分类或分组，关键是要区分所面对的变量及数据类型。调查资料分组是按照某个标志（变量）的性质分为按品质标志分组和按数量标志分组。品质标志是说明受访者的性质或属性特征的，它反映的是每个受访者在性质上的差异，不能用数值来表现，如受访者的性别、职业、文化程度等。数量标志反映的是受访者在数量特征上的差异，如年龄、月收入、月消费支出等。

（一）按品质标志分组的方法

按品质标志分组一般比较简单，分组标志一旦确定，组数、组名、组与组之间的界限也就确定了。例如，将受访者按"性别"这个品质标志分组，必然分成男、女两组。调查数据按照品质标志分组的结果，通常通过频数分布表、条形图、柱状图、饼图等图表形式展示。

（二）按数量标志分组的方法

按数量标志分组远比按品质标志分组复杂得多，这是因为按数量标志分组的目的是不但要确定各组在数量上的差别，而且要通过数量变化的临界点来区分各组的不同类型和性质。采用按数量标志分组的方法时，需要考虑以下几个方面的因素。

1. 选择分组形式

数值型变量可以是离散变量也可以是连续变量。

对于离散变量，如果变量值的变动幅度小，就可以单个变量值对应一组，称为单项式分组；如果变量值的变动幅度很大，变量值的个数很多，则把整个变量值依次划分为几个区间，各个变量值则按其大小确定所归并的区间，这样的分组称为组距式分组。离散变量根据情况既可用单项式分组，也可用组距式分组。在分组时，相邻组的组限可以重叠也可以不重叠。

连续变量由于不能逐一列举其变量值，只能采用组距式的分组方式，且相邻组的组限必须重叠。在相邻组组限重叠的组距式分组中，若某单位的标志值正好等于相邻两组的上下限的数值时，一般把此值归并到作为下限的那一组，称为"上限不在内"原则。

此外，对变量分组时大多数情况下采用等距分组，也可以采用不等距分组，这取决于研究对象的性质特点。在标志值变动比较均匀的情况下宜采用等距分组，便于各组单位数和标志值直接比较，也便于计算各项综合指标。在标志值变动很不均匀的情况下宜采用不等距分组，更能说明现象的本质特征。

2. 编制频数分布表

这里以连续型变量的等距分组为例，说明编制频数分布表过程。

（1）确定组数。组数的确定应以能够显示数据的分布特征和规律为目的。在实际分组时，可以按照斯特奇斯（Sturges）提出的经验公式来确定组数 K：

$$K = 1 + \frac{\lg n}{\lg 2}$$

（2）确定组距和组限。每组区间的距离称为组距，组距两端的数值称为组限。其中，每组的起点数值称为下限，每组的终点数值称为上限。组距是一个组的上限与下限之差，可根据全部数据的最大值和最小值及所分的组数来确定，即

组距=（最大值-最小值）/组数

组中值是上下限之间的中点数值，代表各组标志值的一般水平。组中值并不是各组标志值的平均数，各组标志数的平均数在调查资料分组后很难计算出来，常以组中值近似代替。组中值的计算是有假定条件的，一般情况下，组中值=（上限+下限）/2。对于表述为"多少以下"（称为下开口组）和表述为"多少以上"（称为上开口组）的开口组，组中值的计算可参照邻组的组距来决定，即开口组组中值=组限±（邻组组距/2）。

（3）统计各组的频数并整理成频数分布表。调查资料经过分组整理之后，就可以进行数据分析，最终将分析结果绘制成统计表和统计图，以便更直观、形象、生动地反映调查研究对象总体的特点和规律。随着现代市场调查普遍应用计算机进行统计分析，分组、汇总、制表、制图等许多工作被划入后续的计算机统计分析中。

二、统计表的制作和使用

统计表是表现数据资料整理结果的一种重要方式，其形式各种各样，它能够简明地描述资料的特性及不同资料之间的关系，对数据进行解释更直观和容易，也便于进行比较分析。

（一）统计表的构成要素

统计表一般包括以下要素。

（1）序号。在表的左上方，一般以文章或书本中出现的先后顺序列出。

（2）标题，即统计表的名称，概括统计表的内容，写在表的上方居中位置。

（3）横行标题。横行的名称，即各组的名称，写在表的左侧第一列，也称为主词。

（4）纵栏标题。纵栏的名称，即指标或变量的名称，写在表的上方第一行，也称为宾词。

（5）指标数值。列在横行标题和纵栏标题交叉对应处。

（6）表注。在表的下端，用以对该表的补充及注解，或说明表中数据的来源等。

有时为了编排的合理和使用的方便，主词和宾词的位置也可以互换。

（二）统计表的类型

按照主词是否分组，可将统计表分为简单表、简单分组表和复合分组表。

1. 简单表

主词未经任何分组的统计表称为简单表，简单表的主词罗列各类指标的名称，宾词为具体的指标单位及指标值，如表9-3所示。简单表主要用于同时展示处于平行地位的各项指标的值。

表9-3　某项调查的主要结果

项目	单位	数额
样本总量	个	1600
月平均购买次数	次	8
每次购买平均花费	元	165
平均每次购买的种类	种	5

2. 简单分组表

主词只按一个标志进行分组形成的统计表称为简单分组表，如表9-4所示。简单分组表主要用于反映总体的构成。

表9-4　某项调查顾客月购买额

性别	购买金额/元	比重
男	912 384	43.2%
女	1 199 661	56.8%
合计	2 112 045	100.0%

3. 复合分组表

主词或宾词同时分组的统计表称为复合分组表或交叉分析表，简称交叉表，如表9-5

所示。复合分组表是市场调查数据分析常用的分析表之一，主要用于展示观察的现象按两个标志分组的交互关系。

表 9-5　某项调查复合分组表　　　　　　　　　　单位：元

性别	未婚	已婚	合计
男	209 840	702 544	912 384
女	503 850	695 811	1 199 661
合计	713 690	1 398 355	2 112 045

各种分组表既可以用来展示样本单位的分布，也可以用来展示调查数据分析的结果。前者统称为频数分布表，后者统称为统计分析表。

（三）用 Excel 制作统计表

作为专业的电子表格工具，Excel 制作图表既方便快捷又美观，因而成为制作各类图表的常用工具。Excel 制作图表非常简单，在制作表格时，先选定需要制表的单元格区域，点右键"设置单元格格式"，打开设置对话框（图 9-8），即可对该区域的数字格式、对齐方式、字体字号、边框类型、单元格填充颜色等进行全面设置，完成后点击"确定"即完成表格的格式设置。需要注意的是，习惯上统计表格不设两侧的边框竖线，即两侧边框是不封口的。

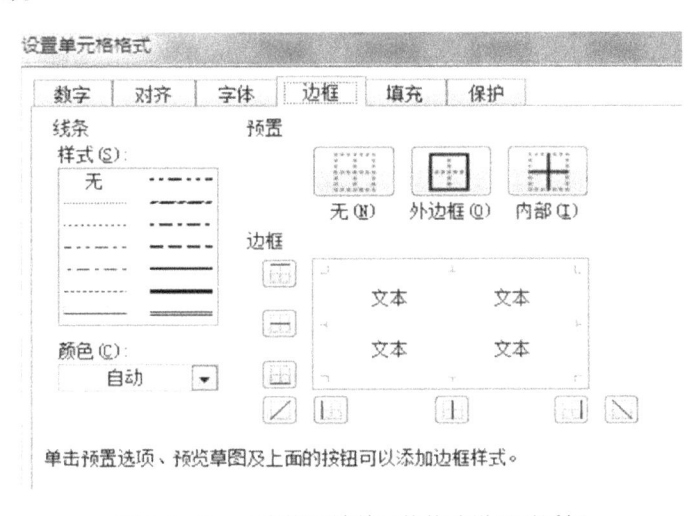

图 9-8　Excel 表格区域单元格格式设置对话框

三、统计图的制作及应用

统计图是统计资料的另一种常用表达方式，以圆点多少、直线长短、曲线起伏、条形长短、柱状高低、圆饼面积、体积大小、实物形象大小或多少、地图分布等图形来展示调查数据。用统计图展示调查数据具有"一图抵千字"的表达效果，因为图形能给人以直观而明确的印象，能揭示现象发展变化的结构、趋势、相互关系和变化规律，便于表达,常用于宣传、讲演、广告和辅助统计分析,但统计图能包含的统计项目较少,且只能显示出调查数据的概数,故统计图常配合统计表使用。图示的主要种类有条形图、饼形图、折线图等。

(一)统计图的要素

完整的统计图应该包括六个要素,即图号、图名、图目、图尺、图形和图例(图9-9)。

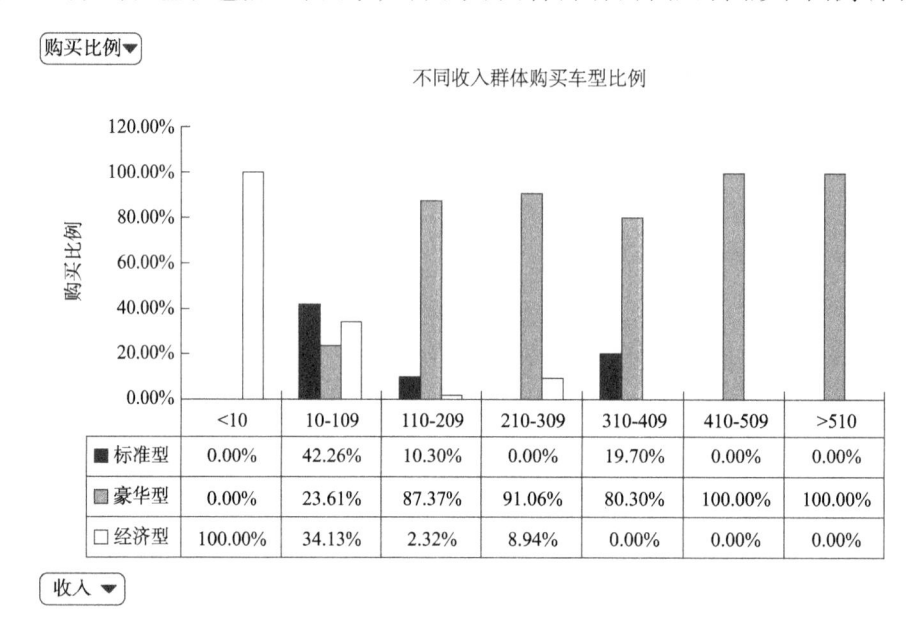

购买比例▼

不同收入群体购买车型比例

	<10	10-109	110-209	210-309	310-409	410-509	>510
■标准型	0.00%	42.26%	10.30%	0.00%	19.70%	0.00%	0.00%
▨豪华型	0.00%	23.61%	87.37%	91.06%	80.30%	100.00%	100.00%
□经济型	100.00%	34.13%	2.32%	8.94%	0.00%	0.00%	0.00%

收入 ▼

图 9-9 图表要素示例

本图个别数据经过舍入修约,数据之和不为100%

(1)图号。图的序号,以图在调查报告中出现的顺序来确定。

(2)图名。统计图的名称,是对图示资料内容的概括。通过阅读图名,读者能很快明白图形的含义。图名一般与图号一起写在图的最下方。

(3)图目。在统计图的横坐标上所用的单位名称。

(4)图尺。在统计图的纵坐标上用一定的距离表示数据的单位。图尺可以是计数单位,也可以是百分比单位。

(5)图形。图的主要部分,可以由线或面构成。在表述不同的结果时,用不同的图形线或面加以区别。图形的制作要求是使整个图形和谐、美观、均衡。

(6)图例。表明图中各图形的含义,通常位于统计图的右侧或底部,目的是帮助读者理解图形所表达的内容。

(二)统计图的类型

统计图的种类很多,常用的主要有柱形图、折线图、饼形图、散点图、雷达图等。统计图可以采用手工制作,也可以采用电脑作为辅助工具进行制作。计算机技术的发展不但提高了图形的绘制速度,而且可以使各种统计图形绘制得更加准确和精美。一些常用的统计软件包和电子图表软件都具有强大的图形处理能力，可以快速生成花样繁多且质量很好的图形。Excel 提供了强大的制作统计图功能，内置 11 种标准图形，每种图形又包含 2~19 种子图，用户还可通过图表工具的设计、布局、格式子菜单进行进一步美化。此外，Excel 制作的图形与制作图形的数据区域动态相关，可实现数据即改、图形即现。

在 Excel 中制作统计图的方法如下：选中需要制作图的表格区域，点击菜单中的"插入"，在图表区域选择常用图形，或点击图标区域右下角的小箭头打开图像选项对话框（图 9-10），从中选择图形类型和子图形。

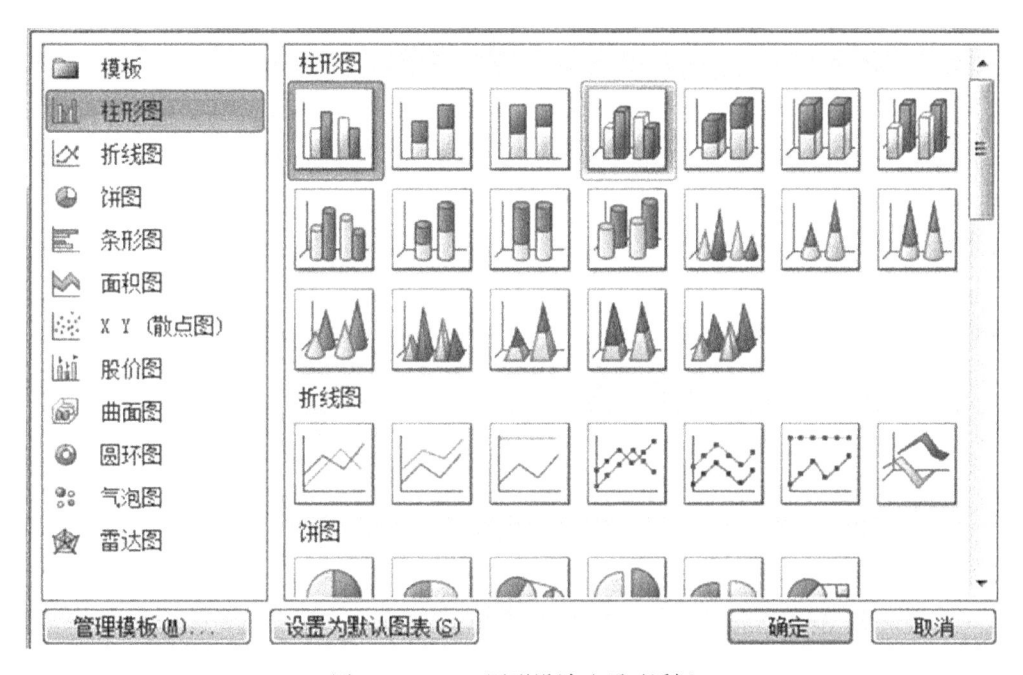

图 9-10　Excel 图形设计选项对话框

当初步制作好的图形需要修改时，点击选中图形，菜单栏就会出现"图表工具"菜单及子菜单，如图 9-10 中的小图，可根据需要对图形进行更多美化处理。例如，在"设计"子菜单下，可以对原图形的类型进行更改，可以重新选择图表中的数据、修改图表的布局、修改图形配色的式样；在"布局"子菜单下可以对图表的各类标签、坐标轴进行增补、删除、修改，在"格式"子菜单下可以对图表中的字体、字号、配色进行修改。

1. 柱形图

柱形图是采用柱的长度来描述不同类别之间数据的差异，包括简单柱形图、复式柱形图、百分比堆积柱形图、多行三维柱形图等多种类型。

（1）简单柱形图。简单柱形图用以反映一个变量在不同类别间的数值差异，横轴表示类别，类别可以是分类变量也可以是分组后的数值型连续变量；纵轴表示数量，数量可以是绝对量也可以是相对量。简单柱形图一般用于简单统计表数据的图形展示（图 9-11）。

图 9-11　简单柱形图示例

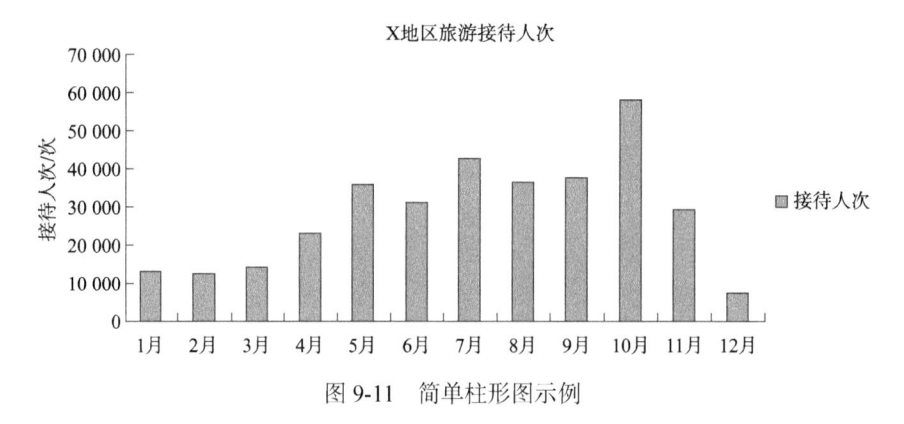

（2）复式柱形图。复式柱形图用以反映多个变量在不同类别中的数值差异。复式柱形图一般用于交叉表中数据的图形展示（图 9-12）。

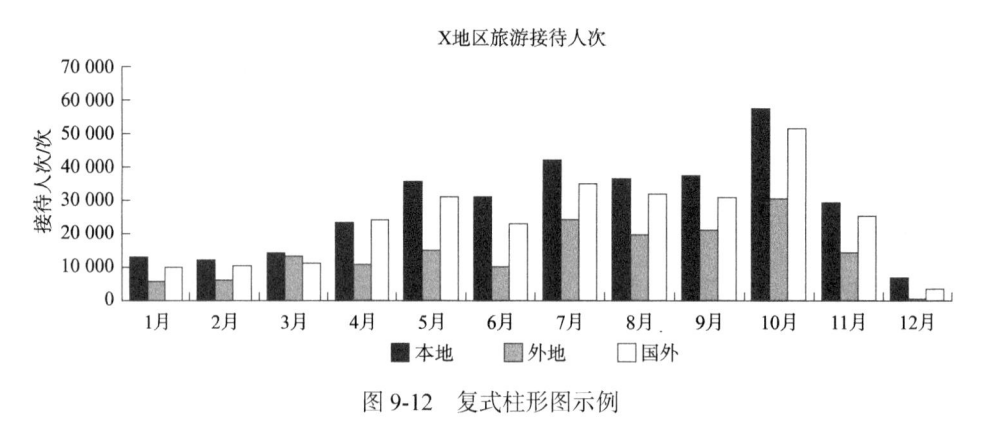

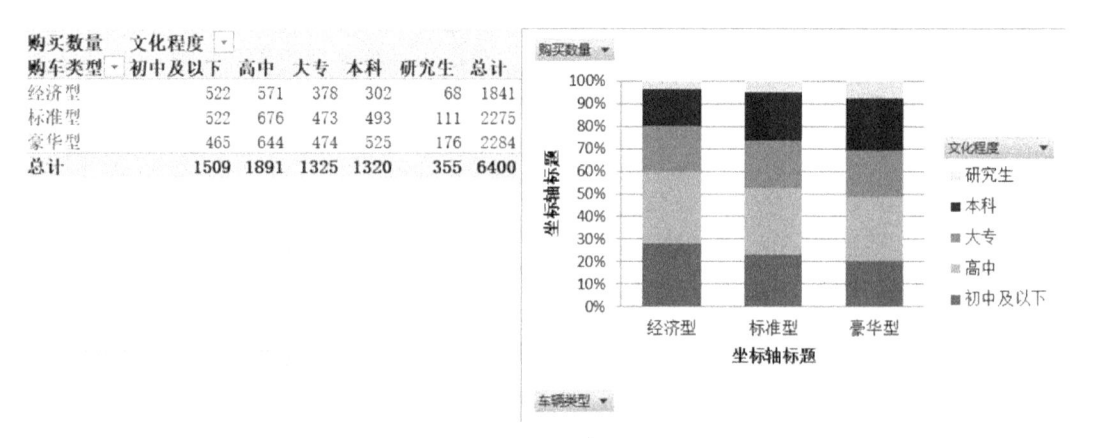

图 9-12　复式柱形图示例

（3）百分比堆积柱形图。百分比堆积柱形图是复式柱形图的另一种表示方式，它将不同类别的数据堆积起来反映相应类别的数据占总计的百分比，一般用于反映不同类别的频率。需要注意的是，当在 Excel 中制作百分比堆积柱形图时，原始数据可以是绝对数也可以是相对数，制作百分比堆积柱形图时会自动转换为百分比，如图 9-13 所示。

购买数量 购车类型	文化程度 初中及以下	高中	大专	本科	研究生	总计
经济型	522	571	378	302	68	1841
标准型	522	676	473	493	111	2275
豪华型	465	644	474	525	176	2284
总计	1509	1891	1325	1320	355	6400

图 9-13　百分比堆积柱形图示例

（4）多行三维柱形图。多行三维柱形图以三个变量值作为 X、Y、Z 轴的坐标值，以三维立体方式表现三个变量之间的关系，具有较强的视觉冲击力（图9-14）。

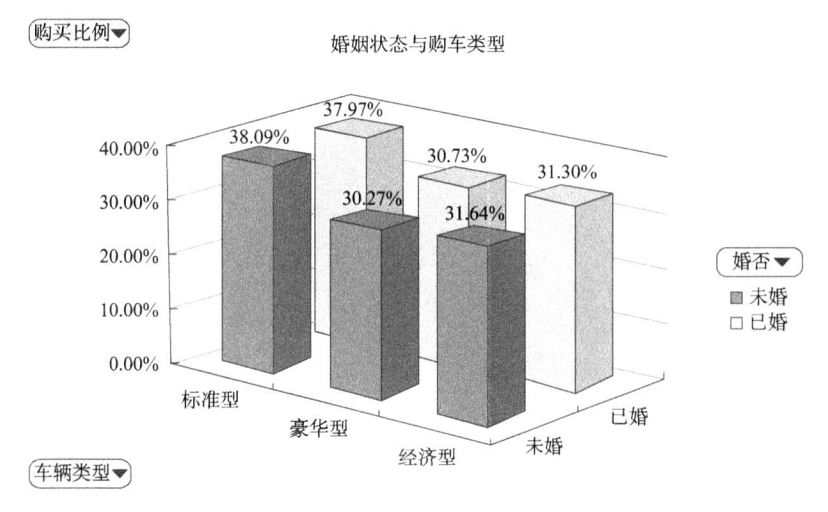

图 9-14　多行三维柱形图示例

2. 折线图

折线图是指用直线段将各个数据点连接起来而形成的图形，通常用于反映数据随时间变化而变化的趋势。水平（X）轴用于反映时间的推移，时间单位可以是年、季、月、日、时、分、秒等间隔相等的分类数据；垂直（Y）轴用于反映数值的大小，可以是绝对数也可以是相对数。折线图可使某种现象随时间变化而变化的趋势一目了然，并且可以用于建立变量随时间变化的时间序列模型，预测未来的变化趋势。折线图是数据分析中最重要的图形之一，如图9-15所示。

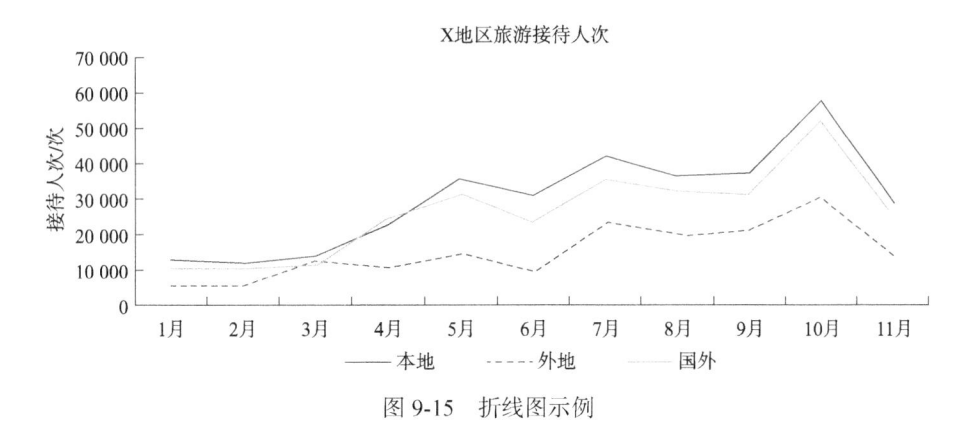

图 9-15　折线图示例

3. 饼形图

饼形图又称圆形图，以圆形的面积代表总体指标数值，圆形的各扇形面积代表各组指标数值，或将圆形面积分为若干角度不同的扇形，分别代表各组的频率。在实际应用时亦可将圆面改为圆饼或圆台，变成圆形立体图。饼形图适合于表现总体中各部分的构成比重，以及各部分之间的比较。例如，经调查，某地区销售的车辆中豪华型车占31%，标准型占38%，经济型占31%，将其用饼形图直观表示，如图9-16所示。

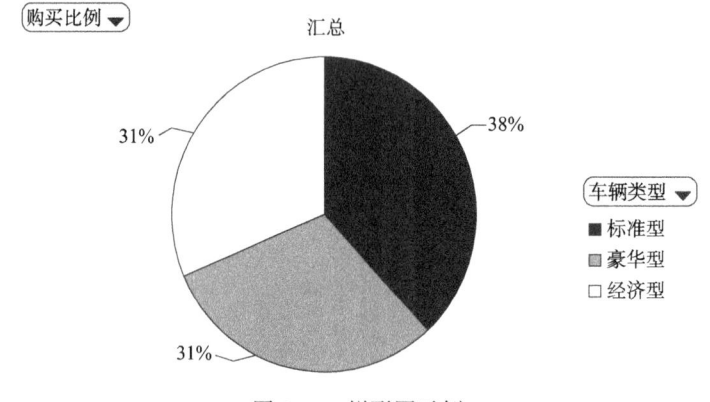

图9-16 饼形图示例

当需要比较两个以上总体的结构或一个总体的结构变化时，也可以使用另一种与饼形图类似的环形图进行描述和展示。环形图是饼形图的一种变体，是将两个及以上的大小不一的饼形图叠在一起挖去中间部分构成的图形，总体的每一类别数据可用环中的某一段来表示，能够简便清晰地比较现象的各个不同部分。环形图内部空心部分可以展示文本信息，空间利用率比饼形图高。

4. 散点图

散点图是数据分析时最常用的图形之一，如果用一个变量的数据制作，可以反映该变量值的分布状况[图9-17（a）]；如果用两个变量的两组数据制作，X轴、Y轴分别代表两组数据，可以反映两组数据之间的关系，常用于相关分析和回归分析[图9-17（b）]。

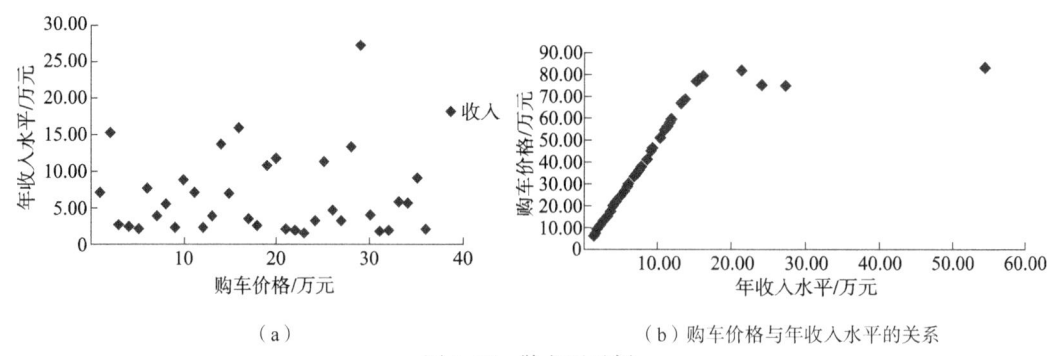

（a）

（b）购车价格与年收入水平的关系

图9-17 散点图示例

5. 雷达图

雷达图以网状等边多边形为基础坐标，影响因素为多边形的边数，反映一个或多个现象受多种因素影响的分布状况。图9-18反映了不同文化程度对购车类型的影响。

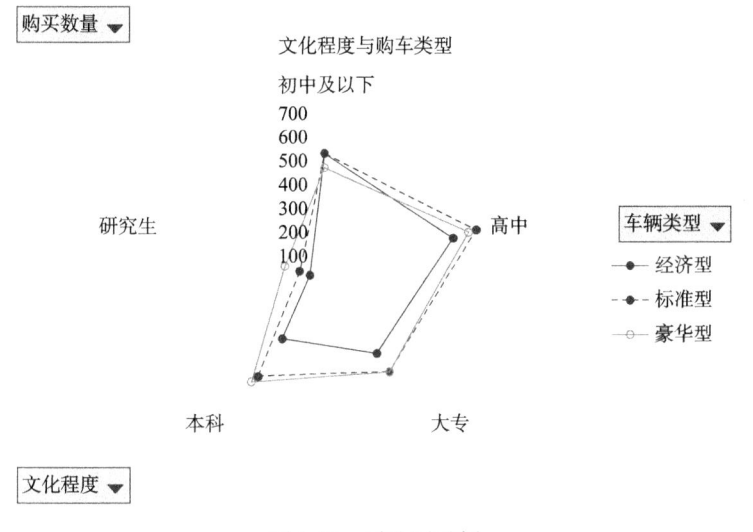

图 9-18 雷达图示例

☆思考练习题

一、问答题

1. 调查资料的一般整理步骤是什么？
2. 在调查资料的初步审核中，什么样的问卷是不能接受的？
3. 举例说明开放式问题的编码设计。
4. 对缺失数据进行插补有哪些方法？
5. 什么叫奇异值？如何检测和处理奇异值？
6. 数据资料有哪些描述方法？

二、思考题

1. 为什么说开放式问题的编码是一种艺术？
2. 两个变量的交叉分组表比两个简单的单变量频率分布表更能为调查研究人员提供丰富的信息。请你做一个简易的调查，给出一个例子来说明。

▶实训题

以组为单位，完成下列任务。

1. 训练项目

调查问卷的处理与描述，包括问卷发放进行实地调查及回收后所要完成的初审、校订、编码、数据录入、核查、缺失数据插补、创建数据库、数据的分组汇总及制表制图等。

2. 实训目的

掌握市场调查活动中问卷处理的基本技能。

3. 实训内容

(1) 结合第五章实训设计的某个调查问卷，进行事前编码。

(2) 进行实地问卷调查，至少完成100份。

(3) 将问卷收集、初审之后，对有效问卷进行校订、编码，将事前编码及事后编码制作成编码说明表，并运用SPSS软件将调查数据录入计算机。

(4) 对数据资料进行分组、汇总，并制作成图表。

4. 实训组织

每组学生写出本次实训项目的总结。内容包括问卷审核中发现的问题、合格问卷份数、作废问卷份数、对开放式问题如何编码、录入时如何查错、选择哪些标志进行分组、制作的图表展示等。

5. 实训考核

(1) 每组学生填写实训记录，内容包括实训项目、实训目的、实训过程、完成情况、存在的问题和改进建议。

(2) 教师对实训报告进行总结和评分。

第十章　调查资料的分析

学习目标

通过本章的学习，熟知调查资料的各种分析技术；能针对具体调查项目和数据资料选择适当的分析方法；掌握 SPSS、Excel 软件在各种统计分析中的基本应用。

第一节　调查资料分析概述

调查资料分析是指运用统计分析方法对市场调查中所获得的数据进行科学的加工和处理，把隐藏在数据中有价值的信息提炼和总结出来，以揭示市场现象的数量特征和规律性，为撰写调查报告提供依据。

一、统计分析方法的种类

一般而言，调查数据分析的方法分为定性分析法和定量分析法两大类。定性分析法贯穿于整个调查研究阶段，也贯穿于整个数据分析阶段。定性分析法更多的是用总结、归纳、推理、判断等一些逻辑思维方法得出分析结论，因此在数据分析中不为其设定准则。这里的调查数据分析主要是采用定量分析法来揭示被调查现象多个方面的数据特征的方法。

就定量分析法而言，各种统计分析方法数不胜数，根据分析变量的多少，大致可以分成两类：一类是对单一变量的分析，从调查数据来看也就是对某一个调查项目的数据分析；另一类是多个变量间关系的分析，也就是对问卷中多个问题之间的数量关系的分析。

对单一变量的数据分析，根据变量性质和分析目的的不同，主要采用集中趋势分析以研究该变量的代表性水平，采用离散趋势分析以研究该变量的差异性特征，采用假设检验以研究其统计分布特征，采用简单频数分析、因子分析、主成分分析以研究其内部构成，采用参数估计以根据样本统计量对总体参数做出科学估计。单一变量的数据分析的结果只表明该变量自身的各种数量特征。

多变量间关系分析可以揭示不同问题所反映的多个因素之间的数量依存关系，从而深入认识受访者的数量特征。多变量间关系通常采用交叉频数分析、方差分析、相关分析、回归分析及由此延伸的其他分析方法，如问卷的信度、效度分析等。如果掌握某变量随时间变化的数据还可以采用时间序列分析以研究该变量的动态变动趋势。

常用的问卷数据分析方法如下。

（1）频数分析。频数分析是最基础、使用最广泛的方法。单变量频数分析用于统计一个变量的不同值出现的频数，统计结果是频数和百分数。交叉频数分析用于统计两个或两个以上变量交叉分组的频数及百分数。

（2）描述性统计分析。主要用于描述某个变量的分布特征，包括集中趋势和离散趋势。主要计算变量的平均数、众数、中位数、极差、平均差、标准差及变异系数等。

（3）推断统计分析。主要用于抽样推断和假设检验。抽样推断是用样本统计量推断总体参数，有点估计和区间估计两种形式。假设检验主要用于检验推断结果的可信程度。假设检验包括 t 检验、Z 检验、F 检验及 χ^2 检验等，其中最常用的是 t 检验，包括两独立样本 t 检验和两配对样本 t 检验。χ^2 检验、F 检验是非参数检验的主要方法，用于检验变量的实际观测值与期望值之间是否存在差异。

（4）方差分析。主要是分析市场调查和实验数据中不同来源的变异对总变异的影响大小，从而了解数据中自变量是否对因变量有重要影响。包括单因素方差分析、多因素方差分析等。单因素方差分析用于两组以上独立样本的平均数差异检验，多因素方差分析可以检验各因素的效果及因素之间的交互作用。

（5）相关分析与回归分析。相关分析用于解释两个变量之间的依存关系，对具体有依存关系的现象探讨相关方向及相关程度。回归分析用来探讨研究自变量与因变量之间的依存方式，较常用的是线性回归分析法。

（6）聚类分析。聚类分析是根据样本单元各个变量的取值，将样本（观察对象或变量）自动分类的统计分析方法。分析的目的是依据某些特征，将事物或人分成几个较为同质的类别。

（7）判别分析。判别分析是在已知若干样本分类的情况下，根据收集到的多个变量的数据，建立判别函数，从而推断未知样本分类的统计分析方法。

（8）主成分分析和因子分析。这两种分析方法都是用少数几个因子去描述多个相关的变量。主成分分析的目的是生成少量几个新的变量。因子分析旨在获得因子的同时，进一步揭示各因子与观测变量的关系。

不同性质的调查数据，适用于不同的统计分析方法。如果是利用全面调查方法得到的总体数据，宜采用描述统计方法；如果是利用抽样方法得到的样本数据，宜采用推断统计方法；对于单一变量数据，可采用单变量分析方法；对于多变量数据，则需要采用多变量分析方法。

二、调查分析方法的选择

调查资料的分析是一项技术性非常强的工作，不同的调查项目涉及的分析内容也大不相同，因而所采取的统计方法也不一样。在大多数市场调查项目中，数据分析的内容仅限于计算频数、平均数及一些基本的误差等，常规的描述统计方法基本可以满足需要，但在某些复杂的大型调查项目中，还需要运用一些深度统计分析方法对数据进行深度挖掘。因此，需要根据既定的调查研究目的选择适当的分析方法。

（一）根据调查方式选择分析方法

根据是否包含全部受访者，市场调查分为全面调查和非全面调查，非全面调查以抽样调查为主，抽样调查又有概率抽样和非概率抽样两种方式。对于全面调查数据，可以使用描述统计的方法，即对所收集到的数据进行整理、综合、归纳和分析，对现象的基本数量特征和某些统计规律做出判断，采用的分析方法主要有频数分布描述、统计图表描述、对比分析、集中趋势分析、离散趋势分析、因素分析等。对于抽样调查数据，获得的是随机变量，因此，一般来讲，先要运用描述性统计分析方法进行系统整理和初步分析，得到样本统计量和初步的统计规律，并在此基础上运用推断统计分析法，在一定的概率保证下，对现象总体的数量特征做出推断，并对这些推断的可靠性做出判断，从而认识随机现象总体的本质和规律。

（二）根据变量多少选择分析方法

由于调查研究的目的和具体任务不同，数据分析中有时可能只涉及单变量，有时则要涉及双变量甚至多变量。如果分析涉及单变量，则调查内容仅包括一个或多个相互独立的概念，此时须研究每个独立变量有几种可能变动的情况、变量的分布特点、数据的集中与离散特征等。如果分析涉及两个变量，此时就要进行命题研究，主要是分析两个变量之间是否存在关系、是何种类型的关系、关系的密切程度如何。若两个变量是数值型的，一般采用相关分析与回归分析；若两个变量是定类变量，则可使用列联表的方法进行分析。如果分析涉及多个变量，且变量之间的关系比较复杂，除了两两之间可能存在联系之外，还可能存在一因多果或一果多因等多种关系，在这种情况下，需要运用多元统计分析方法。

（三）根据研究目的选择分析方法

调查数据的每一种分析都有一定的目的，可根据不同的研究目的来选择不同的分析方法。例如，分析市场某一数量特征（变量）的水平和分布特征时，可选择频数分析、交叉频数分析、集中趋势分析、离散趋势分析；分析变量间的相互关系可选择对比分析、方差分析、假设检验、相关分析、回归分析、因子分析、主成分分析、聚类分析等；当用样本的数量特征对总体的数量特征进行估计时，可选择参数估计、假设检验等；分析变量的动态变化特征时，可选择动态相对数分析、移动平均分析、指数平滑分析、季节指数分析、趋势外推分析等。

（四）根据数据类型选择分析方法

根据计量尺度的不同，调查数据可分为定类数据、定序数据、定距数据和定比数据四种类型。前两类数据属于定性数据或品质数据，后两类数据属于定量数据或数量数据。数据的类型不同，对其进行分析所采用的方法也就不同。对于定类数据，通常要计算各组的频数和频率、计算众数和异众比率、进行列联表分析和 χ^2 检验等；对于定序数据，可以计算其中位数和四分位差，进行等级相关系数等非参数统计分析；对于定量数据，除了可以运用定性数据的分析方法进行分析之外，还可以用更多的统计分析方法进行分析,如参数估计、假设检验、回归分析、方差分析、多元统计分析等。

(五)根据问卷题型选择分析方法

市场调查大多采用问卷调查,问卷中的题型一般为单选题、多选题、量表题、数值型填空题、关联选项题等。就单个问题来看,单选题的数据通常为非连续变量或品质变量数据,一般可采用单变量频数分析、交叉频数分析、列联表分析、χ^2检验等;多选题的数据为一个问题下的若干个互斥选项,通常用于分析各选项之间的关系,除了采用频数分析、交叉频数分析外,还可进行联合概率分布分析、因子分析及聚类分析;量表题通常表现为非连续变量数据,可采用集中趋势分析、离散趋势分析、方差分析、相关分析、t检验等;数值型填空题的数据通常为连续数值型数据,可采用几乎所有的统计分析方法。从题间关系来看,单选题、多选题通常用于分类变量,量表题通常用于解释变量或被解释变量,关联选项题通常用于判断选项间的关系。

总体来说,数据分析方法众多,但各种方法都有其适用性。在进行调查数据分析时,应根据研究目的、数据特征、各种分析方法的作用与限定条件,选择适当的分析方法。在市场调查实践中,实际上最常使用的是频数分析、交叉频数分析和描述性统计分析方法。在一般情况下,常规的统计分析方法完全可以满足绝大多数客户的要求,但是如果想对一些特殊问题做进一步的深入研究,在时间和经费许可的情况下,可适当地采用一些深度统计分析方法,呈交给客户一份能深入揭示市场现象内在联系和规律的调查报告,会更具说服力和吸引力。

三、调查数据分析的过程

在制订数据分析方案之前,应参考调查项目总体方案设计的市场调查计划书,以明确该项目研究的主要目的、客户面临的决策问题、研究设计中有待检验的基本假设等,数据分析必须紧扣调查主题。一般来讲,调查数据分析过程通常需要经过以下三个阶段。

(一)拟订数据分析方案

数据分析方案是在数据整理完成后、数据分析开始前围绕调查目的和任务,以调查数据为依据编制的分析纲要,是指导数据分析过程的纲领性文件。基于完整数据库的分析需要在原有调查方案设计基础上进一步完善,须拟订数据分析方案,使之成为后续分析的指南。在市场调查总体方案设计书中,有时会给出数据处理和分析计划,但一般来说,总体方案中给出的计划只是原则性的或粗线条的,不具有操作性。项目主管应在数据采集与预处理之后,详细列出数据分析的具体要求,以使分析人员能明确其所要完成的全部统计分析工作。为了保证调查数据分析的系统性和整体性,需要制订数据分析方案来统一协调运作。分析方案应包括数据分析拟达到的总体目标及采用的指标或参数、总体目标的分解及分解的指标或参数、拟采用的分析方法、方法使用中的主要变量、主要计算参数、使用的软件及模块、各部分需要使用的数据、各部分完成的时间及人员分工等。数据分析方案通常需要经过充分讨论和论证,以保证分析的科学性,方案通过后才能开始执行数据分析。

（二）开展数据分析

拟订数据分析方案时，不但要求研究人员清楚市场调查所要解决的问题，而且要熟悉各种统计方法及其运用条件。数据分析方案拟订后即可根据方案分发调查数据，开展数据分析。数据分析中应加强各部分之间的沟通和协调，注意审查每一个分析步骤的正确性，包括数据使用的正确性、软件使用的正确性、中间结果的正确性。特别是在不同内容的分析者相互间需要提供分析中间结果的情况下，更要注意审查中间结果的准确性，避免不必要的返工。

（三）解释和验证分析结果

数据分析初步完成后，应对初步分析得到的结果进行解释和验证。解释是指依据相关理论对分析的结果进行解读，说明所要研究的现象；验证是指当某一参数改变后其结果也应发生相应的可解释的变化。解释和验证的目的是系统检验数据分析各部分之间的协调性和整个分析过程的正确性，从而保证分析结果的可信度。

第二节　调查数据的描述性统计分析

描述性统计分析是指对调查总体所有单位的有关数据做收集、整理和计算综合指标等加工处理，用以描述总体的基本特征。描述性统计分析是数据分析的基础方法，通过指标、统计图和统计表等形式描述数据的集中趋势、离散趋势及变量之间的相互关系，它在市场调查中有着广泛的应用。在市场调查实践中，描述变量分布情况有单变量频数分析和多变量交叉频数分析；描述变量集中趋势的常用指标有平均数、众数和中位数等；描述变量离散程度的常用指标有极差、平均差、标准差和变异系数等。

一、频数分析概述

频数分析也称频率分析，是以变量分组为前提对某个变量值进行分组后，各组变量值出现的次数（频数）及其占样本总数的百分比（频率）的分析。频数（频率）表明对应组标志值对总体代表性水平的作用程度，频数（频率）数值越大，表明该组标志值对于总体代表性水平所起的作用越大；反之，频数（频率）数值越小，表明该组标志值对于总体代表性水平所起的作用越小。频数分析的作用如下：①频数分析是其他多种数据分析的基础和前提；②通过频数分析，可以将看似复杂的现象整理成简单清晰的分组，有利于快速理清总体构成；③频数分析技术操作简便，结果清晰易懂，能被那些并不具有统计知识的经营管理人员接受和理解。

根据分析变量的多少，频数分析分为单变量频数分析和多变量交叉频数分析；根据变量的性质分为定类变量的频数分析和定量变量的频数分析，其中定量变量的频数分析又分为离散变量的频数分析和连续变量的频数分析。

（一）单变量频数分析

单变量频数分析以变量分组为前提，是对某个变量值分组后各组变量值出现的次数（频数）及其所占百分比（频率）的分析，它在市场调查中最直观的表现如下：在问卷中回答某个问题的全部样本中选择不同选项的样本个数及其分布，它是市场调查中最简单、最基本的数据分析。通过某个变量各变量值的频数分布，可以掌握该变量的总体分布特征。

单变量频数分析是仅就一个变量频数进行的分析，如果调查所用样本是有代表性的随机样本，那么百分比就常常用于估计相同的项目在调查总体中所占的比重，即百分比=频数÷样本量×100%。例如，某调查机构承担了一项旨在了解家用轿车购买情况的调查，调查包括购车者的年龄、文化程度、家庭月收入、累计工作年限、购车价格、曾接触过的车辆广告的类型等在内的信息，以了解不同人群对家用轿车的购买偏好、价格承受能力及车辆销售广告针对不同目标群体的效果。调查数据整理完成后，先分析各变量（问卷中的问题）的频数。其中，根据"您的最后学历"这一问题的回答了解在已购买家用轿车的人群中受教育程度的结构，就此编制成的单变量频数分布表如表10-1所示。

表 10-1 购买家用轿车人群的学历构成频数分布表

变量类别	变量取值	频数/人	百分比	有效百分比	累计百分比
初中及以下	1	1363	21.3%	21.8%	21.8%
高中	2	1891	29.5%	30.2%	52.0%
大专	3	1325	20.7%	21.2%	73.2%
本科	4	1320	20.6%	21.1%	94.3%
研究生及以上	5	355	5.5%	5.7%	100.0%
未填答	6	146	2.3%	—	—
合计	—	6400	100.0%	100.0%	

注：有效个案数6254个；缺失个案数146个；本表个别数据经过舍入修约，数据之和不为100%

表10-1中，第一列是变量类别，是对变量取值的说明，分为有效数据、缺失数据和合计数据；第二列是变量取值，即该品质变量的各项取值，本例中为从"初中及以下"到"研究生及以上"，若变量中有缺失值或未回答的个案，在结果中也会显示出来；第三列是频数，它对应的变量值的频数即相应的个案数，如"初中及以下"的有1363人；第四列是百分比，是指频数占样本总量6400人的比重；第五列是有效百分比，是指频数占有效个案数6254（样本总数减缺失值）的比重；第六列是累计百分比，是指对有效百分比的累加。从表10-1中可以看出，购买家用轿车的人群中高中及以下的占到52.0%，说明本次调查低学历人群和高学历人群所占比重大致相当。

（二）多变量交叉频数分析

市场调查中，经常利用交叉表来分析两个及两个以上变量之间的关系，如性别与品牌偏好、受教育程度与使用品牌等。多变量交叉频数分析以多变量交叉分组为前提，计算某个变量的变量值在另一个（或两个以上）变量的变量值上出现的频数或频率。多变量交叉频数分析一般采用交叉表进行，它能更深入地显示现象之间的相互关系，操作简单，易于解释比较复杂的现象，市场调查中常用于市场细分及市场机会分析等。

仍以上述家用轿车的购买情况调查为例，之前已经通过单变量频数分析得到购车人群的学历结构。假如想进一步了解购车人群中高学历的人群与购车类型之间的关系，那么这个问题仅靠单变量频数分析是无法解决的，需要进行交叉频数分析。

交叉频数分析分为两变量交叉频数分析和多变量交叉频数分析。表 10-2 为受访者购车类型与受教育程度两个变量的交叉频数分析。

表 10-2 购车类型与受教育程度的交叉频数分布表

购车类型	初中及以下	高中	大专	本科	研究生及以上	总计
经济型	34.92%	30.20%	28.53%	22.88%	19.15%	28.70%
标准型	34.41%	35.75%	35.70%	37.35%	31.27%	35.53%
豪华型	30.67%	34.06%	35.77%	39.77%	49.58%	35.77%
总计	100.00%	100.00%	100.00%	100.00%	100.00%	100.00%

注：本表个别数据经过舍入修约，数据之和不为 100%。

从表 10-2 可以看出，在所调查的 6254 个有效样本中，受教育水平低的人购买经济型轿车的占比较高，而购买豪华型轿车的占比较低。随着受教育水平由低往高，购买经济型轿车的占比越来越低，而购买豪华型轿车的占比越来越高，特别是研究生及以上这类人群，购买豪华型轿车的比重接近一半，这说明受教育程度的高低与购买轿车的类型有一定的关系。

在此，尝试引入家庭年收入变量分析其对购车类型的影响，进行交叉频数分析，结果如表 10-3 所示。

表 10-3 购车类型与家庭年收入的交叉频数分布表

购车类型	低收入 （<35 000 元）	中等收入 （35 000~80 000 元）	高收入 （≥80 000 元）	总计
经济型	75.01%	0	0	28.70%
标准型	24.99%	70.64%	0	35.53%
豪华型	0	29.36%	100.00%	35.77%
总计	100.00%	100.00%	100.00%	100.00%

从表 10-3 可以看出，引入家庭年收入变量之后，发现在所调查的 6254 个有效样本中，在低收入家庭的人群中，购买经济型轿车的比重较高，其次是标准型，而购买豪华型轿车的比重为零；随着收入由低往高，购车类型逐渐向标准型和豪华型转变，高收入人群中全部购买的是豪华型轿车，这说明收入的高低与购买轿车的类型有较强的关系。

社会经济中的变量之间的关系是复杂的，有时只研究两个变量的关系是不够的，还要考虑多个变量之间的关系。例如，在本例中，购车类型分别与受教育程度、家庭年收入存在着明显的关系，但这两个因素哪个影响力更大呢？在此可以建立交叉频数表将这些因素整合在一个表中来观察它们之间的关系（表 10-4）。

表 10-4 购车类型与家庭年收入、受教育程度的交叉频数分布表

受教育程度	家庭年收入	经济型	标准型	豪华型	总计
初中及以下	低收入（<35 000 元）	26.52%	5.99%	0	9.74%
	中等收入（35 000~80 000 元）	0	15.12%	6.39%	7.66%
	高收入（≥80 000 元）	0	0	12.29%	4.40%
高中	低收入（<35 000 元）	31.81%	8.55%	0	12.17%
	中等收入（35 000~80 000 元）	0	21.87%	8.58%	10.84%
	高收入（≥80 000 元）	0	0	20.21%	7.23%
大专	低收入（<35 000 元）	21.06%	6.26%	0	8.27%
	中等收入（35 000~80 000 元）	0	15.03%	6.66%	7.72%
	高收入（≥80 000 元）	0	0	14.53%	5.20%
本科	低收入（<35 000 元）	16.82%	5.04%	0	6.62%
	中等收入（35 000~80 000 元）	0	17.15%	6.35%	8.36%
	高收入（≥80 000 元）	0	0	17.12%	6.12%
研究生及以上	低收入（<35 000 元）	3.79%	1.08%	0	1.47%
	中等收入（35 000~80 000 元）	0	3.92%	2.19%	2.17%
	高收入（≥80 000 元）	0	0	5.68%	2.03%
总计		100.00%	100.00%	100.00%	100.00%

注：本表数据经过舍入修约，数据之和不为100%。

引入家庭年收入之后的交叉频数分析发现，在不同学历的购车人群中，购买各档次轿车的都有，经过进一步比较发现，购买经济型轿车的主要是各类学历人群中的低收入家庭，购买标准型轿车的主要是中等收入家庭，购买豪华型轿车的是高收入家庭。因此可以得到初步推论：受教育程度对购车类型有一定的影响，而真正影响购车类型的主要因素是家庭年收入而非受教育程度。

从以上的分析案例可以看出，进行交叉频数分析可以更好地揭示变量之间的关系，但也需要注意以下几点。

（1）适当选择分组的变量。引入不同的变量对分析结果的影响很大，应根据经济学、社会学理论和调查的目的，科学判断现象之间的逻辑关系，选择适当的分组变量，否则做出的频数分析可能没有实际意义。

（2）慎重选择多变量交叉频数。随着变量的增加，分组频数将成倍增加，不但会造成越来越多的频数为0，而且得到的频数表会让人眼花缭乱，反而难以揭示变量之间的关系。例如，在一项关于产品销售的调查项目中，质量、品种、花色、品牌、包装、体积等都可能是影响销售量的因素，研究人员应避免一次将这些因素都纳入交叉频数分析，而应分别比较，综合采用其他分析方法找出其中的主要因素。

（3）交叉频数分布表在计算交叉频率时有三个选择：按行汇总计算百分比、按列汇总计算百分比和按全部总和计算百分比。这三种百分比反映的内容各不相同，其中，按行汇总计算百分比反映各列在行分类中所占比重；按列汇总计算百分比反映各行在列分类中所占比重；按全部总和计算百分比反映各行、列分类在全部样本中所占比重。应根据分析的目的适当选择。

频数分析只是从表面上简单揭示了不同因素对主要观测变量的作用，要想更进一步认识这种关系的强弱程度，还需利用其他分析方法去判断（见本章第三节 χ^2 检验）。

二、变量的集中趋势分析

在进行调查数据分析时，往往需要了解受访者对某一问题回答的代表性水平或一般水平，这在数据分析时称为集中趋势分析。数据集中趋势是指一组数据向某一中心值靠拢的倾向，测度集中趋势就是数据一般水平的代表值或中心值，常用的统计量有平均数、众数和中位数等。

（1）平均数。平均数也称均值，是最常使用的中心趋势度量指标。平均数是总体中各单位标志值之和除以单位总数得到的数值。需要注意的是，只有数值型变量可以计算平均数。平均数的具体计算方法有算术平均数、调和平均数、几何平均数等，其中，算术平均数的应用最为广泛，用 $\bar{x}$ 表示。其计算公式为

$$简单算术平均数 \bar{x} = \frac{\sum x}{n}$$

$$加权算术平均数 \bar{x} = \frac{\sum xf}{\sum f}$$

平均数对数据中的极端值非常敏感，当存在偏离数据中心过大的极大值时，平均数会偏大；相反，则会偏小。因此，当使用平均数的时候需要先观察数据的分布特征，对极端值做出处理后再计算平均数。

（2）众数。众数是一组数据中频数出现最多的变量值。在市场调查中，众数是反映个案最多的那个变量值，即大多数是什么水平。众数简单直观，是衡量品质变量集中趋势的重要量度。在变量的频数分布显著偏斜的情况下，众数比平均数更具说服力。同时，众数可能会因为分组的不同而有较大的变化，因而是不稳定的。此外，一组数据中可能不止一个众数，也可能没有众数，在这种情况下，就无法用众数进行分析。

（3）中位数。中位数简称中数，是指所有的个案按照某个变量的取值大小排序后居于中间位置的那个个案的变量值。中位数不受排序方式（升序还是降序）的影响，也不受极端值的影响，因此，对不规则的分布（不对称、有极端值等）使用中位数作为分布

中心的度量是很合适的。中位数的定义分为两种情况：当个案数 n 为奇数时，排在中间位置上的数值即中位数；当个案数 n 为偶数时，排在中间位置上的两个数值的平均值即中位数。

中位数是一个位置平均数，它的另一种表现形式是四分位数，即将所有个案按照某一变量排队后分成四等份，处于 1/4、2/4、3/4 位置的变量值。其中，2/4 分位数就是中位数，1/4 分位数称为下四分位数，是中位数以下那一半个案的中位数；3/4 分位数称为上四分位数，是中位数以上那一半个案的中位数；上下四分位数之间是全部个案处于中间位置 50%的个案，也是最有代表性的个案，由 50%的个案计算的平均值更具代表性。计算中位数需要按变量值大小对个案进行排序，因此，中位数适合描述定序变量和定量变量的集中趋势，而不适合描述定类变量的集中趋势。

平均数、众数、中位数都是对变量中心趋势的度量和描述，由于平均数的计算需要用到所有的数据，故与中位数和众数相比，平均数所蕴含的信息量最大，最为常用。但是，平均数易受极端值的影响，与中位数相比它不够稳定。因此，变量值的分布在对中心的偏离程度不大的情况下，用平均数代表分布的中心比较合适；如果存在极端值或分布很偏时，则使用中位数更为合适。

三、变量的离散趋势分析

数据分布特征的另一个测度指标是数据分布的离散程度，它反映各数据远离其中心值的程度，也称离中趋势。在市场调查中，除了需要对集中趋势进行概括以反映现象的一般水平外，有时也要对离散趋势进行概括以反映数据之间的差异程度，从而更全面更深刻地认识现象的本质特征。

对不同性质的变量离散趋势度量的统计量是不同的。对品质变量一般采用异众比率，对定序变量一般采用四分位差，对定量变量则可以采用极差、平均差、标准差、方差和离散系数等反映。

（1）极差。极差也称全距，它是最简单的测度数值型变量离中趋势的指标，是一组数据中最大值与最小值之差，记为 R。

对于未分组数据或单列分组数据，极差 $R = X_{max} - X_{min}$。对于组距式分组数据，极差可以近似地表示为 R =最高组上限−最低组下限。

极差易受极端值的影响，而且只利用了数据两端的信息，没有反映中间数据的分散状况，如果因特殊情况出现特别大或特别小的数值时，极差就不能准确描述数据真实的分散程度。在实际应用中，当一组数据的离散程度比较稳定时，可以使用这一指标。极差主要用于检查数据的散布范围，以便确定统计分组。

在分析时如果对处于样本中间部分的数据比较感兴趣，也可以用内距即四分位差。四分位差是第四个四分位数和第一个四分位数的差，它给出了中间 50%数据的极差，因而受极端值的影响较小，是一个对数据离散趋势进行概括的更为有用的统计指标。一般地，内距越小，数据的离散趋势越小，平均值的代表性越强；反之，则说明离散趋势越大，平均值的代表性越弱。

（2）平均差。平均差即平均离差，是一组样本观测值与样本平均数之差绝对值的算术平均数，记为 $A \cdot D$。其计算公式为

$$简单平均差 A \cdot D = \frac{\sum |x - \bar{x}|}{n}$$

$$加权平均差 A \cdot D = \frac{\sum |x - \bar{x}| f}{\sum f}$$

平均差的意义如下：平均差越大，平均数的代表性越差；平均差越小，平均数的代表性越好。

（3）标准差。标准差是一组样本观测值与其平均数离差平方和的算术平均数的平方根，又称为均方根或均方差，是表示中心（平均值）偏离程度的一个度量。标准差用 σ 表示，其计算公式为

$$简单标准差 \sigma = \sqrt{\frac{\sum (x - \bar{x})^2}{n}}$$

$$加权标准差 \sigma = \sqrt{\frac{\sum (x - \bar{x})^2 f}{\sum xf}}$$

（4）方差。标准差的平方就是方差，标准差和方差都是反映变量离散特征的重要统计量。其值越大，则数据离散程度越大；其值越小，则数据分布越集中。由于标准差和方差在计算过程中都利用了样本中的所有数据，数值较稳定且反应灵敏，适合于代数运算，所以在实际分析过程中，一般使用样本标准差和方差来反映数据的离散程度。

（5）离散系数。离散系数是离散程度指标和均值的比值。由于标准差是分析离散程度最普遍的统位计量，通常所说的离散系数实际上就是标准差系数，用 V_σ 表示，其计算公式为

$$V_\sigma = \frac{\sigma}{\bar{x}} \times 100\%$$

数据的离散程度既受其本身水平的影响，也受数据计量单位的影响，因此对不同（性质）组别的数据，不能用平均差或标准差来比较它们的离散程度，而离散系数能消除来自这两方面的影响，因此可以用于对不同变量离散情况的比较。

偏度和峰度是对数据分布特征的进一步描述。偏度是测度数据分布相对于正态分布的偏斜方向及程度的统计指标。如果平均数约等于中位数，数据分布是对称的，则偏度为 0；如果平均数小于中位数，分布曲线的尾部会偏向左边，则偏度值为负，称为负偏；如果平均数大于中位数，分布曲线的尾部会偏向右边，则偏度值为正，称为正偏。不对称的程度越大，偏度的绝对值也就越大。

峰度表示数据分布与正态曲线相比的尖峭程度或扁平程度。如果数据分布与正态曲线的形状相同，则峰度为 0；如果数据分布比正态曲线尖峭，则峰度为正，说明数据的集中程度较强，离散程度较小；如果数据分布比正态曲线扁平，则峰度为负，说明数据的集中程度较弱，离散程度较大。

四、在 Excel 中实现变量的描述性分析

由于 Excel 几乎成了每台电脑的标配，它更具普及性。从实用角度来看，对于描述性统计分析，Excel 是更适用的分析工具。在第九章已经介绍了如何将 SPSS 的数据表导出为 Excel 格式的数据表（图 10-1），这里基于导出的数据表简单介绍 Excel 在描述性统计分析中的应用。

图 10-1 调查数据在 Excel 中的显示方式

1. 频数分析

Excel 中可以有多种方式进行频数分析，但最佳工具是使用数据透视表。数据透视表是 Excel 内置的一个数据整理和分析的工具，建立数据透视表的方法如下：将活动单元格定位在数据表区域中的任意非空单元格内，点击菜单栏的"插入"→"数据透视表"，在打开的对话框中，Excel 会在"选择要分析的数据"框内自动选中数据表的全部区域，并默认将数据透视表建立在新的工作表中，点击"确定"后，就会出现数据透视表的基本框架（图 10-2）。这个框架包括透视结果显示区域、字段（变量）列表区域和透视变量位置区域三个部分（注意：只有当活动单元格位于透视数据显示区域时才显示字段列表）。

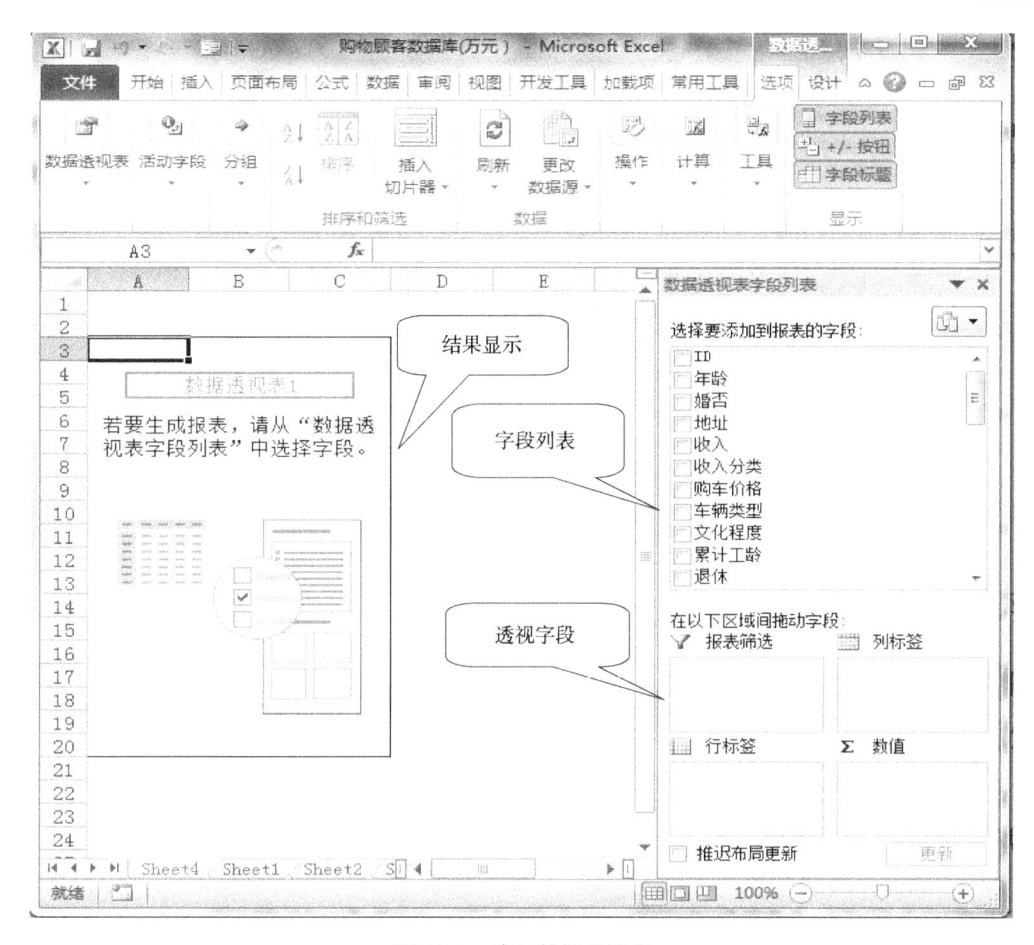

图 10-2　建立数据透视表

利用数据透视表进行单变量频数分析的方法如下：从字段列表区域选择分组变量并拖放到行标签框，在透视数据显示区域即显示该变量值分组的结果；将需要分析的变量拖入数值框，这时透视数据显示区域就会显示该变量各变量值的频数分析结果。注意：如果所选变量为字符型变量，数据显示区域默认显示频数，即个案的计数。如果所选变量为数值型变量，数据显示区域默认显示为变量值的合计数，即变量值求和。若需显示频数，只需在这一列点右键，选择"值汇总依据"→"计数"即可。再次将分析变量拖放到数值框，显示区域会增加相同的一列，在这一列点右键选择"值显示方式"→"列汇总的百分比"，该列数值即显示为以总计为100%的频率，至此就会得到需要的变量频数分析的结果（图10-3）。

多变量交叉频数分析的基础是复合分组，方法如下：将需要分析的两个分组变量分别拖入行标签和列标签窗口，将需要分析的变量拖入数值框，交叉频数即出现在透视数据分析结果区域。需要得到交叉频率时，在数据显示的区域内点右键，选择"值显示方式"中的"列汇总的百分比"、"行汇总的百分比"或"总计的百分比"即可得到相应的频率（图10-4右侧及图10-5）。

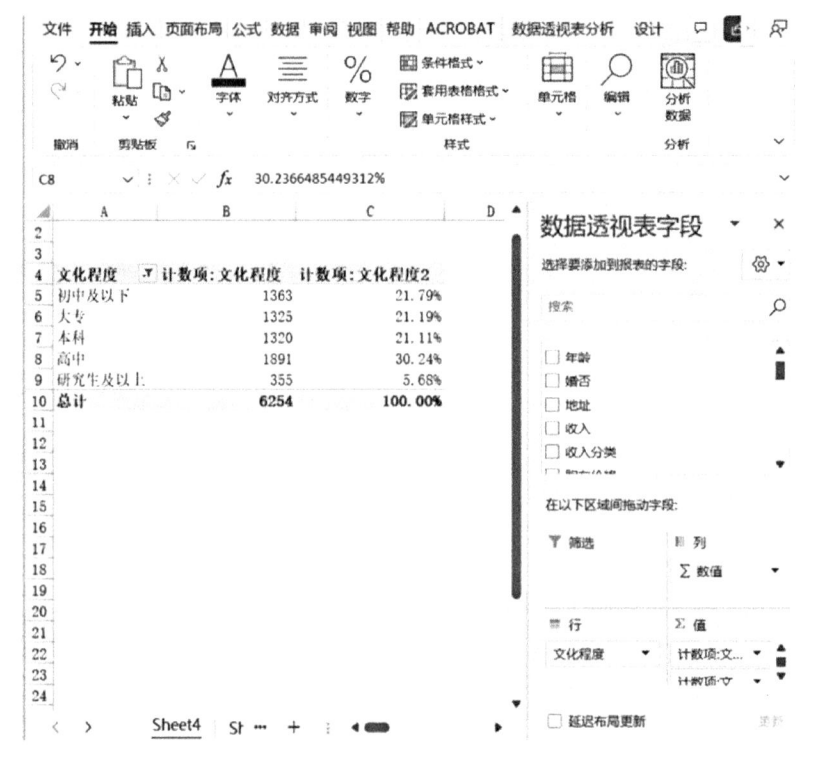

图 10-3 Excel 单变量频数分析的结果

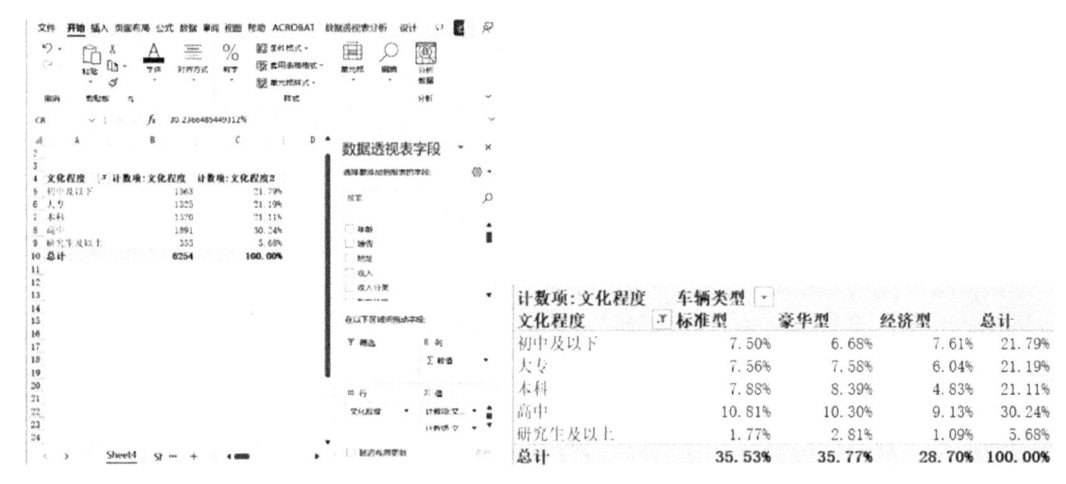

图 10-4 Excel 频数分析结果（一）

图 10-5 Excel 频数分析结果（二）

当以数值型变量作为分组变量，且单项式分组频数分布过于分散时，应对数值型变量进行组距式分组。分组方法如下：在变量分组数据列点右键，选择“创建组”，在弹出的组合选项框中会自动填充该变量值的最小值和最大值作为“起始于”和“终止于”的默认数值，并自动填入系统建议的步长［即分组的组距，见图 10-6（a）］，该数值也可根据需要手工修改，无误后点“确定”即可生成组距式分组数列［图 10-6（b）］。

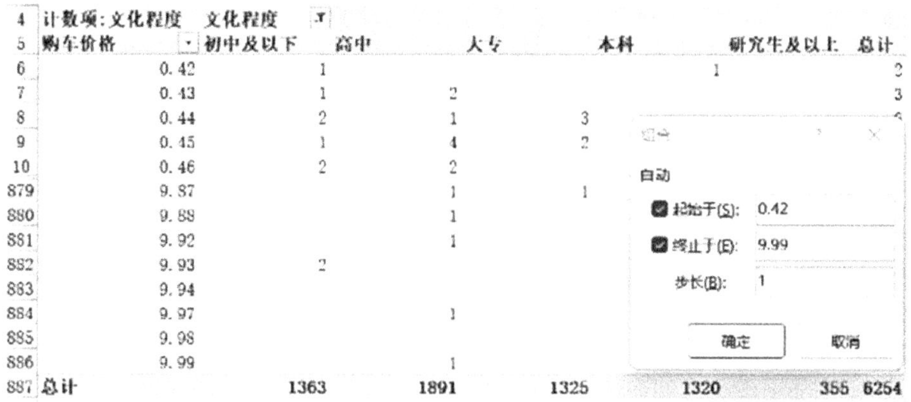

4	计数项：文化程度	文化程度					
5	购车价格	初中及以下	高中	大专	本科	研究生及以上	总计
6	0.42	1			1		2
7	0.43	1	2				3
8	0.44	2	1	3			
9	0.45	1	4	2			
10	0.46	2	2				
879	9.87		1	1			
880	9.88		1				
881	9.92		1				
882	9.93	2					
883	9.94						
884	9.97		1				
885	9.98						
886	9.99		1				
887	总计	1363	1891	1325	1320	355	6254

（a）

4	计数项：文化程度	文化程度					
5	购车价格	初中及以下	高中	大专	本科	研究生及以上	总计
6	0.42-1.42	438	514	337	270	59	1618
7	1.42-2.42	378	547	386	382	94	1787
8	2.42-3.42	200	289	209	219	56	973
9	3.42-4.42	101	156	109	108	39	513
10	4.42-5.42	72	112	76	89	28	377
11	5.42-6.42	53	62	50	59	15	239
12	6.42-7.42	48	74	57	75	31	285
13	7.42-8.42	49	92	66	81	22	310
14	8.42-9.42	18	31	29	24	7	109
15	9.42-10.42	6	14	6	13	4	43
16	总计	1363	1891	1325	1320	355	6254

（b）

图 10-6　数值型变量频数分析

数据透视表中鼠标右键的功能非常快捷方便，其中，最常用的功能是“值汇总依据”和“值显示方式”。“值汇总依据”可显示所选变量的计数、求和、平均值、方差、标准差等，“值显示方式”可显示按行、列、总计、父行、父列等计算百分比。右键菜单中的数字格式、排序方式等也是常用的功能。灵活使用右键菜单中的选项，就可以利用数据透视表进行多种数据的整理和分析。需要提醒的是，当在“值汇总依据”中选择平均值时，数据透视表显示的结果就是对所选变量进行的集中趋势分析；当在“值汇总依据”中选择标准偏差、总体标准偏差、方差、总体方差时，数据透视表显示的结果就是对所选变量进行的离散趋势分析。

2. 变量的集中趋势和离散趋势分析

虽然利用数据透视表可以做变量集中趋势和离散趋势分析，但毕竟相对简单，在 Excel 中通过使用函数或数据分析工具包可以实现对变量集中趋势和离散趋势的更深度分析。

数据分析工具是 Excel 内置的统计分析工具包，但默认是不加载的，所以使用前需要加载。加载的方法如下：依次单击"文件→选项→加载项"，在右侧区域选择"分析工具库"，单击最下方一行的"转到"按钮，弹出"加载宏"对话框，选择"分析工具库"后点击"确定"，此时在功能区的"数据"选项卡中就会出现"分析"组，其中包括"数据分析"命令[①]（图 10-7）。

图 10-7　数据分析选择框

Excel 中利用数据分析工具进行的数据分析大都是针对原始数据进行的。打开待分析的数据表，点击"数据分析"命令，打开数据分析对话框，选择"描述性统计"，点"确定"，弹出描述统计对话框。在输入区域输入框中填入需要分析的数据区域（可以包括变量名），也可以将光标定位到输入区域后，将鼠标移到数据表中待分析变量所在列的列标，点击列标选中整列，勾选"标志位于第一行"和"汇总统计"。为了不破坏数据表，将输出位置选为"新工作表组"，点"确定"，Excel 将新建一个工作表并在表中输出描述性统计分析结果（图 10-8）。

---

① Excel 加载项只有在完全安装时才会安装在电脑上，如果安装 Excel 时采用的是默认安装，加载 Excel 加载项时需要使用原始安装介质。

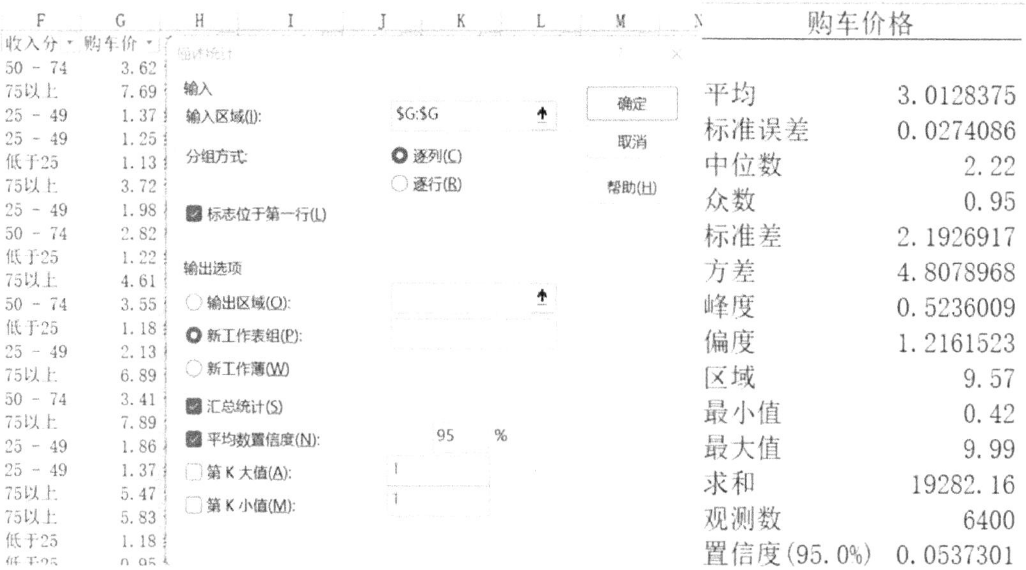

图 10-8　描述性统计分析选项及结果

分析结果显示了所选变量的 13 个描述性统计量。除本节已介绍的统计量外，这里的"标准误差"又称为标准误，标准误代表的是样本均数与总体均数的相对误差。标准误是由样本的标准差除以样本个数的平方根来计算的，是抽样参数估计的重要统计量。这里的"区域"是指极差。需要注意，在对话框中选择"平均数置信度"并设置百分比后，输出结果中会有"置信度（95%）"的值，其被称为绝对误差，是对该变量进行区间估计的重要参数。

第三节　调查数据的推断统计分析

在市场调查中，一般很少进行普查，更多的是做抽样调查，所要分析的资料也多为样本数据。抽样调查的目的是由样本特征对总体特征做出推断，这就是推断统计，主要包括参数估计、假设检验等。推断统计分析是一种通过样本的统计值来估计总体参数值的方法，有时会涉及多个变量或两个以上样本的数据分析，因而有一定的难度，需要利用相关统计软件进行求解。

一、参数估计

参数估计是在总体分布已知的情况下，用样本统计量估计总体参数的方法。参数估计主要有点估计和区间估计两种。

（一）点估计

点估计是指从总体中随机抽取一组容量为 n 的随机样本，计算样本统计量（平均值、比率）并将其作为总体参数的估计值。例如，要想知道某地区居民户的平均收入，就以样本户的平均收入作为该地区所有居民户平均收入的估计值。一般来说，样本越大，抽样的方法越严谨，这种估计方法就越可信。无论如何，样本毕竟只是总体中的一部分，样本统计量与总体真值之间的差异——抽样误差总是难免的。由于点估计不考虑抽样误差，故无法说明估计的差异程度有多大，因此市场调查通常采用区间估计。

（二）区间估计

区间估计是以区间的形式给出包括总体参数真值的范围，以及该区间包括总体参数真值的概率。它不具体指出总体的参数为多少，但能指出总体的未知参数落入某一区间的概率（可能性）有多大，这一概率通常被称为置信度。区间的大小称为置信区间，它取决于样本均值、显著性水平和抽样平均误差。

显著性水平临界值（也称为概率度）与抽样平均误差的乘积称为一定置信水平下的抽样极限误差。置信区间即样本平均值加减抽样极限误差构成的区间，即

$$\bar{x} - z_{\alpha/2}\mu_{\bar{x}} \leqslant \bar{X} \leqslant \bar{x} + z_{\alpha/2}\mu_{\bar{x}} \quad （大样本）$$
$$\bar{x} - t_{\alpha/2}\mu_{\bar{x}} \leqslant \bar{X} \leqslant \bar{x} + t_{\alpha/2}\mu_{\bar{x}} \quad （小样本）$$

其中，$\bar{x}$ 为样本观察值的平均值，其公式为

$$\bar{x} = \frac{\sum x}{n}$$

$z_{\alpha/2}$ 或 $t_{\alpha/2}$ 为做出这一估计的置信水平下的临界值，正态分布（大样本）或 t 分布（小样本）下显著性水平为 α 时的常用临界值见表 10-5。

表 10-5 常用置信水平下的临界值

显著性水平	置信度	大样本临界值 $z_{\alpha/2}$（$n>30$）	小样本临界值 $t_{\alpha/2}$（$n<30$）
10%	90%	1.64	1.67
5%	95%	1.96	2.05
3%	97%	2.17	2.28
1%	99%	2.58	2.76

当重复抽样时，抽样平均误差为

$$\mu_{\bar{x}} = \sqrt{\frac{s^2}{n}} = \frac{s}{\sqrt{n}}$$

当不重复抽样时，抽样平均误差为

$$\mu_{\bar{x}} = \sqrt{\frac{s^2}{n}\left(1 - \frac{n}{N}\right)}$$

其中，s 为样本标准差。

$$s = \sqrt{\frac{\sum(x-\bar{x})^2}{n-1}} = \sqrt{s^2}$$

显著性水平临界值（也称为概率度）与抽样平均误差的乘积称为一定置信水平下的抽样极限误差。置信区间即样本平均值加减抽样极限误差构成的区间，即

$$\bar{x} - z_{\alpha/2}\mu_{\bar{x}} \leqslant \bar{X} \leqslant \bar{x} + z_{\alpha/2}\mu_{\bar{x}} \text{（大样本）}$$

$$\bar{x} - t_{\alpha/2}\mu_{\bar{x}} \leqslant \bar{X} \leqslant \bar{x} + t_{\alpha/2}\mu_{\bar{x}} \text{（小样本）}$$

在总体标准差一定的前提下，置信区间的大小与样本的大小是成反比的。样本越大，置信区间越小。换言之，在置信度确定以后，只要加大样本量，就可以使估计更加精确。

1. 总体均值的区间估计

根据抽样调查的数据，对某一变量总体的平均值做出的区间估计即总体均值的区间估计。如果要求95%的置信度，给定置信水平为$1-\alpha$，则计算置信区间的公式为

$$\bar{X} = \bar{x} \pm 1.96\mu_{\bar{x}}$$

即

$$\bar{X} = \bar{x} \pm 1.96\frac{s}{\sqrt{n}}$$

其中，$\bar{x}$为样本均值；s为样本标准差；n为随机样本的大小。

例如，某调查欲了解某市家庭洗涤剂的年消费支出，从全体市民中随机抽取300人，通过计算得出样本人群购买洗涤剂的家庭年平均消费支出为350元，抽样平均误差为15.3元，要求根据抽样调查结果，以95%的置信度估计全部人群对洗涤剂的年平均消费支出的可信区间。

解：抽样区间估计的一般表达式：$\bar{x} - z_{\alpha/2}\mu \leqslant \bar{X} \leqslant \bar{x} + z_{\alpha/2}\mu$。

已知样本均值$\bar{x}$=350元，样本标准差s=265元，查表可得显著性水平为0.05时正态分布的临界值$z_{\alpha/2}$=1.96。

抽样平均误差$\mu_{\bar{x}} = \sqrt{\frac{s^2}{n}} = \frac{s}{\sqrt{n}} = \frac{265}{\sqrt{300}} \approx 15.3$（元）

极限误差=15.3×1.96≈30（元）

据此可得$350 - 30 \leqslant \bar{X} \leqslant 350 + 30$

即全部人群购买洗涤剂的年平均消费支出在320~380元，这一估计出现错误的概率不超过5%。

2. 总体比率的区间估计

市场调查中常常需要对总体中某一部分在总体中所占的比重做出估计，如根据样本中已购买私家车的家庭占全部被调查家庭的比重估计该城市全部家庭中购买私家车的家庭所占的比重，就是比率估计。

总体比率的区间估计公式与总体均值的区间估计相似，即

$$\bar{P} = p \pm z_{\alpha/2}\mu_p$$

其中，$\overline{P}$ 为总体比率的区间估计值；$p=m/n$，为样本中具有某种特征的部分与全部样本比例（即频率，也称成数），n 为随机样本的大小，m 为 n 中具有某种特征的单位总量；$\mu_p=\sqrt{\dfrac{p(1-p)}{n}}$ 为抽样比率的平均误差。

如果要求置信水平为 $1-\alpha=95\%$，在大样本条件下估计总体比率置信区间的公式为

$$\overline{P}=p\pm 1.96\mu_p$$

即

$$\overline{P}=p\pm 1.96\sqrt{\dfrac{p(1-p)}{n}}$$

例如，根据对某城市 6254 个家庭的样本数据分析，已购买私家车的家庭占全部被调查家庭的比重为 65.3%，在 95% 的置信水平下，要求对该城市全部家庭中购买私家车的比重做出估计。

解：根据抽样调查总体参数估计的理论，该城市全部家庭购买私家车比率的点估计值等于样本比率，已知样本比率为 65.3%，则全部家庭购买私家车的比率为 65.3%。

根据抽样调查总体参数区间估计的理论，总体比率的区间估计值 $\overline{P}=p\pm 1.96\mu_p$。

在 95% 的置信水平下这一比例的极限误差 $=1.96\times\sqrt{\dfrac{0.653\times(1-0.653)}{6254}}\approx 0.0118$，则该城市购买私家车家庭比例的估计区间为 0.653±0.0118。即在 95% 的置信水平下，该城市全部家庭中购买私家车的比例在 64.12%~66.48%。

二、假设检验

（一）假设检验的基本概念

市场调查通常采用抽样调查，用样本指标估计总体指标。由于抽样调查所获得样本的随机性，依据其得出的结论并不一定完全可靠，故需要根据随机变量概率分布的原理加以检验。通过假设检验，可以对样本指标与假设的总体指标之间是否存在显著差异做出科学判断。从这个意义上，假设检验也称为显著性检验。

假设检验的基本思想是"小概率事件"原理，一个小概率事件在一次实验中不应该发生，如果在一次实验中发生了本不该发生的小概率事件，那就说明它不是小概率事件，也就是说，这是由该事件本质的特征造成的。

在市场调查分析中，一般按照以下步骤进行假设检验。

第一步，根据实际问题，提出原假设，建立备择假设，原假设和备择假设互斥。原假设一般是统计分析者想要拒绝的假设，用 H_0 表示。备择假设是统计分析者想要接受的假设，用 H_1 表示。之所以把希望拒绝的假设设为原假设，是为了避免犯取伪错误。

第二步，选择适当的检验统计量。选择适当的检验统计量要依据有关的抽样分布，对不同类型的问题应当选择不同的统计量作为检验统计量。

第三步，选择合适的显著性水平 α。显著性水平是指在原假设为真时拒绝原假设的

概率或风险，是小概率事件的概率值，用 α 表示，通常取 $\alpha=0.05$ 或 $\alpha=0.01$。这表明当做出接受原假设的决定时，其正确的可能性（概率）为95%或99%。

第四步，由样本资料计算出检验统计量的具体数值。检验统计量根据实际抽取的样本计算，用来与标准量进行对比，据以对原假设和备择假设做出决策。检验统计量根据被检验变量的分布特征构建，一般有 t 统计量、z 统计量、卡方统计量、F 统计量等。

第五步，根据检验统计量的概率分布和选定的显著性水平，通过查概率分布表或使用概率分布函数计算相应概率分布的否定域临界值，也就是小概率事件的分割点。

检验方式分为两种：双侧检验和单侧检验。双侧检验的目的是判断被检验的变量是否等于某个假设值；备择假设的形式一般为"$\neq$"。单侧检验的目的是判断被观测变量是否">"或"<"某个假设值。单侧检验又分为两种：左侧检验和右侧检验。备择假设形式为"<"称为左侧检验，形式为">"称为右侧检验。

第六步，将实际计算的检验统计量的值与得到否定域的临界值比较，或用根据检验统计量计算的 P 值与显著性水平 α 对比，从而决定接受或拒绝原假设。

当双侧检验时，检验统计量的绝对值小于检验临界值接受原假设，否则拒绝原假设；当左侧检验时，检验统计量大于检验临界值接受原假设，否则拒绝原假设；当右侧检验时，检验统计量小于检验临界值接受原假设，否则拒绝原假设。

在假设检验分析时，除了使用一定显著性水平下的临界值进行决策外，在SPSS及各类统计分析软件中更多使用样本的显著性概率 P 值进行决策。SPSS输出结果中通常都会有sig，这就是 P 值。P 值用于与显著性水平对比，来判断检验结果是否显著。P 值越小于显著性水平 α，说明实际样本估计值与统计假设值之间差异程度越大，表明检验结果越显著，拒绝原假设。P 值可以通过查概率分布表或者使用Excel函数计算获得。当使用SPSS分析时，选择相应的检验方法即可得到相应的sig值。

假设检验分为参数检验和非参数检验两种。参数检验是在总体分布已知的情况下，先对总体参数提出假设，然后再利用样本信息去检验该假设是否成立。在市场调查中，销售额、收入、市场占有率、商品的某些质量特性等对象总体的检验，都属于参数检验。非参数检验是在总体分布未知的情况下，先对总体提出假设，然后再根据样本信息对假设的正确性进行判断。在市场调查中，行为研究的资料多为顺序或类别方面的问题，如消费者对产品的偏好结构和偏好等级的检验，应采用非参数检验方法，χ^2 检验和 F 检验是非参数检验的主要方法。

（二）参数假设检验

1. 总体均值的假设检验

根据检验的参数不同，对总体均值的检验包括对单个总体的均值检验和对两个总体均值之差的检验。

（1）单个总体的均值检验。其主要用于检验单个总体某项指标的均值是否在假定的范围内，根据检验的目的可选择建立双侧检验假设或单侧检验假设。

当单个总体均值检验时，需要根据总体方差是否已知和样本是否属于大样本来构建检验统计量。一般而言，当总体方差已知时，构建 z 统计量；当总体方差未知时，构建 t

统计量;当样本为大样本($n > 30$)时,构建z统计量;当样本为小样本($n < 30$)时,构建t统计量。

检验统计量

$$Z = \frac{\overline{x} - \mu_0}{\frac{\sigma}{\sqrt{n}}} \sim N(0,1)$$

检验统计量

$$t = \frac{\overline{x} - \mu_0}{\frac{s}{\sqrt{n}}} \sim t(n-1)$$

例如,某地区为了解乡村旅游对农民增收的贡献,以该地区农村居民为受访者随机抽取2000户居民进行调查,结果显示农村居民人均可支配收入为1.873 269万元,标准差为1.031 083万元。已知本地农村居民人均可支配收入为1.4765万元,本次抽样的样本对总体是否具有代表性?($\alpha = 0.05$)

首先,需要研究的问题是样本均值是否能够代表总体均值,也就是说,总体均值是否在以样本均值为中心的一定范围之内,因此属于对单个总体均值的双侧检验。其次,总体标准差未知,因此,应建立t检验统计量,进行双侧检验。

解:建立原假设H_0:$\mu = \mu_0 = 1.4765$;备择假设H_1:$\mu \neq \mu_0 \neq 1.4765$。

已知$\overline{x} = 1.873\,269$,$\mu_0 = 1.4765$,$s = 1.031\,083$,$n = 2000$。

计算检验统计量的值:

$$t = \frac{\overline{x} - \mu_0}{\frac{s}{\sqrt{n}}} = \frac{1.873\,269 - 1.4765}{\frac{1.031\,083}{\sqrt{2000}}} = \frac{0.396\,769}{0.023\,056} \approx 17.208\,926\,1$$

查概率分布表得知:$t_{0.05}(1999) = 1.9612$,因为$t > t_{0.05}$,落入拒绝域,因此,拒绝原假设,即没有依据证明该样本对总体具有显著的代表性。

根据检验条件,t检验也分为双侧检验与单侧检验,检验思路及方法同z检验,这里不再赘述。

(2)两个总体均值之差的检验。如果营销管理人员希望了解不同调查群体间同一指标均值是否存在显著差别,就需要进行两个总体均值之差的检验。两个总体均值之差检验的本质是检验两个总体的均值是否相等,根据检验的目的,可选择建立双侧检验假设或单侧检验假设。

在检验两个总体平均数之差是否具有显著性时,需根据总体方差是否已知和是否属于大样本来构建检验统计量。因市场调查通常是大样本,因此,多数情况下仅需根据总体方差是否已知来构建检验统计量。

当总体方差已知时,构建的z统计量

$$z = \frac{(\overline{x}_1 - \overline{x}_2) - (\mu_1 - \mu_2)}{\sqrt{\frac{\sigma_1^2}{n_1} + \frac{\sigma_2^2}{n_2}}} \sim N(0,1)$$

当两个总体方差 σ_1^2、σ_2^2 未知时，在大样本条件下，可用样本方差 s_1^2、s_2^2 代替。

$$z = \frac{(\bar{x}_1 - \bar{x}_2) - (\mu_1 - \mu_2)}{\sqrt{\dfrac{s_1^2}{n_1} + \dfrac{s_2^2}{n_2}}} \sim N(0,1)$$

对于小样本且总体方差未知时两样本均值之差的检验可采用 t 检验。检验统计量为

$$t = \frac{(\bar{x}_1 - \bar{x}_2) - (\mu_1 - \mu_2)}{S_p \sqrt{\left(\dfrac{1}{n_1} + \dfrac{1}{n_2}\right)}} \sim t(n_1 + n_2 - 2)$$

其中，$S_p = \sqrt{\dfrac{(n_1 - 1)s_1^2 + (n_2 - 1)s_2^2}{n_1 + n_2 - 2}}$，称为总体合并方差。

该 t 统计量服从自由度为 $n_1 + n_2 - 2$ 的 t 分布。

例如，某地区为了解乡村旅游对农民增收的贡献，以该地区农村居民为受访者随机抽取 2000 户居民进行调查，经分类分析，在 2040 户受访者中，有 269 户因发展乡村旅游而受益，人均可支配收入为 2.125 218 万元，样本标准差为 1.370 902 6 万元；1771 户未因旅游而获益，人均可支配收入为 1.084 069 0 万元，样本标准差为 0.974 328 万元。试问，在 $\alpha = 0.05$ 的显著性水平下，能否认为受益农户收入显著高于未受益农户？

该问题是比较是否因旅游而受益的两个群体的平均收入差异，属于两个总体均值之差的假设检验；问题研究的焦点是两者的平均值是否存在差异，即是否相等，因而属于双侧检验；总体方差未知，且为大样本，因此可用样本方差代替构建 z 检验统计量。

解：建立原假设 $H_0 : \mu_1 = \mu_2$；备择假设 $H_1 : \mu_1 \neq \mu_2$。

计算检验统计量

$$z = \frac{(\bar{x}_1 - \bar{x}_2) - (\mu_1 - \mu_2)}{\sqrt{\dfrac{s_1^2}{n_1} + \dfrac{s_2^2}{n_2}}} = \frac{(2.125\,218 - 1.084\,0690) - 0}{\sqrt{\dfrac{1.370\,902\,6^2}{269} + \dfrac{0.974\,328^2}{1771}}} = \frac{0.284\,528}{0.093\,504} \approx 3.042\,950\,03$$

由于检验统计量 $z = 3.042\,950\,03$，$\alpha = 0.05$ 显著性水平的临界值为 1.96，落在了右侧拒绝域，故拒绝原假设，即受益农户与未受益农户人均可支配收入在显著性水平为 0.05 时具有显著差异。

2. 总体比率的假设检验

对总体比率的假设检验也称为总体成数检验。在许多情况下，调查分析人员会面临根据样本的比率对总体的比率进行判断和比较的问题，就需要采用总体比率的假设检验。根据检验参数不同，总体比率的假设检验分为对单个总体比率的假设检验和对两个总体比率之差的假设检验。

（1）单个总体比率的假设检验。其主要用于检验单个总体中的某部分在总体中所占的比重是否在假定的范围内，根据检验的目的可选择建立双侧检验假设或单侧检验假设。

根据中心极限定理，当样本单位数 $n \geq 30$，或 np 和 $n(1-p)$ 均大于 5 时，样本比率 p

的抽样分布近似于正态分布，可采用 z 检验，检验统计量 z 为

$$z = \frac{p - p_0}{\sqrt{\frac{p_0(1-p_0)}{n}}} \sim N(0,1)$$

其中，p_0 为假设的总体比率；p 为样本比率。

例如，某企业生产某品牌电磁炉，根据以往统计，该品牌的市场占有率为 18%。现抽取 800 户居民家庭进行调查，测得该品牌的市场占有率为 17.4%。试问，在显著性水平为 $\alpha = 0.05$ 的条件下，能否认为该品牌电磁炉的市场占有率有所降低？

市场占有率是一个比率数值，已知过去的市场占有率，问题的焦点是抽样调查获得的样本比率是否与过去的比率存在显著差别。$n = 800$，这是一个大样本条件下对总体比率的双侧假设检验问题。

解：构建原假设 $H_0 : p = 18\%$；备择假设 $H_1 : p \neq 18\%$。

已知 $p = 17.4\%$，$p_1 = 18\%$，$n = 800$，$\alpha = 0.05$。

计算检验统计量

$$z = \frac{p - p_0}{\sqrt{\frac{p_0(1-p_0)}{n}}} = \frac{17.4\% - 18\%}{\sqrt{\frac{18\%(1-18\%)}{800}}} = -0.4417$$

已知（或查正态分布表）显著性水平为 0.05 时标准正态分布的临界值为 ±1.96，由于检验统计量 $z = -0.4417$，落在了两个临界值之间（$-z_{\alpha/2} = -1.96$，$z_{\alpha/2} = 1.96$），故接受原假设，即该品牌的市场占有率在显著性水平为 0.05 时没有明显的差异。

（2）两个总体比率之差的假设检验。两个总体比率之差的假设检验主要用于检验两个总体中的某部分在各自总体中所占的比重是否具有显著性差异，根据检验的目的可选择建立双侧检验假设或单侧检验假设。

当样本量较大时，来自两个总体的样本比率之差的抽样分布近似于正态分布，可采用 z 检验。两个总体比率之差的假设检验的统计量为

$$z = \frac{p_1 - p_2}{\sqrt{\frac{p_1(1-p_1)}{n_1} + \frac{p_2(1-p_2)}{n_2}}} \sim N(0,1)$$

例如，某企业为拟开发的新产品进行市场调查，在 1000 名调查者中有 300 名来自高、中等收入家庭，有 16% 的人表示愿意购买新产品，700 名调查者来自低收入家庭，其中 14% 的人表示愿意购买新产品。由此是否可以认为在显著性水平 $\alpha = 0.05$ 时，高、中收入家庭比低收入家庭更愿意购买新产品？

本题根据样本统计量对两个总体同一参数的差异进行比较，愿意购买新产品的比重为比率数值，因此应采用两个总体比率之差的假设检验。又因为样本数超过了 30 个，属于大样本，因而使用 z 检验。

解：建立原假设 $H_0 : p_1 = p_2$；备择假设 $H_1 : p_1 \neq p_2$。

已知 $p_1 = 16\%$，$p_2 = 14\%$，$n_1 = 300$，$n_2 = 700$。

计算检验统计量：

$$z = \frac{p_1 - p_2}{\sqrt{\frac{p_1(1-p_1)}{n_1} + \frac{p_2(1-p_2)}{n_2}}} = \frac{16\% - 14\%}{\sqrt{\frac{16\%(1-16\%)}{300} + \frac{14\%(1-14\%)}{700}}} = 0.803$$

根据检验临界值进行判断：临界值计算方法同上例，不再赘述。由于检验统计量 $z = 0.803$，介于检验临界值（$-z_{\alpha/2} = 1.96$，$z_{\alpha/2} = 1.96$）之内，故接受原假设，即家庭收入水平对人们购买该新产品的意向（当显著性水平为 0.05 时）没有明显的统计性差异。

（三）非参数假设检验

非参数假设检验主要应用于两个方面：一是总体未知，或所要判别的问题不符合参数假设检验的条件；二是需要对定类变量或定序变量做出判断时，传统的参数假设检验是无法做到的，只能采用非参数假设检验。非参数假设检验的方法很多，其中，应用最多的是 χ^2 检验和方差分析。当统计所得 χ^2 值大于 $\alpha = 0.05$ 或 $\alpha = 0.01$ 显著性水平的临界值时，说明所检验问题差异显著或非常显著；当统计所得 χ^2 值小于 $\alpha = 0.05$ 或 $\alpha = 0.01$ 显著性水平的临界值时，则表示所检验问题差异不显著。

1. χ^2 检验

在市场调查研究中，χ^2 检验主要用于交叉频数分布，它的用途如下。

第一，检验样本分布与总体分布有无显著差异，用以说明样本的代表性。如果 χ^2 检验显著，说明样本分布与总体分布差异大，缺乏代表性。

第二，检验两个或两个以上因素的多项分类之间是否关联或是否具有独立性的问题。

（1）单个独立样本的 χ^2 检验。在市场分析研究中，常常需要对变量的观察值出现的实际次数（O_i）与理论次数（E_i）进行比较，以便判别实际的频数分布形态与期望分布是否一致。χ^2 的统计量定义为

$$\chi^2 = \sum \frac{(O_i - E_i)^2}{E_i}$$

其中，O_i 为观察的分组频数；E_i 为期望频数，即无差别时的分组频次。

检验的决策法则如下：

$\chi^2 > \chi^2_{1-\alpha}$，不适合某理论分布（差异显著）；

$\chi^2 < \chi^2_{1-\alpha}$，适合某理论分布（差异不显著）。

例如，某超市为了分析顾客购买偏好，对一周内 26 662 条顾客购买记录进行分析，分析发现，各类购买方式的频率分布如表 10-6 所示。

表 10-6　各类购买方式的频率分布　　　　　　　　　　单位：条

项目	特价	退货	赠送	正常	总数
观察数	1 736	1 070	7 989	15 867	26 662

能否根据上面的分析结果判断各类购买行为的差异具有统计的显著性（显著性水平 $\alpha = 0.05$ ）？

原假设 H_0：各种购买行为无差异；

备择假设 H_1：各种购买行为有显著差异。

这是一个适度检验问题，采用 χ^2 检验。因为购买行为有四种类型，因此，期望频数 $E_i = 26\,662 / 4 = 6665.5$。

检验统计量

$$\chi^2 = \sum \frac{(O_i - E_i)^2}{E_i}$$

$$= \frac{(1736 - 6665.5)^2}{6665.5} + \frac{(1070 - 6665.5)^2}{6665.5} + \frac{(7989 - 6665.5)^2}{6665.5} + \frac{(15\,867 - 6665.5)^2}{6665.5}$$

$$= 21\,308.06$$

由 χ^2 值表查得在自由度（df = k − 1 = 2）条件下 χ^2 检验临界值为 $\chi^2 = 5.99$。由于 $\chi^2 > \chi^2_{0.95}$，故拒绝原假设 H_0，接受备择假设 H_1，认为潜在用户对新产品的三种包装设计的反应有显著差别。

（2）多个独立样本的 χ^2 检验。在市场调查研究中，往往有许多两个变量交叉分类的数据资料，χ^2 检验的另一个应用就是检验两个变量的独立性，也称为列联表分析。检验统计量为

$$\chi^2 = \sum \frac{O_{ij} - E_{ij}}{E_{ij}}$$

其中，O_{ij} 为交叉分类表中每格的实际次数；E_{ij} 为交叉分类表中每格的理论次数，则

$$E_{ij} = \frac{n_1 n_2}{n}$$

也可以通过采用两个总体均值之差的 z 检验得到相同的结论。

如前所述，市场调查中经常会使用交叉频数分析，但此分析仅仅关心的是两个变量不同分类之间的交叉频数及频率，如果要进一步分析两个变量之间是否存在依存关系，仅靠频数或频率分析是不够的，还需要进行列联表分析。由两个或两个以上品质变量组成的交叉频数表即列联表，列联表分析是通过对变量的独立性检验来进行判断的，通常采用 χ^2 检验。列联表分析的基本步骤如下。

第一步，根据问题建立假设。原假设：变量间相互独立；备择假设：变量间不独立。

第二步，根据调查数据建立由两个品质变量构成的交叉频数表，每一个频数记为 x_{ij}（$i = 1, 2, \cdots, n$；$j = 1, 2, \cdots, m$），并计算行合计数 $h_i = \sum_{j=1}^{n} x_{ij}$ 和列合计数 $l_j = \sum_{i=1}^{m} x_{ij}$。

第三步，计算期望频数分布，期望频数 $e_{ij} = \frac{h_i l_j}{n}$。期望频数的含义是假定变量相互独

立条件下的理论频数分布。

第四步，计算 χ^2 检验统计量的值

$$\chi^2 = \sum_{i=1}^{n}\sum_{j=1}^{m}\frac{(x_{ij}-e_{ij})^2}{e_{ij}} \sim \chi^2$$

第五步，根据给定的显著性水平 α，利用函数计算（或者查 χ^2 分布表）得到 χ^2 分布的临界值（或显著性概率 P 值）。

第六步，比较 χ^2 统计量值与 χ^2 分布临界值，做出判断。

第七步，如果根据检验结果判断为变量相互不独立，则说明变量间存在相关性，需要进一步测定列联相关系数，用以描述变量间相关程度的强弱。

例如，根据本章第二节示例，对某公司 6400 名员工购买的车辆类型进行调查，其中已购买私家车的有 6254 人。其调查结果按购车类型和受教育程度进行交叉频数分析的结果如表 10-7 所示，试分析员工受教育程度与购车类型之间是否存在显著差异（显著性水平 $\alpha=0.05$）。

表 10-7　购车类型与受教育程度的条件频数分布表　　　　　　　　单位：人

车辆类型	初中及以下	高中	大专	本科	研究生及以上	总计
经济型	476	571	378	302	68	1795
标准型	469	676	473	493	111	2222
豪华型	418	644	474	525	176	2237
总计	1363	1891	1325	1320	355	6254

根据两个品质变量的交叉频数分布对两个变量间是否独立做出判断，属于品质变量的独立性检验，应采用列联表分析。

解：

（1）建立假设。原假设：变量间相互独立；备择假设：变量间不独立。

（2）已知两个变量（受教育程度、购车类型）的条件分布如表 10-7 所示。

（3）根据 $e_{ij}=\dfrac{h_i l_j}{n}$，计算期望频数计算表（表 10-8）。

表 10-8　购车类型与受教育程度的期望频数计算表

车辆类型	初中及以下	高中	大专	本科	研究生及以上
经济型	391.20	542.75	380.30	378.86	101.89
标准型	484.26	671.86	470.76	468.99	126.13
豪华型	487.53	676.39	473.94	472.15	126.98

（4）计算 χ^2 检验统计量的值。

$$\chi^2 = \sum_{i=1}^{n}\sum_{j=1}^{m}\frac{(x_{ij}-e_{ij})^2}{e_{ij}}$$

$$=\frac{(469-484)^2}{484}+\frac{(418-488)^2}{488}+\cdots+\frac{(68-102)^2}{102}=86.60$$

其中，x_{ij} 为条件分布表中第 i 行第 j 列的观察值（如 $x_{21}=418$）；e_{ij} 为期望分布表第 i 行第 j 列的期望值（如 $e_{32}=488$）；n 为行变量分类个数（购车类型 $n=3$）；m 为列变量分类个数（受教育程度等级数 $m=5$）。

（5）计算自由度 $\mathrm{df}=(n-1)(m-1)=2\times 4=8$，显著性水平 $\alpha=0.05$。

（6）查表或计算 χ^2 检验临界值（或显著性概率）。在 Excel 任意单元格中输入 "=CHISQ.INV（0.025，8）"，得到在自由度为 8 时 χ^2 检验左侧临界值为 2.18；输入 "：=CHISQ.INV.RT（0.975，8）"，得到在自由度为 8 时 χ^2 检验右侧临界值为 17.53。也可以在 Excel 任意单元格中输入 "=CHISQ.TEST"（原始频数分布区域、期望频数分布区域），得到卡方分布在样本条件下的显著性概率 0.00。

（7）对原假设做出判断。由于检验统计量值（86.60）超过了检验临界值区间（2.18，17.53），进入拒绝域，且当前频数分布条件下的显著性概率小于规定的显著性水平 0.05，故拒绝原假设，即受教育程度与购车类型这两个变量间不独立。

（8）计算列联相关系数，判断两个变量相关性的强弱。

前述通过分析得知两个变量间不独立，即相互关联。那么关联程度有多高呢？需要计算列联相关系数来做出判断。列联相关系数有三种，即用于 2×2 列联表的 φ 相关系数，用于大于 2×2 列联表的 C 相关系数和 V 相关系数。其中：

$$\varphi=\sqrt{\frac{\chi^2}{n}},\ C=\sqrt{\frac{\chi^2}{\chi^2+n}},\ V=\sqrt{\frac{\chi^2}{n\times\min((n-1),(m-1))}}$$

相关系数的取值在 0~1，越接近 0 说明相关性越弱，越接近 1 说明相关性越强。

市场调查中常用的相关系数为 C，据此计算两个变量的品质相关系数为

$$C=\sqrt{\frac{\chi^2}{\chi^2+n}}=\sqrt{\frac{86.6}{86.6+6254}}\approx 0.117$$

故在该项调查的人群中，员工受教育程度与购车类型之间存在相关性，但相关程度较低。

列联表分析也可以在 SPSS 中实现，其方法如下：打开数据列表，选择分析→描述统计→交叉表，将拟比较的两个变量分别选入行、列，选择"统计量"，在打开的窗口中勾选"卡方"和"相依系数"（图 10-9），点击"继续"返回主界面，在主界面点击"确定"，在输出浏览器中即可显示分析结果（表 10-9、表 10-10）。χ^2 检验值为 86.6，χ^2 检验的显著性概率为 0.000，相关系数为 0.117。与上述计算结果一致。SPSS 输出结果如表 10-9 和表 10-10 所示。

图 10-9 列联表分析变量及统计量选择

表 10-9 SPSS 列联表分析输出结果（一）

车辆类型	初中及以下	高中	大专	本科	研究生及以上	总计
经济型	476	571	378	302	68	1795
标准型	469	676	473	493	111	2222
豪华型	418	644	474	525	176	2237
总计	1363	1891	1325	1320	355	6254

表 10-10 SPSS 列联表分析输出结果（二）

卡方检验

	值	自由度	渐进显著性（双侧）
皮尔逊卡方	83.600*	8	0.000
似然比	86.397	8	0.000
线性关联	76.650	1	0.000
有效个案数	6254		

*0 个单元格（0.0%）的期望计数小于 5。最小期望计数为 101.89

对称测量

		值	渐进显著性
名义到名义	列联系数	0.117	0.000
有限个案数		6254	

2. 方差分析

市场营销的效果会受到销售价格、销售手段、市场环境、消费者特征等多种因素的影响，每一种因素都有不同的水平，如不同的价格、不同的销售手段、不同的消费对象等。在市场研究中，经常需要对不同的销售组合的销售效果进行观察，分析哪种或哪几种因素对销售效果具有显著性影响，以寻找最佳的销售组合。

方差分析是 t 检验的延伸。如果说 t 检验分析的是两个组别之间某一特征值的平均值之间是否相等的话，方差分析则是分析三个及以上组别不同分组之间某一特征值的平均值是否全部相等的一种统计分析方法。其中，分组标志称为因素，因此，作为因素的变量一定是分类变量，分组的结果称为水平，不同水平的观测值是需要判断的平均值，因此，作为观测值的特征值一定是数值型变量。

方差分析通过比较三个波动（离差平方和）之间的关系来判断差异来源，即整体波动（总离差平方和，简称总变差[①]）、组间波动（组间离差平方和，简称组间变差[②]）和组内波动（组内离差平方和，简称组内变差[③]），三者之间的关系为 SST=SSB+SSW。SSB 占 SST 的比重越大，各组均值相等的可能性就越小，组内波动在 SST 中占比越大，各组均值相等的可能性越大。方差分析通过构建 F 统计量来判断在整体波动中 SSB 占比较大还是 SSW 占比较大，从而对各组均值是否相等做出判断。

例如，某种商品的市场销售量会受到销售方式的影响，那么销售方式就是影响销售量的一个因素；销售方式有多种，每一种方式就是一个水平，每种方式下的销售量就是观测到的特征值。如果销售方式与销售量无关的话，从理论上讲，经过多次测试，不同销售方式下的平均销售量应该没有显著差异，但事实是，多次测试都反映出不同销售方式带来的平均销售量是有差异的，但这种差异可能来自不同销售方式对销售量的影响，也可能来自抽样产生的随机误差。如果能够证明这些误差主要是由销售方式本身而不是随机因素带来的，那就说明销售方式（品质自变量）对销售量（数值型因变量）是有影响的。

方差分析采用以误差来源之比构成的 F 统计量来检验差异的显著性。

$$F\text{统计量} = \frac{\text{SSB}/(s-1)}{\text{SSE}/(n-s)}$$

其中，s 为分组后的水平数；n 为观测值个数。

F 值越大则说明变量由组间误差引起的变化越大，当 F 统计量的值超过 F 检验的临界值时，就有根据认为各水平之间存在显著性差异，而这种差异更多的是来自系统内部而不是随机性差异。需要注意的是，方差分析只能判断单因素多水平之间、多因素多水平之间总体均值是否存在系统性显著差异，不能判断差异的大小。若要得到各组均值间差异来源更详细的信息，应在方差分析的基础上进行多个样本均值的两两比较。

在方差分析中，按照观测因素（分组变量）的多少，可分为单因素方差分析和多因

[①] 总变差：sum of squares total，SST。
[②] 组间变差：sum of squares between，SSB。
[③] 组内变差：sum of squares within，SSW。

素方差分析（包括双因素方差分析）。

（1）单因素方差分析。方差分析中只检验一个自变量（因素）的不同水平对因变量的影响，称为单因素方差分析。

例如，某公司为了打开新产品的市场，设计了4种不同的销售方式，并进行测试。为检验不同销售方式的效果，在3个地区的5个卖场分别采用4种不同的销售方式进行实验，获得60条记录（个案），整理后销售量统计如表10-11所示。试判断不同销售方式、不同卖场、不同地区之间在销售量上是否存在显著差异。

表10-11 不同销售方式销售量统计表　　　　　　　　　　　单位：件

卖场	A地区				B地区				C地区				总计
	方式1	方式2	方式3	方式4	方式1	方式2	方式3	方式4	方式1	方式2	方式3	方式4	
卖场1	77	95	71	80	25	45	30	34	22	50	41	46	616
卖场2	86	92	76	84	45	51	32	42	41	41	44	42	676
卖场3	81	78	68	79	42	41	30	33	39	35	38	46	610
卖场4	88	96	81	70	47	41	40	30	41	55	41	40	670
卖场5	83	89	74	82	43	47	32	42	39	42	42	40	655
总计	415	450	370	395	202	225	164	181	182	223	206	214	3227

该公司按3个地区、5个卖场、4种销售方式3个标志分组（分组变量）采集了销售量（观测变量）数据，每个分组的结果（水平）都大于等于3个，因此应采用方差分析。如果单纯分析不同销售方式（或不同卖场、不同地区）的销售量是否存在差异，则为单因素方差分析，如果同时研究销售方式、卖场（或其他两两因素组合）对销售量的影响则应采用双因素方差分析，如果同时分析地区、卖场、销售方式3个因素对销售量的影响则应采用多因素方差分析。

解1：首先分析销售方式这一因素对销售量（因变量）是否存在显著差异，采用单因素方差分析。

建立假设：

原假设H_0：不同销售方式对该产品销售量无显著影响（即各种销售方式的平均值相等）。

备择假设H_1：不同销售方式对该产品销售量有显著影响（即各种销售方式的平均值不相等）。

分析方法：

单因素方差分析可以在SPSS中实现，其方法如下：在SPSS数据表中准备好原始数据（表10-12）。

表 10-12 单因素方差分析原始数据

编号	序号	销量	销售方式	卖场	地区
1	1001	77	方式 1	卖场 1	A 地区
2	1002	86	方式 1	卖场 2	A 地区
3	1003	81	方式 1	卖场 3	A 地区
4	1004	88	方式 1	卖场 4	A 地区
5	1005	83	方式 1	卖场 5	A 地区
6	1006	95	方式 2	卖场 1	A 地区
7	1007	92	方式 2	卖场 2	A 地区
8	1008	78	方式 2	卖场 3	A 地区
9	1009	96	方式 2	卖场 4	A 地区
10	1010	89	方式 2	卖场 5	A 地区
11	1011	71	方式 3	卖场 1	A 地区
12	1012	76	方式 3	卖场 2	A 地区
13	1013	68	方式 3	卖场 3	A 地区
14	1014	81	方式 3	卖场 4	A 地区
15	1015	74	方式 3	卖场 5	A 地区
16	1016	80	方式 4	卖场 1	A 地区

选择"分析→比较均值→单因素 ANOVA 检验",在打开的对话窗口中将变量"销量"选入"因变量列表",将变量"销售方式"选入"因子"。点击选项按钮,打开对话框,勾选"描述",根据需要选择其他选项后返回主对话框。点"确定",即可输出分析结果(表10-13)。

表 10-13 销售方式对销售量的单因素方差分析结果

分类	平方和	自由度	均方	F	显著性
组间	874.850	3	291.617	0.649	0.587
组内	25 169.333	56	449.452		
总计	26 044.183	59			

结果显示:$F = 0.649$,$P = 0.587$,接受原假设 H_0,即不同销售方式对销售量没有显著性差异。

同理，分析卖场这一因素对销售量是否存在显著差异，也采用单因素方差分析。

建立假设：

原假设 H_0：不同卖场对该产品销售量无显著影响（即各卖场的平均值相等）。

备择假设 H_1：不同卖场对该产品销售量有显著影响（即各卖场的平均值不相等）。

以解 1 同样的方式，将变量"卖场"选入"因子"，得到卖场这一因素的单因素方差分析结果（表 10-14）。

表 10-14　卖场对销售量的单因素方差分析结果

分类	平方和	自由度	均方	F	显著性
组间	312.600	4	78.150	0.167	0.954
组内	25 731.583	55	467.847		
总计	26 044.183	59			

结果显示：$F = 0.167$，$P = 0.954$，接受原假设 H_0，即不同卖场对销售量没有显著性差异。

同理，分析地区这一因素对销售量是否存在显著差异，采用单因素方差分析。

建立假设：

原假设 H_0：不同地区对该产品销售量无显著影响（即各地区销售量的平均值相等）。

备择假设 H_1：不同地区对该产品销售量有显著影响（即各地区销售量的平均值不相等）。

以解 1 同样方式，将变量"地区"选入"因子"，得到地区这一因素的单因素方差分析结果（表 10-15）。

表 10-15　地区对销售量的单因素方差分析结果

分类	平方和	自由度	均方	F	显著性
组间	23 116.633	2	11 558.317	225.043	0.000
组内	2 927.550	57	51.361		
总计	26 044.183	59			

结果显示：$F = 225.043$，$P = 0.000$，拒绝原假设 H_0，即地区之间销售量存在显著差异。

有差异的情况下，可以进一步采用最小显著差数法（least significant difference，LSD），研究差异来源。

为了进一步分析不同地区的差异，可采用 LSD。在将地区这一因素选入"因子"时，点击右侧"选择"按钮，在打开的对话框中勾选"LSD"。返回主对话框后点"确定"，即可同时输出多重对比表（表 10-16）。

表 10-16 不同地区差异多重对比表

因变量：销售
LSD

（I）地区	（J）地区	平均值差值 (I-J)	标准错误	显著性	95%置信区间 下限	95%置信区间 上限
A 地区	B 地区	42.900*	2.266	0.000	38.36	47.44
	C 地区	40.250*	2.266	0.000	35.71	44.79
B 地区	A 地区	−42.900*	2.266	0.000	−47.44	−38.36
	C 地区	2.650	2.266	0.247	−7.19	1.89
C 地区	A 地区	−40.250*	2.266	0.000	−44.79	−35.71
	B 地区	2.650	2.266	0.247	−1.89	7.19

*平均值差值的显著性水平为 0.05

比较 P 值小于 0.05 的比较组合，可以看到 A 地区与其他两个地区之间存在显著差异，B 地区与 C 地区之间差异不显著。

（2）多因素方差分析。单因素方差分析只考虑了单一因素对销售量的影响，但实际上商场规模大小、销售地区的贫富等都可能对产品的销售量有影响，考虑两个或两个以上因素的方差分析属于多因素方差分析，双因素方差分析是最简单的多因素方差分析。

多因素方差分析通常采用两两因素交叉对比来实现。仍以上题为例，如果能合理估计商场规模对销售量的影响，则能更好地研究销售方式对销售量的影响。假定例中的 5 个卖场是按规模分成的五组，希望能分析销售方式与卖场规模这两个因素之间是否存在共同影响销售量的因素，进而为在不同规模的卖场选择不同的促销方式提供决策支持，这时就需要进行双因素方差分析，其中因素一是销售方式，有 4 个水平（4 种销售方式）；因素二是商场规模，有 5 个水平（5 种规模的商场）。

双因素方差分析在 SPSS 实现的方法如下：分析→一般线性模型→单变量，点击"模型"，出现"单变量：模型"对话框，默认选择"全因子"。全因子表明会输出销售方式、卖场规模及两者的交互效应。点击"事后比较"，出现"多重比较"对话框。将"销售方式""商场规模"放入右边对话框，同时选择一种多重比较方法，如"LSD"。点击"选项"，出现"选项"对话框。主要勾选"描述统计"、"效应量估计"和"齐性检验"。点击"EM 平均值"，出现"估计边际平均值"对话框。将"OVERALL"放入右边对话框。点击"继续"返回主对话框后点"确定"，即可输出分析结果。

对两个以上因素的方差分析可采用有重复双因素方差分析来解决，其分析思路如下：先对拟分析的多个因素进行两两组合，将剩余因素作为试验次数，然后进行有重复的双因素方差分析，依次分析不同的组合，观察指标是否会随着实验次数的增加而变化，在对各组分析的结果进行综合比较后做出最后决策。对于多个变量的方差分析，也可以进一步采用协方差分析来消除不可控因素以比较各因素不同水平的差异，还可以采用多元方差分析研究影响因素如何影响一组因变量等。

随着市场调查行业的发展，仅靠初等的统计方法来处理数据有时不能满足研究的要求。调查资料分析除了可以采用前面介绍的描述统计分析、推断统计分析方法之外，随着研究的深入还需要采用一些高层次的多元统计分析方法，如相关分析和回归分析、聚类分析、判别分析、主成分分析及因子分析等。限于篇幅要求，这里不再赘述。

☆ 思考练习题

一、问答题

1. 描述性统计分析有哪些基本方法？
2. 测度集中趋势、离散程度的统计量有哪些？
3. 点估计和区间估计有什么联系与区别？
4. 什么是参数检验和非参数检验？二者有什么差别？
5. 简述方差分析的类型和原理。

二、思考题

两个变量的交叉分组表比两个简单的单变量频率分布表更能为调查研究人员提供丰富的信息。请你做一个简易的调查，给出一个例子来说明。

三、计算分析题

1. 消费者协会在对某食油厂的检查中发现了该厂装 1000 毫升香油的瓶子里有的分量不够。对 400 个样本油瓶的检查发现，平均每瓶装油量为 990 毫升，但在 0.07 的显著性水平下的检验接受总体 μ 为 1000 毫升的虚无假设，说明制造厂家并没有少装。请对上面的检验进行重新检查。在显著性水平分别为 0.01 和 0.05 时，上面的虚无假设是否成立？消费者协会应如何应对？

2. 某民航公司准备了解旅客对航空旅行的满意程度，随机抽取了 400 个样本进行调查，对旅客的态度进行了量化处理。调查结果的平均值为 3.4，样本标准差为 1.9。试问，如果 $\alpha = 0.05$，航空公司能否确认旅客满意程度在一般（3分）以上？

3. 某公司进行一项新产品研究。被调查的 500 名潜在用户中有 300 名来自高收入家庭，200 名来自低收入家庭。如果表示愿意购买此新产品的百分比分别为 16% 和 13.5%，是否可以认为高收入家庭比低收入家庭更愿意购买该新产品（$\alpha = 0.05$）？

4. 某大学对 500 名毕业三年后的校友的月收入进行调查，其结果按收入范围和学历程度两个变量进行列联表分析，有关资料如表 10-17 所示。

表 10-17 某大学校友月收入调查

月收入	专科	本科	研究生	行样本量/个
3000 元以下	19（11）	23（23）	0（8）	42
3000~4000 元	45（45）	95（95）	35（35）	175
4000~5000 元	50（53）	110（111）	45（41）	205
5000 元以上	16（20）	42（42）	20（16）	78
列样本量/个	130	270	100	500

注：括号内为频数的期望分布。

试问：能否得出校友学历对收入水平有显著影响（$\alpha = 0.05$）？

➤实训题

以组为单位，对所在的大学进行一次有关教学质量水平的调查，并检验男生与女生的意见是否有显著差别（$\alpha = 0.05$）。

第十一章 市场预测

学习目标

通过本章的学习，理解市场预测的概念、种类和内容，熟知市场预测的步骤；了解定性预测的基本类型，掌握时间序列预测法的各种方法；能利用变量之间的因果关系建立回归方程并进行统计检验和预测。

第一节 市场预测概述

一、市场预测的概念

预测是指根据过去和现在推测未来，即事先对某一观察现象进行的计量和判断，根据过去和现在推测未来的一种活动。

市场预测是指企业在通过市场调查获得一定资料的基础上，对实际需要及相关的现实环境因素，运用逻辑推理、统计分析、数学模型等科学方法，对市场上商品的供需发展状况、未来变化趋势及可能达到的水平做出估计与测算，为企业确定发展目标、制定营销战略和营销决策提供科学依据的过程。

市场调查和市场预测都是市场研究的重要手段，它们密切相关又存在区别。市场调查的目的是了解市场活动的历史与现状，市场预测的目的则是预见市场未来的发展趋势。市场调查是市场预测的前提，调查结果不仅为市场预测提供原始的数据和资料，还可为修正预测值提供依据。市场预测是市场调查的继续，将调查中所取得的资料、数据用于对未来变动趋势的预测之中，使调查结果不仅为总结市场实践经验提供依据，更为提高预测的准确度提供帮助。

二、市场预测的分类

市场预测的方法有几百种，其中大多数是在实践中不断演变和改进的方法，经常使用的基本方法有十几种。为了合理地选用预测方法，就有必要系统地了解各种预测方法的类型及其使用条件。根据经营管理及营销决策的需要，市场预测可按性质、时间跨度等几个不同的角度进行分类。

（一）按性质分类

市场预测按性质可以分为定性预测和定量预测。

1. 定性预测

定性预测又称为主观预测方法，是指依靠熟悉业务知识、具有丰富经验和综合分析能力的人员或专家，根据已掌握的历史资料和现实材料，对事物的未来发展趋势做出性质和程度上的判断，然后再通过一定的形式综合各方面的情况，得出统一的预测结论。定性预测常用的方法有集合意见法、专家会议法、德尔菲法、对比类推法等。

定性预测不依托数学模型，预测结果并没有经过量化或定量分析，它建立在逻辑思维、经验判断和推理的基础上，所以具有不确定性。这种预测在市场经济活动中有着广泛的应用，特别是在预测对象的影响因素难以分清主次，或者其主要因素难以用数学表达式模拟时，预测者可以凭借自己的业务知识、经验和综合分析的能力，运用已掌握的历史资料和现实资料，对市场发展的趋势、方向和重大转折点做出估计或推测。

2. 定量预测

定量预测是指依据获得的各种市场信息数据，采用数学分析方法建立数学模型，对预测对象的未来发展变化趋势进行量的分析和推算的方法。定量预测的前提如下：充分占有数据资料，影响预测目标的因素相对稳定，预测指标与其他相关指标存在较高的相关程度并能以此建立数学模型。定量预测主要分为时间序列预测与因果关系预测两大类。

定量预测的优点如下：由于重视数据的作用，以数学模型为分析手段，不易受人为因素的影响，能保证预测的科学性和客观性；预测结果用数值表示，精确度比较高，能弥补定性预测的不足；能对预测目标的未来发展程度、各目标之间的影响和制约关系做出定量的推断，为决策者提供更精确、更直接的信息资料；可以估算出预测误差和可信度，使决策者知道使用预测结果的风险范围。

定量预测的不足之处主要如下：一是对数据资料的依赖性较强，对数据的数量、质量都有严格的要求，如果这两方面得不到保证，定量预测将难以有效进行；二是不能应对突变，定量预测是依据历史数据资料中体现出的自变量与因变量的关系进行的外延类推，如果情况发生突变，这种关系就不能进行有效的描述；三是预测费用比较高；四是对预测人员数理统计方面的知识要求比较高，一般调查人员难以胜任此项工作。

在实际工作中，定性预测要与定量预测结合使用，在定性预测的同时辅之以定量预测，是克服定性预测的不足、确保预测准确性的有效途径。

（二）按时间跨度分类

市场预测按时间跨度可以分为短期预测、近期预测、中期预测和长期预测。

1. 短期预测

短期预测是指根据市场上需求变化的现实情况，以周、旬、月为时间单位，预计某个月或季度内的需求量（销售量），它主要是为企业的日常经营决策服务。

2. 近期预测

近期预测是指根据历史资料和市场变化，以月或季为时间单位，测算出季度、半年或年度的市场需求量，为制订季度计划、年度计划，组织货源，合理安排市场提供依据。

市场预测中大量采用的是短期预测和近期预测。这两种预测目标明确、不确定因素少、资料齐全、预见性较强、预测结果准确。

3. 中期预测

中期预测是指以年为时间单位，对 1 年以上或 3~5 年的市场发展前景进行预测。一般是经过深入调查分析后，对经济、技术、政治、社会等影响市场长期发展的因素所做出的对未来市场发展趋势的预测，其目的是为企业制定中期经营发展战略决策提供依据。

中期预测由于时间较短、不确定因素较少、数据资料较齐全，预测的准确性比短期预测稍差，但仍属较好之列。中期预测常用于对市场潜力、价格变化、商品供求变动趋势等的预测，为企业的中期经营决策提供依据。

4. 长期预测

长期预测一般是指 5 年或更长时间段的预测，又称远景预测。长期预测由于不确定因素多，且由于时间长，不可控因素多，预测中难以全面把握和预计各种可能的变化因素，故预测的精确度相对要低，需要通过中期预测和短期预测加以具体化并付诸实施。长期预测通常用于对市场商品生产与销售的发展方向、产品的有关技术发展趋势、生产要素供应变化趋势、消费趋势等做出总体预测和战略预测，是企业规划发展目标，制定战略决策的依据。

除上述分类之外，市场预测还可按空间范围分类。例如，按照经济活动的空间范围可分为宏观市场预测和微观市场预测；按照地理空间范围可分为国际市场预测、国内市场预测和区域市场预测；等等。

三、市场预测的基本原理

世界上的事物都处于不断变化的过程中，如果能够从已发生的事实中认识到一种事物发展变化的规律性，就可以利用这一规律性对事物的发展前景进行预测，并可期望取得和实际情况相符合的结果。因此，认识市场发展变化的客观规律，利用规律的必然性选择恰当的预测方法，是进行科学预测时应遵循的原则。

1. 惯性原理

惯性原理是指事物的发展具有一定的延续性，市场发展也不例外。未来的市场规模和状况是由过去发展至现在，又由现在延续和发展至未来。依据惯性原理，过去和现在的市场经济活动中存在的某种规律，在将来的一段时期内将继续存在。一般来讲，市场经济活动的连续性表现在两个方面：一是预测对象自身在较长时间内所呈现的数量变化特征保持相对稳定；二是预测对象系统的因果关系结构基本上不随时间的变化而变化。正是由于这两方面的表现，才能依据调查的样本资料，选用时间序列分析预测法建立时序模型进行外推预测。

2. 类推原理

类推原理是指许多事物在发展变化规律上常有类似之处，利用预测对象与其他已知事物的发展变化在时间上有先后不同，在表现形式上的相似特点，将已知事物发展过程类推到预测对象上，对预测对象的前景进行预测。在市场经济活动中，某些不同的商品市场所呈现的发展规律有时是相似的。利用这种相似性的分析判断，可以根据已知的某商品市场发展规律类推另一新商品市场的未来发展。

3. 相关原理

各种事物之间往往存在着一定的相互联系和相互影响，即市场经济变量之间存在着一定的相关性。相关性有多种表现，其中最重要的是因果关系。因果关系的特点是原因在前、结果在后，并且原因和结果之间的密切的结构关系可以用函数关系式来表示。因此，人们通过对市场经济现象的分析判断，确定出原因和结果后，就可以利用这些原因和结果变量的实际数据资料建立数学模型，进行预测。

四、市场预测的内容

市场预测涉及的范围十分广泛，概括起来其主要包括以下几个方面内容。

1. 市场需求预测

市场需求预测是通过对过去和现在商品市场的销售状况和影响市场需求的各种因素进行科学的分析和判断，来预计市场对商品的需求及未来市场发展的趋势。在市场需求预测中，商品需求预测是非常重要的内容，具体包括居民购买力预测、居民购买力趋向预测和各种商品的需求预测。

2. 市场供给预测

市场供给预测是指对进入市场的商品资源总量的预测，主要是预测生产部门可以提供的商品量及其构成，须了解同类产品现有的生产企业的数量、生产能力、原材料供应、生产设备、生产技术和产品质量的现状等。将市场供给预测同市场需求预测结合起来，可以预测未来市场供求矛盾的变化趋势。

3. 市场销售预测

市场销售预测是指企业对各种产品销售前景的预测，包括对销售的产品品种、花色、式样、规格、价格、销售量、销售额、销售利润等方面变化的预测。它是企业制定和实施营销策略的主要依据，也是企业合理安排仓储与运输的主要依据之一。通过市场销售预测，可以了解消费者的具体需求，找出市场上存在的问题加以改进，以提高销售量和经济效益。

4. 市场占有率预测

市场占有率预测是指在一定时期内对企业某种产品或某类产品的需求量变化趋势的预测。市场占有率预测实际上是企业竞争能力的预测。由于处于市场竞争中，一个企业的产品的市场占有率会经常发生变化，原来购买本企业产品的用户也可能会去购买其他企业的同类产品，其他企业产品的购买者也可能转变为本企业的顾客。

5. 竞争预测

竞争预测是指企业对竞争对手的生产水平、经营决策、发展趋势等进行的预测及对潜在竞争对手进行的预测。这些竞争对手的生产规模、技术力量、设备状况、竞争能力等，都是竞争预测的重要内容。随着科学技术的发展，往往会出现很多新产品，这些新产品和老产品相比有许多优势，有些新产品成为老产品强有力的竞争对手。因此，企业也应对新产品代替老产品的程度和发展趋势做出预测，以便采取适当的对策。

6. 科技发展预测

科技发展预测是指通过对科学技术的发展状况进行定性和定量的科学分析，以认识和掌握科学技术的发展规律，推测科学技术在未来发展的方向及其对产品发展的影响程度。它实际是科学技术发展对产品需求影响的预测，是将技术与经济、技术发展趋势与市场发展动向结合起来。科技发展预测包括科学预测和技术预测两个方面，前者主要包括对科技发展趋势、方向和可能出现的科技发明、科技发展与产品发展及社会生活各个方面的关系等的预测，后者主要包括对新技术发明可能运用的领域、范围和运用速度的预测。

五、市场预测的步骤

市场预测应遵循一定的工作程序，有计划、按步骤地进行，便于对质量进行检查监督，确保预测结果的准确性。

市场预测步骤大致如下。

第一步，明确预测目标。针对企业经营活动存在的问题，明确要预测什么，达到什么目标。根据目标来拟定预测的项目、制订预测工作计划、编制预算、调配力量、组织实施，以保证市场预测工作有计划、有节奏地进行。

第二步，收集资料。根据预测目标，确定应收集的有关文件、数据等内容，通过市场调查广泛、系统地收集所需要的历史和现实资料，既要收集关于预测本身的历史和现实资料，也要收集包括影响预测对象发展过程的各种因素的历史和现实资料。一般可以利用各种调查方式获取第一手资料，也可以利用各种渠道获取第二手资料。收集时要注意资料的广泛性和适用性，做到准确、及时、完整和精简实用。

第三步，选择预测方法。根据预测的目标及各种预测方法的适用条件和性能，选择合适的预测方法。预测方法的选择取决于研究者对预测对象发展变化过程规律的认识，而这种认识必须建立在系统分析和判断的基础上。运用预测方法的核心是建立描述、概括预测对象的特征和变化规律的模型，根据模型进行计算或处理，即可得到预测结果。在选择预测方法时，应服从于决策的要求，符合预测对象本身的特点，考虑预测时期现有的条件和基础等，有时可以运用多种预测方法来预测同一目标。市场预测的方法很多，一般来说，尽可能选择两种以上的预测方法进行预测，以便于比较分析。

第四步，利用模型进行预测。在选择预测方法、建立预测模型的基础上，初步掌握预测对象的发展规律，根据预测模型，依据对未来的了解分析，输入有关资料和数据，推测（或计算）预测对象的可能水平和发展趋势，进行分析和评价，做出最终预测结论。

在实际预测工作中，在历史数据资料全面时，一般利用时间序列模型或因果关系模型进行预测；在缺乏历史数据资料时，一般利用定性预测方法，即根据一些先兆事件或专家的经验判断得出预测结果。

第五步，评价修正预测。由于市场系统的复杂性和随机性，以及调查资料不完整或知识经验不足等原因，预测值和实际情况总是存在一定的偏差，故需要对预测值加以分析评价，判断其合理性，在此基础上，通常还要根据最新信息对预测初值进行必要的调整和修正，以确定最终的预测值。

实际预测中通常用以下几种办法进行分析评价：一是根据常识、经验或相关理论，去检查、判断预测结果是否合理；二是计算预测误差，看误差是否在允许的范围之内；三是分析正在形成的各种征兆、苗头所反映的未来条件、因素的变化，判断这些条件、因素的影响程度及可能出现的变化；四是在条件允许的情况下，采用多种预测方法进行预测，然后综合评价各种预测结果。

第六步，形成预测报告。把预测的最终结果编制成文件和报告，向有关部门上报或以一定的形式公布，并提供和发布预测信息，供有关部门和企业在决策时参考。预测报告应概括预测研究的主要活动过程，包括预测目标、预测对象、相关因素分析、主要资料与数据、预测方法的选择和模型的建立，以及对预测结论的评估、分析和修正等。

第二节　定性预测法

定性预测法是指预测者以各种方法取得市场资料后，在对这些资料进行加工整理和分析研究的基础上，运用自己的实践经验和分析判断能力，对市场未来的发展变化趋势做出估计，测算估计值。这种预测方法简单易行，特别适合那些难以获得全面资料进行统计分析的问题，在预测实践中，这类方法被广泛采用。

定性预测法的种类较多，常用的有集合意见法、专家预测法、购买者意向调查法、对比类推法等。

一、集合意见法

集合意见法也称集体意见判断法，是指由预测人员召集企业内部有关人员（如经理、厂长、管理人员、业务人员等）组成一个小组，根据收集到的市场情报、资料、数据，运用科学的思想方法和数学处理手段，对预测目标进行分析，判断市场未来发展趋势的一种方法。集合意见法简便易行，它利用集体的经验和智慧，在一定程度上能避免个人主观判断的局限性和片面性，有利于提高市场预测的精度。一般来说，对预测结果的数学处理大致有以下三种形式。

1. 三点平均法

三点平均法是指把预测人员提出的预测结果分为三种可能值来估计，即最低值、最高值和最可能值，把三个值的平均值作为预测结果。其计算公式为

$$E = \frac{a+b+c}{3}$$

其中，a、b、c 分别为最低值、最高值、最可能值；E 为三点估计值。

2. 相对重要度法

相对重要度法是指针对参加预测过程的有关人员的不同经验水平，确定各自的重要度，并以此为依据对不同人员的预测结果进行平均。其计算公式为

$$E = \frac{\sum W_i X_i}{\sum W_i} \quad (i=1,2,\cdots,n)$$

其中，W_i 为第 i 位预测人员的重要度；X_i 为第 i 位预测人员对预测目标的估计值；E 为预测值。

3. 主观概率法

主观概率法是指预测人员对预测事件发生的概率做出主观的估计，然后通过计算它的平均值作为预测值的一种方法。根据概率统计步骤的不同，可以将其分为平均概率预测法、加权平均概率预测法和概率中位数预测法。

（1）平均概率预测法是指利用预测人员的主观概率进行估测，再通过汇总计算出平均概率值作为预测结果的方法。

（2）加权平均概率预测法是指对预测人员汇总结果采取加权处理，计算出概率值的预测方法。这种方法可以考虑同类人员中个人的经验丰富程度、预测准确性与重要程度。

（3）概率中位数预测法又称累计概率中位数法，是指通过将概率的估计范围逐步缩小，从而对事件发生的概率和相应的情况进行预测的方法。这种方法主要根据累计概率，先确定不同预测意见的中位数，再对预测值进行点估计和区间估计。

当预测组织者采用统计法得到综合预测值后，还应当参照当时市场上正在出现的苗头，考虑是否需要对综合预测值进行调整，或进一步向预测人员反馈信息，再经过讨论使预测结果更趋合理。

二、专家预测法

专家预测法是指根据市场预测的目的和要求，向有关专家提供一定的背景资料，请他们就市场未来的发展变化做出判断和预测。专家预测法是国外广泛运用的一种方法，在实践中有两种基本形式，即专家会议法和德尔菲法（又称专家调查法）。

（一）专家会议法

专家会议法是指根据预测的目的和要求，邀请有关专家，通过会议的形式，就某个事件、管理、决策、生产、产品、技术及其发展前景等问题进行共同讨论，在分析判断的基础上，综合专家意见，对市场发展趋势做出推断。

1. 专家会议法的具体实施步骤

第一，做好准备工作。准备阶段的主要任务有根据预测的具体内容和要求，制作相

应的调查问卷或调查表；选择符合要求和一定数目的专家，并向他们发出邀请，最终确定参加会议的专家名单及会议日程安排。为了使会议更有成效，会前需要进行一定的调查研究，提供一定的资料，如市场动态资料，即不同厂家所生产的同类产品的质量、性能、成本、价格对比资料及同类产品的历史销售资料等。

第二，举办座谈会。在座谈会上，会议主持者向与会专家介绍预测内容和要求，鼓励参会者各抒己见，使参会者在积极发言的同时保持谦虚恭敬的态度，对任何意见都不带有倾向性。同时，会议主持者还要掌握好会议的时间和节奏，既不能拖得太长，也不要草草收场；当话题分散或意见相持不下时，能适当提醒或调节会议的进程等。

第三，整理汇总，得出预测结果。会议结束后，会议主持者综合专家意见，对各种方案进行比较、评价、归类；最后确定预测结论。

2. 专家会议法的注意事项

专家会议法相对比较简便，耗时短，成本低，同时能够挖掘专家们的潜能和创造力，集思广益，从而使预测结果趋于准确可靠，但是这种方法有时会因为专家的水准差异导致预测结果出现偏差。所以，在采用此法进行预测时，应注意以下两个问题。

一是如何选择专家及确定专家数目。专家选择是否合适，将决定预测结果的可靠性和全面性。一般要选择在某些专业领域积累有丰富的知识和经验，并具有解决该专业问题能力的人。专家的数目取决于问题的复杂性、现有情报的数量及专家对企业问题的熟悉程度等。经验表明，与会专家的人数一般控制在15人左右即可。

二是如何高效组织和安排座谈。会议组织者最好也是市场预测方面的专家，其对提出的问题和在辩论中的引导具有丰富的经验，同时又熟悉处理的程序和方法；另外，组织者要善于应变，具有统筹全局的能力。会议开始时，组织者的发言应能调动与会专家的讨论兴趣，并能开阔他们的思路，促使其积极踊跃地回答与会者提出的问题。会议讨论中，组织者要善于引导，不能限制专家们的思路，不能任意下结论。此外，还应注意选择适当的时间和场所，为专家们相互沟通和讨论创造良好的环境与宽松和谐的氛围。

专家会议法的主要优点如下：参加人数较多，所拥有的信息量大，有利于各抒己见、相互启发和交流，因而能凝聚众多专家的智慧，避免个人判断的不足，具有简便、快捷、经济、高效等优势，在一些重大问题的预测方面较为可行可信。专家会议法的局限性如下：由于参加会议的人数有限，故代表性不充分；受权威意见的影响较大，容易使更好的想法被忽视。此外，某些专家坚持己见，使会议难以形成统一意见，导致效率降低。

（二）德尔菲法

德尔菲法，是指采用函询的调查方式就评价的问题分别向有关领域的专家征询，专家在提出意见后以匿名的方式反馈回来，组织者将得到的初步结果进行综合整理，然后随表格反馈给各位专家，请他们重新考虑后再次提出建议。经过几轮的匿名反馈过程，最后得到一个比较趋于一致的、较为可靠的建议或预测评价结果。

借助于现代信息处理技术，德尔菲法可以更系统地反映出专家集团的社会意向，来达到科学预测评价的目的。此法除用于科技预测外，还广泛用于政策制定、方案评估、经营预测（如预测商品供求变化、市场需求、产品的成本价格、商品销售、市场占有率、商品生命周期）等方面。它不但在企业预测中发挥作用，还在行业预测、宏观市场预测中被采用；不仅用来进行短期预测，还可用来进行中长期预测。尤其是当预测中缺少必要的历史数据，应用其他方法有困难时，采用此法能得到较好的效果。

1. 德尔菲法预测的步骤

当使用德尔菲法进行市场预测时，一般要经历下面几个步骤。

第一，拟定预测调查提纲。根据预测问题及要求拟定调查提纲，包括研究的必要性、实现的可能性、答案的匿名性和其他需要说明的问题。为了正确、方便地反映专家们的意见和观点，需要将调查提纲设计成咨询表的形式。咨询表只有设计得当，才能获得满意的调查结果。

第二，选择调查专家。当选择调查专家时，要从三个方面来权衡：首先，考虑专家们的代表性，要按照预测问题所涉及的领域选择有关专家，同时还要考虑到专家所在部门和单位的广泛性；其次，选择那些精通业务、见多识广、熟悉市场行情并且具有预见性和分析能力的专家；最后，根据预测问题的大小和涉及面的宽窄来确定调查专家的人数。人数太少反映不出代表性，人数太多又会增加组织处理调查资料的难度，一般选择20名左右的调查专家比较合适。

第三，征询专家意见。向调查专家发放预测意见征询表，同时提供预测问题的相关背景资料，使专家对预测问题有充分的了解。在预测意见征询表中要对德尔菲法做出充分说明，使专家们明确德尔菲法的实质、特点和几轮反馈对评价的作用。征询的问题要简单明确，而且数目不宜过多，以便于专家回答。

第四，综合归纳分析结果。对调查结果进行综合归纳、分类整理。通过初步分析之后，观察是否能够得出有代表性的意见。如果还不能综合出专家们的预测意见，则需要进行下一轮的调查，这时应该归纳出专家们有几种不同的观点，并分别列出持这些观点的理由及所依据的资料，连同为进行下一轮调查所设计的表格一起提交给专家，以进入下一轮的调查。经过这样的几轮反馈，直到所有的专家不再改变意见，同时也提不出新的论据为止。在一般情况下须经过 3~4 轮的调查，征询时间间隔以 7~10 天为宜。

第五，提出预测结论。通过几轮的调查，当专家们的意见趋于一致时，可将这个一致的意见作为预测结果。当专家们的意见不一致时，需要对专家们的意见进行综合处理和汇总，以确定预测结果。

2. 德尔菲法的优点及局限性

德尔菲法是在专家个人判断法及专家会议法的基础上建立起来的，通过对预测过程的控制，克服了专家个人预测的局限性和专家会议预测易受到心理因素干扰的缺点。这种方法适用于长期预测和对新产品的预测，在历史资料不足或不可测因素较多时尤为适用。德尔菲法也存在一定的局限性，它对分地区的顾客群或产品的预测可靠性较差，意见比较分散，而且专家的看法有时可能不完整或不切合实际。

三、购买者意向调查法

购买者意向调查法是指通过直接询问潜在顾客的购买意向,以此判断销售量的预测方法。此法一般适用于高档耐用消费品和生产资料等商品销售的预测,也可用来预测商品花色、品种、款式、规格、价格等方面的需求,以便生产经营企业向市场提供适销对路的产品。需要指出的是,当市场上有多种性能、价格类似的产品存在时,企业很难就某种特定的产品进行购买意向的调查。因为不少消费者往往只有到商场购买时,才能决定购买何种品牌的产品。

根据调查样本选取范围的不同,可将此预测方法具体分为普查法和抽样调查法。当顾客人数较少或者调查范围较小时使用普查法,如高档消费品市场、生产资料消费市场的调查预测;如果顾客人数较多或者顾客分布较为分散,可按照抽样调查法直接向顾客征询购买意向或意愿,通过汇总和整理得出预测值,再经过分析来预测总体情况。

四、对比类推法

对比类推法是遵循类推原理,把预测目标与同类或相似的先行事物加以对比分析,来推断预测目标未来发展趋势与可能水平的一种预测方法。一般适用于开拓新市场、预测潜在购买力和需求量、预测新商品长期的销售变化规律等,适合于中长期预测。依据类推目标可分为产品类推法、地区类推法和行业类推法。

1. 产品类推法

市场上的许多产品在功能、构造技术等方面具有相似性,因而这些产品的市场发展规律往往会呈现出某种相似性,可以利用产品之间的这种相似性进行类推。与性质相近的产品类比,特别适合新产品开发方面的预测。产品类推法适用于对一般消费品和耐用消费品的需求量预测,如可以根据家用电冰箱的市场发展规律大致地推断家用空调等电器的发展趋势。同理,也可以根据消费者对某些糖果在口味方面的需求,类比推断牙膏香型的发展趋势。

2. 地区类推法

地区类推法是把所预测的产品市场同其他地区(或国家)同类产品市场的发展过程或变动趋势相比较,找出某些共同的或相类似的变化规律性,用来推测目标产品市场的未来变化趋势,如可参照国外某些产品更新换代的时间来分析预测国内同类产品更新换代的时间。

3. 行业类推法

行业类推法是根据同一产品在不同行业使用时间的先后,利用该产品在先使用行业所呈现的特性,类推该产品在后使用行业的规律。许多产品的发展是从某一行业市场开始,逐步向其他行业推广,如电脑最初是在科研和教育领域使用,然后才转向民用和家用。

第三节　时间序列预测法

时间序列预测法是指根据某一市场现象随时间发展变化的规律，对该现象未来可能达到的水平进行预测的方法。时间序列预测法的基本假定是事物的发展具有连续性，某种现象变化的模式（规律）可以根据历史观测值进行识别，并延续至预测期，或者说现象在预测期的变动将会延续在观测期内观察到的发展变化的规律。

时间序列预测法可简可繁，数据的可得性较强，且基本原理和预测结果容易被决策者理解，因而得到广泛的应用。由于市场现象还受到许多非时间因素的影响，况且预测期越长，不可控的因素就越多，市场现象变化的未知性就越强，故时间序列预测法适合中短期预测，而不适合长期预测。

一、影响时间序列变动的因素

虽然事物的发展具有连续性，但事物的未来发展会受到多种因素的影响，而各种影响因素又在不断地发展变化。为了研究复杂的社会经济现象发展变化的趋势或规律，需要将这些不同因素的不同作用结果从时间序列的实际数据中分离出来，这就是时间序列的结构分析问题。就事物发展的共同规律而言，一般可归纳为长期趋势、季节变动、循环变动和不规则变动四个基本因素。

1. 长期趋势（T）

长期趋势是指与现象直接联系的基本规律作用，使现象在较长时间内稳定持续地按照一定方向变化，在生产经营中的表现是经济变量在长时间内表现出的总趋势，它是市场现象的本质在数量方面的反映，也是时间序列分析预测的重点。

2. 季节变动（S）

季节变动是指由于自然、社会等因素的影响，某些市场现象在一年或更短的时间内发生的规律性周期变动。一些商品如空调、冷饮、服装等往往受季节影响而出现销售淡季和旺季交替的变动规律；某些商品的需求量，包括节日商品、礼品型商品等，受传统民间节日的影响，其销售量呈现明显的周期变动。季节变动一般以一年为周期，也有的是以一日、一周、一月为周期。掌握季节变动规律，就可以利用它对季节性商品进行市场需求量的预测。

3. 循环变动（C）

循环变动是指市场现象在一个较长时期内呈现出的周期性涨落起伏变动。这种变动虽有周期特征，但变动周期不定，每一周期变动的时间长短或幅度虽不相同，但都呈现出盛衰起伏的现象。例如，股票市场由牛市到熊市交替循环的周期变动，宏观经济在市场机制下产生的衰退、萧条、复苏、繁荣的周期性变化，等等。

4. 不规则变动（I）

不规则变动也称随机变动，是指市场现象由于天灾、人祸等突发事件或偶然因素引起的无规则的波动，它的特点是发展趋向无规则，包括了以上三种变动以外的一切变动。

市场现象的发展变化是这四个因素共同作用的结果。当使用时间序列对市场现象进行预测时，首先要把影响时间序列的四个变动因素进行分解，了解它们对时间序列的影响方式和影响程度，其次对时间序列将来的发展变化进行预测。影响时间序列变动因素的分解建立在这些因素对时间序列影响方式的假定上，以上四个因素相互作用的方式有两个假定，并形成两个模型，即加法模型和乘法模型。

加法模型假定时间序列 $\hat{X}$ 是上述四种因素变动累加的结果，即各因素相互独立：

$$\hat{X} = T + S + C + I$$

乘法模型假定时间序列 $\hat{X}$ 是上述四种因素变动连乘的结果，即各因素之间具有相关性：

$$\hat{X} = T \times S \times C \times I$$

当对时间序列的各个变动因素进行分析时，通常以长期趋势为核心，把季节变动、循环变动和不规则变动看成相对于长期趋势的离差。因此在时间序列分析过程中，为了测定长期趋势，先要观察时间序列中是否存在季节变动、循环变动和不规则变动，如果存在，就需要采用适当的方式消除这些变动对长期趋势的影响，使长期趋势凸显出来。

时间序列大致分为两种类型，即平稳时间序列与非平稳时间序列。平稳时间序列是指没有趋势性变化，且没有周期性变化的时间序列，否则称为非平稳时间序列。非平稳时间序列又分为有长期趋势、有季节变动、有循环变动、复合型时间序列四类。通过差分可以将非平稳时间序列转化为平稳时间序列。通过不同次数和不同方法的差分，可以大致确定长期趋势的类型。一般的规律如下：一次差分的时间序列数值大体相同，配合直线趋势；二次差分的时间序列数值大体相同，配合二次曲线；对数的一次差分的时间序列数值大体相同，配合指数曲线；一次差分的环比值大体相同，配合修正指数曲线；对数一次差分的环比值大体相同，配合 Gompertz 曲线；倒数一次差分的环比值大体相同，配合 Logistic 曲线。

二、时间序列预测的方法

时间序列是指将某种市场现象的一组观察值，按时间先后顺序排列所形成的数列，时间间隔可以是周、月、季度或年度等。时间序列预测法就是根据预测对象的时间序列数据，找出影响时间序列变动的主要因素，分析这些因素对现象发展变化影响的方式和强度，并据此对该现象未来发展的水平做出预测的方法。不同市场现象随时间发展变化的特点不同，使用的预测方法也不同，根据使用的方法不同，又分为简单平均法、移动平均法、指数平滑法、季节指数法、趋势外推法等。

时间序列预测的基本步骤如下：首先，根据时间序列数据绘制折线图，观察该时间序列变动的基本特点；其次，根据时间序列的特点选择适当的预测方法得到预测结果；最后，对预测结果进行分析和评价。

(一)简单平均法

简单平均法是将一定观察期内的时间序列的各期数据加总后进行简单平均,以平均值作为下一期的预测值。这种方法简单易行,不需要进行复杂的数学运算,适用于预测对象的发展变化趋势基本稳定,只有小幅度随机性波动的情形,宜做短期预测和近期预测。简单平均法又分为简单算术平均数法、加权算术平均数法和几何平均数法。

1. 简单算术平均数法

简单算术平均数法是对观察期内预测目标时间序列值求和,取其平均数作为下期预测值。

设 $X_1, X_2, \cdots, X_n$ 分别为时间序列观察值,可用这 n 个数据的算术平均数作为下一期的预测值 $\hat{X}$,其计算公式为

$$\hat{X} = \bar{X} = \frac{\sum X_i}{n}$$

其中,$\hat{X}$ 为下一期的预测值;X_i 为时间序列中各期数值;n 为数据个数。

简单算术平均数法适用于各期水平基本相同的时间序列预测。当应用简单算术平均数法对需求量进行预测时,观察期的长短对预测期的结果影响较大。一般当数据的变化趋势较小时,观察期可短一些;当数据的变化趋势较大时,观察期可长一些。

2. 加权算术平均数法

在进行市场需求预测时,不同时期对现象发展变动趋势影响程度不同,所以不宜采用简单算术平均数法。加权算术平均数法是为观察期内的每个数据确定一个权数,在此基础上,计算其加权平均数作为下一期的预测值,其计算公式为

$$\hat{X} = \frac{\sum X_i W_i}{\sum W_i}$$

其中,$\hat{X}$ 为下一期的预测值;X_i 为时间序列中各期数值;W_i 为与 X_i 相对应的权数。

加权算术平均数法适用于现象发展对某些特定时期具有敏感性的时间序列。使用加权算术平均数法预测的关键是确定权数。对于权数确定没有统一的标准,可由预测者根据情况做出经验判断,一般根据各时期对时间序列的影响程度给定权数,如根据季节指数进行加权。

3. 几何平均数法

在时间序列相邻两期的比值接近,时间序列呈现出指数变动趋势的情况下,可采用平均发展速度法进行预测。这是根据观测期时间序列变量的平均相对变化率(平均发展速度)对预测期的变量值进行预测的方法,因为平均发展速度多采用几何平均数法计算,所以也称几何平均数法。几何平均数法预测的基本假定是预测期的平均相对变化率与观测期相同。

平均发展速度:

$$\bar{x} = \sqrt[n]{x_1, x_2, \cdots, x_n} = \sqrt[n]{\frac{a_1}{a_0}, \frac{a_2}{a_1}, \cdots, \frac{a_n}{a_{n-1}}} = \sqrt[n]{\frac{a_n}{a_0}}$$

其中，$x_1, x_2, \cdots, x_n$ 为环比发展速度。

预测值为

$$\bar{X}_{n+T} = a_n \cdot (\bar{x})^T$$

其中，$\bar{X}_{n+T}$ 为 $n+T$ 期的预测值，T 为预测期与最后观察期的间隔期数。

（二）移动平均法

移动平均法是指从含有 t 个时间变量的原时间序列的第 1 项开始，按一定的时间间隔（步长）$n(n<t)$ 求 n 个变量的序列平均数，并逐项移动，边移动边平均从而得到一个由移动平均数构成的新时间序列的方法，适合对没有明显趋势的市场现象进行预测。采用移动平均法可以有效滤除原数列中的随机波动，因此，常用作数据修匀的方法。由于消除了随机波动后的数列反映了该现象的基本趋势特征，故可基于修匀后的时间序列对未来的变动做出预测。

移动平均法预测的基本思想是将第 t 期移动平均数作为第 $t+1$ 期的预测值，具体方法如下：确定移动平均的步长 n，每个 n 期移动平均数作为第 $n+1$ 期的预测值，最后一期的移动平均值为 $t+1$ 期的趋势预测值。

根据是否考虑时间序列数据距预测期远近对预测值的影响，移动平均法分为简单移动平均法和加权移动平均法。

如果不考虑时间序列数据距预测期远近对预测值的影响，简单移动平均法第 $t+1$ 期预测值的计算公式为

$$\hat{X}_{t+1} = M_t = \frac{X_t + X_{t-1} + \cdots + X_{t-n+1}}{n}$$

其中，$\hat{X}_{t+1}$ 为第 $t+1$ 期的预测值；M_t 为第 t 期的移动平均值；X_t 为第 t 期的观察值；n 为移动平均的项数（步长）。

很多市场现象具有近期数据值对未来影响大，越远离预测期的数值对预测值的影响越小的特点。对此，可采用加权移动平均法。加权移动平均法按照"近大远小"的原则给原变量值赋权，进行加权平均。具体地说，就是离预测值较远的数据给以较小的权数，而离预测值较近的数据给以较大的权数。权重值没有统一的规则，可在实践中根据经验或试验比较后选定。加权移动平均法第 $t+1$ 期预测值的计算公式为

$$\hat{X}_{t+1} = \frac{X_t W_1 + X_{t-1} W_2 + \cdots + X_{t-n+1} W_n}{W_1 + W_2 + \cdots + W_n}$$

其中，W_i 为各期观测值 X_i 的权数，且满足由近到远权数逐渐递减的原则。为了简便，n 期移动平均预测由近到远的权数常常取自然数 $n, n-1, \cdots, 2, 1$。

例如，已知某企业 2020 年某商品销售额如表 11-1 所示，使用适当方法预测 2021 年 1 月该商品的需求量。

表 11-1　某企业 2020 年各月某商品销售额

月份	1 月	2 月	3 月	4 月	5 月	6 月
销售额/万元	90.00	83.00	66.00	74.00	75.00	84.00
月份	7 月	8 月	9 月	10 月	11 月	12 月
销售额/万元	84.00	81.00	75.00	63.00	91.00	84.00

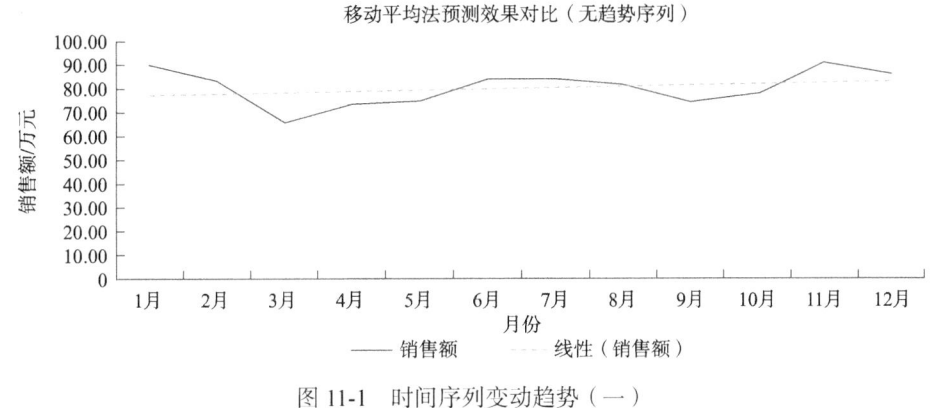

解：绘制时间序列变动趋势（图 11-1）。

图 11-1　时间序列变动趋势（一）

通过所获数据绘制的动态曲线图显示销售额变动无明显的趋势，各月销售额上下波动可认为是受到随机因素的影响，故可采用移动平均法进行预测。为了比较采用不同参数预测的效果，分别采用简单移动平均法和加权移动平均法进行预测。

1. 采用简单移动平均法预测

根据公式，分别令 $n = 3$ 和 $n = 5$。

当 $n = 3$ 时：

$$\hat{X}_{4月} = M_{3月} = \frac{90 + 83 + 66}{3} \approx 79.67(万元)$$

$$\hat{X}_{5月} = M_{4月} = \frac{83 + 66 + 74}{3} \approx 74.33(万元)$$

$$\hat{X}_{6月} = M_{5月} = \frac{66 + 74 + 75}{3} \approx 71.67(万元)$$

$$\vdots$$

$$\hat{X}_{12+1月} = M_{12月} = \frac{78 + 91 + 86}{3} \approx 85.00(万元)$$

同理，可以计算当 $n = 5$ 时的移动平均预测值。

根据简单移动平均法预测，当移动平均步长为 3 个月时，2021 年 1 月销售额预计为 85.00 万元；当移动平均步长为 5 个月时，2021 年 1 月销售额预计为 82.20 万元，以上计算结果如表 11-2 所示。

表 11-2　某企业某商品销售额简单移动平均法预测计算表　　　单位：万元

月份	商品销售额	简单移动平均法预测值($n=3$)	简单移动平均法预测值($n=5$)
1月	90.00		
2月	83.00		
3月	66.00		
4月	74.00	79.67	
5月	75.00	74.33	
6月	84.00	71.67	77.60
7月	84.00	77.67	76.40
8月	81.00	81.00	76.60
9月	75.00	83.00	79.60
10月	78.00	80.00	79.80
11月	91.00	78.00	80.40
12月	86.00	81.33	81.80
2021年1月（预测期）		85.00	82.20

2. 采用加权移动平均法预测

考虑到销售额变动受近期影响比远期影响大，采用加权移动平均法再进行预测。分别令 $n=3$ 和 $n=5$，权数由远及近为 1、2、3、4、5 进行预测。

根据加权移动平均法的公式，当 $n=3$ 时：

$$\hat{X}_{4月} = M_{3月} = \frac{90 \times 1 + 83 \times 2 + 66 \times 3}{1+2+3} \approx 75.67(万元)$$

$$\hat{X}_{5月} = M_{4月} = \frac{83 \times 1 + 66 \times 2 + 74 \times 3}{1+2+3} \approx 72.83(万元)$$

$$\vdots$$

$$\hat{X}_{12+1月} = M_{12月} = \frac{78 \times 1 + 91 \times 2 + 86 \times 3}{1+2+3} \approx 86.33(万元)$$

根据加权移动平均法预测，当移动平均步长为 3 个月，即权重由远及近分别为 1、2、3 时，2021 年 1 月销售额预计为 86.33 万元；当移动平均步长为 5 个月，即权重由远及近分别为 1、2、3、4、5 时，2021 年 1 月销售额预计为 83.93 万元，计算结果如表 11-3 所示。

表 11-3　某企业某商品销售额加权移动平均法预测计算表　　　单位：万元

月份	商品销售额	加权移动平均法预测值($n=3$)	加权移动平均法预测值($n=5$)
1月	90.00		
2月	83.00		

续表

月份	商品销售额	加权移动平均法预测值($n=3$)	加权移动平均法预测值($n=5$)
3月	66.00		
4月	74.00	75.67	
5月	75.00	72.83	
6月	84.00	73.17	75.00
7月	84.00	79.33	77.13
8月	81.00	82.50	79.67
9月	75.00	82.50	81.13
10月	78.00	78.50	79.60
11月	91.00	77.50	79.00
12月	86.00	84.00	82.53
来年1月（预测期）		86.33	83.93

无论采用什么方法，预测值与实际值一定存在误差，可以分别计算几种不同方法得到的预测值与实际值的平均误差来比较和选择最佳的预测结果。

根据预测平均误差$=S_M=\sqrt{\dfrac{\sum(X_i-M_i)^2}{n}}$，预测平均误差最小的方法得到的预测值可作为最佳预测值。经计算，上例采用以上四种方法预测的平均误差如表11-4所示。

表11-4 四种方法预测的平均误差

商品销售额	简单移动平均法		加权移动平均法	
	$n=3$	$n=5$	$n=3$	$n=5$
预测平均误差	7.33	6.24	6.60	6.83

本例中，$n=5$的简单移动平均法预测得到的结果平均误差最小（6.24），因此，可以认为2021年1月预计销售额为82.20万元。

需要注意的是，移动平均法主要用于简单消除时间序列的随机性波动，从而呈现长期趋势。当时间序列存在比较明显的季节性趋势或比较明显的发展趋势时均不适宜使用移动平均法预测。移动平均法作为预测法只具有推测未来一期趋势值的预测功能，而且只适用于平稳时间序列预测。如果现象的发展变化具有明显的上升（或下降）趋势，则移动平均预测的结果就会产生滞后偏差，即预测值的变化滞后于实际趋势值的变化。

在SPSS中实现移动平均，实际上是作为时间序列修匀的一种方法。基本方法如下：在SPSS中导入时间序列数据文件，定义时间变量，点击"转换"菜单→选择"创建时间序列";将分析变量选入"变量名-新名称",在"名称和函数"中输入新名称,在"函数"下拉菜单中,选择相应的移动方法,在"跨度"框中填入移动的时间跨度,如图 11-2（a）,点击"确定"即可在数据表中增加移动平均结果,如图 11-2（b）。

（a）

（b）

图 11-2 SPSS 输出移动平均结果

（三）指数平滑法

采用移动平均法预测时对时间序列观测值的个数有一定的要求,如果时间序列观测值个数过少,使用移动平均法进行预测的效果就比较差。此外,简单移动平均法把过去各期观测值对预测值的作用等同看待,显然不合理,加权移动平均法虽然解决了这一问题，但权重的确定按算术级数线性增加，主观性过强。实际市场现象往往是距离预测期越近，影响越大；距离预测期越远，影响越小，这种作用呈现指数型变化。指数平滑法可以克服移动平均法的缺点，它是在移动平均法的基础上发展和改进而来的，是以 α 和 $(1-\alpha)$ 为权重对本期观测值与本期预测值（也就是上期指数平滑值）计算加权平均数，作为下一期的预测值。指数平滑法实质上是一种特殊的加权移动平均法，它将距离预测期较近的观测值给予较大的权数，对离预测期较远的观测值给予较小的权数，权数由近及远按指数规律递减，适应了现象变化的特点。同时，指数平滑法考虑了时间序列所有数据对预测对象的影响，因此预测的结果更为科学。

指数平滑法可分为一次指数平滑法、二次指数平滑法及多次指数平滑法。一次指数平滑法适用于水平型变动的时间序列的预测；二次指数平滑法适用于线性趋势型变动的时间序列的预测；多次指数平滑法适用于非线性趋势变动的时间序列的预测。在此主要介绍一次指数平滑法和二次指数平滑法。

1. 一次指数平滑法

以原时间序列的观测值为变量值进行的指数平滑预测，称为一次指数平滑预测，简称为指数平滑预测。

设一个时间序列的观测值为 $X_1, X_2, \cdots, X_n$，一次指数平滑法的预测模型为

$$\hat{X}_{t+1} = M_t = \alpha X_t + (1-\alpha) M_{t-1}$$

其中，$\hat{X}_{t+1}$ 为第 $t+1$ 期的预测值；M_t 为第 t 期的一次指数平滑值；X_t 为第 t 期的实际观测值；M_{t-1} 为第 $t-1$ 期的一次指数平滑值；α 为平滑系数，取值范围为 0~1，其作用是本期实际观测值的权重，相应地，$1-\alpha$ 则是上期指数平滑预测值的权重。显然，指数平滑预测值就是以 α 为权重的本期观测值与以 $1-\alpha$ 为权重的本期预测值（即上期指数平滑值）的加权平均数。可以看到，该模型是以上一期的平滑值或预测值为基础，结合本期观测值计算新平滑值或预测值的过程。因此，从对历史数据的要求来看，它只要保留最后一个指数平滑值，以前的历史数据无须保留；从对未来的预测来看，因为每一期的预测值都是上一期的平滑值，也就能够进行多期预测，这样就能长期关注某个现象值的变化，使得预测过程得以简化。

应用一次指数平滑法进行预测时，需要注意以下三个问题。

（1）一次指数平滑法预测的基本思想是将本期平滑值作为下期的预测值。

（2）平滑系数 α 的选择。α 最原始的含义是移动平均法中 n 的倒数（$1/n$），α 的大小直接影响过去各期观测值对预测值的作用。α 值越大意味着本期观测值对下一期预测值的作用越大，α 值越小则意味着本期预测值（过去各期观测值）对下一期预测值的作用就越大。在确定 α 的值时，必须根据市场现象时间序列本身的规律而定。一般的经验原则如下：如果时间序列的长期变动趋势非常明显，那么 α 的值可以取大一些，如取值为 0.6~0.8，可以突出近期数据对预测值的影响，从而提高预测的灵敏度；对于长期趋势变动不是很明显的时间序列，数据比较平稳，那么 α 应该取小一些，一般在 0.1~0.3 选择，从而减小修正幅度，使预测模型能够包含较长时间序列的信息。对介于两者之间的

时间序列，α 可在 0.3~0.6 取值。

那么，选取哪一个平滑系数更好呢？这就需要根据不同的平滑系数计算指数平滑预测误差，通常采用标准差或平均差，经过比较，选择预测误差最小的那个平滑系数。预测误差标准差的计算公式为

$$S_M = \sqrt{\frac{\sum(X_i - \hat{X}_i)^2}{n}} = \sqrt{\frac{\sum(X_i - M_{i-1})^2}{n}}$$

（3）初始平滑值 M_1 的选择。对下期指标值采用指数平滑法进行预测需要知道本期的预测值，而本期预测值又是根据上期预测值计算的，这样追溯上去，就有一个最开始的初始平滑值 M_1 的选择问题。如果时间序列的观测值个数较多，一般取第 1 期的实际观测值 X_1 为初始平滑值 M_1；如果时间序列的观测值个数较少，有时候要考虑初始值对后面预测值的影响，可以使用最初几期实际观测值的平均值作为初始平滑值 M_1。

例如，根据调查资料，某批发企业 2021 年度销售额如表 11-5 所示，试运用一次指数平滑法分别选择 $\alpha = 0.3$ 和 $\alpha = 0.7$ 对该企业 2022 年 1 月的商品销售额进行预测。

表 11-5　某企业 2021 年商品销售额资料　　　　　　　　　　单位：万元

月份	商品销售额	月份	商品销售额
1 月	1582.19	7 月	1681.73
2 月	1706.16	8 月	1620.90
3 月	1830.13	9 月	1704.26
4 月	1689.00	10 月	1542.99
5 月	1623.41	11 月	1684.04
6 月	1471.91	12 月	1821.02

解：

（1）绘制曲线图判断时间序列基本态势，因为没有明显的趋势（图 11-3），可采用一次指数平滑法预测。

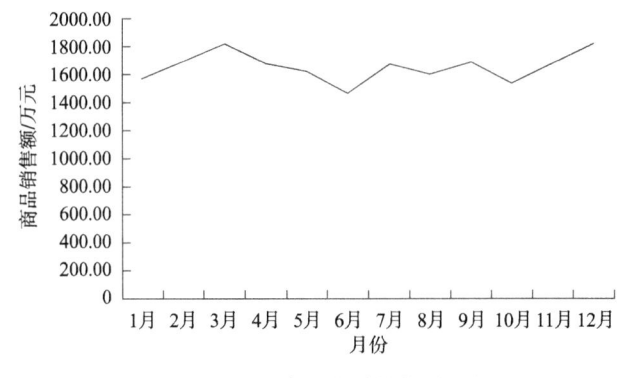

图 11-3　时间序列变动趋势（二）

（2）根据指数平滑模型，分别选择 $\alpha = 0.3$ 和 $\alpha = 0.7$ 进行预测。

以 1 月实际值为初始值，则

当 $\alpha = 0.3$ 时：

$\hat{X}_{2021.2} = M_{2021.1} = 1582.19 (万元)$

$\hat{X}_{2021.3} = M_{2021.2} = 0.3 \times 1706.16 + 0.7 \times 1582.19 = 1619.38 (万元)$

$\hat{X}_{2021.4} = M_{2021.3} = 0.3 \times 1830.13 + 0.7 \times 1619.38 = 1682.61 (万元)$

$\hat{X}_{2021.5} = M_{2021.4} = 0.3 \times 1689.00 + 0.7 \times 1682.61 = 1684.53 (万元)$

$\vdots$

$\hat{X}_{2021.12} = M_{2021.11} = 0.3 \times 1684.04 + 0.7 \times 1618.17 = 1637.93 (万元)$

$\hat{X}_{2022.1} = M_{2021.12} = 0.3 \times 1821.02 + 0.7 \times 1637.93 = 1692.86 (万元)$

即当平滑系数 $\alpha = 0.3$ 时，2022 年 1 月的一次指数平滑预测值为 1692.86 万元。

同理，可测算得当 $\alpha = 0.7$ 时：

$\hat{X}_{2021.12} = M_{2021.11} = 0.7 \times 1684.04 + 0.3 \times 1584.25 = 1654.10 (万元)$

$\hat{X}_{2022.1} = M_{2021.12} = 0.7 \times 1821.02 + 0.3 \times 1654.10 = 1770.94 (万元)$

即当平滑系数 $\alpha = 0.7$ 时，2022 年 1 月的一次指数平滑预测值为 1770.94 万元。

（3）判断和选择预测值。根据指数平滑预测平均误差的计算方法，经计算，当 $\alpha = 0.7$ 时的平均误差最小（36.58），因此，可以认为 2022 年 1 月的销售额预测为 1770.94 万元。计算结果如表 11-6 所示。

表 11-6　某企业 2021 年某商品销售额指数平滑预测计算表　　　　单位：万元

月份	商品销售额	$\alpha = 0.3$ 拟合/预测值	误差	$\alpha = 0.7$ 拟合/预测值	误差
1 月	1582.19	1582.19	0.00	1582.19	0.00
2 月	1706.16	1619.38	86.78	1668.97	37.19
3 月	1830.13	1682.61	147.52	1781.78	48.35
4 月	1689.00	1684.53	4.48	1716.83	−27.83
5 月	1623.41	1666.19	−42.78	1651.44	−28.03
6 月	1471.91	1607.91	−136.00	1525.77	−53.86
7 月	1681.73	1630.05	51.68	1634.94	46.79
8 月	1620.90	1627.31	−6.41	1625.11	−4.21
9 月	1704.26	1650.39	53.87	1680.52	23.74
10 月	1542.99	1618.17	−75.18	1584.25	−41.26
11 月	1684.04	1637.93	46.11	1654.10	29.94
12 月	1821.02	1692.86	128.16	1770.94	50.08
平均误差	—	—	81.39	—	36.35

指数平滑预测可以采用 SPSS 进行，其方法如下：

第一，建立观测数据的时间序列列表，定义变量属性，特别是时间变量。

第二，选择"分析→预测→创建模型"，打开"时间序列建模"对话框。

第三，在"变量选项卡"界面，将拟预测的变量选入"因变量"，在"方法"下拉列表中选择"指数平滑"，点开"条件"选择框，根据变量特征选择相应的条件；在"统计量"选项卡界面，勾选"按模型显示拟合度量"并勾选"平稳 R 方"、"R 方"、"拟合优度"和"显示预测值"；在"图表"选项卡选择希望输出的模型比较图或单个模型图的类型；在"选项"选项卡中输入拟预测的最后时间，输入类型与时间变量定义一致（年、月、日）。需要注意的是，SPSS 中根据所选模型不同自动选择平滑系数，因而无法自行设定。

第四，点击"确定"，即可输出指数平滑的分析结果。

在输出结果（图 11-4）中，主要观察模型拟合统计量平稳 R 方和 R 方的值，其越接近 1 说明指数平滑拟合得越好，也可以在"条件"选择框选择不同的模型分别预测，从而选择拟合度最好的预测结果。

模型统计

模型	预测变量数	模型拟合度统计		杨-博克斯Q（18）			离群值数
		平稳R方	R方	统计	DF	显著性	
商品销售额-模型_1	0	0.350	-0.151	.	0	.	0

预测

模型		一月2022	二月2022
商品销售额-模型_1	预测	1674.79	1674.79
	UCL	1920.13	1922.24
	LCL	1429.46	1427.35

对于每个模型，预测从所请求估算期范围内的最后一个非缺失值之后开始，并结束于最后一个所有预测变量都有可用的非缺失值的周期，或者在所请求预测值的结束日期结束，以较早者为准。

图 11-4 SPSS 输出结果

2. 二次指数平滑法

当时间序列呈现线性变动趋势时，用一次指数平滑法来预测就会存在明显的滞后偏差，因此需要进行修正。修正的方法是以一次指数平滑值为变量再做一次指数平滑，利用两次指数平滑滞后偏差的规律找出现象的发展方向和发展趋势，然后建立直线趋势预测模型进行预测，称为二次指数平滑法。

二次指数平滑值的计算与一次指数平滑值的计算思路完全相同，只是把一次指数平滑值视为二次指数平滑的观测值，计算公式为

$$\hat{X}_{t+1}^{(2)} = M_t^{(2)} = \alpha M_t^{(1)} + (1-\alpha) M_{t-1}^{(2)}$$

其中，$M_t^{(1)}$ 为第 t 期的一次指数平滑值；$M_{t-1}^{(2)}$ 为第 $t-1$ 期的二次指数平滑值；α 为平滑系数。当用二次指数平滑法计算平滑值时，平滑系数和初始值的确定原则与一次指数平滑法相类同。

需要注意的是，不能单独利用二次指数平滑值进行预测，必须与一次指数平滑法结

合起来建立预测模型，运用数学模型进行预测。二次指数平滑的预测模型为

$$\hat{X}_{t+T} = a_t + b_t T$$

其中，$\hat{X}_{t+T}$ 为第 $t+T$ 期预测值，t 为当前时期数，T 为预测未来的期数；a_t 和 b_t 分别为模型参数。二次指数平滑法预测模型实际上是近似的线性方程形式，a_t 为截距系数，b_t 为斜率。a_t 和 b_t 的求解公式为

$$a_t = 2M_t^{(1)} - M_t^{(2)}$$

$$b_t = \frac{a}{1-\alpha}\left(M_t^{(1)} - M_t^{(2)}\right)$$

二次指数平滑法最终是通过建立时间序列的线性模型来进行预测的，建立时间序列模型的方法见本节趋势外推法。

（四）季节指数法

季节变动，泛指某种现象在一年或更短的时间内，随着季节的转变而发生规律性的变化。当市场现象的时间序列存在季节变动规律时，可采用季节指数法进行预测。季节指数法就是根据预测变量各个日历年度按季（或月）编制的时间序列资料，通过计算季节指数，进行短期预测的一种方法。

$$季节指数 = \frac{同季（月）平均数}{各季（月）总平均数} \times 100\%$$

季节指数的表现形式为相对数，一般以百分比或系数表示。在运用季节指数法进行预测时，测定季节变动大致有两种方法：一是不考虑长期趋势影响，直接按原数列计算，常用的方法是按季（或月）平均法；二是将原数列中的长期趋势及循环变动剔除后，再进行测定，常用的是移动平均趋势剔除法。

例如，某商场 2017~2019 年某商品分季度销售量资料如表 11-7 所示，据此，试预测 2020 年各季度的销售量。

表 11-7　某商场 2017~2019 年某商品分季度销售量资料　　　　单位：件

年份	第 1 季度	第 2 季度	第 3 季度	第 4 季度
2017	1088	628	1520	1416
2018	1232	692	1648	1568
2019	1320	744	1840	1752
合计	3640	2064	5008	4736

通过观察可以明显地看到该商品的销售量具有明显的季节规律性波动，因而有必要进行季节分析才能做出正确的预测。同时，可以看出除了季节性波动外，该商品的销售量还呈现出逐年增长的势头。可见，该产品未来的变化至少受到季节波动和长期趋势两种因素的影响。

1. 不考虑长期趋势的季节指数预测

不考虑长期趋势按季（或月）平均法的基本思路如下：将所有各季（或月）的平均值作为基准，计算季节指数作为调整标准从而对未来某季（或月）的水平做出预测。

第一步，计算所有各季（或月）的总平均值：

$$\bar{\bar{x}} = \frac{\sum\sum x_{ij}}{n} = \frac{3640+2064+5008+4736}{4} = 1287.33 (件)$$

第二步，计算跨年同季（或月）平均值：

$$\bar{x}_j = \frac{\sum x_{ij}}{n}$$

其中，$\bar{x}_1 = \frac{1088+1232+1320}{3} = 1213.33 (件)$。

同理：$\bar{x}_2 = 688.00 (件)$，$\bar{x}_3 = 1669.33 (件)$，$\bar{x}_4 = 1578.67 (件)$。

表 11-8 为季节指数计算表。

表 11-8 季节指数计算表（一） 单位：件

年份	第 1 季度	第 2 季度	第 3 季度	第 4 季度	合计	年平均
2017	1 088.00	628.00	1 520.00	1 416.00	4 652.00	1 163.00
2018	1 232.00	692.00	1 648.00	1 568.00	5 140.00	1 285.00
2019	1 320.00	744.00	1 840.00	1 752.00	5 656.00	1 414.00
总计	3 640.00	2 064.00	5 008.00	4 736.00	15 448.00	3 862.00
季平均	1 213.33	688.00	1 669.33	1 578.67	5 149.33	1 287.33
季节指数	0.942 5	0.534 4	1.296 7	1.226 3	4.00	1.00
2020 年预测	1 413.75	801.60	1 945.05	1 839.45	6 000.00	1 500.00

第三步，计算季节指数。

季节指数 SI=跨年同季（或月）平均值/各季（或月）总平均值，即 $SI_j = \frac{\bar{x}_j}{\bar{\bar{x}}}$。

经计算得 $SI_1 = \frac{1213.33}{1287.33} = 0.9425$。

同理：$SI_2 = 0.5344$，$SI_3 = 1.2967$，$SI_4 = 1.2263$。

第四步，预测 2020 年各季度的销售量。

预测值=预测期季（或月）平均值×当季（或月）季节指数，假定 2020 年度预测值为 6000 件，则预测期季平均值（$\hat{\bar{x}}$）为 1500 件，则各季度预测值如下：

$\hat{x}_1 = \hat{\bar{x}} \times SI_1 = 1500 \times 0.9425 = 1413.75$（件）

$\hat{x}_2 = \hat{\bar{x}} \times SI_2 = 1500 \times 0.5344 = 801.60$（件）

$\hat{x}_3 = \hat{\bar{x}} \times SI_3 = 1500 \times 1.2967 = 1945.05$（件）

$$\hat{x}_4 = \bar{\bar{x}} \times \mathrm{SI}_4 = 1500 \times 1.2263 = 1839.45 \text{（件）}$$

季节指数大于100%表明该季是旺季,小于100%表明该季是淡季。可以看到,第1、2季度为该商品销售淡季,第3、4季度为该商品销售旺季。季节变化对该商品的销售影响比较大,该商场应根据季节变动的规律适时组织货源,保障旺季商品供应充足,淡季不积压商品。

不考虑长期趋势变动的季节指数预测,实际上等于将各年度的销售额视为基本相同,这种方法只适合于预测跨年度变化不大的商品销售量。当时间数列中有上升(或下降)的长期趋势存在时,需要采用长期趋势剔除法来测定季节变动,才能对市场现象做出正确的判断。

2. 考虑长期趋势的季节指数预测

这种方法是先将原数列中的长期趋势测定出来,再剔除长期趋势,一般采用乘法模型,预测的步骤如下。

第一,绘制动态曲线图,观察时间数列的基本动态趋势是否存在长期趋势和季节波动。

第二,如果存在长期趋势,则需剔除长期趋势。方法是按照趋势外推法建立趋势模型,根据模型计算各期预测值,用原时间序列的观测值除以对应的预测值,形成不含长期趋势的新的时间数列值,即

$$Y_{\mathrm{SCI}} = \frac{Y_{\mathrm{TSCI}}}{Y_T} = \frac{\mathrm{TSCI}}{T}$$

第三,计算季节指数。

第四,根据趋势模型预测目标时期的趋势值,该趋势值乘以与该目标时期对应的季节指数即最终预测值。

沿用上例,将上述数据资料按季度为单位顺序排列后,做成动态折线图,如图11-5所示。

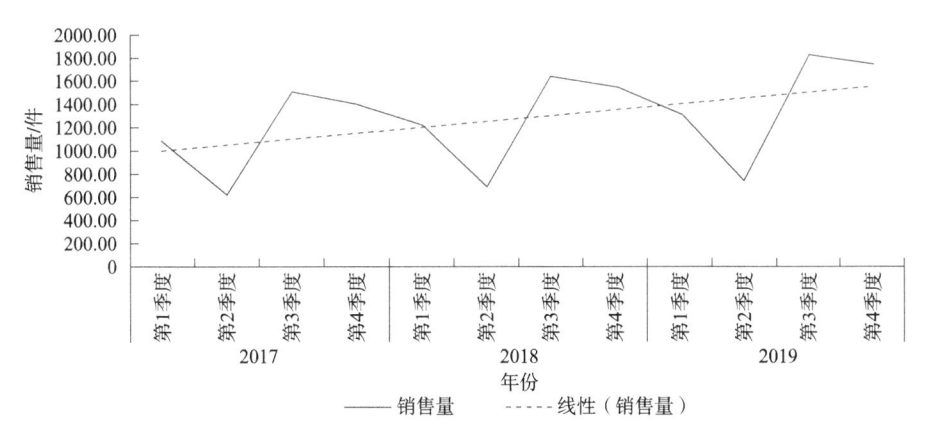

图11-5 原始时间数列及变动特征

从图11-5中可以明显地看到:该商品的销售量具有明显的随季节规律性波动的特点,

同时呈现持续线性增长的趋势，可见该商品的销售至少受长期趋势和季节波动两种因素的影响。

3. 剔除长期趋势对原时间序列的影响

根据趋势外推法建立线性趋势模型，并计算同期的趋势值。

$\hat{y}_{2017.1季度} = 963.15 + 49.874 \times 1 \approx 1013.02$（件）

$\hat{y}_{2017.2季度} = 963.15 + 49.874 \times 2 \approx 1062.90$（件）

$\vdots$

$\hat{y}_{2019.4季度} = 963.15 + 49.874 \times 12 \approx 1561.64$（件）

用原观测值除以同期的趋势值，得到剔除长期趋势后的时间数列，如表 11-9 所示。

表 11-9　剔除长期趋势后的季节变动数列

年份（甲）	季度（乙）	销售量（1）	长期趋势值（2）	趋势外推法剔除长期趋势后的季节变动数列（3）=（1）/（2）
2017	第 1 季度	1088.00	1013.02	1.07
	第 2 季度	628.00	1062.89	0.59
	第 3 季度	1520.00	1112.76	1.37
	第 4 季度	1416.00	1162.63	1.22
2018	第 1 季度	1232.00	1212.50	1.02
	第 2 季度	692.00	1262.37	0.55
	第 3 季度	1648.00	1312.24	1.26
	第 4 季度	1568.00	1362.11	1.15
2019	第 1 季度	1320.00	1411.98	0.93
	第 2 季度	744.00	1461.85	0.51
	第 3 季度	1840.00	1511.72	1.22
	第 4 季度	1752.00	1561.59	1.12

4. 计算季节指数

将表 11-9 中的第 5 列重新整理成表 11-10，计算各季度平均值和总平均值，并计算季节指数。

表 11-10　季节指数计算表（二）

年份	第 1 季度	第 2 季度	第 3 季度	第 4 季度	年平均
2017	1.07	0.59	1.37	1.22	1.06
2018	1.02	0.55	1.26	1.15	1.00

续表

年份	第1季度	第2季度	第3季度	第4季度	年平均
2019	0.93	0.51	1.22	1.12	0.95
季平均	1.01	0.55	1.28	1.16	1.00
季节指数	1.01	0.55	1.28	1.16	

剔除了长期趋势后时间数列的季度总平均值等于1,因此同季度的平均值在数值上就等于该季度的季节指数。

5. 预测2020年第2季度的销售量

根据长期趋势模型预测2020年第2季度（$t=14$）的趋势值：

$\hat{y}_{2020.2季度} = 963.15 + 49.874 \times 14 \approx 1661.39 (件)$

预测值=趋势值×第2季度季节指数

$\hat{y}_{2020.2季度} = 1661.39 \times 0.55 \approx 913.76 (件)$

故2020年第2季度预计销售量为913.76件。

可以利用SPSS对带有季节波动且有长期变动趋势的复合型时间序列进行预测,需要注意的是,使用SPSS分析带有季节波动的时间序列要求原始数据至少包含4个完整周期的数据,上例不能满足SPSS分析的需要,须引进新的案例,分析过程比较繁杂,限于篇幅,这里不再赘述。

（五）趋势外推法

趋势外推法又叫趋势延伸法,它是将时间序列揭示出的变动趋势延伸到未来,用数学模型对它进行描述,并通过这一模型预测市场现象未来可能达到的水平的预测方法。趋势外推法的核心是建立描述时间序列趋势的数学模型,根据建立的模型不同,分为线性趋势外推法和非线性趋势外推法两种。

1. 线性趋势外推法

当所要预测的市场现象时间序列数值呈现直线上升或下降的趋势时,采用线性趋势外推法进行预测。线性趋势外推法的预测模型为

$$\hat{X}_t = a + bt$$

其中,$\hat{X}_t$为第t期的预测值；a为截距；b为斜率；t为时间序列的项数。

判断时间序列的趋势是否是直线型变动趋势,常用的方法有两种:一是根据时间序列绘制散点图,如果散点图接近于一条直线,则可以用该方法进行预测；二是用时间序列的逐期增长量判断,若时间序列的逐期增长量接近于一个常数,也可以用该方法进行预测。

要建立直线趋势方程,关键是确定直线趋势方程中参数a和b的值,而确定参数a和b最常用的方法是最小二乘法。最小二乘法的基本思想是使时间序列中实际观察值y_t

与直线趋势方程各数据平均值的离差平方和最小,即 $\sum\left(X_t-\hat{X}_t\right)^2$ 最小。求参数 a 和 b 的具体方法如下:

$$a = \frac{\sum X}{n} - b\frac{\sum t}{n}$$

$$b = \frac{n\sum tX - \sum t\sum X}{n\sum t^2 - \left(\sum t\right)^2}$$

为了简化计算过程,可以令 $\sum t = 0$,当时间序列数据个数为奇数时,可将 $t = 0$ 放在时间序列最中间的数据上,其时间序列取 t 值分别为…,-3,-2,-1,0,1,2,3,…;当时间序列数据个数为偶数时,其时间序列 t 取值分别为…,-5,-3,-1,0,1,3,5,…;其他情况以此类推。上式可简化为

$$a = \frac{\sum X}{n}$$

$$b = \frac{\sum tX}{\sum t^2}$$

求得参数 a 和 b 的值后,代入 $\hat{X}_t = a + bt$ 即可得到直线预测方程,将要预测期的时间序号 t 代入该方程就能估计出所需的预测值。

例如,某大卖场 2011~2019 年商品销售情况如表 11-11 左侧所示,根据资料选择适当的预测模型,并预测 2020 年和 2021 年的商品销售额。

表 11-11　某大卖场商品销售额最小平方方法参数计算表

年份	商品销售额/万元 X_t	时间序列 t	t^2	tX_t
2011	44 186	−4	16	−176 744
2012	50 979	−3	9	−152 937
2013	58 139	−2	4	−116 278
2014	67 029	−1	1	−67 029
2015	77 024	0	0	0
2016	86 780	1	1	86 780
2017	97 063	2	4	194 126
2018	108 465	3	9	325 395
2019	120 524	4	16	482 096
合计	710 189	0	60	575 409

解:
(1)绘图,观察商品销售额变动趋势(图 11-6)。

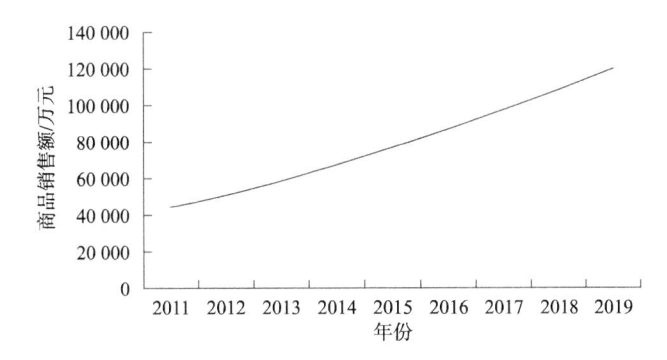

图 11-6　商品销售额变动趋势

经观测为线性增长趋势，可配合一元线性模型。

（2）根据资料求参数 a 和 b，得

$$b = \frac{\sum tX}{\sum t^2} = \frac{575\,409}{60} = 9590.15$$

$$a = \frac{\sum X}{n} = \frac{710\,189}{9} \approx 78\,909.89$$

所得直线趋势预测方程为 $\hat{X}_t = 78\,909.89 + 9590.15t$

注意：当采用简单公式时，时间 t 是中心时间为 0 的等差数列，预测期为 $t = 5$。

将 $t = 5$ 代入直线趋势预测方程，得 2020 年商品销售额的预测值为

$$\hat{X}_{2020} = 78\,909.89 + 9590.15 \times 5 = 126\,860.64\,(万元)$$

2021 年商品销售额的预测值为

$$\hat{X}_{2021} = 78\,909.89 + 9590.15 \times 6 = 136\,450.79\,(万元)$$

2. 非线性趋势外推法

在现实中，许多市场现象的变化规律表现为非线性变动趋势，如商品供应、价格水平、商品库存等现象，其长期趋势变动轨迹会呈现不同形式的曲线，主要有指数趋势曲线、对数趋势曲线、多项式趋势曲线等。

（1）指数趋势曲线。指数预测模型的一般表达式为

$$\hat{X}_t = ab^t$$

其中，$\hat{X}_t$ 为第 t 期的预测值；a、b 为模型参数；t 为时间序列的项数。

当解出模型参数 a、b 后，在指数预测模型中代入时间序列的项数 $t + n$，即可对 $t + n$ 时间的变量值做出预测。

（2）对数趋势曲线。对数预测模型的一般表达式为

$$\hat{X}_t = a + b\ln t$$

其中，$\hat{X}_t$ 为第 t 期的预测值；a、b 为模型参数；t 为时间序列的项数。

当解出模型参数 a、b 后，在对数预测模型中代入时间序列的项数 $t + n$，即可对 $t + n$ 时间的变量值做出预测。

（3）多项式趋势曲线。多项式预测模型的一般表达式为

$$\hat{X}_t = a + b_1 t + b_2 t^2 + \cdots + b_n t^n$$

其中，$\hat{X}_t$ 为第 t 期的预测值；a、b_i（$i=1,2,\cdots,n$）为模型参数；t 为时间序列的项数。

当解出模型参数 a、b_i（$i=1,2,\cdots,n$）后，在多项式预测模型中代入时间序列的项数 $t+n$，即可对 $t+n$ 时间的变量值做出预测。

3. 趋势模型优劣的判断

预测模型建立后，需要对模型的优劣做出判断。模型的优劣是根据拟合优度系数来判断的。拟合优度系数也称为可决系数，用 R^2 表示。

$$R^2 = \frac{\sum(\hat{y}_i - \overline{y})^2}{\sum(y_i - \overline{y})^2}$$

R^2 反映的是用该模型预测的结果与原时间数列的总离差平方和中回归平方和（由自变量影响）的比重，这个值越接近 1 说明随机因素影响就越小，模型对原数列的代表性就越强。

4. 趋势外推法在 Excel 中的实现

沿用表 11-11 资料，用 Excel 建立预测模型的方法如下。

（1）绘制时间序列动态趋势线图，观察趋势类型。

（2）添加趋势线，选择线性趋势线，并勾选"显示公式"和"显示 R 平方值"，显示如图 11-7 所示。

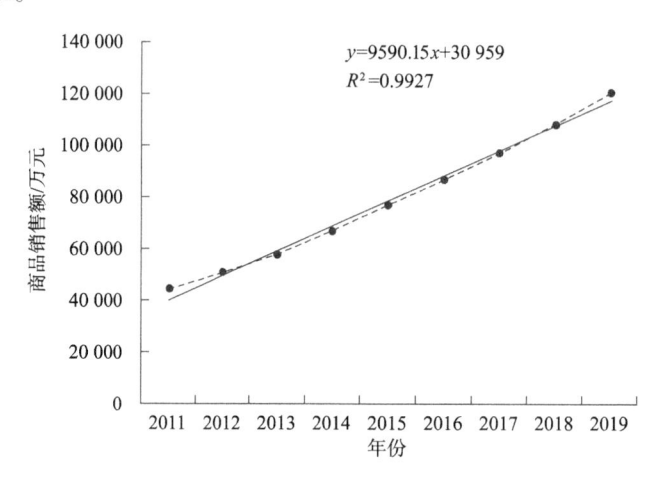

图 11-7　数据拟合的趋势线

得到的线性预测模型为 $\hat{y}=30\,959+9590.15t$，拟合优度系数 $R^2=0.9927$。

（3）利用模型预测 2020 年（$t=10$）、2021 年（$t=11$）的商品销售额。

$\hat{y}_{2020}=30\,959+9590.15\times10=126\,860.5(万元)$

$\hat{y}_{2021}=30\,959+9590.15\times11=136\,450.7(万元)$

注意：当 Excel 中线性预测模型自动建模时，将时间 t 视为顺序数，即 $1,2,\cdots,n$，预

测期为 $t=10$。

趋势外推法的各种模型均可使用 Excel 建立，其方法如下：首先，选择时间序列数据，绘制曲线图，观察曲线基本特征，对曲线类型做出基本判断。其次，选择绘制的曲线，依次选择"图表工具"菜单的"布局"选项卡中"数据分析"工具中的"趋势线"，选择适当的趋势线类型，或选中绘制的曲线后，点右键，在右键菜单中选择"添加趋势线"，即可打开趋势线选择对话框，从中选择适当的模型，这时，在已绘制的曲线图上就会叠加一条趋势线。其中，在选择多项式模型时，还可通过调整"顺序"的数值，选择多项式的次数，而且，在调整次数的同时，趋势线会实时变化。最后，勾选趋势线选择对话框左下角的"显示公式"选项，就会在趋势线附近显示与所选模型对应的含有参数的公式，即所需要的预测模型。

趋势外推法的各种模型也可使用 SPSS 建立，但方法比 Excel 复杂，这里不再赘述。

第四节 回归模型预测法

在市场现象中，存在着大量的一个变量随着另一个或多个变量的变化而变化的情况，只要有足够的观测数据，这种因果关系变化的规律就可以采用适当的统计方法建立数学模型来描述。一旦建立了描述因果关系的回归预测模型，就可以预测在自变量达到一个特定的量时，因变量可达到的水平。解决这类问题的统计分析方法有很多，如回归分析法、计量经济模型法、投入产出法、灰色系统模型法、结构方程模型法等，实践中最常用的是回归分析法。

回归模型预测法就是利用回归分析法建立自变量与因变量关系的回归模型，并据此对预测期目标变量值进行预测的方法。回归模型预测法作为一种非常重要的预测技术，被广泛地用于预测市场占有率、销售额、品牌偏好及其市场营销效果等。

根据研究所涉及的自变量的多少，回归模型预测法分为一元线性回归模型预测和多元线性回归模型预测；根据自变量与因变量之间关系的类型不同，又分为线性回归预测与非线性回归预测。

一、回归模型预测的步骤

利用回归模型预测法进行市场预测，基本步骤如下所述。

1. 确定预测目标和影响因素

通常情况下，因变量就是市场预测的目标变量。例如，以预计未来五年小家电需求为目标的市场预测，它的因变量就是未来五年小家电的需求量。对于影响和制约预测目标的自变量的选择，则要比确定因变量复杂得多。当预测目标确定之后，预测者就要根据影响目标变量变动的因素广泛地收集资料，对各种影响因素给予目标变量影响的方式和程度加以分析，筛选出起决定性作用的因素作为自变量。目标变量可能会受到多个自变量的影响，应通过相关分析，选择与因变量关系最密切的几个自变量。同时，还要注意分析各个自变量之间是否存在相关关系（称为多重共线性），选用那些关系不密切的因素作为自变量。

2. 构建预测模型

根据对自变量和因变量分析的结果，建立适当的回归预测模型，以描述目标变量与自变量之间的关系。建立预测模型，一是选择模型的类型，如果自变量和因变量之间存在线性趋势，可选用线性回归模型；如果存在非线性趋势，可选用非线性回归模型；如果影响目标变量的因素只有一个，可以选用一元线性回归模型，如果影响目标变量的因素有多个，就要选用多元线性回归模型。二是求解模型的参数值，参数值可利用数据分析软件或通过手工计算获得。回归模型构建的方法，可参阅本章第三节的趋势外推法的相关内容，因为趋势外推法其实就是以时间为自变量的回归模型预测法。

3. 对回归预测模型进行检验

在回归分析中，无论自变量还是因变量，都是随机变量，这些变量及由这些变量构成的模型是否具有代表性都需要通过统计检验来验证。回归预测模型构建之后，需要做三个方面的统计检验：一是拟合优度检验，也称为 R 检验，R 检验用于检验模型在多大程度上描述了观测数据所反映的变量之间关系的基本特征，即回归模型对观测值的代表性；二是回归系数的显著性检验，一般为 t 检验，t 检验主要用于检验各个自变量是否具有统计意义上的显著性（代表性）；三是回归模型的显著性检验，一般为 F 检验，F 检验的主要作用是检验模型整体上是否具有统计的显著性。

4. 利用回归预测模型对预测值进行估计

回归预测模型经检验通过后，就可以用来进行预测。与抽样参数估计类似，利用回归方程进行预测，也分为点预测和区间预测两种。将已知的预测期自变量的值代入模型，得到的因变量值即点预测值。但是，由于存在回归误差，预测目标变量的真值可能高于或低于点预测值，因此就需要分析回归误差，并在一定的置信水平下估计可能包含目标变量真值的区间，这个区间在数理统计中称为置信区间，在预测时可称为预测区间。区间预测值反映了在一定概率保证下预测值的可能范围，更具科学性，也更具有实用价值。

二、一元线性回归模型预测法

在影响目标变量的诸多因素中，只选择一个主要因素作为自变量建立的回归预测模型，称为一元线性回归预测模型。当自变量与因变量之间的关系呈现线性变化时称为线性回归分析；当自变量与因变量之间的关系呈现非线性变化时，称为非线性回归分析。例如，要研究城镇居民消费支出的发展趋势，先要分析影响城镇居民消费支出的影响因素有哪些，如居民人均可支配收入、未来收入预期、消费习惯、市场环境等因素。通过进一步分析发现，居民人均可支配收入的多少对消费支出起着决定性作用，即居民消费支出的多少与居民人均可支配收入之间的相关性最强，为简便起见，可以只选择居民人均可支配收入这一个因素为自变量，人均消费支出为因变量建立一元线性回归预测模型，并据此对居民人均可支配收入达到一定水平时的人均消费支出进行预测。

（一）建立一元线性回归预测模型

建立一元线性回归预测模型的思路与本章第三节介绍的趋势外推法建立时间序列动态模型的思路相同，只不过是用自变量代替时间变量而已。因为趋势外推法其实就是以时间为自变量的回归模型预测法，但是 Excel 中采用绘制曲线图叠加趋势线的方法，只能得到回归模型和拟合优度系数 R^2 值，无法进行回归误差分析和统计检验。为此，在采用回归模型预测时，需要使用软件中的其他方法建立回归预测模型。此外，需要注意的是，在时间序列分析时，自变量（时间 t）是自然排序的，在回归分析采用其他非时间变量作为自变量时，自变量没有排序，如果需要在 Excel 中建立回归关系散点图，需要将自变量排序后作为横坐标，才能显示出变量间的关系。

建立回归预测模型的基本步骤如下：

第一，确定预测目标变量并收集观测值；

第二，选择自变量并收集观测值；

第三，绘制散点图（或曲线图）判断自变量与因变量的关系类型；

第四，使用软件计算模型参数。

如果 x、y 是线性相关的两个变量，对于自变量 x 的 n 个数据值 $x_1, x_2, \cdots, x_n$，与因变量 y 对应的值为 $y_1, y_2, \cdots, y_n$，那么二者之间的关系可用一元线性回归模型表达，表达式为

$$y_i = \alpha + \beta x_i + \varepsilon$$

其中，α、β 为待估参数；ε 为随机扰动项。

根据 x、y 的样本观测值，解出待估参数，可以建立线性回归方程：

$$\hat{y} = a + bx$$

其中，$\hat{y}$ 为因变量的估计值；a，b 为回归参数，分别为 α、β 的估计值；x 为自变量。当使用回归模型预测时，首先使用回归方程 $\hat{y} = a + bx$ 计算出 $\hat{y}$ 的值，ε 则通过回归误差分析获得，并据此估计回归预测区间。

（二）一元线性回归预测模型的检验

对于任何给定的一个自变量及因变量观察样本资料，都可以计算出回归方程的参数，建立回归方程式，但是建立的回归方程并非一定具有实用意义。因此，在做预测之前需要先对模型进行相关的统计检验，检验通过之后才能进行预测。回归模型的检验包括拟合优度检验、回归预测模型检验及回归系数显著性检验。

1. 拟合优度检验

回归模型在一定程度上描述了变量 x 与 y 之间的数量关系，但并没有说明模型在多大程度上反映了回归结果对观察数据的拟合程度。

平均值是一组数据的代表性水平，回归分析中因变量的观测值总是围绕平均值上下波动，这种波动称为离差，离差用观测值与平均值之差的平方表示。各个观测值离差的总和称为总离差，总离差受自变量变动及其他因素的影响，可以被分解为能够用回归模

型解释的回归离差和不能被回归模型解释的剩余离差,用公式表示为

$$\sum(y_i - \bar{y})^2 = \sum(y_i - \hat{y}_i)^2 + \sum(\hat{y}_i - \bar{y})^2$$

或者,记为

$$S_总 = S_剩 + S_回$$

即

总离差=剩余离差+回归离差

其中,y_i 为因变量观测值;$\hat{y}_i$ 为回归估计值;$\bar{y}$ 为因变量的平均值。

回归模型拟合的优劣取决于回归离差在总离差中所占的比例。比例越大,说明自变量对因变量变动的解释性越强,回归结果对原观测值拟合就越好。x 与 y 的拟合优度可用 R^2 度量,称为判定系数,其计算公式为

$$R^2 = \frac{S_回}{S_总} = \frac{\sum(\hat{y}_i - \bar{y})^2}{\sum(y_i - \bar{y})^2} = 1 - \frac{\sum(y_i - \hat{y}_i)^2}{\sum(y_i - \bar{y})^2} \quad (0 \leqslant R^2 \leqslant 1)$$

判定系数 R^2 测度了回归模型对观察值的拟合优度。若模型估计值与所有观察值完全吻合,则 $\sum(y_i - \hat{y}_i)^2 = 0$,$R^2 = 1$,说明自变量完全解释了因变量的变动;若模型估计值与所有观察值完全不吻合,典型的是模型估计值等于平均值,$\sum(\hat{y}_i - \bar{y})^2 = 0$,则 $R^2 = 0$,说明自变量完全不能解释因变量的变动。绝大多数情况下 R^2 的取值在 0 到 1 之间。R^2 越接近于 1,则回归模型的拟合程度越好;反之,R^2 越接近于 0,则回归模型的拟合程度越差。

2. 回归预测模型检验

预测模型作为整体在一定程度上反映了 x 与 y 之间的线性关系,因此,可以通过对模型总体的显著性检验来判断模型是否可以用于预测。回归预测模型的显著性检验利用 F 统计量来衡量,称为 F 检验,该检验的目的在于说明回归预测模型中自变量与因变量是否存在显著的线性关系,回归预测模型是否有效。通常以回归离差平方和及剩余离差平方和为基础,构造 F 检验统计量,即

$$F = \frac{\text{ESS}/k}{\text{RSS}/(n-k-1)}, \quad \text{ESS} = \sum(\hat{y}_t - \bar{y})^2, \quad \text{RSS} = \sum(y - \hat{y}_t)^2$$

其中,$n-k-1$ 为 $S_剩$ 的自由度;n 为样本观察值个数。

根据选定的显著性水平 α 及自由度 (m, $n-2$),其中 m 为自变量的个数,一元线性回归自变量只有一个,所以 m 等于 1,查 F 分布表,得到临界值 F_α(具体方法请参阅第十章假设检验部分)。比较 F 和 F_α,若 $F > F_\alpha$,则认为回归方程线性关系显著;若 $F < F_\alpha$,则认为回归方程线性关系不显著。

3. 回归系数显著性检验

回归系数显著性检验用于检验自变量与因变量之间是否存在线性关系,包括对 a、b 的检验。因为 a 就是回归直线的截距,因此,回归系数显著性检验主要是对 b 进行检验。

当 $n<30$，即小样本时，采用 t 检验；当 $n<30$，即大样本时，采用 z 检验。t 统计量的计算公式为

$$t_b = \frac{b}{s_b} = \sqrt{F}$$

由选择的显著性水平 α 和自由度（$n-2$）查 t 分布表，可得临界值 $t_{\alpha/2}(n-2)$（或在 Excel 中使用 TINV 函数计算，可参阅第十章假设检验部分）。若 $|t_b| = t_{\alpha/2}$，则回归系数 b 具有显著性，说明 x 是影响 y 的主要解释变量；反之，则不具有显著性。

在一元线性回归分析中，F 检验和 t 检验两者是等价的。对单个解释变量显著性进行 t 检验，也就检验了解释变量的整体显著性（F 检验），所以在一元线性回归分析中，可以只进行一种检验。

（三）一元线性回归模型预测法的应用

回归模型通过检验后即可进行预测，预测分为点预测和区间预测，将自变量的值 x_k 代入模型，计算得到的因变量的估计值 $\hat{y}_k$，即点预测值。

$$\hat{y}_k = a + bx$$

由于存在回归误差，预测目标变量的真值 y_k 可能高于或低于点预测值 $\hat{y}_k$，故需要分析回归误差，并在一定的置信水平下估计可能包含目标变量真值的区间。

已知自变量 x_k，因变量 $\hat{y}_k$ 的预测区间为 $[\hat{y}_k - t_{\alpha/2}s_{\text{ind}},\ \hat{y}_k + t_{\alpha/2}s_{\text{ind}}]$。其中，$s_{\text{ind}} = s_y\sqrt{1 + \frac{1}{n} + \frac{(x_k - \bar{x})^2}{\sum(x_i - \bar{x})^2}}$，其中，$s_y$ 为估计量的标准误差，即

$$s_y = \sqrt{\frac{\sum(y - \hat{y})^2}{n-2}}$$

估计标准误差反映了用回归方程预测因变量时预测误差的大小。若各观察值越靠近直线，即 s_y 越小，回归直线对各观察值的代表性就越好，根据回归方程进行预测也就越准确。

有时，为了对不同模型的精度进行比较，往往还要计算离散系数或标准离差系数 v，其计算公式为

$$v = \frac{s_y}{y} \times 100\%$$

一般希望 v 不超过 10%。

一元线性回归预测可以使用 Excel 中的回归分析工具实现。方法如下：建立自变量、因变量观测值数据列表，在加载了数据分析加载项[①]的前提下，从"数据"选项卡中选择"数据分析"命令，打开"数据分析"对话框，在"分析工具"选择框中，选择"回归"，在打开的回归分析选项对话框中，依次输入因变量、自变量的数据区域，如果区域中包

---

① 参阅本书第十章第二节。

含有变量名，则勾选"标志"选择框，输入预测值的置信度（系统默认为 95%），选择输出区域，根据需要选择其他选项后点击"确定"，即可输出分析结果。

例如，我国城镇居民 2002~2021 年人均可支配收入与人均消费支出观测资料如表 11-12 所示。若 2025 年人均可支配收入达到 40 000 元，请问届时年人均消费支出将达到多少（置信度为 95%）？

表 11-12　我国城镇居民 2002~2021 年人均可支配收入与人均消费支出表　　单位：元

年份	人均可支配收入	人均消费支出
2002	4 532	3 548
2003	5 007	3 889
2004	5 661	4 395
2005	6 385	5 035
2006	7 229	5 634
2007	8 584	6 592
2008	9 957	7 548
2009	10 977	8 377
2010	12 520	9 378
2011	14 551	10 820
2012	16 510	12 054
2013	18 311	13 220
2014	20 167	14 491
2015	21 966	15 712
2016	23 821	17 111
2017	25 974	18 322
2018	28 228	19 853
2019	30 733	21 559
2020	32 189	21 210
2021	35 128	24 100

解：

（1）设人均可支配收入为 x，人均消费支出为 y。根据表 11-12 中 x 与 y 的原始资料，绘制散点图如图 11-8 所示。

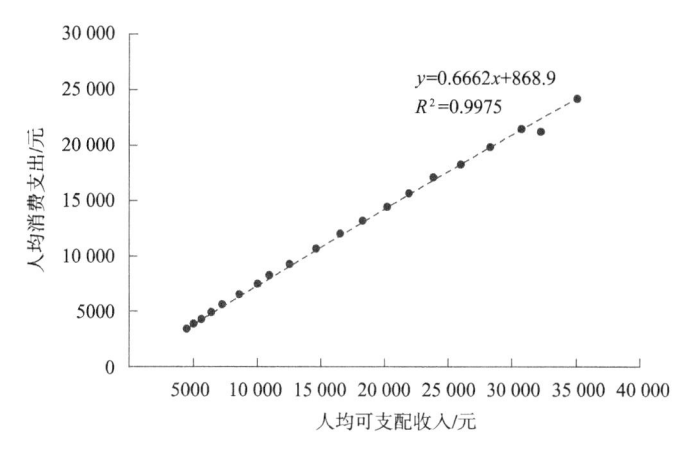

图 11-8 人均可支配收入与人均消费支出散点图

从图 11-8 可以看出，人均可支配收入与人均消费支出表现出较高程度的直线正相关关系，即当可支配收入增加时，人均消费支出也随之增加，它们之间具有正向同步变动趋势，可以采用一元线性回归模型进行预测。添加合适的趋势线并选择显示公式后，线性方程就会显示在图上。可通过进一步分析，获取更多信息。

在 Excel 中建立数据表，点击"数据"→"分析"→"数据分析"→选择"回归"，打开回归分析选项框，在"y 值输入区域"输入人均消费支出的数据区域 B1：B20（含列标题），在"x 值输入区域"输入人均可支配收入数据区域 C0：C20（含列标题），勾选"标志"选框，勾选置信度选框，并输入 95%，输出选项默认为输出到新的工作表，最后点"确定"，即可输出分析结果如图 11-9 所示。

图 11-9 Excel 回归分析输出结果

在回归统计中可以看到 R 平方值（R square）为 0.9975，说明这个回归结果中有 99.75% 能够被自变量解释，模型对原始数据拟合得很好；标准误差 s_y 为 336.89 是估计值的标准误差。从方差分析可以看到 F 检验统计量为 7260.02，在 Excel 中使用 F.INV（0.95，1，18）计算 F 检验临界值为 4.41，F 检验统计量远大于 F 检验临界值，说明模型变量间具有显著的线性关系，回归系数不为 0。从回归结果可以看到，线性回归方程的常数项

（Intercept）a 为 868.90，自变量人均可支配收入的系数 b 为 0.6662，且两个系数的显著性概率（P-value）均小于给定的显著性水平 0.05，因此，回归系数也具有统计意义上的显著性。据此建立的回归模型可以用于预测。

（2）建立回归方程进行点估计。根据计算求得 $\hat{y}_k \approx 868.90 + 0.6662 x_k$。

当人均可支配收入 $x = 40\,000$ 元时，人均消费支出 $\hat{y}$ 的点预测值为

$$\hat{y}_{2025} \approx 868.90 + 0.6662 x_{2025} = 868.90 + 0.6662 \times 40\,000 \approx 27\,516.9 (元)$$

（3）进行区间预测。Excel 回归分析结果中已经给出了 a、b 两个系数的置信区间。在 95% 置信度下：

预测下限 $\hat{y}_{2025} = 549.035 + 0.6498 \times 40\,000 \approx 26\,541.04 (元)$

预测上限 $\hat{y}_{2025} = 1188.769 + 0.683 \times 40\,000 \approx 28\,508.77 (元)$

预测区间为 [26 541.04 元，28 508.77 元]

即当人均可支配收入达到 40 000 元时，人均消费性支出有 95% 的可能在 26 541.04~28 508.77 元。

在 SPSS 中实现回归模型预测的方法与第三节时间序列预测采用的趋势外推法是一致的。因为时间序列模型是回归模型的一个特例，只是将时间这个有序变量当作自变量。这里只给出 SPSS 回归分析的结果（图 11-10），过程不再详述。可以看到，SPSS 分析的结果与前述 Excel 分析结果完全一致，可据此建立一元线性回归模型进行预测。

模型摘要

模型	R	R方	调整后R方	标准估算的错误
1	0.999[a]	0.998	0.997	336.885

a. 预测变量：（常量），居民人均可支配收入（元）

ANOVA[a]

模型		平方和	自由度	均方	F	显著性
1	回归	823953140.0	1	823953140.0	7260.022	0.000[b]
	残差	2042852.800	18	113491.822		
	总计	825995992.8	19			

a. 因变量：居民人均消费支出（元）
b. 预测变量：（常量），居民人均可支配收入（元）

系数[a]

模型		未标准化系数 B	标准错误	标准化系数 Beta	t	显著性	B的95.0%置信区间 下限	上限
1	（常量）	868.902	152.251		5.707	0.000	549.035	1188.769
	居民人均可支配收入（元）	0.666	0.008	0.999	85.206	0.000	0.650	0.683

a. 因变量：居民人均消费支出（元）

图 11-10　SPSS 基于线性模型回归输出的详细参数

三、多元线性回归模型预测法

一元线性回归是回归模型预测的基础，然而在实际的市场经济活动中，绝大部分的市场变量是由多个而并非一个因素决定的。例如，销售额的增长不仅受销售人员数量的影响，还受当地居民收入水平等因素的影响，在这种情况下，因变量同时受两个自变量影响，应采用二元线性回归分析。又如，管理人员希望预测公司未来几年的销

售额，经过研究发现销售额与个人可支配收入、宣传费用、产品价格、研究与开发费用、投资额及销售费用等各种因素都存在着或多或少的决定关系。管理人员想进一步研究是哪些自变量对因变量有影响，这些自变量又是如何对因变量产生影响的，以便建立一个能反映实际的模型，从而达到预测销售额的目的，这时就需要引入多元回归分析。

多元回归分析是利用一个因变量和多个自变量的关系建立回归模型来解决复杂的市场问题。多元线性回归分析是一元线性回归分析的延伸，两者的计算和分析过程大致相同，但多元线性回归模型的参数计算要相对复杂一些，两者最大的不同是多元线性回归增加了自变量的个数。由于增加了不止一个自变量，故除了自变量与因变量之间的线性相关关系外，在自变量之间也可能存在相关关系，统计上称为多重共线性。回归分析要求自变量与因变量之间存在显著相关性，但自变量与自变量之间则应相互独立，不能有相关性。如果自变量之间存在多重共线性，就表明自变量之间信息重叠，回归分析时会在不同变量间重复使用信息，使回归模型对变量关系的描述失真。因此，在多元线性回归分析时选择哪些因素作为自变量至关重要。

多元线性回归模型的一般表达为

$$y = \alpha + \beta_1 x_1 + \beta_2 x_2 + \cdots + \beta_n x_n + \varepsilon$$

其中，$\alpha, \beta_1, \beta_2, \cdots, \beta_n$ 为待估参数；α 为线性模型的截距；ε 为随机扰动项。

利用样本数据估计了模型的待估参数后，就可得到多元线性回归方程：

$$\hat{y} = a + b_1 x_1 + b_2 x_2 + \cdots + b_n x_n$$

其中，$x_1, x_2, \cdots, x_n$ 为 n 个自变量；$\hat{y}$ 为因变量的估计值；$a, b_1, b_2, \cdots, b_n$ 为多元回归预测模型中的参数值。

当使用多元线性回归模型预测时，首先使用回归方程 $\hat{y} = a + b_1 x_1 + b_2 x_2 + \cdots + b_n x_n$ 计算出 $\hat{y}$ 的值，并据此估计回归预测区间。

多元线性回归模型需要通过拟合优度检验、显著性检验，并对多重共线性进行判断与处理后才能用于预测。

四、非线性回归模型预测法

在市场经济活动中存在着大量的非线性因果关系，应选择适当的非线性模型进行预测。对于具有非线性关系的预测对象，可以采用一定的数学方法将非线性方程转化为线性方程，然后再利用线性回归的方法求出模型参数进行预测。需要强调的是，在利用直接变换法或对数变换法求出线性模型的参数后，仍然要对模型进行各种检验，才能利用模型进行预测。常用的非线性回归模型有二次多项式回归模型、指数曲线回归模型、双曲线回归模型等。

1. 二次多项式回归模型

二次多项式回归模型的数学表达式为

$$\hat{y} = a + b_1 x + b_2 x^2$$

在二次多项式回归模型中，设 $x_1 = x$，$x_2 = x^2$，则二次多项式回归模型可以转化为二元线性回归模型，即

$$\hat{y} = a + b_1 x_1 + b_2 x_2$$

由 x 的实际值求出 x_1、x_2 的数值后，再运用二元线性回归预测方法求解出 a、b_1 和 b_2 即可。

2. 指数曲线回归模型

指数曲线回归模型的数学表达式为

$$y = ab^x$$

等式两端取对数，得

$$\ln y = \ln a + x \ln b$$

设 $y' = \ln y$，$a' = \ln a$，$b' = \ln b$，则有

$$y' = a' + b'x$$

利用原始数据先求出 y'，再运用一元线性回归模型预测法求解参数 a'、b'，由 $a = e^{a'}$ 和 $b = e^{b'}$ 求出 a、b 的值，即可得到预测模型。

3. 双曲线回归模型

双曲线回归模型的数学表达式为

$$y = a + \frac{b}{x}$$

在双曲线回归模型中，设 $x' = 1/x$，$y' = y$，则双曲线回归模型可以转化为一元线性回归模型，即

$$y' = a + bx'$$

再运用一元线性回归分析预测法求解参数 a 和 b 即可。

以上介绍了线性回归和非线性回归的预测原理和应用，并通过实例说明了预测分析的计算过程。在实际应用中的计算往往要复杂得多，随着计算机技术和统计软件的开发利用，可以很方便地完成所需要的计算。

☆思考练习题

一、问答题

1. 简述市场预测的基本步骤。
2. 什么是定性预测？什么是定量预测？两者有何不同？
3. 如何理解市场预测在经营决策中的作用？
4. 比较专家预测法的优缺点。
5. 简述实施德尔菲法的步骤。
6. 时间序列预测法的基本类型有哪些？
7. 为什么要对回归方程进行检验？

二、计算分析题

1. 某城市 2019 年 1~11 月粮油需求量资料如表 11-13 所示。

表 11-13 某城市 2019 年 1~11 月粮油需求量   单位：万吨

月份	1月	2月	3月	4月	5月	6月	7月	8月	9月	10月	11月
需求量	195	220	200	195	185	180	185	180	190	230	210

试用二次移动平均法预测 2020 年的需求量（取 $n=3$）。

2. 某商场 2011~2019 年销售额资料如表 11-14 所示。

表 11-14 某商场 2011~2019 年销售额   单位：万元

年份	2011	2012	2013	2014	2015	2016	2017	2018	2019
销售额	85	80	94	88	96	101	110	121	127

试用一次指数平滑法预测 2020 年的销售额（取 $\alpha=0.5$，初始值 $S_t^{(1)}$ 取前三期观察值的平均值）。

3. 某企业某种商品 2017~2019 年销售量资料如表 11-15 所示。

表 11-15 某企业某种商品 2017~2019 年销售量   单位：台

年份	1月	2月	3月	4月	5月	6月	7月	8月	9月	10月	11月	12月
2017	23	33	69	91	192	348	254	122	59	34	19	27
2018	30	37	59	120	311	334	270	125	70	33	23	16
2019	26	32	102	155	372	324	290	153	77	17	37	40

试用按月平均季节指数法预测该商品 2020 年各月的销售量。

4. 某公司 2019 年某产品各月产量资料如表 11-16 所示。

表 11-16 某公司 2019 年某产品各月产量   单位：万吨

月份	1月	2月	3月	4月	5月	6月	7月	8月	9月	10月	11月	12月
产量	340	300	380	350	370	420	380	430	480	470	440	500

试用直线趋势外推法预测 2020 年 1 月和 2 月的产品产量。

5. 某企业 2010~2019 年商品销售额与广告费用支出资料如表 11-17 所示。

表 11-17 某企业 2010~2019 年商品销售额与广告费用支出   单位：万元

年份	广告费用支出 x	商品销售额 y
2010	40	50
2011	56	80

续表

年份	广告费用支出 x	商品销售额 y
2012	60	90
2013	70	95
2014	78	105
2015	90	110
2016	100	120
2017	107	120
2018	120	145
2019	120	150

要求（用 Excel 或 SPSS 软件实现）：
（1）绘制反映广告费用支出与商品销售额关系的散点图；
（2）进行相关分析；
（3）建立广告费用支出与商品销售额的回归方程；
（4）检验回归方程的线性关系是否显著（$\alpha = 0.05$）；
（5）假定 2020 年广告费用支出为 135 万元，在 95%的置信水平下预测 2020 年的商品销售额及预测区间。

➤实训题

以组为单位，完成下列任务。

一家大型的农贸市场需要对明年猪肉市场价格进行预测。结合所学的市场预测理论知识，每组学生写一份猪肉市场预测工作流程。

第十二章　撰写市场调查报告

学习目标

通过本章的学习，了解市场调查报告的概念及类型；熟知调查报告的基本结构及其内容；掌握调查报告的撰写技巧；对口头汇报的相关准备工作有所了解；能根据某项调查活动所获取的数据分析资料，撰写出符合要求的简易调查报告。

在市场调查活动中，通过调查策划，收集市场信息，并对所获取的数据资料进行整理和分析，下一步的工作就是如何利用这些素材，采用合适的研究方法得出最终结论，并基于这些结论提出有针对性的建议，最终形成调查报告，递交给客户，使调查真正能够起到帮助企业解决营销实际问题、服务于企业的作用。

第一节　市场调查报告的基本结构

市场调查报告是指用书面表达的方式反映调查过程和调查结果的一种分析报告，它是通过文字、图表等形式将调查研究成果表现出来，以使客户和后来的研究者对所调查的市场现象与所关心的问题有全面系统的认识。市场调查报告是调查活动的终端产品，也是衡量和反映一个调查项目质量高低的重要标志。当一项调查活动完成之后，市场调查报告还可以作为历史资料被重复使用，从而实现其效果的增值。

一、调查报告的类型

由于市场调查活动具有多样性和复杂性，每个调查项目的具体目标、研究主题及客户决策者的要求也会有所不同，使得调查报告的写作呈现出不同的类型。从呈递的方式上看，市场调查报告既可以是书面报告形式，也可以是口头汇报形式，或者是两种结合使用。书面调查报告是最常用的形式，可分为技术性报告和一般性报告。技术性报告的对象主要是懂得调查研究方法的专业技术人员，因此报告内容要着重强调调查所使用的资料收集方法和统计分析方法、抽样技术等，并要求详细描述研究的发现。一般性报告的对象主要是某些决策者和其他不懂调查技术的非专业人员，他们通常对研究方法不感兴趣，主要关心调查的结果和结论，故在撰写技术上力求简明扼要地对调查重点和结论部分进行说明，而对技术细节和方法的描述则尽量简略，且要多用小标题、统计图等，尽量少用表格，句子和段落要简洁通俗，内容也比技术性报告简略。

按照其他不同的分类标准，还可以将市场调查报告分为不同的类型。例如，按照报告的内容及其表现形式可分为综合报告、专题报告、研究性报告和技术报告等。不同形式的调查报告在内容及表达方式上有相应的差别。只有根据各种报告的特点，掌握有关的撰写技术和要求，才能获得理想的沟通效果。

二、调查报告的基本结构

由于调查项目的性质、客户、调查公司或研究人员的差异，调查报告的内容结构和撰写手法也有所不同，许多调查公司在长期的实践中逐渐形成了自身独特的写作风格。规范的市场调查报告，一般应包括三大部分，即前文、正文和结尾。前文包括标题页及标题扉页、授权信、提交信、目录和图表目录、摘要；正文包括引言、研究背景和目的、调查概况、调查结果、局限性、结论与建议；结尾包括结束语和附件。概括地说，一份完整的市场调查报告由标题、目录、摘要、调查概况、调查结果、局限性、结论与建议、附件等部分组成。

（一）标题

标题单独占用一页纸即标题页，包括市场调查报告的标题、委托方的单位名称、受托方的单位名称（也可添加项目负责人的姓名、公司电话、网址等）、提交报告日期等。如果调查报告属于机密性的，应在标题页的某处注明。标题页的设计应该独特新颖，有吸引力。例如，西安FY市场研究公司为西安市某乳品集团所做的液态奶消费者调查，在书面调查报告的封面上将该企业的包装商标设计为底色背景，突出了客户的企业形象，颇具特色和吸引力。

市场调查报告的标题必须简单明确，高度概括，做到题文相符。标题的形式一般有以下三种：

（1）直叙式标题。直接指出调查地点和调查项目，反映调查的意向。例如，《西安市××乳业集团液态奶消费者调查报告》《西安商品房需求调查报告》等，这种标题的特点是简明、客观、严谨，正规的调查报告一般都用直叙式标题。

（2）表明观点式标题。直接阐明作者的观点、看法，或对事物做出判断、评价。例如，《唐装趋向于时尚》《新能源汽车"热"的冷思考》等。这种标题既揭示了主题，又表明了作者的态度，具有很强的吸引力。

（3）提出问题式标题。是以设问、反问等形式，突出问题的焦点和尖锐性，吸引人们阅读和思考。例如，《××牌产品为什么滞销？》《当前大学生就业路在何方？》等。

调查报告大部分采用单标题，有时也可以写成双标题的形式。双标题由主题加副题组成，一般用正标题概括调查报告的主题或要回答的问题，用副标题表明受访者及其内容。这样的标题，能够迅速吸引人们的注意力，引发阅读兴趣。例如，《不求洋品但求最好——对大学生品牌消费观的调查》。

一些正规的调查报告为了庄重起见，需要在标题页之前安排标题扉页，此页只写调查报告标题。有的调查报告还附有授权信和提交信。授权信是在调查活动之前，由客户写给受托方调查机构的说明信，表示批准这一项目，授权给该机构负责对项目的调查。在授权信中委托方讲明调查计划、工作范围及合同条款等，受托方在调查报告中可以出示授权信的复印件。提交信是调查机构或个人递交给客户企业的信函，在此信中，可以概括市场调查者承担并实施项目的大致过程，也可以强调客户企业需要注意的事项及需要进一步研究的问题，但不必叙述调查的具体内容。在较为正规的调查报告中，都应该安排提交信。当调查报告的正规性要求比较低时，标题扉页、授权信和提交信可以从略。

（二）目录

为了方便客户阅读自己感兴趣的特定内容，调查报告一般都需要编写目录。如果调查报告的页数较多，为了方便客户阅读，应使用目录或索引形式列出调查报告的各项内容。目录包含大标题、小标题、各部分及附件所在的页码等，通常只编写两个层次的目录，较短的报告可以只编写一级目录，目录的篇幅一般不宜超过一页，特别短的调查报告可免去此项。下面是某产品消费者调查报告的目录部分。

```
一、摘要 ······················································· 1
二、引言 ······················································· 2
    1. 研究的背景和目的 ····································· 4
    2. 研究的内容 ············································· 6
三、研究方法 ················································· 7
四、调查概况 ················································· 9
五、调查结果 ················································ 10
    1. 消费者调查结果 ······································ 11
    2. 零售商调查结果 ······································ 32
六、局限性 ···················································· 51
七、结论与建议 ·············································· 52
附件一 ·························································· 54
附件二 ·························································· 58
······
```

需要注意的是，如果调查报告中含有大量的表格和图形，则需要在目录表中包含一份图表目录，目的是帮助客户能很快找到对一些信息的形象解释。图和表是两个不同的概念，需要用独立的数字进行编号，列出每个图表的名称，并按正确次序进行排列。

（三）摘要

摘要是对本次调查和分析结果的概括说明，在整个调查报告中占有特别重要的地位。许多客户的高层管理者往往对调查过程的细节缺乏专业知识和兴趣，因此，只关心调查的结果和结论，通过阅读报告的摘要可快速了解调查的核心内容。所以，摘要部分一定要精练概括，篇幅不宜过长，以两页左右为好，一般是在整个报告完成之后再回过头来总结撰写这一部分。摘要的主要内容包括：简要说明调查的由来和委托调查的原因，提及受访者和调查内容，概括介绍调查研究方法，重点说明调查研究的发现和结果、得出的结论与建议。

摘要的一般书写模式如下:"受_____委托,本公司针对_____开展调查活动。由于_____原因,本项目采用_____调查方式,运用_____软件及_____统计分析方法,对_____调查内容进行分析,最后得出_____结论,并提出_____建议。"下面是某项关于中国汽车消费调查报告中的摘要部分:

近年来,中国汽车市场获得突飞猛进的发展,但是由于国内外众多厂商的进入,市场竞争日趋激烈,如何抓住消费者的需求是取胜的关键。

中国汽车市场广阔,各地区经济发展、消费文化千差万别,这给汽车厂家的市场定位带来难题,但是也给很多厂家带来机会。中国汽车车型已经非常丰富,但是由于中国汽车市场的特点,仍然有很多细分市场没有得到满足。

汽车厂家只有知道顾客需求在哪里,主要关注什么东西,才能有的放矢,研发生产出更适合消费者需求的商品。基于此目的,我们在全国重点城市(北京、上海、深圳、广州、珠海、杭州)对不同类型的消费者进行了大量的抽样调查,调查的方法主要采用电话访问、网上调查、街头拦截访问的形式。此次调查共发放了 6000 份问卷,回收有效问卷 5200 份。我们对所收集的数据资料进行了整理、加工和分析,得出以下调查结论。

第一,在重点城市,由于人均收入偏高且汽车普及很早,因而,汽车的消费明显趋向高端。

第二,消费者对汽车质量要求非常严格,他们更关注汽车的品质和先进的技术,而合资品牌在这方面已经非常成熟,因而其车型仍是消费者首选。

第三,近九成的消费者对新能源车型产生了浓厚的兴趣,目前这类车型虽然鲜有上市但未来新一轮的购车热潮必将被掀起。

第四,在购车因素的选择上,消费者对油耗及用车成本的关注程度首次超过了车价,因此,厂家在新车型研发上要下功夫。

第五,在汽车各方面性能的选择上,消费者最在意的仍然是安全性,这个比重占据四成以上。除了安全性外,近三成比例的消费者重视汽车外形设计和内饰。因此,漂亮和精致的车型依然受到青睐。

(四)调查概况

调查概况是调查报告正文部分的开头,着重强调为什么做调查,如何做的调查及怎样得出结果。一般应交代调查背景和目的、时间、地点、调查范围和受访者、研究方法及项目的执行概况等,也可以概括调查报告的基本观点或结论,以便使客户对调查的来龙去脉有所了解,然后再引出下文。

1. 背景和目的

背景和目的的内容也称为引言,对报告全文起着承上启下、引出主题的作用。应简明扼要地指出该项调查的目的和范围,以便客户能准确把握调查报告所叙述的内容。研究者要对调查的由来或受委托进行该项调查的原因做出说明。叙述时,尽可能引用有关的背景资料为依据,简短罗列客户企业在生产经营中面临的问题,在对研究背景分析所存在问题的基础上,提出调查的目的及所包含的信息范围。

2. 调查研究方法

对调查的过程、时间、地点、对象、资料收集方法和抽样方法等做比较详细的介绍，并说明选用某种调查方法的原因，这些描述能增强调查结果的可靠性。在这一部分，需要加以叙述的内容如下。

（1）调查地区。说明调查活动在什么地区或区域进行，如分别在哪些省、市进行，以及选择这些地区的理由。

（2）受访者。说明从什么样的对象中抽取样本进行调查。通常是指产品的销售推广对象，或潜在的目标市场，如某化妆品的受访者界定为"18岁以上、55岁以下的女性消费者"。

（3）样本的容量及结构。需要抽取的样本量，根据哪种抽样方法抽取样本，为什么选择这种抽样方法，抽取后的样本结构如何，是否具有代表性，具体是如何实施的，是否符合最初的抽样计划要求。

（4）研究方法。采用访问法，还是观察法及实验法。如果采用问卷调查，则要具体介绍采用何种方式收集资料，调查如何实施，遇到什么问题，如何处理。

（5）访问完成情况。原来拟定调查多少人，实际上收回多少有效问卷，有效问卷的回收率，问卷丢失或无效的原因，是否采取补救措施等。

（6）访问员介绍。访问员的能力、素质、经验对调查结果会产生影响，所以对访问员的资格、条件及培训情况也必须简略地介绍。

（7）资料处理方法及工具。指出利用哪些统计分析方法、使用什么统计分析工具对资料进行处理和分析。

例如，某大学市场研究所为威海市某乳业公司所做的消费者行为调查，对采用的调查研究方法做了如下陈述：

本次调查历时近3个月，调查范围是××市环翠区、高技术开发区及经济开发区，被访对象主要是这些地区的常住居民。根据调研计划，本次调查采用定性研究（二手资料研究、深层访谈）和定量研究（街头拦截访问）相结合的方法，二手资料研究及深层访谈贯穿于整个定量研究过程。

本次调查共发放问卷537份，其中，A卷发放300份，回收298份，回收率为99.3%，问卷有效率为93.3%；B卷发放237份，回收237份，回收率为100%，问卷有效率为96.2%。

本次调查实施自始至终都进行了严格的质量控制，对完成的问卷进行了100%的当场检查，并对验收后的问卷进行了30%的复核。数据的处理、分析及相关图、表的制作主要使用SPSS和Excel软件进行，整个数据的采集、处理与分析具有很高的科学性和有效性。

（五）调查结果

调查结果是调查报告的主体内容，在正文中占较大篇幅，是客户最感兴趣的部分。这部分内容较长，一般用概括性或提示性的小标题突出报告的中心思想，结构亦要安排恰当。要对调查研究中发现的基本事实资料进行有组织、有重点、层次分明的陈述，以便于客户理解有关的文字说明。常用若干统计表和统计图来呈现数据资料，并且要对图表中数据资料所隐含的趋势、关系或规律加以客观分析，并用适当的语言加以描述。可选择重要且简单明了的数据分析图表，再插入相应的叙述内容，过分复杂冗长的图表则列入附录中。

为了将事实和结果陈述清楚，可将其分为基本情况和分析两个部分。

1. 基本情况部分

对调查的基本情况进行客观的陈述，不是对事实的简单罗列，而应该是有所提炼。主要有三种方法：

其一，先对调查数据资料及背景资料做客观的介绍说明，然后在分析部分阐述对情况的看法、观点或分析。

其二，提出问题，分析问题，找出解决问题的办法。

其三，先肯定事物的一面，由肯定的一面引申出分析部分，再由分析部分引出结论，循序渐进。

2. 分析部分

分析部分是调查报告的主要组成部分，要对资料进行质和量的分析，通过分析了解情况，说明问题和解决问题。分析亦有三类情况：

其一，原因分析，是对出现问题的基本成因进行分析。

其二，利弊分析，是对调查现象在社会经济活动中所处的地位、所起到的作用进行利弊分析。

其三，预测分析，是对事物的发展趋势和发展规律进行分析。

总之，分析调查和预测的结果，是应用统计工具或定性分析技术对于数据或资料处理结果的归纳和总结，要与前面的研究问题和研究方法相匹配，组成一个逻辑严密的整体。此外，在必要时还需对一些分析和预测的结果做出合理的解释。

正文部分必须准确阐明全部有关论据，包括问题的提出及论证的全部过程、分析研究问题的方法，还应当有可供决策者进行独立思考的全部调查结果和必要的信息，以及对这些情况和内容的分析、评论。大多数调查的结果都是部分受访者的资料，研究者还必须根据调查的数据来说明总体的情况。

（六）局限性

需要指出的是，由于时间、预算及环境等因素的影响，几乎所有的调查项目都会有一定的局限性。为了慎重起见，同时也为以后的调查工作留下余地，需要在调查报告中对研究的局限性和不足之处予以说明，如在作业过程中的样本选择、抽样框、无回答误差等。讨论局限性的目的在于指出研究成果的弱点，以便客户在应用调查报告时引起注意，同时也为正确地评价调查成果提供现实的基础。在描述这些不足时必须实事求是，把握分寸，需注意不要过夸大局限性，否则会使客户对研究成果产生怀疑。

（七）结论与建议

结论与建议是调查报告的结尾部分，主要是概括全文、提出从调查结果中获得哪些重要结论和看法,以及对前景的分析、应该采取什么措施等。结论要简明扼要,具有高度概括性;建议要具有可行性、可操作性,能够具体应用。结论是基于调查结果的意见,而建议是提议应采取的相应行动,因此建议的阐述应该较为详细,而且要辅之以必要的论证。

从调查研究的性质来说,调查报告是不提供建议的,那么是否撰写这部分内容,完全由研究人员自己决定。随着调查业务竞争的日趋激烈,研究人员有时也主动提供建议,以提高客户的满意度,这种情况现在越来越普遍,有些调查项目的客户方也要求研究人员提出建议。

例如,西安财经大学某课题组——《流入城镇农村人口消费行为调查报告》中的企业营销建议:

(1) 提供性价比高的有品牌知名度的大众商品。由于收入的限制,农民工群体不太可能消费高端商品,但是调查发现他们中的大多数对质量的关注度已超过了价格。他们挑选商品时已具备了一些商品知识和购买体验,对国内知名品牌有了一定的忠诚度。对价格虽然很便宜但质量差的商品不感兴趣,注重过上有品质的生活,这在年龄越小、受教育程度越高的人群中体现得越明显,所以零售企业要提供国内中档品牌商品,尤其是大众耳熟能详的、口碑好的商品,来满足农民工群体的需求。

(2) 使用价格折扣和体验营销。流入城镇农村人口具有很多鲜明的消费行为特征,如收入不高但是购买意愿强、对价格敏感、关注质量、有品牌意识、年轻人紧跟时代潮流等。企业应首先识别这一细分市场,通过市场调查分析该细分市场的行为特征和消费心理,并进行精准的市场定位。价格折扣策略是最受这一群体欢迎的营销策略,零售企业应充分利用数量折扣、季节折扣、价格折让、新产品的渗透定价及短期的营业推广,来吸引顾客。在促销方面,广告的传播媒体可减少使用高成本的传统电视广告,增加体验性营销,可尝试多采用网络渠道传播商品信息。

(3) 在流入城镇农村人口聚居区和网络上开店。大多数农民工工作时间长、工作任务重,休闲和购物的时间不多。因此,零售企业必须满足该群体快速便利购买和消费的需求。例如,零售企业可以在农民工聚居较多的区域设置专卖店、便利店等方便他们随时购物。另外,据调查这个群体利用固定及移动设备比较普遍,77.9%的消费者有网购经历。相对实体店铺,网购无论是价格、便利性及物流对农民工来说是一个非常不错的选择。零售商利用网络销售模式满足新生代农民工的消费需求是非常有潜力的。

(4) 向年龄小、受教育程度高、收入高的群体推广新产品。在这个群体内部也存在着消费行为的差异。例如,在接受新产品上,一半的消费者会在大多数人使用时才接受,但是三分之一的消费者会更愿意早期尝试新产品,这部分消费者的特点是年龄小、受教育程度高、收入高,所以企业在推广新产品时主要针对这部分人作为目标群体效果更好。又如,在促销方式的选择上除了都青睐打折促销,男性使用分期付款方式的比例大于女性,所以可以在有明显男性消费品特征的商品上使用这种促销策略。

(八) 附件

附件是指调查报告中正文没有包含或没有提及,但与正文有关、必须附加说明的部分。包括调查报告中引用的数据资料、统计表、资料的分类统计数据、研究方法的详细说明，以及获取二手资料的有关参考文献等。一些技术性较强或内容较详细的材料也应编入附录，以备客户在必要的时候查阅。通常用作调查报告附件部分的有以下资料。

（1）项目策划书；

（2）实地调查问卷的抄本，并加序言说明该问卷要求达到的目标；

（3）抽样有关细节的补充说明；

（4）现场走访人员约访时间表的抄本或日记；

（5）主要质量控制数据，如调查中的拒访率、无回答率等；

（6）对所使用的某种统计工具的详细阐释；

（7）调查获得的原始数据图表，而且这些图表在报告正文中已有提及；

（8）提供资料人员的名单，标明作为文案调查和实地调查资料来源的单位与个人的名称及地址等。

以上是比较正规的调查报告所应包含的组成部分，这种格式用于调查公司向客户提供的服务项目，或企业内部大型调查项目。不同的调查报告可视项目的重要程度和委托方的实际需要，略去某些部分。

第二节　调查报告的写作要求及技巧

市场调查报告是调查结项的重要文字材料，不仅能体现调查机构的研究水平和质量，同时也反映研究者的知识水平和文字功底。通过书面报告向客户介绍调查成果，一般要求达到三个目的：首先，要使客户能够充分了解本次调查研究的主要问题及其作用；其次，要提供相关的资料和数据以支持报告中的结论；最后，要对分析资料做出解释，使客户能够正确理解其含义。为了实现上述目的，撰写书面报告时要求陈述清晰，结论明确，图、表与文字解释相互对应。

一、撰写调查报告的基本要求

1. 目的明确

在撰写调查报告的过程中，需要深刻领悟党的二十大精神，善于运用创新理论研究新情况、解决新问题、总结新经验、探索新规律，为企业的科学决策服务。市场调查是为了解决客户企业面临的问题，因而调查结果必须紧紧围绕调查目的进行论述。一方面，要明确调查的目的，做到有的放矢，中心突出，条理清晰；另一方面，不但要充分了解客户管理者的专业技术水平、文化背景、个性特征及兴趣爱好等，还应考虑他们可能在什么环境下阅读报告，以及他们会如何使用这个报告。一般来说，绝大多数客户的管理者都不太精通调查分析方法及其专业术语，也不喜欢冗长、乏味、呆板的文字。所以在撰写时，要针对不同的客户特点有所侧重，力求做到简明扼要，突出结论和重点，并注意运用图表加以表现，调查过程和具体的细节可以略写。

2. 尊重客观事实

调查报告作为调查活动的最终成果，在撰写时必须实事求是，尊重客观实际，要以科学的态度，真实、准确地总结和反映调查结果。行文时最好用第三人称或非人称代词，如"经调查，发现……""资料表明……"等语句。无论是介绍调查方法，还是提出调查结论和建议，或指出问题症结，均应体现客观性，不要为了迎合客户而去歪曲调查的客观事实。应当准确地给出调查项目的研究方法、调查的结论。若引用他人的材料、数据也必须真实可靠。如果调查实施中出现严重问题（回收率过低等），研究者应有勇气承认，不应略去或故意隐藏所知事实，更不能随便更改调查结果，以免误导客户。

3. 内容有所创新

调查报告作为一种应用性文体，也要重视其可读性。首先，内容要新颖，应紧紧抓住社会经济活动的新动向、新问题，引用一些人们未知的通过调查研究得到的新发现，提出新观点，形成新结论，特别是能紧密结合市场发展的新形势、新变化，为科学决策提供依据。这样的调查报告，才更有使用价值。避免只把众所周知的、常识性的或陈旧的观点和结论写进去。其次，内容的组织安排有序。调查报告中的材料要组织得富有逻辑性，做到结构合理，条理清晰，易于客户理解各部分内容之间的联系。最后，行文流畅，通俗易懂，力求简明扼要，删除一切不必要的语句。

4. 图表选择适当

表格和图形作为描述性统计方法，能起到清楚、形象、直观和引人注目的作用。调查资料经过处理和分析，会产生大量的图表，必须有选择地使用。通常情况下，在调查报告正文中反映调查结果所使用的图表，力求简明扼要，能充分说明调查的主题。在制作时要认真考虑图表的设计和格式，重点突出所反映的内容。更为详细的介绍和非常具体的资料图表，应归入附件部分，主要是为了全面地向客户介绍有关资料，以方便客户在阅读报告时进行查阅。

5. 引用资料详加注释

在调查报告中除了用自身收集的资料外，有时还会引用他人的资料，必须添加注释，指出资料的来源，以供客户查证，这同时也是对他人研究成果的尊重。注释应详细准确，被引用资料的作者姓名、书刊名称、出版单位和时间、所属页码等都应予以列明。

6. 格式规范

调查报告的外观是十分重要的，这不但体现报告本身的专业水平，而且是调查机构企业形象的反映，具有专业水平的报告更令人信服、更有价值。所以，要认真设计报告中所用字体的类型、大小、颜色、字间距等，内容的编排要大方、美观，有助于阅读。另外，书面报告应该使用质地更好的纸张打印装订，尤其是封面应选择专门的纸张。总之，最后呈交的调查报告应当是非常专业和规范的文件。

二、调查报告的写作技巧

在撰写调查报告之前，研究人员必须对报告的各有关章节段落的编排和文体有明确的思路。写作过程包括确定主题、解析资料、拟定提纲、起草成文、修改定稿。在起草调查报告的时候，应该有条理、系统地集中阐明各种有关论据和见解，注意要有所侧重，突出重点，不能平铺直叙、面面俱到。要撰写一份高质量的调查报告，需要掌握一定的技巧。

（一）引言部分的写作技巧

引言部分的写作方式灵活多样，可根据调查报告的类型、目的、资料及调查报告的篇幅要求等情况做适当的选择。应围绕为什么进行调查、怎样进行调查及调查的结论进行论述，也可概括调查报告的基本观点或结论，以便使客户或读者对全文内容、意义等获得初步了解。开头部分的撰写一般有以下几种形式。

（1）开门见山，提示主题。直接陈述调查的目的或动机，提示主题。例如，某项关于西安市面包产品消费者调查报告的引言部分如下："为了解不同消费群体对西安市面包产品的需求及品牌认知状况，西安××食品有限公司特委托西安FY市场研究公司在西安市范围内对目标消费群体进行调查，以有效细分消费市场，把握当前社会环境中消费者对××品牌及其竞争品牌的态度，同行竞争品牌对消费者的影响，消费者的消费行为、消费习惯及消费者对品牌价格的期许等，为××品牌的服务改进、品牌推广、市场营销策略制定及新产品推出提供可行的理论指导和数据支持。"

（2）结论先行，逐步论证。先将调查的结论写出来，然后逐步论证。许多大型的调查报告均采用这种形式。特点是观点明确，使人一目了然。例如，对西安某饮料公司关于开发中药保健可乐饮料的购买意向调查报告可以这样开头："通过我们对××中药保健可乐饮料在西安市消费者购买意向的调查，认为它不具备开发价值，原因主要从以下几方面阐述。"

（3）交代情况，逐步分析。先交代背景情况、调查数据，然后逐步分析，得出结论。例如，"××电信公司与北京××商业风险管理公司于2020年4~5月在北京、上海、广州进行一次大规模的抽样调查。在这次调查中，除了涉及特定专业问题外，还围绕网络化的大趋势设计了许多问题，包括对网络使用情况、认识意见、需求等问题进行阐述"。

（4）提出问题，引入正题。用提问、反问的方式提出人们所关注的问题，引导读者进入正题。例如，某项关于大学生旅游消费市场调查报告的开头："伴随着中国经济的高速发展和人民生活水平的不断提高，旅游消费越来越受到消费者的青睐。在旅游消费群体中，大学生消费主力军的地位日益凸显。由于大学生作为社会的一个特殊群体，具有一定的经济独立能力和自我生活能力，有相对宽松的时间，具有冒险精神和追梦遐想，因而，他们更热衷于旅游消费。目前，国内的旅行社达1.6万个，旅游市场竞争非常激烈。但是大学生旅游却很少选择旅行社这条途径，这是大学生的原因还是旅行社的原因呢？鉴于此，我们开展了有关大学生旅游消费市场的调查。希望通过本次调查，为旅游企业开发大学生旅游市场提供可参考的策略。"

（二）主体部分的写作技巧

市场调查书面报告的写作技巧主要体现在叙述、议论、说明、语言运用四个方面。

1. 叙述的技巧

主要是陈述事情的来龙去脉，表明调查的目的、过程和结果，常用的叙述技巧如下。

（1）概括叙述。将调查过程和情况概略地陈述，不需要对事件的细枝末节详加铺陈。要求文字简洁，一带而过，给人以整体、全面的认识。

（2）按时间顺序叙述。按照时间发展的逻辑顺序叙述，逐步交代调查的目的、对象、经过。采用这种方法叙述，会使调查报告条理清晰，前后连贯。例如，某市居民家庭饮食消费状况调查报告可以按照这种方法叙述。

（3）叙述主体的省略。叙述主体是指调查报告的撰写者，在开始叙述时一般用第一人称"我们"，在后面的各部分即可省略。

（4）突出重点叙述。调查报告的写作内容要详略得当，重点突出，最忌讳事无巨细、面面俱到，缺乏重点的调查报告会使客户和读者失去阅读兴趣。

2. 议论的技巧

调查报告常用的议论技巧如下。

（1）归纳论证。调查报告是在占有大量资料之后，运用科学的分析方法，经过充分论证，从而归纳出结论并提出建议。

（2）局部论证。调查报告不同于议论文，不可能进行全方位的论证，只是在情况分析和对未来预测中做局部论证。例如，对市场情况从几个方面做分析，每一方面形成一个论证过程，用数据等做论据去证明结论的可靠性，形成局部论证。

3. 说明的技巧

调查报告常用的说明技巧如下。

（1）数字说明。反映市场发展变化情况的调查报告，要运用大量数据，以提高其精确度和可信度。在进行数字说明时，通常用表格和图形来归纳概括。图表直观性强，便于比较分析，也有利于客户对调查内容的理解。适当地插入图形、表格、画片及其他可视性较强的资料，能强调重要信息，避免文字上的累赘，可以增强调查报告的效果。

（2）分类说明。经过调查所获得的很多资料往往是杂乱无章的，可以根据分析的要求，将资料按一定标准划分为若干类，再分别予以说明。例如，将调查收集到的资料按照地理位置或经济发展水平进行分类，每类设小标题，然后做进一步论述。

（3）对比说明。为了能更清晰、更全面地反映市场变化的情况，需要对相关情况、数字进行对比分析。在对比分析时要注意事物之间的可比性，在同标准的前提下，做切合实际的比较。

（4）举例说明。为反映市场发展变化情况，可从大量事例中选取有代表性的案例进行陈述，以增强说服力。

4. 语言运用的技巧

调查报告不是文学作品，而是一种说明文体，有其独特的语言风格。常用的语言技巧包括用词和句式两个方面。

（1）用词方面。调查报告中常会出现数量词，介词也用得比较多，主要用于交代调查目的、对象、过程等，如"为、对、根据、从、在"等。此外，还要多用专业词语，如"营销策略"、"竞争分析"和"市场定位"等。在调查报告中，所用介词、专业用语要力求准确，用词恰当，避免生涩、模棱两可的词语。

（2）句式方面。调查报告是用书面形式的语言，以陈述句为主，论述调查过程和市场发展趋势，在建议部分可适当使用祈使句表示某种期望。在写作时，语句要逻辑严谨、简洁生动、通俗易懂。

三、调查报告的评价与实施

调查报告呈送给客户后，调查人员还要做两项工作：一是自我评价调查报告；二是帮助客户理解和实施报告。

1. 自我评价调查报告

在调查工作结束之时，一般都要对报告进行一定的评价。评价可以是客户做出的，更多的是调查人员自己做出的。尽管市场调查是一项专业性较强的工作，但它仍然与调查人员的创造性、直觉和特长密切相关。因此，每一项调查都是一个很好的学习机会，调查人员应该及时对整个活动进行总结，这毫无疑问会引出许多具体问题。例如，所有的调查设计都是最好的吗？数据收集的方法合理吗？应该用电话访问代替面访吗？采用的抽样设计是最好的吗？结论与建议对客户可行、有用吗？报告的写作与呈送过程正确适宜吗？整个项目在实施过程中还存在哪些问题？……对调查报告进行自我评价，可以发现其中的不足之处，及时采取补救措施，还可以为今后的调查积累经验。

2. 帮助客户理解和实施报告

提交调查报告后，客户可能会对其中的一些内容提出问题，尤其是那些专业性较强的内容，研究人员有义务为他们释疑，同时还要帮助企业实施报告中提出的营销建议。实践中经常会出现这样的情况：客户决定聘请调查人员帮助企业处理新产品上市及公司的广告事务，或协助制定价格策略等；研究人员和客户可能达成协议，在两年后继续这项调查，等等，对此均应给予响应。最后，研究人员应该协助客户把在调查报告中所获得的信息转入企业的市场管理信息系统。

第三节 调查结果的口头报告

在提交书面调查报告的同时，大多数委托方还要求调查公司采用口头形式对研究结果进行汇报。对某些客户公司的决策者来说，他们对阅读文字报告兴趣不大，希望通过口头报告来了解调查结果。与书面报告相比，口头报告可以用生动的语言对某些用文字阐述不清的内容进行介绍，加深客户的理解；对于有疑问的地方，进行当面解答，能增强沟通效果。口头报告最大的特点是可以加快与客户沟通交流的速度，因而特别受工作繁忙、时间紧张的高层管理者欢迎。西方许多发达国家在开展市场调查时，项目的委托方和承担方都十分重视对项目结果的口头汇报这一环节，这是值得借鉴的。

一、口头报告的前期准备

口头报告可以放在准备和递交书面报告之前或者之后。在作口头介绍之前，必须进行充分、细致、周到的准备。

1. 汇报提纲

从总体上说，口头报告的内容总是以调查的结果为基础，以准确介绍有关情况为基本出发点，但是具体说来，针对不同的客户及其不同的要求，口头报告介绍的内容的侧重点应该有所不同。要把口头报告的内容形成书面汇报大纲，最好给每位听取口头汇报的人员也提供一份。该提纲应简要介绍报告的主要部分及重大的研究成果。需要注意的是，提纲中不应出现统计图表，同时应预留出充裕的空间以利于客户记录或评述。

2. 演讲内容

认真了解和分析听取口头报告对象的一些特征，掌握他们的身份、文化水平、兴趣爱好，更要了解和掌握他们的关注点、对调查问题的熟悉程度及以后对决策的参与程度等，从而为确定口头汇报的内容、重点、形式等提供依据。事先周密准备好汇报的内容，能防止口头介绍时忙中出错。当准备书面稿件时，还可以对有些内容进行补充和进一步加工，使汇报更加完善。

3. 视觉辅助

国内目前流行的方式是应用Power Point软件包作为可视化的提供媒介，该软件运用各种格式制作幻灯片，然后通过手提电脑或任何多媒体平台将它投射到屏幕上。在关键部分应尽可能地运用图、表等演示，通过色彩选择提高客户有关人员对重要部分的注意力。摘要、结论和建议也应尽可能地可视化。这些可以帮助报告者控制会议气氛，增强与会者的记忆。

4. 执行性摘要

每名听众都应有一份执行性摘要的复印件，最好提前几天发给客户方，这样可以使经理们在听取口头汇报前就能思考所要提出的问题。

5. 最终报告的复印件

受托方主要负责人在口头汇报中省略了报告中的许多细节，作为对此的补充，在口头汇报结束时应准备一些最终报告的复印件，以备对此感兴趣者索取。

二、口头报告成功的基本要素

要使口头报告取得良好的效果，还必须充分注意介绍的技巧。能否发挥其效果，取决于许多因素，其中心内容可以归纳为"3P"，即取决于报告者是否进行了充分的准备（prepare）、是否进行了充分的练习（practice）、是否进行了成功的演讲（perform）。要使口头报告取得成功，其基本要素可具体归纳为以下几点。

1. 准备详细的演讲提纲

口头报告提纲可按书面调查报告的格式准备,要精心安排报告的基本框架和具体内容。风格要与客户的情况相吻合,这就需要事先了解客户的基本情况,如他们属于什么专业技术水平,了解该项目的困难之所在、兴趣点是什么,等等。

2. 尽量借助图表增加效果

在做口头报告时,要善于用图表来辅助和支持演讲。注意的要点如下:第一,图表必须规范、清晰、简明;第二,图表上不要有太多的内容和色彩,以免使听众眼花缭乱;第三,图表可以借助幻灯片、投影仪和计算机等可视物加以表现,以引起与会者的注意和兴趣。

3. 进行充分的演练

为了保证口头报告顺利进行、不会出现紧张怯场等问题,演讲人在正式的口头汇报之前最好能进行反复演练,这样不但可以熟悉汇报的内容,而且有助于完善汇报的形式。事先将准备好的提纲、便条、记事卡片等放在讲台上,以确保重要内容不会被疏漏。应尽可能培养在众人面前和没有底稿的情况下进行口头表达的能力,学会一边演示,一边讲解,在必要时插入新内容。演练时可邀请一些本公司内部的人员对演讲情况进行评价,也可以借用现代化设备将演习情况记录下来,然后进行自我评价或集体讨论,对不完善之处加以改进。

4. 语言简明易懂

由于听比讲更难于集中注意力,故要求演讲时语言简洁明快,通俗易懂,有趣味性和说服力。如果要说明比较复杂的问题,可先做一个简要、概括的介绍,并运用声音、眼神和手势等变化来加深听众的印象。

5. 演讲时充满自信

做报告时要信心十足,精神饱满,语言要富有感染力,恰当地运用声调、快慢、停顿等技巧,以适度的表情和各种肢体语言配合口头介绍,这样能让听众更好地理解有关信息,又可使演讲生动有趣。说话时不要低头看讲稿或看别处,眼神要始终保持与听众的接触和交流,以吸引听众的注意力。

6. 把握回答问题的时机

在汇报开始前可告知听众,将在报告后回答问题并进行个别交流。在报告过程中最好不要回答问题,以保证演讲思路顺畅,主题连贯,避免造成时间不够用等现象。

7. 掌控汇报的时间

在有限的时间内讲完报告是最基本的要求,滔滔不绝的演讲不仅浪费听众的时间,也会影响后续事项的安排。注意应在最后几分钟创造一种有利的持久印象,因而事先构思结束语是很有必要的。为了取得良好的效果,演讲时应有一个强有力的结尾。

☆思考练习题

一、问答题
1. 一份完整的书面调查报告应包括哪些内容？
2. 调查报告的标题通常采用哪几种形式？各有何特点？
3. 撰写书面调查报告有哪些基本要求？
4. 为什么要为客户做口头报告？如何确保口头汇报的成功？

二、思考题
孟辉是某大学营销专业的大三学生，他利用假期在西安一家市场研究公司实习，参与了一项关于"西安某乳品公司液态奶消费者行为研究"的调查，现在欲写一份简易的调查报告。结合所学的市场调查理论知识，你认为该调查报告应包括哪些方面的具体内容？

➤实训题

以组为单位，完成下列任务。

1. 实训目的：撰写一份简易的市场调查报告。
2. 实训内容：每组学生针对第三章课后所选的调查项目，按照调查报告的内容和格式要求，通过参考他人的研究方法，各组学生进行讨论并提出思路，在此基础上形成一份简易的市场调查报告。
3. 实训要求：调查报告内容完整，研究目的明确，阐述清晰，图文并茂，格式规范，不少于5000字。

参 考 文 献

杜明汉. 2011. 市场调查与预测——理论、实务、案例、实训. 大连：东北财经大学出版社.
范伟达. 2002. 市场调查教程. 北京：复旦大学出版社.
范云峰. 2004. 营销调研策划. 北京：机械工业出版社.
韩伟东. 2001. 市场调查与预测. 上海：上海交通大学出版社.
黄合水. 2000. 市场调查概论. 上海：东方出版中心.
惠兴杰. 2011. 市场调查与预测. 成都：西南财经大学出版社.
贾怀勤. 2004. 商务调研策划与实施. 2版. 北京：对外经济贸易大学出版社.
简倍祥，万恒，张殷. 2014. 客户问卷调查与统计分析：使用Excel、SPSS与SAS. 北京：清华大学出版社.
简明，胡玉立. 2014. 市场预测与管理决策. 5版. 北京：中国人民大学出版社.
蒋萍. 2007. 市场调查. 上海：上海人民出版社.
蒋志华. 2009. 市场调查与预测. 北京：中国统计出版社.
景奉杰，曾伏娥. 2010. 市场营销调研. 2版. 北京：高等教育出版社.
柯惠新，黄京华，沈浩. 2000. 调查研究中的统计分析方法. 北京：北京广播学院出版社.
雷培莉，姚飞. 2004. 市场调查与预测. 北京：经济管理出版社.
李桂荣. 2002. 市场调查. 广州：羊城晚报出版社.
李小勤. 2000. 市场调查的理论与实务. 广州：暨南大学出版社.
马承霈. 2002. 市场调研与预测. 成都：西南财经大学出版社.
麦克丹尼尔 C，盖兹 G. 2000. 当代市场调研. 范秀成译. 北京：机械工业出版社.
袭宝仁，曾祥君. 2012. 市场调查与预测. 北京：航空工业出版社.
徐映梅，中国商业统计学会. 2018. 市场调查理论与方法. 北京：高等教育出版社.
许以洪，熊艳. 2010. 市场调查与预测. 北京：机械工业出版社.
闫涛蔚，魏文忠，李玉玲. 2002. 市场营销调研：基础理论与实证研究营销. 济南：山东人民出版社.
叶明海. 2003. 市场研究. 上海：同济大学出版社.
宇传华. 2013. Excel与数据分析. 3版. 北京：电子工业出版社.
张灿鹏，郭砚常. 2008. 市场调查与分析预测. 北京：清华大学出版社，北京交通大学出版社.
张梦霞. 2010. 市场调研方法与应用. 北京：经济管理出版社.
张梦霞，郭抒. 2000. 成功的市场调研. 北京：石油工业出版社.
张文彤，钟云飞. 2013. IBM SPSS数据分析与挖掘实战案例精粹. 北京：清华大学出版社.
赵喜仓，马志强，何娣. 2007. 市场调查与分析. 镇江：江苏大学出版社.
郑长娟. 2010. 市场研究——理论与基于项目的实训. 北京：经济科学出版社.

附录 统计表

B-1　随机数表

03 47 43 73 86	36 99 47 36 61	46 98 63 71 62	33 26 16 80 45	60 11 14 10 95
97 74 24 67 62	42 81 14 57 20	42 53 32 37 32	27 07 36 07 51	24 51 79 89 73
16 76 62 27 66	56 50 26 71 07	32 90 79 78 53	13 55 38 58 59	88 97 54 14 10
12 56 85 99 26	96 96 68 27 31	05 03 72 93 15	57 12 10 14 21	88 26 49 81 76
55 59 56 35 64	38 54 82 46 22	31 62 43 09 90	06 18 44 32 53	23 83 01 30 30
16 22 77 94 39	49 54 43 54 82	17 37 93 23 78	87 35 20 96 43	84 26 34 91 64
84 42 17 53 31	57 24 55 06 88	77 04 74 47 67	21 76 33 50 25	83 92 12 06 76
63 01 63 78 59	16 95 55 67 19	98 10 50 71 75	12 36 73 58 07	44 39 52 38 79
33 21 12 34 29	78 64 56 07 82	52 42 07 44 38	15 51 00 13 42	99 66 02 79 54
57 60 86 32 44	09 47 27 96 54	49 17 46 09 62	90 52 84 77 27	08 02 73 43 28
18 18 07 92 45	44 17 16 58 09	79 83 86 19 62	06 76 50 03 10	55 23 64 05 05
26 62 38 97 75	84 16 07 44 99	83 11 46 32 24	20 14 85 88 45	10 93 72 88 71
23 42 40 64 74	82 97 77 77 81	07 45 32 14 08	32 98 94 07 72	93 85 79 10 75
52 36 28 19 95	50 92 26 11 97	00 56 76 31 38	80 22 02 53 53	86 60 42 04 53
37 85 94 35 12	83 39 50 08 30	42 34 07 96 88	54 42 06 87 98	35 85 99 48 39
70 29 17 12 13	40 33 20 38 26	13 89 51 03 74	17 76 37 13 04	07 74 21 19 30
56 62 18 37 35	96 83 20 87 75	97 12 25 93 47	70 33 24 03 54	97 77 46 44 80
99 49 57 22 77	88 42 95 45 72	16 64 36 16 00	04 43 18 66 79	94 77 24 21 90
16 08 15 04 72	33 27 14 34 09	45 59 34 68 49	12 72 07 34 45	99 27 72 95 14
33 16 93 32 43	50 27 89 87 19	20 15 37 00 49	52 85 66 60 44	38 68 88 11 80
68 34 30 13 70	55 74 30 77 40	44 22 78 84 26	04 33 46 09 52	68 07 97 06 57
74 57 25 65 76	59 29 97 68 60	71 91 38 67 54	13 58 18 24 76	15 54 55 95 52
27 42 37 86 53	48 55 90 65 72	96 57 69 36 10	96 46 92 42 45	97 60 49 04 91
00 39 68 29 61	66 37 32 20 30	77 84 57 03 29	10 45 65 04 26	11 04 96 67 24
29 94 98 94 24	68 49 69 10 82	53 75 91 93 30	34 55 20 57 27	40 48 73 51 92

续表

16 90 82 66 59	83 62 64 11 12	67 19 00 71 74	60 47 21 29 63	02 02 37 03 31
11 27 94 75 06	06 09 19 74 66	02 94 37 34 02	76 70 90 30 86	38 45 94 30 38
35 24 10 16 20	33 32 51 26 38	79 78 45 04 91	16 92 53 56 16	02 75 50 95 98
33 23 16 86 38	42 38 97 01 50	87 75 66 81 41	40 01 74 91 62	48 51 84 08 32
31 96 25 91 47	96 44 33 49 13	34 86 82 53 91	00 52 43 48 85	27 55 26 89 62
66 67 40 67 14	64 05 71 95 86	11 05 65 09 68	76 83 20 37 90	57 16 00 11 66
14 90 84 45 11	75 73 88 05 90	52 27 41 14 86	22 98 12 22 08	07 52 74 95 80
68 05 51 18 00	33 96 02 75 19	07 60 62 93 55	59 33 82 43 90	49 37 38 44 59
20 46 78 73 90	97 51 40 14 02	04 02 33 31 08	39 54 16 49 36	47 95 93 13 30
64 19 58 97 79	15 06 15 93 20	01 90 10 75 06	40 78 78 89 62	02 67 74 17 33

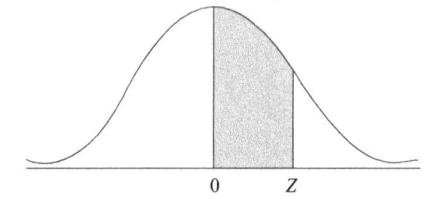

B-2 标准正态分布表——半正态曲线下的面积

例如：$Z=1.64$，在均值与 Z 值之间曲线下的面积为 0.4495。

Z	0.00	0.01	0.02	0.03	0.04	0.05	0.06	0.07	0.08	0.09
0.0	0.0000	0.0040	0.0080	0.0120	0.0160	0.0199	0.0239	0.0279	0.0319	0.0359
0.1	0.0398	0.0438	0.0478	0.0517	0.0557	0.0596	0.0636	0.0675	0.0714	0.0753
0.2	0.0793	0.0832	0.0871	0.0910	0.0948	0.0987	0.1026	0.1064	0.1103	0.1141
0.3	0.1179	0.1217	0.1255	0.1293	0.1331	0.1368	0.1406	0.1443	0.1480	0.1517
0.4	0.1554	0.1591	0.1628	0.1664	0.1700	0.1736	0.1772	0.1808	0.1844	0.1879
0.5	0.1915	0.1950	0.1985	0.2019	0.2054	0.2088	0.2123	0.2157	0.2190	0.2224
0.6	0.2257	0.2291	0.2324	0.2357	0.2389	0.2422	0.2454	0.2486	0.2518	0.2549
0.7	0.2580	0.2612	0.2642	0.2673	0.2704	0.2734	0.2764	0.2794	0.2823	0.2852
0.8	0.2881	0.2910	0.2939	0.2967	0.2995	0.3023	0.3051	0.3078	0.3106	0.3133
0.9	0.3159	0.3186	0.3212	0.3238	0.3264	0.3289	0.3315	0.3340	0.3365	0.3389
1.0	0.3413	0.3438	0.3461	0.3485	0.3508	0.3531	0.3554	0.3577	0.3599	0.3621
1.1	0.3643	0.3665	0.3686	0.3708	0.3729	0.3749	0.3770	0.3790	0.3810	0.3830
1.2	0.3849	0.3869	0.3888	0.3907	0.3925	0.3944	0.3962	0.3980	0.3997	0.4015
1.3	0.4032	0.4049	0.4066	0.4082	0.4099	0.4115	0.4131	0.4147	0.4162	0.4177
1.4	0.4192	0.4207	0.4222	0.4236	0.4251	0.4265	0.4279	0.4292	0.4306	0.4319

续表

Z	0.00	0.01	0.02	0.03	0.04	0.05	0.06	0.07	0.08	0.09
1.5	0.4332	0.4345	0.4357	0.4370	0.4382	0.4394	0.4406	0.4418	0.4429	0.4441
1.6	0.4452	0.4463	0.4474	0.4484	0.4495	0.4505	0.4515	0.4525	0.4535	0.4545
1.7	0.4554	0.4564	0.4573	0.4582	0.4591	0.4599	0.4608	0.4616	0.4625	0.4633
1.8	0.4641	0.4649	0.4656	0.4664	0.4671	0.4678	0.4686	0.4693	0.4699	0.4706
1.9	0.4713	0.4719	0.4726	0.4732	0.4738	0.4744	0.4750	0.4756	0.4761	0.4767
2.0	0.4772	0.4778	0.4783	0.4788	0.4793	0.4798	0.4803	0.4808	0.4812	0.4817
2.1	0.4821	0.4826	0.4830	0.4834	0.4838	0.4842	0.4846	0.4850	0.4854	0.4857
2.2	0.4861	0.4864	0.4868	0.4871	0.4875	0.4878	0.4881	0.4884	0.4887	0.4890
2.3	0.4893	0.4896	0.4898	0.4901	0.4904	0.4906	0.4909	0.4911	0.4913	0.4916
2.4	0.4918	0.4920	0.4922	0.4925	0.4927	0.4927	0.4931	0.4932	0.4934	0.4936
2.5	0.4938	0.4940	0.4941	0.4943	0.4945	0.4946	0.4948	0.4949	0.4951	0.4952
2.6	0.4953	0.4955	0.4956	0.4957	0.4959	0.4960	0.4961	0.4962	0.4963	0.4964
2.7	0.4965	0.4966	0.4967	0.4968	0.4969	0.4970	0.4971	0.4972	0.4973	0.4974
2.8	0.4974	0.4975	0.4976	0.4977	0.4977	0.4978	0.4979	0.4979	0.4980	0.4981
2.9	0.4981	0.4982	0.4982	0.4983	0.4984	0.4984	0.4985	0.4985	0.4986	0.4986
3.0	0.4986	0.4987	0.4987	0.4988	0.4988	0.4989	0.4989	0.4989	0.4990	0.4990

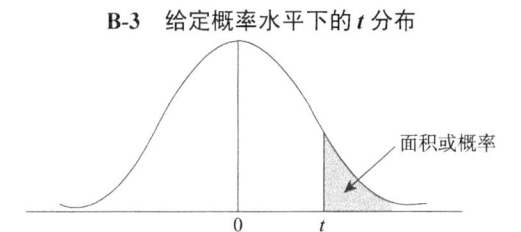

B-3 给定概率水平下的 t 分布

表中给出的是 t 分布中右尾面积的 t 值。

例如，当自由度 $n-1=15$ 和右尾面积 $(\alpha/2)$ 为 0.025 时，$t_{\alpha/2}=2.131$。

自由度 (df)	单尾测试的置信度					
	0.10	0.05	0.025	0.01	0.005	0.0005
1	3.078	6.314	12.706	31.821	63.657	636.619
2	1.886	2.920	4.303	6.965	9.925	31.598
3	1.638	2.353	3.182	4.541	5.841	12.941
4	1.533	2.132	2.776	3.747	4.604	8.610
5	1.476	2.015	2.571	3.365	4.032	6.859
6	1.440	1.943	2.447	3.143	3.707	5.959

续表

自由度（df）	单尾测试的置信度					
	0.10	0.05	0.025	0.01	0.005	0.0005
7	1.415	1.895	2.365	2.998	3.499	5.405
8	1.397	1.860	2.306	2.896	3.355	5.041
9	1.383	1.833	2.262	2.821	3.250	4.781
10	1.372	1.812	2.228	2.764	3.169	4.587
11	1.363	1.796	2.201	2.718	3.106	4.437
12	1.356	1.782	2.179	2.681	3.055	4.318
13	1.350	1.771	2.160	2.650	3.012	4.221
14	1.345	1.761	2.145	2.624	2.977	4.140
15	1.341	1.753	2.131	2.602	2.947	4.073
16	1.337	1.746	2.120	2.583	2.921	4.015
17	1.333	1.740	2.110	2.567	2.898	3.965
18	1.330	1.734	2.101	2.552	2.878	3.922
19	1.328	1.729	2.093	2.539	2.861	3.883
20	1.325	1.725	2.086	2.528	2.845	3.850
21	1.323	1.721	2.080	2.518	2.831	3.819
22	1.321	1.171	2.074	2.508	2.819	3.792
23	1.319	1.714	2.069	2.500	2.807	3.767
24	1.318	1.711	2.064	2.492	2.797	3.745
25	1.316	1.708	2.060	2.485	2.787	3.725
26	1.315	1.706	2.056	2.479	2.779	3.707
27	1.314	1.703	2.052	2.473	2.771	3.690
28	1.313	1.701	2.048	2.467	2.763	3.674
29	1.311	1.699	2.045	2.462	2.756	3.659
30	1.310	1.697	2.042	2.457	2.750	3.646
40	1.303	1.684	2.021	2.423	2.704	3.551
60	1.296	1.671	2.000	2.390	2.660	3.460
120	1.289	1.658	1.980	2.358	2.617	3.373
∞	1.282	1.645	1.960	2.326	2.576	3.291

B-4 χ^2 分布表

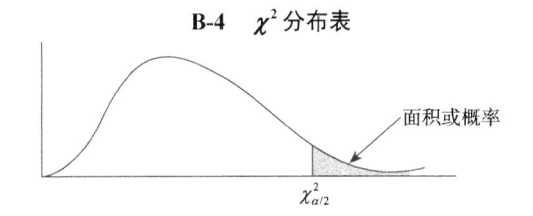

表中给出的是 χ^2 分布中右尾面积 $(\alpha/2)$ 的 χ^2 值。

例如，当自由度 $n-1=24$ 和右尾面积为 0.025 时，$\chi^2=39.364$。

自由度(df)	右尾面积或概率							
	0.99	0.975	0.95	0.90	0.10	0.05	0.025	0.01
1	—	0.001	0.004	0.016	2.706	3.841	5.024	6.635
2	0.020	0.051	0.103	0.211	4.605	5.991	7.378	9.210
3	0.115	0.216	0.352	0.564	6.251	7.815	9.348	11.345
4	0.297	0.484	0.711	1.064	7.779	9.448	11.143	13.277
5	0.554	0.831	1.145	1.610	9.236	11.027	12.833	15.086
6	0.872	1.237	1.635	2.204	10.645	12.592	14.449	16.812
7	1.239	1.690	2.167	2.833	12.017	14.067	16.013	18.475
8	1.646	2.180	2.733	3.490	13.362	15.507	17.535	20.090
9	2.088	2.700	3.325	4.168	14.684	16.919	19.023	21.666
10	2.558	3.247	3.940	4.865	15.987	18.300	20.483	23.209
11	3.053	3.816	4.575	5.578	17.275	19.675	21.920	24.725
12	3.571	4.404	5.226	6.804	18.549	21.026	23.337	26.217
13	4.107	5.009	5.892	7.042	19.812	22.362	24.736	27.688
14	4.660	5.629	6.571	7.790	21.064	23.685	26.119	29.141
15	5.229	6.262	7.261	8.547	22.307	24.996	27.488	30.578
16	5.812	6.908	7.962	9.312	23.542	26.296	28.845	32.000
17	6.408	7.564	8.672	10.085	24.769	27.587	30.191	33.409
18	7.015	8.231	9.390	10.865	29.989	28.869	31.526	34.805
19	7.633	8.907	10.117	11.651	27.204	30.144	32.852	36.191
20	8.260	9.591	10.851	12.443	28.412	31.410	34.170	37.566
21	8.897	10.283	11.591	13.240	29.615	32.671	35.479	38.932
22	9.542	10.982	12.338	14.042	30.813	33.924	36.781	40.289
23	10.196	11.689	13.091	14.848	32.007	35.172	38.076	41.638
24	10.856	12.401	13.848	15.659	33.196	36.425	39.364	42.980
25	11.524	13.120	14.611	16.473	34.382	37.652	49.646	44.314
26	12.198	13.844	15.379	17.292	35.563	38.885	41.923	45.642
27	12.879	14.573	16.151	18.114	36.741	40.113	43.194	46.963
28	13.565	15.308	16.928	18.939	37.916	41.337	44.461	48.278

续表

自由度(df)	右尾面积或概率							
	0.99	0.975	0.95	0.90	0.10	0.05	0.025	0.01
29	14.257	16.047	17.708	19.768	39.087	42.557	45.722	49.588
30	14.954	16.791	18.493	20.599	40.256	43.773	46.949	59.892
31	15.655	17.539	19.281	21.434	41.422	44.985	48.232	52.191
32	16.362	18.291	20.072	22.271	42.585	46.194	49.480	53.486
33	17.074	19.047	20.867	23.110	43.745	47.400	50.725	54.776
34	17.789	19.806	21.664	23.952	44.903	48.602	51.966	56.061
35	18.509	20.569	22.465	24.797	46.059	49.802	53.203	57.342
36	19.233	21.336	23.269	25.643	47.212	50.998	54.437	58.619
37	19.960	22.106	24.075	26.492	48.363	52.192	55.668	59.892
38	20.691	22.878	24.884	27.343	49.513	53.384	56.869	61.162
39	21.426	23.654	25.695	28.196	50.660	54.572	58.120	62.428
40	22.164	24.433	26.509	29.051	51.805	55.758	59.342	63.691

B-5　F 分布（表中给出 $\alpha=0.05$ 时 F 分布的右尾面积）

		分子的自由度																
		1	2	3	4	5	6	7	8	9	10	12	15	20	24	30	40	60	120	∞
分母的自由度	1	161	200	216	225	230	234	237	239	241	242	244	246	248	249	250	251	252	253	254
	2	18.5	19.0	19.2	19.2	19.3	19.3	19.4	19.4	19.4	19.4	19.4	19.4	19.5	19.5	19.5	19.5	19.5	19.5	19.5
	3	10.1	9.55	9.28	9.12	9.01	8.94	8.89	8.85	8.81	8.79	8.74	8.70	8.66	8.64	8.62	8.59	8.57	8.55	8.53
	4	7.71	6.94	6.59	6.39	6.26	6.16	6.09	6.04	6.00	5.96	5.91	5.86	5.80	5.77	5.75	5.72	5.69	5.66	5.63
	5	6.61	5.79	5.41	5.19	5.05	4.95	4.88	4.82	4.77	4.74	4.68	4.62	4.56	4.53	4.50	4.46	4.43	4.40	4.37
	6	5.99	5.14	4.76	4.53	4.39	4.28	4.21	4.15	4.10	4.06	4.00	3.94	3.87	3.84	3.81	3.77	3.74	3.70	3.67
	7	5.59	4.74	4.35	4.12	3.97	3.87	3.79	3.73	3.68	3.64	3.57	3.51	3.44	3.41	3.38	3.34	3.30	3.27	3.23
	8	5.32	4.46	4.07	3.84	3.69	3.58	3.50	3.44	3.39	3.35	3.28	3.22	3.15	3.12	3.08	3.04	3.01	2.97	2.93
	9	5.12	4.26	3.86	3.63	3.48	3.37	3.29	3.23	3.18	3.14	3.07	3.01	2.94	2.90	2.86	2.83	2.79	2.75	2.71
	10	4.96	4.10	3.71	3.48	3.33	3.22	3.14	3.07	3.02	2.98	2.91	2.85	2.77	2.74	2.70	2.66	2.62	2.58	2.54
	11	4.84	3.98	3.59	3.36	3.20	3.09	3.01	2.95	2.90	2.85	2.79	2.72	2.65	2.61	2.57	2.53	2.49	2.45	2.40
	12	4.75	3.89	3.49	3.26	3.11	3.00	2.91	2.85	2.80	2.75	2.69	2.62	2.54	2.51	2.47	2.43	2.38	2.34	2.30
	13	4.67	3.81	3.41	3.18	3.03	2.92	2.83	2.77	2.71	2.67	2.60	2.53	2.46	2.42	2.38	2.34	2.30	2.25	2.21
	14	4.60	3.74	3.34	3.11	2.96	2.85	2.76	2.70	2.65	2.60	2.53	2.46	2.39	2.35	2.31	2.27	2.22	2.18	2.12
	15	4.54	3.68	3.29	3.06	2.90	2.79	2.71	2.64	2.59	2.54	2.48	2.40	2.33	2.29	2.25	2.20	2.16	2.11	2.07
	16	4.49	3.63	3.24	3.01	2.85	2.74	2.66	2.59	2.54	2.49	2.42	2.35	2.28	2.24	2.19	2.15	2.11	2.06	2.01
	17	4.45	3.59	3.20	2.96	2.81	2.70	2.61	2.55	2.49	2.45	2.38	2.31	2.23	2.19	2.15	2.10	2.06	2.01	1.96

续表

		分子的自由度																	
		1	2	3	4	5	6	7	8	9	10	12	15	20	24	30	40	60	120	∞
分母的自由度	18	4.41	3.55	3.16	2.93	2.77	2.66	2.58	2.51	2.46	2.41	2.34	2.27	2.19	2.15	2.11	2.06	2.02	1.97	1.92
	19	4.38	3.52	3.13	2.90	2.74	2.63	2.54	2.48	2.42	2.38	2.31	2.23	2.16	2.11	2.07	2.03	1.98	1.93	1.88
	20	4.35	3.49	3.10	2.87	2.71	2.60	2.51	2.45	2.39	2.35	2.28	2.20	2.12	2.08	2.04	1.99	1.95	1.90	1.84
	21	4.32	3.47	3.07	2.84	2.68	2.57	2.49	2.42	2.37	2.32	2.25	2.18	2.10	2.05	2.01	1.96	1.92	1.87	1.81
	22	4.30	3.44	3.05	2.82	2.66	2.55	2.46	2.40	2.34	2.30	2.23	2.15	2.07	2.03	1.98	1.94	1.89	1.84	1.78
	23	4.28	3.42	3.03	2.80	2.64	2.53	2.44	2.37	2.32	2.27	2.20	2.13	2.05	2.01	1.96	1.91	1.86	1.81	1.76
	24	4.26	3.40	3.01	2.78	2.62	2.51	2.42	2.36	2.30	2.25	2.18	2.11	2.03	1.98	1.94	1.89	1.84	1.79	1.73
	25	4.24	3.39	2.99	2.76	2.60	2.49	2.40	2.34	2.28	2.21	2.16	2.09	2.01	1.97	1.92	1.87	1.82	1.77	1.71
	30	4.17	3.32	2.92	2.69	2.53	2.42	2.33	2.27	2.21	2.16	2.09	2.01	1.93	1.89	1.84	1.79	1.74	1.68	1.62
	40	4.08	3.23	2.84	2.61	2.45	2.34	2.25	2.18	2.12	2.08	2.00	1.92	1.84	1.79	1.74	1.69	1.64	1.58	1.51
	60	4.00	3.15	2.76	2.53	2.37	2.25	2.17	2.10	2.04	1.99	1.92	1.84	1.75	1.70	1.65	1.59	1.53	1.47	1.39
	120	3.92	3.07	2.68	2.45	2.29	2.18	2.09	2.02	1.96	1.91	1.83	1.75	1.66	1.61	1.55	1.50	1.43	1.35	1.25
	∞	3.84	3.00	2.60	2.37	2.21	2.10	2.01	1.94	1.88	1.83	1.75	1.67	1.57	1.52	1.46	1.39	1.32	1.22	1.00

B-6 皮尔逊积矩相关系数的临界值

自由度(df)	单尾测试的置信度			
	0.05	0.025	0.01	0.005
	双尾测试的置信度			
	0.10	0.05	0.02	0.01
1	0.988	0.997	0.9995	0.9999
2	0.900	0.950	0.980	0.990
3	0.805	0.878	0.934	0.959
4	0.729	0.811	0.882	0.917
5	0.669	0.754	0.833	0.874
6	0.622	0.707	0.789	0.834
7	0.582	0.666	0.750	0.798
8	0.549	0.632	0.716	0.765
9	0.521	0.602	0.685	0.735
10	0.497	0.576	0.658	0.708
11	0.476	0.553	0.634	0.684
12	0.458	0.532	0.612	0.661
13	0.441	0.514	0.592	0.641
14	0.426	0.497	0.574	0.623

续表

自由度 (df)	单尾测试的置信度			
	0.05	0.025	0.01	0.005
	双尾测试的置信度			
	0.10	0.05	0.02	0.01
15	0.412	0.482	0.558	0.606
16	0.400	0.468	0.542	0.590
17	0.389	0.456	0.528	0.575
18	0.378	0.444	0.516	0.561
19	0.369	0.433	0.503	0.549
20	0.360	0.423	0.492	0.537
21	0.352	0.413	0.482	0.526
22	0.344	0.404	0.472	0.515
23	0.337	0.396	0.462	0.505
24	0.330	0.388	0.453	0.496
25	0.323	0.381	0.445	0.487
26	0.317	0.374	0.437	0.479
27	0.311	0.367	0.430	0.471
28	0.306	0.361	0.423	0.463
29	0.301	0.355	0.416	0.456
30	0.296	0.349	0.409	0.449
35	0.275	0.325	0.381	0.418
40	0.257	0.304	0.358	0.393
45	0.243	0.288	0.338	0.372
50	0.231	0.273	0.322	0.354
60	0.211	0.250	0.295	0.325
70	0.195	0.232	0.274	0.303
80	0.183	0.217	0.256	0.283
90	0.173	0.205	0.242	0.267
100	0.164	0.195	0.230	0.254